民事法系列

民法概要

◆2019年最新版◆

五南圖書出版公司 印行

徐美貞 著

九版序 PREFACE

　　中華民國108年5月24日立法院第9屆第7會期第15次會議通過：民法增訂親屬編第四章第三節節名（成年人之意定監護）及第1113-2條至第1113-10條條文；並修正第14條條文。

　　鑑於我國於107年3月已進入高齡社會（即65歲以上人口數占總人口數比率為14%以上），隨著高齡人口的增加，須有更完善的成年監護制度，現行成年人監護制度係於本人喪失意思能力始啓動之機制，法院於法定監護人之範圍中選任之法定監護人，無法充分符合受監護人意願，也未必符合受監護宣告人財產管理及人身護養療治之需求；而意定監護制度，是在本人之意思能力尚健全時，本人與受任人約定，於本人受監護宣告時，受任人允為擔任監護人，以替代法院依職權選定監護人，使本人於意思能力喪失後，可依其先前之意思自行決定未來的監護人，較符合人性尊嚴及本人利益，爰新增有關意定監護制度之規定。

徐美貞　謹識
中華民國108年9月1日

修訂說明 PREFACE

　　家事事件法制定係為統合處理家事事件，促進訴訟經濟及法安定性，以維護人格尊嚴及保障性別地位實質平等並保障未成年子女最佳利益；而親屬法修訂在確立剩餘財產請求權之性質，具有一身專屬性，肯認夫妻對於婚姻共同生活之貢獻，謹將修法內容歸納如次：

一、家事事件法於中華民國101年1月11日總統府公布，自101年6月1日施行

　　共計200條，分總則、調解程序、家事訴訟程序、家事非訟程序、履行之確保及執行、附則六篇。本法先將家事事件分為甲、乙、丙、丁、戊等五類事件，然後分款細列具體之事件內容，以便利民眾利用使用及法官運作，而提升審判效率，是與長年實務運作成效顯著之日、韓等國立法例相類；另規定應由專業法院（庭）處理，創設家事調查官、社工陪同、程序監理人等制度輔助法官，並採認程序權保障、相關事件統合處理解決原則、紛爭集中審理原則、法庭不公開原則、職權探知主義、適時提出主義等程序法理，配套訂定合意及適當裁定、職權通知、醫學檢驗強制、程序參與、暫時處分等程序；另考量家事之強制執行事務，具有諸如：家庭成員間和諧關係之維持必要性、債權人利用執行程序之困難性及對程序上不利益之低耐受性、債務人履行債務有較高可能性、債權人難能規避債務不履行之風險等特性，為此，訂定履行勸告、預備查封（定期或分期給付之特殊執行）、強制金等規定，期能從根本上解決家事紛爭、統合處理其他相關家事事件，藉以增進程序經濟、節省司法資源（合理減輕整體法官負荷）、平衡保護關係人之實體利益與程序利益，並在兼顧未成年子女最佳利益之同時，亦適當保護老人及其他家庭成員之正當利益，進而維護家庭和諧、健全社會共同生活，奠定國家發

展之根基。

二、親屬法於中華民國101年12月26日總統令刪除第1009條及第1011條，並修正第1030-1條

鑑於現行配偶大多未約定財產制而適用法定財產制，法定財產制以夫妻財產各自獨立、兼顧家事勞動價值為基本理念，而剩餘財產分配請求權規定之立法本旨，原係為肯認夫或妻對於家務子女教養及婚姻共同生活貢獻而設，因此剩餘財產分配請求權之性質與一般財產權不同，應限夫或妻本人始得行使。然而民法卻未將夫妻剩餘財產分配請求權定為一身專屬權，致銀行或其他債權人得以配偶之財產不足清償其債務為由向法院聲請宣告債務人改用分別財產制，進而代位主張剩餘財產分配請求權，嚴重剝奪配偶他方之財產獨立自主權，實為不妥，因此本次修法刪除第1009條及第1011條，並修正第1030-1條。

另，民法親屬編施行法於中華民國101年12月26日總統令增訂第6-3條

配合民法第1009條及第1011條之刪除，與第1030-1條之修正，對於債權人已向法院聲請宣告債務人改用分別財產制或已代位債務人起訴請求分配剩餘財產，而該事件尚未確定者，民法親屬編施行法新增第6-3條，一律適用修正後民法之規定。

徐美貞　謹識
中華民國102年7月9日

序言

PREFACE

　　民法總則編及民法總則施行法於民國71年1月4日修正公布，並自72年1月1日施行。

　　民法債編自民國18年11月22日公布，翌年5月5日施行以來，迄今已逾七十年。我國政治環境、社會結構、經濟條件乃至世界局勢均有重大變化，原本立基於農業生活型態之民法債編規定確已未敷所需，再揆以長期間之適用經驗，確有若干未盡妥適或疏漏不足之處應予修正。有鑑於此，法務部乃邀請民法學者及實務專家組成民法研究修正委員會，著手研修。在歷時十餘年之研修期間，以兢業審慎之態度從事研修工作，經三易其稿始克定案。民法債編包括第一章「通則」192條、第二章「各種之債」412條及民法債編施行法15條，條文合計629條。其「通則」部分增訂15條、修正35條及刪除2條；「各種之債」部分增訂52條、修正88條及刪除7條；民法債編施行法則增訂21條、修正14條。總計在619條之現行條文中，本修正草案增修刪之條文合計234條，占現行條文之38%，變動幅度甚高。

　　民法物權編自民國18年11月30日公布，19年5月5日施行以來，法務部為因應當前社會實際需要，自78年1月16日起至86年5月19日止，總共召開300次會議，歷時八年餘，經三易其稿，始完成「民法物權編部分條文修正草案暨民法物權編施行法修正草案」。現行民法物權編共十章，原有條文210條，本修正草案計增訂75條、刪除15條、修正127條；現行民法物權編施行法共16條，本修正草案則增訂18條、修正13條。總計在226條之現行條文中，本修正草案擬增刪修廢之條文合計248條，變動幅度甚大。

　　民法親屬、繼承兩編，施行已逾七十年。為因應國家社會情況之變遷及未來之發展，乃基於維護固有倫理道德及貫徹男女平等之原則，予以修正，並於民國74年6月3日公布施行。此次修正，對於結婚之方式、近親結婚之限

制、重婚之禁止、夫妻財產制之結構、非婚生子女之認領、收養之成立、子女之從姓、配偶之相互扶養義務、兩願離婚之要件、裁判離婚之原因、親屬會議召開困難或不為決議之補救途徑、養子女繼承權之平等、指定繼承人制度之廢除、錄音遺囑之採用等，或為適當之調整，或作明確之規定。

　　教書至今十載，利用授課之餘完成此書，書中謬誤在所難免，尚祈社會賢達之士，不吝指正，特別感謝政大學弟胡峰賓講師，對於編撰此書提供許多寶貴的資料。

徐美貞　謹識

中華民國91年1月2日

凡 例

PREFACE

目 錄 CONTENTS

緒　　論

第一章　民法與民法典

第一節　民　法

一、民法之意義

民法係指規律吾人之財產及身分關係之普通之私法。申述如下：

（一）民法者普通的私法也

民法為私法，私法乃公法之對稱。惟法律有普通法與特別法之分，民法應屬於普通法，亦即應為普通的私法。若商事法（如公司法、票據法、海商法、保險法等），則為特別的私法。特別法優於普通法。

（二）民法者規律吾人財產及身分關係之私法也

欲維持個人之生存，必須享受物資之利益（衣、食、住、行），因而乃有經濟生活，人與人之間，遂發生財產關係，如債權關係、物權關係，民法即以之為對象而規律之；其次欲謀求種族之綿延，必度親屬之生活（夫妻、父母子女），於是人與人之間，乃發生身分關係，如親屬關係、繼承關係，規律前者謂之財產法，規律後者謂之身分法。

由於上述可知民法所規律之對象，實為人生最基本之問題，民法之重要性，於茲可見。

二、民法之原則

（一）近代民法原則

近代民法乃以自由平等為理念，而演繹成三大原則：

1. **所有權絕對原則**：在私有財產制度下，所有權為神聖不可侵犯之權利，其行使固有自由，其不行使尤有自由，雖國家亦不得干涉，是謂所有權絕對原則（Unantastbarkeit des Eigentums），由法國「人權宣言」第17條而來，成為民法上大原則之一（§765）。

2. **契約自由原則**：在私法關係中，一切權利之取得，義務之負擔，純任由個人之意思，自由為之，他人不得干涉，從而契約之訂立與否，方式如何，內

容如何，均有自由，是爲契約自由原則（Prinzip der Vertragsfreiheit），亦爲民法大原則之一（§153）。不僅契約如此，即單獨行爲（如遺囑）、合同行爲（如法人章程之訂立），亦有自由，因之此一原則，遂演繹成「私法自治原則」（Grundsatz der Privatautonomie）。

3. **過失責任原則**：過失責任原則（das Verschuldensprinzip）則加損害於他人者，如有故意或過失，始負損害賠償責任，亦即行爲人惟對於自己之故意或過失行爲負責，若無過失則不負責者是也。

　　以上三大原則乃18世紀個人主義法律思想之產物，保障個人之財產，激發自由競爭，促成資本主義之發達，固有足多；然其另一面導致勞資之對立，貧富之不均，釀成社會問題不少，乃其美中不足之處。

（二）現今民法原則

　　時至今日，法律思想已進入社會本位，昔日之極端尊重個人自由者，於今則改以社會之公共福利爲前提矣，因此上述之三大原則，雖未廢止，但現今民法之理念，卻注重下列三點：

1. **公共利益之尊重**：公益應重於私益，此點日本民法第1條第1項即有：「私權應遵公共福祉。」是爲此一理念之明文化，可見今後民法之解釋與適用，應循之方向在於公共利益之尊重，我民法民國71年修正，於第148條第1項增設「權利之行使，不得違反公共利益」之規定，頗值重視。

2. **誠實信用之強調**：誠實信用原則，我民法原於第219條規定：「行使債權，履行債務，應依誠實及信用方法。」雖早已明文化，但因列於債編，似不足以涵蓋全部民法，因而民法於民國71年修正已將其列入民法總則編第148條第2項矣（詳後述）。

3. **權利濫用之禁止**：民法第148條第1項有：「權利之行使，不得以損害他人爲主要目的。」之規定，是爲禁止權利濫用原則。蓋權利之如何行使，權利人雖有自由，但仍應顧及他人之利益，若權利之行使，於權利人自己無益，而其主要目的，係在損害他人時，則不爲合法之行使，故民法上明文禁止之。

三、民法之法源

　　民法存在之形式，大致爲下列三種：

（一）成文民法

　　成文民法除現行民法法典之外，尚包含公司、票據、海商、保險及其他特別民事法在內。因我國係採取民商統一法制，與民商分立國家之法制不同。

（二）習慣民法

　　民法與刑法之採取嚴格的罪刑法定主義者有所不同，刑法則法無明文不為罪，民法則法律所未規定者依習慣，無習慣者依法理（§1）。民事所適用之習慣，以不背於公共秩序或善良風俗者為限（§2）。

（三）法　理

　　法理乃多數人所承認之共同生活原理是也，例如正義、衡平、利益之較量等等均是。法官適用法理上應參照下列各項：

1. 法院判例。我國最高法院所編定之判例，有拘束該院之效力（法組§57）。
2. 中國固有法而與民國國體不牴觸者。
3. 外國法。
4. 外國判例（以上兩者須不背於我國公共秩序或善良風俗者，始可參照）。
5. 學說。

四、民法之效力

　　民法之效力，係指民法支配之範圍。茲就時、人、地三方面分述之：

（一）及於時之效力

　　依中央法規標準法第14條規定：「法律特定有施行日期，或以命令特定施行日期者，自該特定日起發生效力。」依「法律不溯既往」之原則，法律自其生效之日起，以後發生之事項，始有其適用，其生效前發生之事項，除該法律有特別規定外，當然不能適用。

　　至於廢止之程序，依同法第22條規定：「法律之廢止，應經立法院通過，總統公布。命令之廢止，由原發布機關為之。依前二項程序廢止之法規，得僅公布或發布其名稱及施行日期；並自公布或發布之日起，算至第三日起失效。」又同法第23條規定：「法規定有施行期限者，期滿當然廢止，不適用前條之規定；但應由主管機關公告之。」現行民法未定有施行期限，只能遇有新法公布施行時，始能廢止。此即所謂「新法改廢舊法原則」是。

（二）及於人之效力

我民法之效力，當然及於本國人民，但依涉外民事法律適用法之規定，亦有時及於居住我國領域內之外國人。應注意者，我憲法第7條規定：「中華民國人民，無分男女、宗教、種族、階級、黨派，在法律上一律平等。」

（三）及於地之效力

民法之效力應及於我國之全部領域。

五、民法之解釋

適用民法之際，如有疑義發生，則應探求其真義，以期適用正確，此即民法之解釋是也。

（一）解釋之機關

在我國法律之最高有權解釋機關為司法院（大法官會議）。依我憲法第78條規定：「司法院解釋憲法，並有統一解釋法律及命令之權。」此項解釋權，由大法官會議行使之（憲§79Ⅱ，司法組§3），因此民法之疑義，應以大法官會議之解釋為最高的統一的有權解釋。

（二）解釋之方法

解釋之方法如下：

1. **文理解釋**：依據法律條文之文義或字義而為解釋，是為文理解釋。
2. **論理解釋**：斟酌法律之立法理由，及其他一切情事，依推理作用，而闡明法律之真義，是為論理解釋。易言之，論理解釋乃不拘泥於文字，而依一般論理法則，確定法律之意義者是也。其方法可細分為：（1）擴張解釋；（2）限縮解釋；（3）反對解釋；（4）類推解釋；（5）補充解釋。

（三）解釋之準則

民法之解釋應依據之準則：

1. **解釋之順序**：應先為文理解釋，而後為論理解釋。
2. **解釋之態度**：對於一般規定，應從廣義解釋，法諺有「法律規定未加區別者，吾人亦不得加以區別」之說，解釋法律應予參照，例如法條中所謂債權人，其中「人」字，不僅指自然人，法人亦包括在內，為自然人時男女老幼均

包括之，吾人不可解釋爲僅指自然人或僅指法人而言也。至於例外規定，則應從嚴格解釋。

第二節　民法制定之經過

民法典指成文的法律，而題名爲民法者而言。我國歷代法制雖備，獨缺民法法典，清末變法圖強，編成大清民律草案一種，是爲第一次民法草案。清光緒33年（西元1907年）設立修訂法律館，草擬大清民律，宣統3年8月（西元1911年）全部完成。但未及施行，而清室覆亡。民國成立後，設立法典編纂會，後改爲法律編查館，最後又改爲修訂法律館，參照前清民律草案，於民國14年至15年間，完成民律草案五編，是爲我國第二次民法草案，此草案雖經司法部通令各級法院作爲條理引用，然未正式公布施行。

國民政府奠都南京，設立法制局，著手編纂民法法典，終於完成現行之民法，其編別、公布及施行日期如下：

第一編：總則。民國18年5月23日公布，同年10月10日施行（施行法亦同日施行）。

第二編：債。民國18年11月23日公布，民國19年5月5日施行（施行法亦同日施行）。

第三編：物權。民國18年11月30日公布，民國19年5月5日施行（施行法同日施行）。

第四編：親屬。民國19年12月26日公布，民國20年5月5日施行（施行法同日施行）。

第五編：繼承。民國19年12月26日公布，民國20年5月5日施行（施行法同日施行）。

民法自公布施行以來，我國政治環境、社會結構、經濟條件乃至世界局勢均有重大變化，再揆以長期間之適用經驗，確有若干未盡妥適或疏漏不足之處應予修正。有鑑於此，法務部乃邀請民法學者及實務專家組成民法修正委員會，著手研修。迄今民法總則編、民法債編（包括通則、各種之債）、民法物權編暨民法親屬、繼承編皆已作了全盤大幅度的修正。

第二章　權利與義務

一、權　利

（一）權利之意義

權利者乃吾人享受特定生活利益，法律上所賦與之力也。析述之爲：

1. 權利者乃法律上所賦與之力也（學說上謂之法力說）：法律上之力，乃法律上賦與吾人（學說上謂之法力說）者，受法律之支持與保障，亦即以法律爲後盾，如有侵害之者，法律必予救濟之（參照§§18、184）。

2. 權利者乃吾人享受特定生活利益，法律上所賦與之力也：法律賦與吾人之力，其目的何在？在乎使吾人享受特定生活利益，藉以維持吾人之生存而已（法律爲社會生活規範）。所謂特定生活利益，例如法律賦與吾人以所有權，則吾人基於所有權，即得對於所有物自由使用、收益、處分，並得排除他人之干涉是（§765）；又如法律賦與吾人以債權，則吾人基於債權，即得向債務人請求給付是也（§199）。

（二）權利之分類

權利首應分爲公權與私權，公權爲公法上之權利。例如憲法第17條所定之選舉、罷免等權是。民法上之權利，屬於私權，以下僅就私權加以分類。

1. 財產權與非財產權：私權以其內容（即特定生活利益）爲區別標準，可分爲財產權與非財產權兩者。前者乃不與權利主體之人格或身分相終始，而具有經濟的利益之權利是。有債權、物權、準物權（如漁業權）及無體財產權（如著作權、專利權、商標權）四種。後者乃與權利主體之人格或身分，有不可分離關係者是也。尚可分人格權及身分權兩種。

2. 請求權、支配權、形成權與抗辯權：私權以其效力（法律上之力）爲區別標準，可分爲請求權、支配權、形成權與抗辯權等四種。

（1）請求權：乃請求他人爲特定行爲（作爲、不作爲）之權利，例如基於物權得請求無權占有人返還其物（§767），基於特定之親屬關係得請求扶養（§1116）是，具有請求力，如他方不應其請求，則得提起訴訟，而聲請法院強制執行（§199）。

（2）支配權：亦稱管領權，乃權利人得直接支配其標的物者是，如有妨害其支配者，則得依法排除之（§§765、767）；及父母對子女之懲戒權（§1085）是。

（3）形成權：乃依自己之行為，使自己或與人共同之法律關係發生變動者是也。例如撤銷權（§93）、承認權（§170）、選擇權（§208）、抵銷權（§334）均屬之。

（4）抗辯權：乃相對人請求給付時，得為拒絕之權利。例如時效完成之抗辯權（§144）、同時履行抗辯權（§264）及先訴抗辯權（§745）均屬之。

上述四種權利分別與下列之問題有關：

①請求權→消滅時效；

②支配權→取得時效；

③形成權→除斥期間；

④抗辯權→永久性。

3. **主權利與從權利**：此種分類乃以兩權利之相互關係為區別標準。主權利即得單獨存在之權利，例如債權、所有權是；從權利即隨主權利之存在而存在之權利，從屬於主體之權利，不得單獨存在之權利，例如抵押權之存在，以債權存在為前提，利息債權之發生，以原本債權存在為前提。

此外私權尚可分為（1）絕對權與相對權；（2）專屬權與非專屬權；（3）既得權與期待權。

二、義　務

義務乃權利之對待名詞，享權利須盡義務；有義務斯有權利。茲將義務之意義及分類分述如下：

（一）義務之意義

義務者乃法律上所課之作為或不作為之拘束也。析述之為：

1. **義務者拘束也**：拘束云者乃不能由被拘束之人任意變更或免除者是也。亦即不問義務人之意思如何，而必須遵守之謂。

2. **義務者法律上所課作為或不作為之拘束也**：義務之內容，作為或不作為而已。就債務言之（義務之一種），以作為為內容者有之，如金錢借貸之

返還是；以不作爲爲內容者亦有之，如不競業義務是（§§ 199 Ⅲ、562）。此等作爲或不作爲之義務乃法律上之所課，倘不遵守，法律上必加以制裁（§227）。

（二）義務之分類

　　義務之分類爲：

1. **積極義務與消極義務**：此乃以其內容爲區別標準，可分爲積極義務與消極義務兩者。前者即以積極的作爲爲內容是也。此種義務以作爲爲義務之履行；以不作爲爲義務之違反。後者乃以消極的不作爲爲內容者是也。此種義務以不作爲爲義務之履行；以作爲爲義務之違反。

2. **主義務與從義務**：此乃以其相互之關係爲區別標準，可分爲主義務與從義務，前者乃得單獨存在之義務，如一般債務是；後者乃從屬於主義務，而不能單獨存在之義務，如保證債務是。從義務須有主義務之成立而成立；亦得因主義務之移轉而移轉（§304）；且因主義務之消滅而消滅（§307）。

本 論

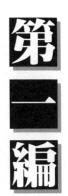

第一編

總　則

第一章　法　例

　　民法總則編第一章標題為「法例」，法例者係全部民事法規所適用之通例，不獨民法總則，即民法其他各編，以至於所有民事特別法，除另有特別規定外，均適用之。

　　民法總則法例章規定之事項有三：

一、民法之法源及其適用之次序

　　民事，法律所未規定者依習慣；無習慣者依法理（§1）。民法之法源有三：

（一）法　律

　　指成文法而言，包括民法法典，及其他成文的特別民事法（如公司法、票據法、海商法、保險法）在內。

（二）習　慣

　　一事項於社會上反覆行之，即成為習慣。習慣亦為社會生活規範，而為吾人所遵循，故民法列其為法源之一。惟此之所謂習慣，須具備下列要件：

1. 須有外部要素：即該習慣確屬存在與慣行，亦即於一定期間內，就同一事項，反復而為同一行為是。

2. 須有內部要素：即須人人確信其為法律，甘願受其拘束而無爭議者是（17上613、691）。

3. 須為法律所未規定之事項（37上6809）：若該事項法律已有明文規定，除該法律規定應許優先適用習慣（例如§450 II但書規定之習慣）外，則不得適用習慣。

4. 須有法律之價值：有法律效力之習慣，須有法律之價值始可。民法第2條：「民事所適用之習慣，以不背於公共秩序或善良風俗者為限。」即指此而言。

　　有以上四要件，習慣乃得適用。

（三）法　理

法理亦稱理法，乃吾人共認之共同生活原理，例如正義、衡平是。此等原理由於人性之本然而來，故或稱爲性法或自然法。人類社會生活，關係極爲複雜，法律之規定不能周全，社會之進步，事物之變遷，立法者甚難預料，法官又不得以法無明文拒絕裁判（66台再42）。

以上三者適用之次序，以法律爲先，其次爲習慣，最後爲法理。此點乃民事與刑事不同之所在，刑事因採取「罪刑法定主義」（刑§1），祇能適用法律，不得適用習慣與法理，而民事除法律外，尚得適用習慣與法理。民事係在解決吾人之身分及財產上之法律問題，而法律之規定有限，無法適應層出不窮之問題，而此等問題又非解決不可，不若刑事如法無明文即無罪了事，因而勢必以習慣與法理爲補充之適用。

二、使用文字之準則

法律行爲須使用文字者有之，不以使用文字爲必要者有之，前者謂之要式行爲；後者謂之不要式行爲。在要式行爲之使用文字，有出於法律之規定者（如§§422所定之字據，756-1所定之書面及709-3所定之會單），有出於契約之約定者。其出於法律之規定者，依民法第3條第1項：「依法律之規定，有使用文字之必要者，得不由本人自寫，但必須親自簽名。」申言之，依法律之規定使用文字時，本人親自書寫固可，由他人代寫亦無不可，惟須親自簽名。不過此乃原則，法律規定得由他人代簽名者，如民法第553條，經理人得代其商號簽名。

其次，此項簽名，依民法第3條第2項規定：「如有用印章代簽名者，其蓋章與簽名生同等之效力。」因我國社會習慣上，向以蓋章爲主要之憑信，較簽名尤爲普遍，故法律上承認其效力。又同條第3項規定：「如以指印、十字或其他符號代簽名者，在文件上，經二人簽名證明，亦與簽名生同等之效力。」若證明二人亦僅簽十字時，仍爲法律行爲法定方式之欠缺，須經補正，始爲有效（院1909）。使用電子簽章（參照西元2001年11月14日公布之電子簽章法）亦屬有效。

三、確定數量之標準

　　法律行爲之標的，常涉及種類、品質及數量之問題，所謂「類、質、量」是也。其中數量問題，倘記載有疑義時，須依下列標準確定之：

（一）以文字為準者

　　民法第4條規定：「關於一定之數量，同時以文字及號碼表示者，其文字與號碼有不符合時，如法院不能決定何者爲當事人之原意，應以文字爲準。」蓋文字比號碼較爲鄭重，且不易改竄也。

（二）以最低額為準者

　　民法第5條規定：「關於一定之數量，以文字或號碼爲數次之表示者，其表示有不符合時，如法院不能決定何者爲當事人之原意，應以最低額爲準。」以最低額爲準者，偏向於債務人之利益也。

　　以上兩者係民事上確定數量之標準，但票據法第7條規定：「票據上記載金額之文字與號碼不符時，以文字爲準。」應較民法之規定優先適用。其與民法規定之不同處在民法上以「如法院不能決定何者爲當事人之原意」爲前提，而後始以文字爲準，在票據法上則逕以文字爲準，以資簡化。

第二章　人

　　構成法律關係之主要因素，不外爲「人」、「物」及「行爲」三者。此三者中以人爲首，因法律關係乃人與人之關係，無人即無法律關係之可言，故民法總則第二章即規定「人」。一般所稱之人僅指自然人而言，法律上所稱之人，則包括法人在內。亦即法律上所稱之人，有自然人與法人兩種。

第一節　自然人

　　自然人乃指具有血肉之軀及靈魂之自然界之人類而言。自然人均得爲權利義務之主體，根據憲法規定中華民國人民，無分男女、宗教、種族、階級、黨派，在法律上一律平等（憲§7）。民法就自然人之權利能力、行爲能力、人格權及住所四項設有規定（§§6～24），茲分述之：

第一款　權利能力

一、權利能力之意義

　　權利能力乃享受權利與負擔義務之資格，故亦稱人格。其全稱應爲「權利義務能力」，因現行民法係以權利爲本位，故僅稱權利能力，應包括義務能力在內。權利能力，自然人與法人均有之。

二、權力能力之發生

（一）權利能力之始期

　　民法第6條規定：「人之權利能力，始於出生……。」自然人之權利能力因出生而開始，亦即一經出生，不論何人一律平等的無條件的取得權利能力，而享有人格。何謂出生？學說甚多，一般採獨立呼吸說（20台上1029），其要件爲：

　　1. 胎兒須與母體分離，所謂「出」是也。
　　2. 脫離後能獨立呼吸，所謂「生」是也。

二者兼備，始得謂之出生，出生始能取得權利能力。否則出而未生，謂之死產，不能取得權利能力。

（二）胎　兒

民法第7條規定：「胎兒以將來非死產者爲限，關於其個人利益之保護，視爲既已出生。」所謂胎兒指已受孕，而尙未出生之母體內之人胎而言。惟胎兒究竟能否保持其生命而出生，尙未可知，法律上乃以「將來非死產」爲條件，關於胎兒個人利益之保護，視爲既已出生。例如認領請求權及繼承權等之享有是。胎兒在出生前，其父死亡，此時其父之遺產，胎兒亦有繼承權。惟胎兒之應繼分，應暫予保留（§1166），俟將來胎兒是否非死產，始能確定。上述條文，只限於胎兒個人利益之保護，視爲既已出生，若對於胎兒之不利益，則不能視爲既已出生，例如對於父母之扶養義務，則不使胎兒負擔之。

三、權利能力之消滅

（一）權利能力之終期

民法第6條規定：「人之權利能力，……終於死亡。」則死亡即爲自然人權利能力之終期，其人格即因之而消滅。何時始得謂之死亡，學說上現以「心臟鼓動停止說」爲通說，即該自然人心臟停止鼓動時，即爲死亡之時。惟根據現今醫學之發展，經醫師判定爲「腦死」者，亦屬死亡（人體器官移植條例§4）。

人一死亡，其權利能力歸於消滅，於是繼承開始（§1147）。而由繼承人承受被繼承人財產上之一切權利義務（§1148），故關於遺產之法律行爲，自當由繼承人爲之，被繼承人生前委任之代理人、其委任關係，原則上應歸消滅（51台上2813）。

（二）死亡宣告

1. 死亡宣告之意義

死亡宣告者，失蹤人失蹤一定期間後，法院因利害關係人之聲請，宣告其爲死亡之制度也。失蹤人生死不明，其親屬上及財產上之法律關係，無從確定，對於配偶、繼承人、債權人等利害關係人之影響甚大，對於社會公益（如其財產每因無適當之人管理而荒廢）亦不利，故設死亡宣告制度，以結束失蹤

人原住所爲中心之法律關係。此乃權利能力終於死亡之例外。

2. 死亡宣告之要件

民法第8條規定：「失蹤人失蹤滿七年後，法院得因利害關係人或檢察官之聲請，爲死亡之宣告；失蹤人爲八十歲以上者，得於失蹤滿三年後，爲死亡之宣告；失蹤人爲遭遇特別災難者，得於特別災難終了滿一年後，爲死亡之宣告。」茲析述其要件如下：

（1）須其人已失蹤：所謂失蹤乃離去其住所，而生死不明之謂。若明知其尚生存，固不得爲死亡宣告；若確悉其已死亡，亦不必爲死亡宣告。

（2）須失蹤滿法定期間：

①普通期間。失蹤人失蹤滿7年後，得爲死亡之宣告（§8 I）。但「失蹤人爲80歲以上者，得於失蹤滿3年後，爲死亡之宣告」（同條 II）。此兩項期間，自最後音信日起算。

②特別期間。失蹤人失蹤之原因，係遭遇特別災難者，得於特別災難終了滿1年後，爲死亡之宣告（同條 III）。所謂特別災難，乃指戰爭、海、空難、火災或地震等。

（3）須經特定人聲請：所謂特定人指利害關係人及檢察官而言，而利害關係人則指對於失蹤人之生死，在法律上有利害關係者。如配偶、繼承人、受遺贈人、債權人及死亡保險之受益人等均是。死亡宣告必須經此等人或檢察官之聲請始可。但遺產稅徵收機關及國庫，均非利害關係人（院3230）。

（4）須經公示催告程序：經特定人聲請後，法院須踐行公示催告程序（家事事件法§156），然後爲宣告。宣告須以判決爲之，並應確定死亡之時（家事事件法§159）。

3. 死亡宣告之效力

民法第9條規定：「受死亡宣告者，以判決內所確定死亡之時，推定其爲死亡。前項死亡之時應爲前條各項所定期間最後日終止之時；但有反證者，不在此限。」所謂推定即假定之意，與視爲不同，並無擬制效力，自得由法律上有利害關係人提出反證以推翻之（51台上1732）。死亡宣告，有絕對的效力，凡死亡所生之效果，例如繼承開始、婚姻開始、婚姻關係消滅均因而發生。

4. 死亡宣告之撤銷

死亡宣告與真實死亡不同，真實死亡則死者不可復生，死亡宣告後該受宣告之人尚生存時，則其本人或法律上有利害關係之人，得提起撤銷死亡宣告之

訴，而法院應以判決撤銷之；但判決確定前之善意行為不受影響（家事事件法§160以下）。

5. 失蹤人財產之管理

失蹤人失蹤後，未受死亡宣告前，其財產應如何管理之問題，除其他法律另有規定者外，依家事事件法之規定（§10，家事§§142～153）。如失蹤人未置財產管理人者，其財產管理人，依下列順序定之：（1）配偶；（2）父母；（3）與失蹤人同居之祖父母；（4）家長（家事§143）。不能依前項規定定管理人時，法院依利害關係人之聲請，得就其財產之管理，以裁定命為必要之處分或為選任財產管理人（同條 II）。

（三）死亡證明

自然人其是否已死及死亡之時期如何，如有爭執，自當由主張之者負舉證責任。但法律上就此設有兩種推定

1. 「受死亡宣告者以判決內所確定死亡之時，推定其為死亡。」（§9 I）主張死亡者，不必舉證；否認者，則須提出反證。

2. 「兩人以上同時遇難，不能證明其死亡先後時，推定其為同時死亡。」是為同死之推定（§11），此二人既推定其同時死亡，則其彼此互不繼承，又此種推定不僅真實死亡適用，在死亡宣告之情形，法院確定死亡之時，亦應適用之。

第二款　行為能力

一、行為能力之意義

行為能力指得為法律行為之能力而言。所謂法律行為乃以意思表示為要素之行為，例如買賣、贈與、租賃、保險、遺囑等均屬之。得為此等行為之資格，謂之行為能力。行為能力與權利能力不同：權利能力乃得享受權利或負擔義務之資格；行為能力乃得獨立的依自己之意思取得權利或負擔義務之資格；權利能力屬於靜態的，行為能力屬於動態的；權利能力人人有之，行為能力則非人人具有。

行為能力有廣狹二義，廣義之行為能力，指人之行為，能發生法律上效果之資格；包括法律行為能力、準法律行為能力（適法）及侵權行為能力（違法）。狹義之行為能力，專指法律行為能力，即在法律上能獨立地基於自己之

意思取得權利及負擔義務的資格。這裡所謂行為能力，專指狹義行為能力而言。

二、行為能力之有無

關於行為能力之有無，可分三種情形述之：

（一）完全行為能力人

依民法之規定，可分兩種：

1. 成年人

民法第12條規定：「滿二十歲為成年。」則年滿20歲之人，無論男女，均取得行為能力。惟近年來各國法律有降低成年年齡之趨勢。

2. 未成年人已婚者

民法第13條第3項規定：「未成年人已結婚者，有行為能力。」結婚後需要獨立自主，以維持其共同生活，故民法對於未成年已婚之人，提早賦與行為能力。

男未滿18歲，女未滿16歲而結婚者，實務上，在依法撤銷以前，亦有行為能力（§980，31院2372）。其後若被撤銷，自撤銷時起，喪失行為能力（§998）。又夫妻之一方死亡或離婚，而婚姻關係消滅時，仍有行為能力（20院468）。

（二）無行為能力人

無行為能力人亦分為兩種：

1. 未滿7歲之未成年人

民法第13條第1項規定：「未滿七歲之未成年人，無行為能力。」此種未成年人之知識經驗，均極薄弱，故民法不賦與以行為能力，而由其法定代理人代為法律行為（§76）。

2. 受監護宣告之人

受監護宣告之人，無行為能力（§15）[1]。

---

* 以下註解為97年5月「民法總則編部分條文修正草案」、「民法總則施行法部分條文修正草案」、「民法親屬編部分條文修正草案」及「民法親屬編施行法部分條文修正草案」修正通過之內容。

[1] 按外國立法例，雖有將成年受監護人之法律行為，規定為得撤銷者（例如日本民

　　（1）監護宣告之要件：對於因精神障礙或其他心智缺陷，致不能為意思表示或受意思表示，或不能辨識其意思表示之效果者，法院得因本人、配偶、四親等內之親屬、最近一年有同居事實之其他親屬、檢察官、主管機關、社會福利機構輔助人、意定監護受任人、或其他利害關係人之聲請，為監護之宣告（§14 I）²、³。至宣告之程序，則應依家事事件法第164至171條之規定。法院

法第9條）；亦即受監護宣告之人不因監護宣告而完全喪失行為能力。惟因本法有關行為能力制度，係採完全行為能力、限制行為能力及無行為能力三級制；而禁治產人，係屬無行為能力，其所為行為無效。此一制度業已施行多年，且為一般民眾普遍接受，為避免修正後變動過大，社會無法適應，爰仍規定受監護宣告之人，無行為能力。

2　現行條文第1項前段「心神喪失或精神耗弱致不能處理自己事務」之規定，語意極不明確，適用易滋疑義，爰參酌行政罰法第9條第3項及刑法第19條第1項規定，修正為「因精神障礙或其他心智缺陷，致不能為意思表示或受意思表示，或不能辨識其意思表示之效果」，俾資明確。

　　另現行條文第1項有關聲請權人之規定，其範圍過狹，不符實際需要，爰參考本法第1055條第1項規定，酌予修正放寬其範圍。又本項所稱「主管機關」之定義，依相關特別法之規定；例如老人福利法第3條、身心障礙者保護法第2條、精神衛生法第2條。

3　中華民國108年5月24日立法院第9屆第7會期第15次會議修正民法部分條文新增有關意定監護制度之規定。

　　依第15條之1第1項規定，對於因精神障礙或其他心智缺陷，致其為意思表示或受意思表示，或辨識其意思表示效果之能力，顯有不足者，法院得依聲請為輔助宣告，置輔助人，協助受輔助宣告人為重要行為。是以，輔助人對於受輔助人之精神或心智狀況，知之最稔，故倘受輔助人已達因精神障礙或其他心智缺陷，致不能為意思表示或受意思表示，或不能辨識其意思表示效果之程度，而有依第15條之1第3項規定受監護宣告之必要者，自宜許由輔助人向法院聲請對原受輔助人為監護宣告，爰於第1項增訂輔助人得為監護宣告之聲請人。

　　又第1094條第3項有關選定監護人之規定，及第1098條第2項有關選任特別代理人之規定，均定有「其他利害關係人」得向法院聲請之規定，爰參考於第1項增訂其他利害關係人得為監護宣告之聲請人。

　　另配合親屬編第四章「監護」增訂第三節「成年人之意定監護」，本人得於意思能力尚健全時，與受任人約定，於本人受監護宣告時，受任人允為擔任監護人，是以，自亦應得由意定監護受任人於本人有因精神障礙或其他心智缺陷，致不能為意思表示或受意思表示，或不能辨識其意思表示之效果之情形時，向法院聲請為本人之監護宣告，爰併於第1項增訂。

　　第2項至第4項未修正。

　　又第1094條第3項有關選定監護人之規定，及第1098條第2項有關選任特別代理人

對於監護之聲請，認爲未達第1項之程度者，得依第15條之1第1項規定，爲輔助之宣告（§14Ⅲ）。

（2）受監護宣告之效力：受監護宣告之人，無行爲能力（§15），應置監護人爲其法定代理人（§1110）。又監護宣告，有絕對的效力，即對於聲請人及一切之人，均發生效力。

（3）監護宣告之撤銷：受監護之原因消滅時，法院應依前項聲請權人之聲請，撤銷其宣告（§14Ⅱ）。得聲請監護宣告之人，皆得聲請撤銷監護宣告。撤銷之程序，則依家事事件法第172條之規定。撤銷監護宣告，亦有創設的效力，監護宣告因而終了，受宣告人即回復其行爲能力。

受監護之原因消滅，而仍有輔助之必要者，法院得依第15條之1第1項規定，變更爲輔助之宣告（§14Ⅳ）。

（三）限制行爲能力人

民法第13條第2項規定：「滿七歲以上之未成年人，有限制行爲能力。」所謂限制行爲能力，即其行爲能力有時有之，有時無有，與完全有行爲能力不同，與完全無行爲能力亦異。易言之，此種人係有不完全之行爲能力是也。當其有行爲能力時，則得獨立有效爲法律行爲（§85）；當其無行爲能力時，則爲法律行爲時，須得其法定代理人事先之允許，或事後之承認（§§77本文、79）。其詳於法律行爲章中述之。

三、輔助宣告

（一）輔助宣告之意義

對於因精神障礙或其他心智缺陷，致其爲意思表示或受意思表示，或辨

之規定，均定有「其他利害關係人」得向法院聲請之規定，爰參考於第1項增訂其他利害關係人得爲監護宣告之聲請人。

另配合親屬編第四章「監護」增訂第三節「成年人之意定監護」，本人得於意思能力尚健全時，與受任人約定，於本人受監護宣告時，受任人允爲擔任監護人，是以，自亦應得由意定監護受任人於本人有因精神障礙或其他心智缺陷，致不能爲意思表示或受意思表示，或不能辨識其意思表示之效果之情形時，向法院聲請爲本人之監護宣告，爰併於第1項增訂。

第2項至第4項未修正。

識其意思表示效果之能力，顯有不足者，法院得因本人、配偶、四親等內之親屬、最近一年有同居事實之其他親屬、檢察官、主管機關或社會福利機構之聲請，爲輔助之宣告（§15-1 I）。

（二）輔助宣告之撤銷

受輔助之原因消滅時，法院應依前項聲請權人之聲請，撤銷其宣告（§15-1 II）。

（三）輔助宣告之轉換

受輔助宣告之人有受監護之必要者，法院得依第14條第1項規定，變更爲監護之宣告（§15-1 III）。

（四）受輔助宣告之效力

1. 於爲重要之法律行爲時，應經輔助人同意（§15-2）

受輔助宣告之人爲下列行爲時，應經輔助人同意。但純獲法律上利益，或依其年齡及身分、日常生活所必需者，不在此限：

一、爲獨資、合夥營業或爲法人之負責人。

二、爲消費借貸、消費寄託、保證、贈與或信託。

三、爲訴訟行爲。

四、爲和解、調解、調處或簽訂仲裁契約。

五、爲不動產、船舶、航空器、汽車或其他重要財產之處分、設定負擔、買賣、租賃或借貸。

六、爲遺產分割、遺贈、拋棄繼承權或其他相關權利。

七、法院依前條聲請權人或輔助人之聲請，所指定之其他行爲。

第78條至第83條規定，於未依前項規定得輔助人同意之情形，準用之。

第85條規定，於輔助人同意受輔助宣告之人爲第1項第1款行爲時，準用之。

第1項所列應經同意之行爲，無損害受輔助宣告之人利益之虞，而輔助人仍不爲同意時，受輔助宣告之人得逕行聲請法院許可後爲之。

2. 應置輔助人（§1113-1）

受輔助宣告之人，應置輔助人。又輔助人及有關輔助之職務得準用成年人監護之規定。

案例1

> 甲與未受監護宣告之精神病患人乙訂立之不動產買賣之契約是否有效？

若甲與乙訂立契約時，乙是無意識情況下，則此行為能力無效。若乙是成年人而未受監護宣告則此行為能力有效。若乙為無行為能力者，則此行為能力一律無效。若乙為限制行為能力者，則須得法定代理人同意，此行為能力才有效。

案例2

> 甲乙二人婚後育有一子且乙尚懷有5個月身孕的胎兒A，甲因酒後駕車衝入水溝致亡，死後留下遺產1,500萬元，試問胎兒A是否可以繼承該遺產？

自然人乃自出生後即可享有權利，所以自然人出生後，不管其身心健全與否，皆能完全享有權利能力。而胎兒A僅有5個月，依獨立呼吸說的見解，尚未具備「出生」之兩個要件，所以不能認為胎兒已出生而取得權利能力。但法律為保護胎兒起見，於民法第7條特別規定：「胎兒以將來非死產者為限，關於其個人利益之保護，視為既已出生。」而使胎兒於未出生之前，預先享有權利能力，也就是在母體內的胎兒，可以享有權利能力。因遺產之繼承對胎兒有利，故胎兒A依民法第7條規定，可視為胎兒A已出生而享有繼承權，以保護其權利。

案例3

> 甲年僅6歲，性喜玩電腦，看上了一台價值10萬元的電腦，於是向老闆購買，試問其買賣契約效力如何？

依民法之規定有下列兩種自然人為無行為能力人：

　　1. 未滿7歲之未成年人（參照§13 I）。

　　2. 受監護宣告之人。

　　故甲是無行為能力之人，其購買行為是無效的；但他可以請求其法定代理人代為購買。

第三款　人格權之保護

　　人格權是存在於權利人自己的人格上的權利，與權利主體互相結合，具有專屬權之性質，例如生命、身體、名譽、自由、姓名、健康……等均是。關於人格權之保護，民法設有一般保護規定與特別保護規定，茲分述如次：

一、一般保護規定

（一）基於一般人格權之請求權

　　民法第18條第1項規定：「人格權受侵害時，得請求法院除去其侵害；有受侵害之虞時，得請求防止之。」茲所謂人格權，指一般人格權，舉凡關於人之存在價值及尊嚴者均屬之，例如生命、身體、繼承、名譽……等是。茲所謂侵害，指不法之侵害而言，至於加害人有無過失，在所不問。所謂「除去其侵害」，指採取措施，使侵害之行為或狀態終止而言。所謂「有受侵害之虞」，指侵害雖尚未發生，但依具體狀況，客觀上有發生之可能而言。人格權有受侵害之虞時，有侵害防止請求權，此外，一般人格權受侵害，亦得依民法第184條規定，請求損害賠償。

（二）基於特別人格權之損害賠償請求權

　　民法第18條第2項規定：「前項情形，以法律有特別規定者為限，得請求損害賠償或慰撫金」，此即對「特別人格權」之保護也。特別人格權包括生命、身體、健康、名譽、自由、姓名六種，因為此六種人格權特別重要，對其保護尤應周全，因此除適用「一般人格權之請求權」外，尚有「基於特別人格權之損害賠償請求權」之特別規定，即得請求「損害賠償或慰撫金」，茲所謂「損害賠償」係指財產上之損害賠償，與民法第184條之規定，重複規定；所謂「慰撫金」係指非財產上之損害賠償。所謂「法律有特別規定」，例如民法第19條、第192條至195條……等是。

二、特別保護規定

民法總則關於人格權之特別保護規定有三：

（一）權利能力與行為能力之保護

民法第16條規定：「權利能力及行為能力，不得拋棄。」權利能力，與生俱來，為發展健全人格所必需，拋棄權利能力，即喪失權利義務主體之資格，無異淪為奴隸，為文明國家所禁止。行為能力，乃得獨立為法律行為，從而取得權利，負擔義務，若拋棄行為能力，則成為無行為能力人，影響社會交易安全，因此法律禁止拋棄行為能力。

（二）自由不得拋棄

自由為人體或精神活動，不受不當拘束之狀態。自由為個人發展健全人格，人類發展文化所必需，因此民法第17條規定：「自由不得拋棄。自由之限制，以不背於公共秩序或善良風俗者為限。」

（三）姓名權之保護

姓名權為人格權之一種，民法第19條特就姓名權之保護加以規定，以姓名權特別重要也。姓名權是使用姓名的權利。姓名不僅指戶籍登記上之本名，而且包括字、號、筆名、藝名、簡稱……等在內。姓名是人格之標示，用以區別不同之人，因此姓名具有專用性以及排他性。民法第19條規定：「姓名權受侵害者，得請求法院除去其侵害，並得請求損害賠償。」所謂姓名權之侵害，包括：

1. 冒用姓名：即無權使用他人姓名而竟為使用，例如冒用某著名作家之姓名，發表文章。

2. 不當使用：使用他人之姓名，使社會上對該姓名權的主體產生低評價，例如以他人之姓名為狗命名是。姓名權只要被侵害，即得請求除去其侵害，例如請求登報道歉、請求法院命令其不得繼續使用姓名等。如有損害，並得請求損害賠償。至於加害人有無過失，則非所問。

案例

教育行政機關或學校對於無照駕駛機車學生之家長姓名予以公布，是否侵害其名譽權、隱私權或姓名權？

　　公布家長姓名與姓名權侵害之型態並不相符，又因父母對於未成年子女有保護教養之義務，民法第1084條第2項定有明文，未成年學生無照駕駛觸犯交通法規，公布其家長姓名並無不法，但成年學生部分如予公布則仍可能造成侵害，其性質應為名譽權的侵害。

第四款　住　所

一、住所之意義

　　住所乃吾人法律關係之中心地域。在法律上賦與種種效果，故住所就法律關係言之，頗為重要。

二、住所之種類

（一）意定住所

　　意定住所乃依當事人之意思所設定之住所。民法第20條第1項規定：「依一定之事實，足認以久住之意思，住於一定之地域者，即為設定其住所於該地。」可知住所之設定，須具備兩要件：

1. **主觀要件**：即須有久住之意思。久住之意思者，未預定居住之期間，而擬長久居住者是也。有此意思即可，事實上住多久，則非所問。不過此意思有無之認定，須依一定事實（例如大部財產均置於此是）為之，不能純由當事人任意左右。

2. **客觀要件**：即須住於一定之地域。例如住於台北市是。具備上述兩要件，即為設定住所於該地，至是否已報戶籍，亦非所問。惟住所以一個為限，是為住所單一主義，一人同時不得有兩住所（同條 Ⅱ）以免法律關係趨於複雜。又意定住所既由當事人之意思所設定，自亦得由當事人之意思而廢止，因而民法第24條乃規定：「依一定之事實，足認以廢止之意思離去其住所者，即為廢止其住所。」

（二）法定住所

　　法定住所即法律上規定之住所，與當事人之意思無關，尚有狹義的法定住所與擬制住所之分：

1. **狹義的法定住所**：通常所謂法定住所，多指此而言。有下列各項：

（1）無行爲能力人及限制行爲能力人之住所，以其法定代理人之住所爲住所（§§21、1060、1091、1110）。

（2）夫妻之住所，由雙方共同協議之，未爲協議或協議不成時，得聲請法院定之。法院爲前項裁定前，以夫妻共同戶籍地推定爲其住所（§1002）。

2.擬制住所：擬制住所乃因住所不明或其他特殊情形，法律上爲之擬制之住所，有下列兩種：

（1）居所視爲住所：居所乃無久住之意思，而有暫住之事實之處所，居所本非住所，但依民法第22條規定：

①住所無可考者，其居所視爲住所；

②在我國無住所者，其居所視爲住所；但依法須依住所地法者不在此限。所謂依法係指依涉外民事法律適用法而言，例如該法第10條第1項規定：「人之行爲能力，依其本國法。」而其第5條復規定：「依本法適用當事人本國法時，如其國內法律因地域或其他因素有不同者，依該國關於法律適用之規定，定期應適用之法律；該國關於法律適用之規定不明者，適用該國與當事人關係最切之法律。」此種情形，即不能以在中國之居所爲其住所矣。

（2）選定居所視爲住所：民法第23條規定：「因特定行爲選定居所者，關於其行爲，視爲住所。」例如某甲因經商在台北選定居所，則關於該經商所生之債權債務關係，即以其選定之居所視爲住所是。

三、住所之效力

（一）爲確定是否失蹤之標準（§8），失蹤人是否失蹤，以其離開住所，去向不明爲標準。

（二）爲確定債務履行地之標準（§314Ⅱ）。

（三）爲確定審判籍之標準（民訴§1，刑訴§5）。

（四）爲受送達地之處所（民訴§136，刑訴§55）。

（五）爲確定國際私法上準據法之標準（涉民§§3、4、6、12）。

第五款　外國人

外國人乃無中華民國國籍之自然人。民法總則施行法第2條規定：「外國人於法令限制內，有權利能力。」即外國人在中國，亦有權利能力，但須受法

令之限制而已。例如土地法第17條所定之土地，即不得移轉、設定負擔或租賃
於外國人，則外國人即無資格享有各該權利是。至於外國人之行爲能力則依其
本國法（涉民§1）。

第二節　法　人

第一款　通　則

一、法人之意義

　　法人者，得爲權利義務主體之社會組織體也。此種團體，或爲多數人之組
織體，或爲多數財產之集合體。前者謂之社團，例如公司是；後者謂之財團，
例如私立學校、消費者文教基金會是。此種社會組織體與自然人實同爲現代社
會之活動主體，爲使其發展與存續，不受構成份子之影響，遂賦與獨立之人
格，因而產生法人制度。

二、法人之種類

```
        ┌ 公法人—國家、省縣地方自治團體、農田水利會。
        │               ┌ 公益法人：農會、工會、公會、商會、漁會。
法人 ┤          ┌ 社團法人┤
        │ 私法人 ┤          └ 營利法人：公司、銀行、合作社。
        │          └ 財團法人—公益法人：私立學校、慈善機關、基金
        └                                  會、寺廟、研究機構。
```

（一）公法人與私法人

　　此種分類，乃以設立法人所依據之法規爲標準。凡依公法設立之法人，曰
公法人。例如國家及地方自治團體是。凡依私法設立之法人，曰私法人。例如
私立救濟院。

（二）社團與財團

此種分類，乃以法人成立要件爲標準。

1. 社　　團

乃以社員爲其成立基礎之法人。社團爲人之集合，故必有社員，其組織必有社員總會。社團可分爲二：其以謀各社員經濟上之利益爲目的者，曰營利社團。例如公司。其以謀各社員非經濟上之利益爲目的者，曰公益社團。例如律師公會。

2. 財　　團

乃以捐助一定之財產爲其成立基礎之法人。財團爲財產之集合，捐助人並非財團之構成分子，其所捐財產，有特定之使用目的，亦非謀自己利益，故爲公益法人。例如私立學校。

（三）公益法人與營利法人

此種分類，以法人設立之目的爲標準。

1. 公益法人

即以謀公眾利益爲目的而設立之法人。但不必爲社會一般人之利益，即爲謀全體社員非經濟上之利益者，亦屬之。例如同鄉會及俱樂部是（參照院507）。又所謂以公益爲目的，乃指以公益事業爲其終局目的而言。公益事業進行中，間有營利行爲，其所得利益並不分配於社員，而以之從事公益事業者，仍不失爲公益法人。例如救濟院公演話劇籌募基金。

2. 營利法人

即以營利爲目的而設立之法人。其以增加社員經濟上之利益爲目的者，例如公司；其以減少社員經濟上之不利益爲目的者，例如合作社。

三、法人之設立

（一）意　　義

法人之設立，指使法人具有實體而取得人格之行爲而言。

（二）立法主義

法人之設立，其立法主義有五：

1. 放任主義

即法律不加干涉，可任意自由設立。易流於浮濫，各國甚少採之。

2. 特許主義

即每一法人之設立，須特別制定法律，或經國家元首特許。例如立法院制訂中央銀行法，設立中央銀行。

3. 許可主義

即法人之設立，須具備法定條件，並得主管機關之許可。例如私立學校之設立，除須符合法定要件外，尚應經主管機關教育部許可是。

4. 準則主義

即法人之設立，只須具備法定條件。各國對營利性社團，多採準則主義，例如公司之設立，只要符合公司法之規定即可成立是。

5. 強制主義

即法人之設立，由國家強制為之。人民有集會結社之自由，例外情形，法律為達到一定職業上的管理目的，規定須設法人，而且規定其從業人員有加入之義務，例如律師公會、醫師公會等職業團體是。

我國法人之設立，國家銀行採特許主義，公益法人採許可主義，營利法人採準則主義，職業團體採強制主義。

（三）要　件

1. 須依據法律

「法人非依本法或其他法律之規定，不得成立」（§25），明示法人不得自由設立。此之所謂法律，專指立法機關制定之法律而言，不包括命令在內。所謂其他法律，則指民法以外之特別法而言。例如公司法、合作社法等是。

2. 營利社團須依特別法之規定

「以營利為目的之社團，其取得法人資格，依特別法之規定」（§45）。即採取準則主義。例如公司之設立，須依公司法之規定是。

3. 公益法人須得主管機關之許可

「以公益為目的之社團，於登記前，應得主管機關之許可」（§46）。「財團於登記前，應得主管機關之許可」（§59）。故以公益為目的之法人之設立，採許可主義。所謂主管機關，指主管法人目的事業之機關。例如文化事業為教育部，慈善事業為內政部是。

4. 須經登記

「法人非經向主管機關登記，不得成立」（§30）。採登記要件主義，以登記爲其成立要件。所謂登記，指將法人之成立及其有關事項，登載於主管機關之公簿，使一般人皆得知悉而言。「法人之登記，其主管機關爲該法人事務所所在地之法院。法院對於已登記之事項，應速行公告，並許第三人抄錄或閱覽」（民總施§§10Ⅰ、Ⅱ）。法人登記乃民法上之法人登記，若特別法有規定者，則依特別法之規定。例如公司登記，須向經濟部爲之（公§387）。「法人登記後，有應登記之事項而不登記，或已登記之事項有變更而不爲變更之登記者，不得以其事項對抗第三人」（§31）。

四、法人之能力

「法人於法令限制內，有享受權利，負擔義務之能力。但專屬於自然人之權利義務不在此限」（§26）。茲分述之。

（一）權利能力

法人，既具有人格，原則上有享受權利及負擔義務之能力（§26）。

1. 始期及終期

法人非經登記，不得成立（§30）。又法人至清算終結止，在清算之必要範圍內，視爲存續（§40Ⅱ）。故法人之權利能力，應解爲始於登記完畢，而終於清算終結。

2. 權利能力之範圍

法人與自然人雖均有人格，但本質不同。故法人享受權利負擔義務之能力，有二種限制，一爲法令限制（§26前段），即得以法律或命令限制之。二爲性質限制，即專屬於自然人之權利義務，例如親屬間之權利義務，法人不得享有是（同條但書）。

（二）行為能力

法人既享有權利能力，自有行爲能力，並以其權利能力之範圍爲範圍，逾其範圍，即不能認爲法人之行爲能力（§§53Ⅱ、25），例如結婚、收養等行爲是。

（三）侵權行為能力

法人既有行為能力，即有侵權行為能力。故「法人對於其董事或其他有代表權之人因執行職務所加於他人之損害，與該行為人連帶負賠償之責任」（§28）。其要件有二：

1. 須為有權代表法人之人之行為

「董事」，乃法人之代表機關。其行為即法人之行為。所謂「其他有代表權之人」，係指與董事地位相當而有代表法人之職權之職員而言。例如法人的清算人（§§37、38）、公司重整人（公§290）、監察人（公§223）是。社員總會非法人之代表機關，其決議縱侵害他人權益，仍不適用本條規定。至受僱人之侵權行為，法人應負僱用人之賠償責任（§188），亦無本條之適用。

2. 須為職務上之行為

在外形上可認為職務上行為，正當與否，在所不問。例如因銀行董事之過失，致客戶存款被冒領是。

與職務有牽連關係之行為。例如董事利用簽訂契約竊取對方財物或毆傷對方。

法人機關之行為，既為法人之行為，亦為行為人自己之行為，故法人與行為人對於被害人應負連帶賠償責任。又法人與董事之間為委任關係，如行為人未盡其應盡之注意義務（§535），應賠償法人所受之損害。

五、法人之機關

法人之機關，乃法人之代表或執行機關也。法人為社會的組織體，其行為必賴自然人為之。有代表法人為行為之資格之自然人，則為法人機關之擔當者。法人之機關可分為三：

1. 執行機關

即董事，為法人必備。法人所設董事會，僅為董事集體行使職權之組織，並非另一權利主體（63台上628）。

2. 意思機關

即社員總會，僅社團有之。

3. 監察機關

僅特種法人為必設（例如公司及合作社）。茲先將董事及監察人部分說明

於次：

（一）董　事

1. 董事之意義

董事者，法人必備之代表機關及執行機關也。故「法人應設董事」（§27 I）。

2. 董事之事務執行權

法人事務之執行，為董事之職權，如「董事有數人者，法人事務之執行，除章程另有規定外，取決於全體董事過半數之同意」（§27 I後段）。若「法人之董事一人、數人或全體不能或怠於行使職權，或對於法人之事務有自身利害關係，致法人有受損之虞時，法院因主管機關、檢察官或利害關係人之聲請，得選任臨時董事代行其職權。但不得為不利於法人之行為。」（非訟§64 I）。

3. 董事之代表權

「董事就法人一切事務，對外代表法人。董事有數人者，除章程另有規定外，各董事均得代表法人」（§27 II，院2936）。

4. 董事代表權之限制

代表法人之董事，章程設有規定時，其他董事即無代表權（同條 II）。至其他限制，不問其為章程之規定或總會之決議，亦不問限制之種類如何及已否登記，均不得對抗善意第三人（同條 III），以保障交易之安全。例如以章程禁止董事處分法人之財產者，不得對抗善意第三人是。但此種限制業經登記者，應推定第三人知情，故第三人主張其為善意時，應負舉證之責。

5. 董事之任免

法人董事之任免，社團，須依章程之規定及總會之決議（§§47、50 II②）。財團，則依捐助章程之規定，如無規定，法院得因利害關係人之聲請，為必要之處分（§62）。

6. 董事與法人之關係

董事與法人之關係，通說認為應適用關於委任之規定（參照公§192 IV）。

（二）監察人

監察人者，法人得設之監察機關也。「法人得設監察人，監察法人事務

之執行。監察人有數人者,除章程另有規定外,各監察人均得單獨行使監察權」(§27 IV)。監察人之任、免程序及監察人與法人間之關係,與董事同(§§47 I ③、50 II ②、62)。

六、法人之住所

法人既有獨立之人格,即須有其法律關係之中心。「法人以其主事務所之所在地為住所」(§29)。其主事務所及分事務所,均應登記(§§48 II ③、61 II ①)。住所之效力,與自然人同。

七、法人之監督

(一)業務監督

1. **監督之機關**:「受設立許可之法人,其業務屬於主管機關監督」(§32)所謂主管機關應指主管法人目的事業之機關而言,如文化事業屬教育部主管、慈善事業屬內政部主管是。

2. **監督之方法**:主管機關實施監督時,除督導其業務之進行外,並「得檢查其財產狀況,及其有無違反許可條件與其他法律之規定」(§32)。

3. **不服監督之制裁**:「受設立許可法人之董事或監察人,不遵主管機關監督之命令,或妨礙其檢查者,得處以5,000元以下之罰鍰」(§33)。此項罰鍰,為行政罰之一種,經處罰後,仍有不遵命令或妨礙檢查之行為者,得再予處罰(參照院1207)。「前項董事或監察人違反法令或章程,足以危害公益或法人之利益者,主管機關得請求法院解除其職務,並為其他必要之處置」(同條 II)。例如於新任董事或監察人產生之前,由主管機關派員暫行管理或其他適當之處理是。

(二)清算監督

1. **監督之機關**:「法人之清算,屬於法院監督」(§42),以求財產整理之公平。故「法人經主管機關撤銷許可或命令解散者,主管機關應同時通知法院」(同條 II);「法人經依章程規定或總會決議解散者,董事應於十五日內報告法院」(同條 III)。

2. **監督之方法**:法人清算之監督,法院應依職權開始實施,其對法人解散之事實,係如何獲悉及法人已否辦理解散登記,則非所問(前司法行政部47.4.22

台47令參字第2237號令）。法院實施監督時，除督導清算之進行外，並得隨時爲監督上必要之檢查及處分（§42 I）。法院監督之命令，應以裁定方式行之（非訟§36）。因裁定而權利受侵害者，得聲明不服（非訟§41）。

3. **不服監督之制裁**：「清算人不遵法院監督命令，或妨礙檢查者，得處以5,000元以下之罰鍰」（§43前段）。法人經依章程規定或總會決議解散，董事未於15日內報告法院者亦同（同條後段）。此項罰鍰，雖屬行政罰性質。但不繳納時，得就其財產強制執行。又清算人經法院處以罰鍰後，仍不遵從者，得再予科處，並得解除其任務（§39）。

八、法人之解散

（一）法人之解散之意義

　　法人之解散，乃法人發生不能存續之事由時，停止其積極活動，以開始處理未了事務之謂。解散及清算，乃法人消滅必經之兩個階段。所謂法人之消滅，指法人權利能力之終止而言。法人人格消滅時，無人繼承其未了之事務，法人發生不能存續之事由時，須將其財產關係清理完結，其人格始歸消滅。故解散僅爲清算之開始，「法人至清算終結止，在清算之必要範圍內，視爲存續」（§40 II）。此種解散後之法人，謂之「清算法人」。

（二）社團、財團之共通解散原因

　　社團、財團之共通解散原因，有下列四種：

1. **章程所定解散事由發生**（§§48 I ⑨、61 I ⑧）：例如：章程所定存立時期屆滿。

2. **撤銷許可**：「法人違反設立許可之條件者，主管機關得撤銷其許可」（§34）。法人之設立許可撤銷者，即失其存立之依據，當然解散。故主管機關應同時通知法院監督（§42 II）。

3. **宣告破產**：「法人之財產不能清償債務時，董事應即向法院聲請破產」（§35 I），法人受破產宣告者，其事業無從進行，自應解散。又法人之財產不能清償債務之情形，董事知之最稔，爲免第三人受不測之損害，法律特規定董事有聲請破產之義務。如董事「不爲前項聲請，致法人之債權人受損害時，有過失之董事應負賠償責任。其有二人以上時，應連帶負責」（§35 II）。

4. **宣告解散**：「法人之目的或其行爲，有違反法律、公共秩序或善良風俗者，法院得因主管機關、檢察官或利害關係人之請求，宣告解散」（§36）。

（三）社團特有之解散原因

社團特有之解散原因，有以下三種：

1. **總會之決議**：「社團，得隨時以全體社員三分之二以上之可決，解散之」（§57）。

2. **社團事務無從進行**：「社團之事務，無從依章程所定進行時，法院得因主管機關、檢察官或利害關係人之聲請解散之」（§58）。因其目的事業已無成功之可能，亦無繼續存在之必要故也。

3. **社員僅餘一人**：社團之社員，如無二人以上，其社員總會不能成立，應認爲當然解散。

（四）財團特有之解散原因

「因情事變更，致財團之目的不能達到時，主管機關得斟酌捐助人之意思，變更其目的及其必要之組織，或解散之」（§65）。主管機關雖可自由裁量，惟爲尊重捐助人之意思，須不能變更目的或組織時，始可命令解散，並同時通知法院監督（§42Ⅱ）。

九、法人之清算

（一）清算之意義

清算者，結束法人之一切法律關係爲目的之程序。於清算程序中，解散前法人之董事由清算人取代，其他機關則仍存續，惟執行之事務，限於清算範圍。

（二）清算人之選任

所謂清算人，指於法人清算程序中，執行清算事務，並代表法人之機關而言。至清算人與法人之關係，則依委任之規定。

1. **法定清算人**：「法人解散後，其財產之清算由董事爲之。」（§37前段）

2. **選任清算人**：依法人之章程之特別規定，或總會之決議所選任之清算人。（同條但書）

3. **指定清算人**：法人「不能依前兩項規定，定其清算人時，法院得因主管機

關、檢察官或利害關係人之聲請，或依職權，選任清算人」（§38）。

（三）清算人之解任

「清算人，法院認為有必要時，得解除其任務」（§39）。例如清算人有不當或不法行為，法院即得解除其職務，並指定繼任之清算人（§38）。俾清算工作能順利進行。

（四）清算人之職務

清算人之職務如下：

1. **了結現務**（§40 I ①）：即結束法人解散時已著手而未完成之事務。

2. **收取債權，清償債務**：清算人應對於法人之債權及債務，加以清理。債權應予收取，債務應予清償（同項②）。

3. **移交賸餘財產於應得者**：「法人解散後，除法律另有規定外，於清償債務後，其賸餘財產之歸屬，應依其章程之規定或總會之決議。但以公益為目的之法人解散時，其賸餘財產不得歸屬於自然人或以營利為目的之團體」（§44 I）。「如無前項法律或章程之規定，或總會之決議時，其賸餘財產歸屬於法人住所所在地之地方自治團體」（§44 II）。

4. **聲請破產**：法人財產不足清償其債務時，清算人應即聲請宣告破產，於將事務移交於破產管理人時，其職務即為終了。如清算人不立即聲請宣告破產，法院得處清算人新台幣2萬元以上10萬元以下之罰鍰（§41，公§§334、89 III）。

5. **清算之程序**：公司法對於股份有限公司之清算，設有詳細之規定，故法人「清算之程序，除本通則有規定外，準用股份有限公司之規定」。（§41）即應準用公司法第322條至第356條規定辦理。但法人財產不能清償債務，經法院宣告破產者，應依破產法所定程序清理其財產。

第二款　社　團

一、社團之設立

社團，乃由人之集合而成立之社會組織體。社團之設立，「以營利為目的之社團，其取得法人資格，依特別法之規定」（§45）。「以公益為目的之社團，於登記前，應得主管機關之許可」（§46）。此外，尚須具備下列要件：

（一）須有設立人

社團之成立，以人為基礎，解釋上須有設立人2人以上。

（二）須訂立章程

社團之設立，應訂定章程（§47）。故為要式行為。所謂章程，乃規定法人組織及其他重要事項之規則。訂立章程，乃制定上述規則，並記載於書面，故為共同行為。

章程內應記載之事項有七項：

1. 目的。即法人之目的事業。
2. 名稱。
3. 董事之人數、任期及任免。設有監察人者，其人數、任期及任免。
4. 總會召集之條件、程序及其決議證明之方法。
5. 社員之出資。
6. 社員資格之取得與喪失。
7. 訂定章程之年、月、日（§47）。此等事項，均為必要之事項，如缺其一，則章程無效。

「社團之組織，及社團與社員之關係，以不違反第50條至第58條之規定為限，得以章程定之」（§49）。此為章程內之任意記載事項。但一經記入，即與「應記載事項」有同等之效力。

（三）須辦理登記

社團設立時，應登記之事項有九項：

1. 目的。
2. 名稱。
3. 主事務所及分事務所。
4. 董事之姓名及住所。設有監察人者，其姓名及住所。
5. 財產之總額。
6. 應受設立許可者，其許可之年、月、日。
7. 定有出資方法者，其方法。
8. 定有代表法人之董事者，其姓名。
9. 定有存立時期者，其時期（§48 I）。又「社團之登記，由董事向其主事務

所及分事務所所在地之主管機關行之，並應附具章程備案」（同條 Ⅱ）。

二、社團之總會

（一）總會之意義

總會，即社員總會，為全體社員組織之社團最高而必要之意思機關。亦即社員行使社員權之會議。

（二）總會之權限

「社團，以總會為最高機關」（§50 Ⅰ）。法人一切事務，除法律或章程另有規定外，總會均有議決之權。下述事項，並應經總會之決議：1.變更章程；2.任免董事及監察人；3.監督董事及監察人職務之執行；4.開除社員，但以有正當理由時為限（同條 Ⅱ）。惟法人之社員總會僅為法人內部之意思機關，其決議雖為法人之意思，然欲其實現，仍須董事予以執行。

（三）總會之召集

「總會，由董事召集之」（§51 Ⅰ前段）。所謂召集，乃有召集權人向各社員發出開會之通知也。「總會之召集，除章程另有規定外，應於三十日前對各社員發出通知，通知內應載明會議目的事項」（同條 Ⅳ）。此項通知，發出即生效力，雖未到達，亦不影響召集之合法。又社團之總會，非常設機關，須經召集權人召集，始能集會，社員偶然會合而為之決議，不得謂為總會之決議。

（四）總會之種類

社團總會可分為二：

1. **定期總會**：「每年至少召集一次。董事不為召集時，監察人得召集之」（§51 Ⅰ後段）。
2. **臨時總會**：董事認為必要時，得召集之。「如有全體社員十分一以上之請求，表明會議目的及召集理由，請求召集時，董事應召集之」（同條 Ⅱ）。為防止董事故不召集，故「董事受前項之請求後，一個月內不為召集者，得由請求之社員，經法院之許可召集」（同條 Ⅲ）。

（五）總會之決議

1. **決議之意義**：決議，指社員一致之意見，已達一定人數時，即以之為法人

之意思而言。

2. **社員之表決權**：民法上之社團，不以營利爲目的，其表決權不應因其出資之多寡或其他情事而不同，故「社員有平等之表決權」（§52 Ⅱ）。「社員表決權之行使，除章程另有限制外，得以書面授權他人代理爲之。但一人僅得代理社員一人」（同條 Ⅲ）。爲防操縱，社員之表決權不得讓與。表決時雖得棄權，但不許預先拋棄，以免總會無由成立。如「社員對於總會決議事項，因自身利害關係而有損害社團利益之虞時，該社員不得加入表決，亦不得代理他人行使表決權」（同條 Ⅳ）。否則，其所投之票爲無效。但扣除該票，決議仍能成立者，其決議仍有效。

3. **決議之成立**：總會之決議可分爲二：

　　（1）普通決議：「以出席社員過半數決之」（§52 Ⅰ）。出席之最低人數，法無明文，解釋上以有2人以上出席爲已足。如經全體社員三分之二以上書面同意，亦應認爲有效之決議（參照§53 Ⅰ）。

　　（2）特別決議：即不依通常決議方法而爲之決議。又可分爲下述兩種：

　　　①變更章程。社團變更章程之決議，其方法有二：一爲召集總會，經「全體社員過半數之出席，出席社員四分三以上之同意」（§53 Ⅰ前段）。二爲不召集總會，而「有全體社員三分二以上書面之同意」（同項後段）。但「受設立許可之社團，變更章程時，並應得主管機關之許可」（同條 Ⅱ）。

　　　②解散社團。「社團，得隨時以全體社員三分二以上之可決，解散之」（§57）。

4. **決議之效力**：總會，爲社團之最高機關，爲決議時，社員雖有贊成或反對之自由，然決議合法成立後，全體社員、董事及其他職員，皆有遵守之義務。惟「總會之召集程序或決議方法，違反法令或章程時，社員得於決議後三個月內請求法院撤銷其決議。但出席社員，對召集程序或決議方法，未當場表示異議者，不在此限」（§56 Ⅰ）。所謂未當場表示異議之社員，包括表決時棄權之社員，而不包括未參加表決之社員。此種宣告之請求，應以訴訟方式爲之，其被告爲法人。決議經法院宣告撤銷者，對於一切之人，皆自始無效。若「總會決議之內容違反法令或章程者，無效」（同條 Ⅱ）。無待法院宣告。

三、社　員

（一）意　義

社員者，社團之構成份子也。

（二）資格之取得

自然人及法人，均得爲社團之社員。社團設立人於社團成立後，當然取得社員之資格。設立後，須依章程之規定加入社團，始能取得社員資格（§47 I ⑥）。此種入社行爲，爲社員與社團間，以發生特定之權利義務關係爲目的之契約行爲。

（三）資格之喪失

社員資格，除因死亡而當然喪失外，應依章程之規定（§47 I ⑥）。民法僅就開除及退社設有規定，茲分述之：

1. 退　社：退社，乃社員自動與社團脫離關係之行爲。「社員得隨時退社，但章程限定於事務年度終，或經過預告期間後，始准退社者，不在此限。前項預告期間，不得超過六個月」（§54 I 、II），以兼顧社團及社員之利益。

2. 開　除：開除，乃社員被動與社團脫離關係，亦即社團剝奪社員資格之行爲。開除社員，乃維持社團之公益，爲求愼重，故應經總會之決議，並須有正當之理由（§50 I ④）。

3. 退社及開除之效果：社員經退社或開除後，其與法人之權利義務關係，即告消滅。爲免社團之基礎遭受破壞，除「非公益法人」之章程另有規定外，「已退社或開除之社員，對於社團之財產，無請求權」（§55 I）。「前項社員，對於其退社或開除以前，應分擔之出資，仍負清償之義務」（同條 II）。

（四）社員之權利

社員權，乃社員對於社團所生各種權利義務關係之總稱。爲一種資格或地位。原則上社員有平等之權利（參考§52 II），亦不得讓與或繼承。社員權可分爲二：

1. 共益權：即參與法人事業之權利。例如出席總會權及表決權等是。

2. 自益權：即以社員資格而享受財產上利益之分配之權利。

公益社團，無財產上利益之分配，故社員僅有共益權而無自益權。

第三款　財　團

一、財團之成立

財團乃多數財產之集合，而法律賦與權利能力之一種公益法人，前已言之。其成立要件亦分三點：

（一）須經設立

財團亦須由自然人設立。此之設立，其設立人為一人即可，須捐助財產，財團即以此財產為基礎，設立人並應訂立捐助章程，但以遺囑捐助者，不在此限（§60Ⅰ）。章程應訂明：1.法人之目的。2.所捐財產。此兩者為必要記載事項，捐助章程中必須訂明（同條Ⅱ）。至以遺囑捐助設立財團法人者，如無遺囑執行人時，法院得依主管機關、檢察官或利害關係人之聲請，指定遺囑執行人（同條Ⅲ）。此外財團之組織及其管理方法，由捐助人以捐助章程或遺囑定之。捐助章程或遺囑所定之組織不完全，或重要之管理方法不具備者，法院得因主管機關、檢察官或利害關係人之聲請，為必要之處分（§62）。

（二）須受許可

財團法人係以公益為目的，故其成立除依據法律外，依民法第59條規定：「財團於登記前，應得主管機關之許可。」

（三）須經登記

財團之設立須經登記，始能取得法人資格，依民法第61條第1項規定，財團設立時，應登記之事項如下：1.目的；2.名稱；3.主事務所及分事務所；4.財產之總額；5.受許可之年月日；6.董事之姓名及住所。設有監察人者，其姓名及住所；7.定有代表法人之董事者，其姓名；8.定有存立時期者，其時期。

其次財團之登記，由董事向其主事務所及分事務所所在地之主管機關行之，並應附具捐助章程或遺囑備案（同條Ⅱ）。此點與社團法人同。

二、財團之管理

財團無社員總會之設，因而其管理須多受公力之干預，其情形如下：

（一）宣告董事行為無效

財團董事有違反捐助章程之行為時，法院得因主管機關、檢察官或利害關係人之聲請，宣告其行為為無效（§64）。

（二）變更財團組織

為維持財團之目的，或保存其財產，法院得因捐助人、董事、主管機關、檢察官或利害關係人之聲請，變更其組織（§63）。

（三）變更財團目的

因情事變更，致財團之目的不能達到時，主管機關斟酌捐助人之意思，變更其目的及其必要之組織，或解散之（§65）。

三、財團之解散

財團之解散，除適用法人通則中規定之解散原因外，如因情事變更，致財團之目的不能達到時，主管機關得斟酌捐助人之意思，解散之（§65下段）。此外捐助人於捐助章程中訂明遇有某種事由發生，即歸解散者，則財團自亦因之而解散。

第四款　外國法人

一、外國法人之意義

外國法人者，依外國法律成立之法人也。其設立人為中國人或外國人，則非所問。

二、外國法人之權利義務能力

「經認許之外國法人，於法令限制內，與同種類之我國法人，有同一之權利能力」（民總施§12 I）。其行為能力及侵權行為能力，亦應為同一之解釋。又「前項外國法人，其服從我國法律之義務，與我國法人同」（同條 II）。故外國法人在我國之行為，不得因其本國法律無規定而免除責任。

三、外國法人之登記、許可及撤銷

(一) 登 記

外國法人在我國設事務所，須向主管機關登記，與我國法人應辦之登記手續同（民總施§13準用民§§30、31、48及61規定）。

(二) 許 可

外國法人為公益社團法人或財團法人時，尚應於登記前，取得主管機關之許可（民總施§13準用民§§46、59規定）；然若為營利法人（如公司）時，則依特別法（如公司法）之規定僅登記即可（同時準用§45規定）。

(三) 撤 銷

外國法人在我國所設之事務所如其目的或行為有違反法律或公序良俗之情事時，法院得因主管機關、檢察官或利害關係人之請求撤銷之（民總施§14，民§36）。

第三章　物

一、物之意義

物者，人體以外，人力所能支配，並能滿足人類生活需要之有體物及自然力也。析述如次：

（一）物包括有體物及自然力

所謂有體物，指占有一部分空間而有實體存在者而言。物之形狀、大小、能否觸覺，為固體、液體或氣體，均非所問。所謂自然力，則指吾人機能所能知覺之自然界作用而言。民法對於物之定義，未設規定，若以有體物為限，未免過狹，且聲、光、電、熱、核能、放射線等自然力，如足以滿足吾人生活之需要，其經濟上效用，即與有體物無異，故物應包括自然力在內。吾國通說採德、日立法例，只承認有體物，不承認無體物，然德、日之學者對本條解釋多主張應包括一定之自然力（德民§90，日民§85）。

（二）須除去人之身體

人為權利義務之主體，人體為人格所附麗，自非法律上之物。所謂身體，除生理上存在部分外，尚包括人工填補接合部分。例如義肢、義眼、義齒。但，

1. 人身之一部，由身體自然分離時，已非身體之一部，得為法律上之物。例如自然脫落之頭髮。

2. 處分尚未分離之身體之一部分者，如無礙健康，且不違公序良俗，應認為有效。例如捐血、剪髮、施行手術。

3. 生前處分遺骸之契約或遺囑，如不背公序良俗，亦屬有效。例如供醫學研究。

4. 屍體為物，並為死者之繼承人所有。但繼承人對之僅具有依習慣祭祀、埋葬、焚化等之權利與義務，不得為使用、收益、處分之標的。

（三）須為人力所能支配

法律上之物，為權利之客體，與物理上之物不同。權利之客體，指法律使

特定人享受之特定利益而言。故法律上之物，以吾人能予支配而取得特定之利益者爲限。能否支配，則依科學技術及社會觀念定之。如不能支配，即非法律上之物。例如日、月、星辰、海洋。

（四）須能滿足吾人生活之需要

　　法律上之物，須能獨立滿足吾人生活之需要，否則，即無法律上之價值。例如一粒米或一滴水。又物之構成部分，非獨立存在，不能獨立取得其利益，例如椅子之腳、屋之樑、柱及未與土地分離之樹木，均爲椅子、房屋、土地之構成部分（成分）非獨立成爲一體，又不能獨立滿足吾人生活之需，均非法律上之物（一物一權主義）。至物能否滿足人之生活需求，應就物與吾人之生活關係決之，不可僅就形式及金錢價值觀察。例如祖先之遺物、親友之書信，亦得爲法律上之物。

二、物之種類

（一）法律上之分類

1. 動產及不動產

　　「稱不動產者，謂土地及其定著物」（§66 I）。所謂土地，包括地面及其一定範圍內之上空與地下。以人工附著於土地之東西（例如隧道、溝渠、防空洞、水井等）亦視爲土地之一部，不得獨立成爲所有權之客體。所謂定著物，即固定附著於土地，而未構成土地之一部（即未喪失其獨立性）之物。例如房屋及其他建築物或工作物（橋梁、鐵塔、電線桿、紀念碑、銅像等），其與土地易於分離者，如棚架、竹籬、活動房屋，則非定著物。又「不動產之出產物，尚未分離者，爲該不動產之部分」（同條 II），不得單獨爲物權之標的物。例如土地上之樹木、花、草。「稱動產者，爲前條所稱不動產以外之物」（§67）。故物非不動產，即爲動產。

2. 主物與從物

　　此乃以物之相互關係爲區別標準。凡「非主物之成分，常助主物之效用，而同屬於一人者，爲從物」（§68 I 前段）。爲從物所輔助之物，則爲主物。故主物與從物，爲二個獨立之物，二者之效用，則相輔益彰。例如舟與槳，門與門閂，公寓頂樓與頂樓加蓋部分，工廠中之機器，如與工廠同屬於一人，自爲工廠之從物。「但交易上有特別習慣者，依其習慣」（同項但書），即仍不

認為從物。例如信封與信紙，衣服與衣上裝飾品。從物既附從於主物，故「主物之處分，及於從物」（同條Ⅱ）。

3. 原物與孳息

原物，謂產生孳息之物。例如生蛋之母雞是。孳息，謂由原物所生之收益。孳息可分為二：

（1）天然孳息：「稱天然孳息者，謂果實、動物之產物，及其他依物之用法所收穫之出產物」（§69Ⅰ）。所謂果實指由植物所產生之物，如稻米、蔬菜、西瓜、楊桃等是。所謂動物之產物，如牛奶、羊毛、雞蛋等。所謂其他依物之用法所收穫之出產物，如開礦得金銀煤礦是。物之天然孳息，於分離後，屬於有收取權利之人，並於其權利存續期間內，取得與原物分離之孳息（§70Ⅰ）。何人有收取權？除法律另有規定，或當事人間另有特約外，仍屬於原物之所有人（§§765，766）。所謂法律另有規定者，如承租人（§421）、善意占有人（§952）、地上權人（§832）、農育權人（§850-1）、典權人（§911）、質權人（§889）、留置權人（§933）、親權人（§1088Ⅱ）、監護人（§1100）是。因此有收取權人不問其是否對生產曾賦與勞力或資本，只要孳息分離時，具有收取權，即可取得孳息。反之，分離時無收取權之人，雖孳息為其所栽培，亦不能取得之。例如甲於乙之土地上種菜，其所種之菜仍屬於乙所有。

（2）法定孳息：「稱法定孳息者，謂利息、租金及其他因法律關係所得之收益」（§69Ⅱ）。所謂法律關係，包括法律行為及法律之規定（例如遲延利息）而發生之各種法律關係在內。所謂收益，乃以原本（不以物為限）供他人利用而得之對價。若為自己利用而得之利益，即非法定孳息。例如公司股東所得之紅利是。法定孳息，屬於有收取權利之人，並「按其權利存續期間內之日數，取得其孳息」（§70Ⅱ）。至有收取法定孳息權利之人，則視法律關係而定。例如租賃為出租人、消費借貸為貸與人。

（二）學理上之分類

物之分類，除了上述之法律上分類外，尚有以下各種學理上之分類：

1. 融通物與不融通物

融通物，乃得為交易標的之物。反之，則為不融通物。物，原則上為融通物。不融通物，係基於公益而禁止交易，其交易行為當然無效。不融通物可分

為三：

（1）公有物：其為國家或其他公共團體所有而供公共目的使用者。例如官署、軍艦；其為財政上收益為目的者，例如公有林、礦之產物是。後者仍為融通物。

（2）公用物：即供公眾使用之物。例如道路、公園、公用電話是。惟私有公用物，仍得以公用為條件而為交易之標的。

（3）禁止物：即法令禁止其為交易客體之物。例如猥褻書刊、偽幣、私酒、鴉片。

2. 消費物與非消費物

消費物，乃一經使用，即歸消滅之物。例如柴、米、油、鹽。反之，即為非消費物。例如房屋、傢俱、衣服、書籍。前者為消費借貸之標的物。後者為使用借貸之標的物。

3. 代替物與不代替物

得以同一種類、品質及數量之物代替者，為代替物。例如米、麥、酒。反之，即為不代替物。例如字畫、房屋。前者為消費借貸之標的，後者為使用借貸之標的。

4. 特定物與不特定物

特定物，乃當事人具體指定之物。例如某匹馬、某棟房屋、某幅畫。不特定物，乃僅以種類、品質或數量抽象指定之物。例如米酒10瓶、白糖5斤。前者為特定之債之標的，後者為種類之債之標的。

5. 可分物與不可分物

可分物，乃物之性質及價值不因分割而變更之物。例如土地、油、鹽、金錢等。反之，則為不可分物。例如牛、馬。前者為可分之債之標的，後者為不可分之債之標的。

6. 單一物、合成物、集合物

單一物，乃獨立成為一體之物。例如一匹馬、一棵樹、一本書。合成物，乃由多數單一物結合而成一體之物。亦曰廣義之單一物。例如電視、手錶、車、船。集合物，乃多數之單一物或合成物聚集而成之物。例如牛羊群、書庫、工廠等。此種分類，乃便於交易範圍之確定，如為單一物或合成物，其標的以列舉者為限；如為集合物，則具有經濟上的單一性，得為一個交易之標的。

第四章　法律行為

第一節　通　則

第一款　概　說

一、法律行為之意義

　　法律行為乃以欲發生私法上效果之意思表示為要素之一種適法的行為。可分以下各點述之：

（一）法律行為乃一種適法的行為

　　法律行為係人之行為，所謂行為乃吾人身體上有意識的動靜。法律關係之構成，不外為人、物、行為三種基本要件。而此三者乃以行為為中心。行為有適法行為與違法行為之分，法律行為乃一種適法行為。

（二）法律行為乃以意思表示為要素之適法行為

　　適法行為可分為以意思表示為要素者，與不以意思表示為要素者兩種，前者即法律行為，後者則否。關於意思表示詳後述之。

（三）法律行為乃發生私法上法律效果之行為

　　吾人之行為在公法上發生效果有之（如行使選舉權之投票是），在私法上發生效果者有之，茲所論之法律行為即屬後者，例如買賣（一種契約，亦為一種法律行為）即發生民法之債權債務。

二、法律行為之種類

　　法律行為以種種不同之區別標準，可分類如下：

（一）財產行為與身分行為

　　以法律行為之內容為區別標準，可分為財產行為與身分行為兩類。前者可再分為1.債權行為，如買賣、租賃；2.物權行為，如所有權之移轉、抵押權之設定是；3.準物權行為，如債權之讓與、債務之承擔是。後者可再分為：1.親

屬行爲，如結婚、收養是；2.繼承行爲，如繼承權之拋棄、繼承之承認是。

（二）單方行為與多方行為

以法律行爲是否由當事人一方之意思表示即可成立爲區別標準，可分爲單方行爲與多方行爲。單方行爲亦稱單獨行爲，如撤銷（§116）、解除（§258）、選擇（§209）、抵銷（§335）均是。多方行爲尚分爲契約與合同行爲兩者，前者乃由二個以上相對立之意思表示所合致之法律行爲，如買賣、贈與、租賃、借貸是；後者乃由數個平行的意思表示所合致之法律行爲，如法人章程之訂立，法人總會之決議。

（三）要式行為與不要式行為

以法律行爲之成立是否以一定方式爲必要爲區別標準，可分爲要式行爲與不要式行爲。法律行爲以不要式爲原則，要式爲例外。要式必須法律有特別規定，或當事人有特別約定，否則即爲不要式行爲，所謂方式自由者是也。至於要式之「式」可分兩種情形：

1. 以使用文字爲必要者，法律上或稱書面，或稱字據，例如民法第730、756-1條均稱書面，而民法第422條則稱字據是。此種以使用文字爲必要者，依民法第3條規定得不由本人自寫，但必須親自簽名。

2. 不以使用文字爲必要，而須具備其他方式者，例如修法前結婚應有公開儀式，及2人以上之證人是（舊§982）。

其次要式行爲如出於法定者，是爲法定方式；出於約定者，是爲約定方式，二者均須依其方式爲之，法律行爲始能完全有效。若不依法定方式時，依民法第73條規定：「法律行爲，不依法定方式者，無效。但法律另有規定者，不在此限。」所謂法律另有規定，例如民法第422條規定：「不動產之租賃契約，其期限逾一年者，應以字據訂立之，未以字據訂立者，視爲不定期限之租賃。」申言之，此項契約雖須依照法定方式（訂立字據），但未依法定方式時，亦不能依民法第73條本文之規定無效，僅變爲不定期限之租賃而已。又如民法第709-3條第1項中規定：「合會應訂立會單。」倘合會會員已交付首期會款者，雖未依法定方式訂立會單，其合會契約仍視爲已成立（同條 Ⅲ）。法定方式，不以契約爲限，他如單獨行爲，亦有法定方式者，如遺囑是，而合同行爲亦有法定方式者，如法人之章程是。至於約定方式，如未依照時，則依民

法第166條規定：「契約當事人約定其契約須用一定方式者，在該方式未完成前，推定其契約不成立。」

（四）要物行為與不要物行為

以法律行為之成立或生效於意思表示外，是否尚須以物之交付爲區別標準，可分爲要物與不要物行為。前者亦稱踐成行為，如使用借貸與消費借貸均須將標的物交付，始生效力是（§§464、474）。後者亦稱諾成行為，即僅有意思表示之合致，即成立生效，例如買賣、租賃、互易。法律行為以不要物爲原則，要物爲例外。

（五）要因行為與不要因行為

以法律行為是否能離開其原因而仍獨立存在爲區別標準，可分爲要因行為（亦稱有因行為）與不要因行為（亦稱無因行為）。前者其原因如不存在，則該法律行為即歸無效，如買賣；後者其原因縱不存在，該法律行為仍獨立有效，僅變爲不當得利返還之問題而已，如所有權之移轉。

不要因行為係爲保護交易之安全而設，例如甲因向乙買車，支付車價，簽發支票一張與乙，乙乃背書轉讓於丙，嗣後甲乙間買賣契約解除（原因不存在），但該支票之簽發（不要因行為），仍屬有效，丙之權利不受影響。

（六）有償行為與無償行為

以法律行為一方給付，他方是否亦須爲對價關係的給付爲區別標準，可分爲有償行為與無償行為。前者一方給付，他方亦須爲對價關係之給付，如買賣、附利息之消費借貸；後者一方給付，他方無須爲對價關係的給付，如贈與、保證。又無償行為不以契約爲限，單獨行爲亦有之，如債之免除（§343）。

（七）主行為與從行為

以兩個法律行為之關係是否一行爲須以他行爲之存在爲前提爲區別標準，可分爲主行爲與從行爲。前者乃獨立存在而不以他行爲之存在爲前提，如借貸行爲是；後者則以主行爲之存在爲前提，如保證行爲、抵押權之設定行爲。

（八）獨立行為與補助行為

以兩個法律行為之關係是否一行爲補助他行爲之效力爲區別標準，可分爲獨立行爲與補助行爲。前者具有獨立性，一般之法律行爲屬之；後者僅係補助

該獨立法律行為之效力者，如承認（§80）、允許（§77）。

（九）生前行為與死後行為

以法律行為之生效時期，是否在行為人之生前抑死後為區別標準，可分為生前行為與死後行為。前者於行為人生前即已生效，一般之法律行為屬之。後者非待行為人死後，則不生效力，如遺囑、遺贈（§1199）及死因贈與。應注意死後行為並非行為人死後所為之行為，仍係生前所為，只是於行為人死亡後始生效力而已，不可拘泥於字面，認為死後行為乃人死之後所為之行為也。

三、法律行為之要件

（一）成立要件

法律行為之成立，須具備之要件如下：

1. 須有當事人：自然人、法人均可。
2. 須有標的。
3. 須有意思表示。

以上係一般成立要件，此外尚有特別成立要件，如要式行為之方式，要物行為之現實成分是。

（二）生效要件

法律行為除成立要件外，尚須具備生效要件始能生效。生效要件如下：

1. 當事人須有行為能力。
2. 標的須適當。所謂適當指適法、確定及可能而言，其詳另述之。
3. 意思表示須健全。所謂健全指意思表示無瑕疵之情形而言，其詳亦另述之。

以上係一般的生效要件，此外尚有特別生效要件，如遺囑須於遺囑人死亡時，始能生效（§1199）；而遺贈不但須遺贈人死亡始能生效，且須受遺贈人於遺囑發生效力時尚生存始可（§1201）。

第二款　法律行為之方式

法律行為之方式，指法律行為之意思表示所使用之方式而言。法律行為，原則上不須一定方式，謂之「方式自由之原則」。法律行為之方式，有法定與約定之分：

一、法定方式

法律行為之方式為法律所規定者，曰法定方式。例如結婚有書面及2人以上證人之簽名，並向戶政機關登記（§982）是。「法律行為不依法定方式者，無效。但法律另有規定者，不在此限」（§73）。例如密封遺囑未予密封者無效，但係遺囑人自書者，有自書遺囑之效力（§1193）。

二、約定方式

當事人對於法律行為，約定須用一定方式者，曰約定方式。「契約當事人，約定其契約須用一定方式者，在該方式未完成前，推定其契約不成立」（§166）。如當事人約定法律行為須用一定方式，係以保全證據為目的抑以方式之完成為法律行為之成立要件，其意思不明時，推定其為不成立。惟契約依約定方式成立後，欲延長其有效期間，而未再約定一定方式者，其延長因合意而生效（院1278）。

第三款　法律行為之標的

法律行為之標的，即法律行為之內容。亦即當事人為法律行為所欲發生之事項。為法律行為之生效應備要件之一。茲將法律行為之標的應具之要件，分述於次：

一、標的須確定

即法律行為之內容，於其成立時，須已確定，或可得確定。所謂可得確定，即得依法律之規定（例如§200以下），或當事人之意思，或依習慣，或其他情事而為確定，例如種類之債或選擇之債，其標的雖未完全確定，但可得確定，亦屬有效。

如根本無從確定（例如甲欲贈乙財產，乙亦允諾接受，惟甲未告知欲贈何財產），則其內容不能實現，應屬無效。

二、標的須可能

即法律行為之內容可得實現之謂。法律行為之標的，為自始、客觀不能實現之事項者，無效。所謂不能，其情形有三：

（一）自始不能與嗣後不能

法律行爲成立時即屬不能者，爲自始不能。例如買賣之房屋於契約成立時已燒燬。法律行爲成立後始成爲不能者，爲嗣後不能。例如買賣之房屋於契約成立後燬滅。

（二）主觀不能與客觀不能

因當事人個人之事由而不能者，爲主觀不能。例如以不識字者充任繕寫員是。一般之人皆屬不能者，爲客觀不能。但不限於物理上之絕對不能，依社會之觀念可認爲確定不能者，即屬客觀不能。例如海底撈針、雞蛋裡挑骨頭。

（三）全部不能與一部不能

法律行爲之內容全部爲不能者，爲全部不能。僅一部爲不能者，爲一部不能。一部不能者，原則上全部無效，但除去該部分亦可成立者，則其他部分，仍爲有效（§111）。例如抵押權設定契約，約定於債權屆期而不清償時，抵押物之所有權歸債權人所有者，僅該項約定爲無效，抵押權之設定仍有效。

三、標的須合法

即法律行爲之內容須不違法。凡爲下列（一）、（二）、（三）所述三種情形者，即屬合法。

（一）不違背強制或禁止之規定

強制規定，乃法律命當事人應爲一定之行爲之規定。例如法人須設董事（§27Ⅰ）。禁止規定，乃法律命當事人不得爲一定之行爲之規定。例如自由不得拋棄（§17Ⅰ）。「法律行爲，違反強制或禁止之規定者，無效。但其規定並不以之爲無效者，不在此限」（§71）。例如未成年人結婚未得法定代理人之同意者，僅得撤銷（§§989、990）。

（二）不違背公共秩序或善良風俗

公共秩序，謂社會生活之一般要求。善良風俗，指國民一般之道德觀念。二者均須依時代精神而爲認定。「法律行爲有背於公共秩序或善良風俗者，無效」（§72）。前者例如違規行車之契約是。後者例如押女爲娼之契約（院256）。

（三）非顯失公平

即取得財產上利益須無顯不公平之情形。亦即須非暴利行為。是否顯失公平，須依行為時一般社會觀念決之。如「法律行為，係乘他人之急迫，輕率或無經驗，使其為財產上之給付，或為給付之約定，依當時情形，顯失公平者，法院得因利害關係人之聲請，撤銷其法律行為，或減輕其給付」（§74）。此種行為，涉及社會公益較少，為尊重當事人意思，許其請求法院撤銷或減輕給付，而不認為無效。至所謂「他人」，不以為給付或為給付之約定之本人為限。例如利用其近親之急迫，亦包括在內。又給付不以對於行為人為限，包括對於第三人為給付在內。

（四）脫法行為

即不直接違反強制或禁止之規定，而以迂迴方法，產生與該項規定所禁止者同一效果之行為也。脫法行為，乃以形式上合法之手段，達成實質上違法之目的，自屬無效。例如預以折扣或其他方法（如以手續費之名義）巧避禁止高利之規定（§206）；又如公司提供財產為他人設定擔保物權，仍係違反公司法第16條第1項公司不得為任何保證人規定之脫法行為（74台上703）。

（五）射倖行為

所謂射倖行為，即投機取巧之行為。如有人偶然得利而無人因此受損，且不違反公序良俗者，應認為合法。例如標會、購買彩券。反之，即屬無效。例如買空賣空及賭博等。

第二節　行為能力

關於行為能力之問題，前已述及，但僅為行為能力有無之問題而已，至於行為能力與法律行為效力之關係，應於本節論述之。

一、有行為能力人法律行為之效力

有行為能力人即具有完全行為能力之人，乃指成年人及未成年而已結婚者而言。此種人自己所為之法律行為，原則上完全有效。但法律有特別規定者，亦有無效之時，例如雖為成年人，但其意思表示係在無意識或精神錯亂中所為者，亦歸無效（§75下段）。又如雖為未成年已結婚之人，具有行為能力，

但當其兩願離婚時，仍應得法定代理人之同意是（§1049）。

二、無行為能力人法律行為之效力

無行為能力人指未滿七歲之未成年人及受監護宣告之人而言。此種人如自為法律行為，依民法第75條上段規定：「無行為能力人之意思表示，無效。」結果此種人不得自為法律行為，亦即不得自為意思表示，祇能由其法定代理人代為意思表示，並代受意思表示（§76）。其次雖非無行為能力人，而其意思表示係在無意識或精神錯亂中所為者亦無效（§75下段）。由此可知，如行為當時無意思能力時，則不論何人其意思表示均不能生效。但當事人之一方於結婚時係在無意識或精神錯亂中者，則得於常態回復後6個月內，向法院請求撤銷之（§996），並非當然無效，而係得撤銷，是為一種特別規定。

三、限制行為能力人法律行為之效力

限制行為能力人既非有完全之行為能力，亦非完全無行為能力，因而其自為之法律行為在效力上應分兩個情形，即須經允許之法律行為，勿須允許之法律行為。此二者以前者為原則，後者為例外，茲分述之：

（一）須經允許之法律行為

允許乃事前同意之謂，事後同意謂之承認。允許有個別允許與限定允許之分：

1.個別允許

即專就某一特定的法律行為加以允許之意。限制行為能力人自為法律行為時，原則上須經個別允許，始能完全有效（允許有補助限制行為能力人法律行為效力之作用，故為補助行為）。民法第77條本文規定：「限制行為能力人為意思表示及受意思表示，應得法定代理人之允許。」若未經允許，則其法律行為之效力如何？應視其行為係單獨行為抑為契約而有不同：

（1）單獨行為：民法第78條規定：「限制行為能力人未得法定代理人之允許，所為之單獨行為，無效。」例如限制行為人對其債務人為免除債務之意思表示，若未經其法定代理人之允許，則屬無效。

（2）契　約：限制行為能力人，未得法定代理人之允許，所訂立之契約，須經法定代理人之承認，始生效力（§79）。在未承認前，法律行為業已

成立，但是否生效，尚待法定代理人有所表示（承認或拒絕）而後確定，此種行為，學說稱為「效力未定之法律行為」。日後法定代理人表示承認，即生效力；法定代理人表示拒絕承認，則確定不生效力。若法定代理人不為表示時，勢必永遠懸而未定，對其相對人言之未免不安定，故民法予相對人以兩種權利，以資確定。

①催告權。民法第80條規定：「前條契約相對人，得定一個月以上期限，催告法定代理人，確答是否承認。於前項期限內，法定代理人不為確答者，視為拒絕承認。」是為相對人之催告權，經此催告後，法定代理人如不確答，則視為拒絕承認，而該契約即確定的不生效力矣。

②撤回權。民法第82條規定：「限制行為能力人所訂立之契約，未經承認前，相對人得撤回之。但訂立契約時，知其未得有允許者，不在此限。」是為相對人之撤回權。只善意之相對人始有之。

以上係指法定代理人之承認與否而言，惟承認不以法定代理人為限，依民法第81條第1項規定：「限制行為能力人，於限制原因消滅後，承認其所訂立之契約者，其承認與法定代理人之承認，有同一效力。」既然如此，則相對人亦可向限制行為能力人本人行使催告權，但須俟限制原因消滅後為之，自不待言（§81Ⅱ）。

2. 限定允許

所謂限定允許，即法定代理人允許限制行為能力人處分某種財產，或允許其為某種營業，則就該財產或該營業有關之法律行為，自不必一一再經法定代理人之個別允許。前者民法第84條規定：「法定代理人允許限制行為能力人處分之財產，限制行為能力人，就該財產有處分之能力。」後者民法第85條第1項規定：「法定代理人允許限制行為能力人獨立營業者，限制行為能力人，關於其營業，有行為能力。」不過限制行為能力人，就其營業有不能勝任之情形，法定代理人得將其允許撤銷或限制之；但不得對抗善意第三人（同條Ⅱ），以保護交易之安全。

（二）勿須允許之法律行為

限制行為能力人所為之法律行為有勿須允許亦能生效者如下：

1. 獨立生效者：限制行為能力人因純獲法律上之利益，或依其年齡及身分，日常生活所必需，而為意思表示及受意思表示，均勿須得法定代理人之允許，

亦生效力（§77但書）。前者例如接受無負擔之贈與、遺贈或債務免除等純粹取得權利或受義務免除之行為；後者則如搭乘公車、看電影等日常生活行為。

2. 強制有效者：民法第83條規定：「限制行為能力人用詐術使人信其為有行為能力人或已得法定代理人之允許者，其法律行為為有效。」限制行為能力人所為法律行為，須得法定代理人允許始生效力者，乃恐其年輕，智慮欠周，特予法定代理人以代為斟酌之機會，所以保護限制行為能力人也。茲限制行為能力人既已自能使用詐術，則其智慮周而有餘，自無再加以保護之必要，故法律上逕使其行為為有效。

案例

> 9歲之甲未經父母同意，拿著媽媽所給的20元零用錢去買糖果。問其行為是否能發生法律上的效力？

滿7歲的未成年人，為限制行為能力人，因其知識尚未充分發達，故依民法第79條規定，限制行為能力人為契約的法律行為時，應得到法定代理人的同意，始生法律上的效力。故甲使用允許處分的金錢，是日常生活中簡單而必要的行為，且按社會客觀標準來看，就其年及身分而言，以20元零用錢購買糖果吃，應屬於日常生活中的一部分，不必取得父母的同意，即可自行從事購買糖果的法律行為，並生法律上的效力。

第三節　意思表示

第一款　意思表示之意義及種類

一、意思表示之意義

意思表示乃表意人將欲成立法律行為之意思，表示於外部之行為。析言之：

（一）意思表示係一種行為

意思表示乃行為之一種。行為乃吾人身體上之動靜，故意思表示亦為吾人身體之動靜。為此動靜之人，謂之表意人。

（二）意思表示係表示行為

　　吾人之行為有表示行為與非表示行為之分，非表示行為即不必表示任何意思，所謂事實行為是。表示行為乃將心理狀態表示於外部之行為，意思表示是也。

（三）意思表示係表意人表示欲成立法律行為之意思之行為

　　心理狀態，有欲成立法律行為者，有不然者，其欲成立法律行為之意思，謂之效果意思，表意人將此意思，表示外部之行為，始謂之意思表示。如契約之要約及承諾。

二、意思表示之種類

　　意思表示，依不同之區別標準，可分以下各類：

（一）明示與默示

　　意思表示以其表示之方法為區別標準，可分為明示與默示。前者以言語文字明白地直接表示之謂；後者乃以使人推知之方法，間接表示之謂，例如未明白表示願買，但逕行照價付款，可認為默示承諾是。又如將已訂妥之契約退還，可認為默示解除契約是。若單純之沉默，則除有特別情事，依社會觀念可認為一定意思之表示者外，不得謂為默示之意思表示。意思表示無論明示或默示均無不可（§153參照），但法律特別規定非明示不可者亦有之，如民法第649、659條。

（二）有相對人之意思表示與無相對人之意思表示

　　意思表示以相對人之有無為區別標準，可分為有相對人之意思表示與無相對人之意思表示。前者如契約之要約、抵銷債務之抵銷、解除契約之解除；後者如遺囑、社團總會之決議。

（三）對話與非對話

　　意思表示以表示方式為區別標準，可分為對話與非對話。前者乃以直接交換意思之方式為之，如當面或以電話交談之；後者則間接使當事人了解之方式為之，如以書信表示意思。

第二款　意思表示之不一致

　　意思表示不一致者，乃表意人內部之「意思」與外部之「表示」不合致之謂。意思與表示不一致，有出於表意人之故意者，謂之故意之不一致，真意保留與虛偽表示是也；有非出於故意者，謂之無意之不一致，錯誤與誤傳是也。意思與表示一致，始能完全生效，若不一致時，究竟以內部之意思為準，抑以外部表示為準。以前者為準，為意思主義，以後者為準，為表示主義。我民法以表示主義為原則，意思主義為例外。本來民法之大原則，為私法自治，亦稱意思自治，係以意思主義為原則，但於此以意思主義為例外，所以保護交易之安全也。茲將上述各種不一致情形分述之：

一、真意保留

　　真意保留亦稱單獨的虛偽表示，乃表意人故意隱匿其內部之真意，而表示與真意不同意義之意思表示。例如真意不欲出賣，而故意表示出賣是。此種情形，若探意思主義則買賣無效，若探表示主義則買賣有效。我民法第86條本文規定：「表意人無欲為其意思表示所拘束之意，而為意思表示者，其意思表示不因之無效。」上例買賣有效，可知係探表示主義為原則。然同條但書規定：「但其情形為相對人所明知者，不在此限。」即真意保留之情形，其相對人亦明知時，其意思表示仍歸無效，則以意思主義為例外矣。

二、虛偽表示

　　虛偽表示亦稱通謀之虛偽表示，乃表意人與相對人通謀所為之虛偽的意思表示是也。此種意思表示雙方皆明知其非真意，故於當事人間無加以保護之必要，只是須保護有關之善意第三人而已。民法第87條第1項規定：「表意人與相對人通謀而為虛偽意思表示者，其意思表示無效。但不得以其無效，對抗善意第三人。」即雙方當事人間不發生任何效力。例如甲與乙通謀將自己土地之所有權虛偽轉讓於乙，則甲乙間不生轉讓之效力。但第三人丙不知，誤以為真，向乙購買而取得該土地所有權，甲不得向丙主張該土地非乙所有，而請求返還於己是。其次，虛偽意思表示有隱藏他項法律行為者，例如虛偽的表示為贈與，但實際為買賣，亦即虛偽贈與中隱藏真的買賣時，則贈與雖無效，買賣仍有效。民法第87條第2項規定：「虛偽意思表示，隱藏他項法律行為者，適

用關於該項法律行爲之規定」。

三、錯　誤

　　錯誤乃表意人因誤認或不知，致其表示與其意思無意的不一致之謂。當事人之資格或物之性質，若交易上認爲重要者，其錯誤亦視爲意思表示內容之錯誤（§88 II）。例如誤甲爲大學畢業而聘爲教師；誤乙爲難民而贈款救濟，是爲當事人資格之錯誤。誤K金戒指爲純金戒指，則爲物之重要性質之錯誤。又如欲寫五，而筆誤爲八或不知某一文件爲買賣契約，而於其上簽字，即爲民法第88條第1項所謂「表意人若知其情事，即不爲意思表示者」。

　　錯誤之意思表示，並非當然無效，只是得撤銷而已，撤銷後始溯及的歸於無效（§114 I）。因而撤銷與否，須早日確定，否則有礙交易之安全，因而民法第90條乃規定，因錯誤之撤銷權，自意思表示後，經過一年而消滅。此一年爲「除斥期間」，與「消滅時效期間」不同，詳於消滅時效章述之。

　　又民法第91條規定，因錯誤而撤銷意思表示時，表意人對於信其意思表示爲有效而受損害之相對人或第三人，應負賠償責任；但其撤銷之原因，受害人明知或可得而知者（即因過失而不知），不在此限。即受害人若有過失時，則表意人縱撤銷其意思表示，亦不必對之賠償。所謂受害人，指該意思表示之相對人或第三人而言，相對人例如出賣人撤銷，則指買受人，反之則指出賣人。第三人例如向第三人給付契約（§269）之第三人即是。

四、誤　傳

　　誤傳乃意思表示之內容，由傳達人或傳達機關傳達錯誤之謂，亦屬於錯誤之一種。所謂傳達人，例如使者；所謂傳達機關，例如電報局。傳達人或傳達機關將意思表示之內容，傳達錯誤，是爲誤傳。若傳達內容無錯誤，只是送達錯誤，例如致甲之書信，誤投於乙，則爲誤遞，誤遞對甲言之，爲意思表示之未達到，不在此之所謂誤傳之內。此之誤傳僅指意思表示之內容傳達錯誤而言，例如使者口傳，誤買爲租；電報局譯電，誤九爲七。

　　民法第89條規定：「意思表示，因傳達人或傳達機關傳達不實者，得比照前條之規定，撤銷之。」即誤傳之意思表示，亦非當然無效，而係與錯誤同樣得撤銷。

又此之撤銷，亦有一年之除斥期間，及對相對人或第三人負損害賠償責任之問題，凡此均與錯誤之撤銷同（§§90、91），茲不贅述。

第三款　意思表示之不自由

意思表示不自由乃因他人之不當干涉，致爲意思表示之謂。吾人之意思表示，須由於自由意志，若受外力之干涉，而爲意思表示，則其意思表示即有瑕疵。此種意思表示即屬不健全之意思表示，對於其法律行爲之效力，不能不有所影響。茲將其情形分述之：

一、詐　欺

詐欺乃詐欺人故意欺罔被詐欺人，使陷於錯誤，並因之而爲意思表示之謂。例如甲實施詐術，使某乙爲其簽發本票一張（惟票據行爲乃不要因行爲，票據債務人不得以自己與發票人或執票人之前手間所存抗辯之事由對抗執票人（參閱票§13））。

上述之意思表示，即爲因被詐欺所爲之意思表示，依民法第92條第1項規定因被詐欺，而爲意思表示者，表意人得撤銷其意思表示；但詐欺係由第三人所爲者，以相對人明知其事實或可得而知者爲限，始得撤銷之。可知因被詐欺而爲之意思表示，並非當然無效，而屬於一種得撤銷之行爲。不過詐欺若係該法律行爲之相對人所爲者，則逕得撤銷，別無問題。

撤銷後該法律行爲即歸無效，但民法第92條第2項規定：「被詐欺而爲之意思表示，其撤銷不得以之對抗善意第三人。」

又因被詐欺而撤銷意思表示，其撤銷應於發見詐欺後一年內爲之；但自意思表示後，經過10年，不得撤銷（§93）。是爲除斥期間。應注意者此項除斥期間，係適用於一般之法律行爲，若因被詐欺而結婚者，雖亦得撤銷，但須於發見詐欺後，6個月內爲之（§997），是乃特別規定，應優先適用之。

二、脅　迫

脅迫乃故意不當的預告危害，使人發生恐怖，因而爲意思表示之謂。例如甲被乙脅迫，而立借據；又丙被丁脅迫，而爲終止租賃契約之意思表示是。此種被脅迫所爲之意思表示，亦係意思之不自由，而爲有瑕疵的意思表示之一

種，故民法第92條規定因被脅迫而為意思表示者，表意人得撤銷其意思表示。

此之撤銷與前述因詐欺而為之撤銷，有兩點不同，就撤銷之要件言因被詐欺而為之撤銷，如詐欺係由第三人所為者，則以相對人明知其事實，或可得而知者為限，始得撤銷。但因被脅迫而為之撤銷，則無此限制，此其一。就撤銷之效果言因被詐欺而為之撤銷，不得以之對抗善意第三人。但因被脅迫而為之撤銷，則無此限制，此其二。其所以如此者，對於表意人言之，因被脅迫之情形，較被詐欺嚴重，有特加保護之必要也。

其次民法第93條規定：因被脅迫而為之撤銷，應於脅迫終止後，一年內為之；但自意思表示後經過10年，不得撤銷。期間之長短與被詐欺撤銷之情形同，惟其中一年之期間，其起算不同，斯應注意。此外因被脅迫而結婚者，得於脅迫終止後，6個月內向法院請求撤銷之（§997），是乃特別規定，故斯項撤銷之除斥期間，不適用民法第93條之規定。

案例

　　甲受乙詐欺而與之訂立買賣契約，並已交貨，未收到價金，此時甲能否依詐欺受傷害為由請求損害賠償或不當得利？

因受詐欺而為之買賣，未撤銷前，該法律行為有效，出賣人甲交付貨物後，有請求價金之債權，如財產總額並未因此而減少，即無受損害，不能主張買受人乙成立侵權行為而對之請求損害賠償，或依不當得利之法則而對之請求返還所受之利益。

第四款　意思表示之生效

意思表示之生效即意思表示開始發生效力，而當事人受其拘束之謂。意思表示之生效期間，因有相對人與無相對人而有不相同。茲分述之：

一、有相對人之意思表示

法律行為在契約，當然有相對人，固無論矣，即在單獨行為，亦多有相對人，例如撤銷、抵銷、免除等。有相對人意思表示之生效，尚因相對人有無受

領能力及意思表示係對話與非對話而不相同。

（一）相對人有受領能力

所謂受領能力即該相對人得獨立接受意思表示之謂，凡有行為能力人皆有之，無行為能力人則無，而限制行為能力人則有時有之，有時無。相對人有受領能力，則表意人得對該相對人本人為意思表示，於是：

1. **對話之意思表示**：對話之意思表示，我民法採了解主義，於第94條規定：「對話人為意思表示者，其意思表示，以相對人了解時，發生效力。」

2. **非對話之意思表示**：非對話之意思表示，其生效有四種主義：

（1）表示主義：亦稱表白主義，即一經表示即生效力，例如信件寫畢，隨時生效。

（2）發信主義：即意思表示已經表意人將其表示置於自己實力支配範圍以外時，即生效力，例如信件業已投郵。

（3）達到主義：即意思表示須達到於相對人支配之範圍以內，始生效力，例如信件業已交於相對人之手，或投入其信箱。

採達到主義，應注意三點：

①意思表示一經達到相對人即生效力，但撤回之通知，同時或先時到達者，不在此限（§95Ⅰ但書）。

②表意人於發出通知後死亡，或喪失行為能力，或其行為能力受限制者，其意思表示，不因之而失其效力（§95Ⅱ）。

③表意人非因自己之過失不知相對人之姓名、居所者，得依民事訴訟法公示送達之規定，以公示送達為意思表示之通知（§97）。

關於公示送達，請參閱民事訴訟法第149條以下之規定。

又我民法例外亦有採發信主義之時，如承諾遲到之通知是（§159Ⅰ）。

（4）了解主義：即意思表示須經相對人了解時，始生效力。

此四者，我民法原則上採達到主義，於第95條第1項本文規定：「非對話而為意思表示者，其意思表示，以通知達到相對人時，發生效力。」

（二）相對人無受領能力

民法第96條規定：「向無行為能力或限制行為能力人為意思表示者，以其通知達到其法定代理人時，發生效力。」是亦採達到主義，不過其達到，不以相對人本人為準，而以其法定代理人為準而已。蓋本人無受領能力故也。

二、無相對人之意思表示

　　無相對人之意思表示，何時生效？我民法無一般性規定，學者均認為於成立之同時即生效力，結果係採表白主義。但法律特別規定，有使其生效溯及於意思表示成立之前者，如繼承之拋棄（§1175），亦有使其意思表示於日後發生效力者，如遺囑（§1199）。

第五款　意思表示之解釋

　　意思表示之解釋乃闡明意思表示之涵義，以解除疑問之謂。

　　意思表示之解釋方法如何？民法第98規定：「解釋意思表示，應探求當事人之真意，不得拘泥於所用之辭句。」例如實際上係設定抵押權，但誤為質權，解釋時仍為抵押權。

　　解釋契約，應探求當事人立約時之真意，而於文義上及理論上詳為推求。當時之真意如何，又應斟酌訂立契約當時及過去之事實，其經濟目的及交易上之習慣，而本於經濟法則，基於誠實信用原則而為判斷（65台上2135）。

第四節　條件及期限

第一款　條　件

一、條件之意義

　　條件者，使法律行為效力之發生或消滅，取決於將來客觀不確定事實之成就或不成就之附從意思表示也。析言之：

　　（一）條件為附從之意思表示。即當事人對於法律行為之效力所加之限制。係法律行為之一部。

　　（二）條件以將來客觀不確定事實之發生與否為內容。如為過去之事實，主觀上雖不知之，而客觀上業已確定者，不得謂為條件（68台上2861）。

　　（三）條件係限制法律行為之效力，即決定其效力之發生或消滅。

二、條件之種類

（一）停止條件與解除條件

停止條件乃關於法律行為效力發生與否之條件。「附停止條件之法律行為，於條件成就時，發生效力」（§99 I）。不成就時，則不生效力。例如兒子甲若聯考金榜題名，父親乙則贈予電腦一部；又如明天下雨，即借你雨傘一把。

解除條件者，關於法律行為效力消滅與否之條件也。「附解除條件之法律行為，於條件成就時，失其效力」（§99 II）。不成就時，其效力繼續存在。例如買賣貨物之契約，約定買受人應將訂金以外之貨款本月底前交付，到期不交，契約即告失效者，係以到期不交貨款為其契約之解除條件。此項解除條件成就時，買賣契約失其效力。又如租賃契約訂明承租人須於一定期日支付租金，屆期不為支付，租賃契約當然失其效力者，係以屆期不支付租金為解除條件。屆期如不支付租金，則其租賃契約當然因解除條件成就失其效力。

（二）偶成條件、隨意條件與混合條件

偶成條件，指依偶然事實以決定條件之成否者而言。例如明日下雨，贈君雨傘是。隨意條件者，依當事人一方之意思而決定其成否之條件也。如約定君出國留學，贈予10萬是。混合條件者，由當事人之意思與偶然之事實結合而決定其成否之條件也。例如甲與乙約定，於乙與丙結婚時贈屋一棟。此三種條件，均屬有效。惟隨意條件中，由義務人決定之停止條件，則屬無效。例如我若願意，贈汝汽車一輛，與不受拘束無異。

三、條件之成就與不成就

（一）條件之成就

即條件內容之事實已實現之謂。「因條件成就而受不利益之當事人，如以不正當行為，阻止其條件之成就者，視為條件已成就」（§101 I）。因無該項不正當行為時，條件當可成就故也。依保險法施行細則第4條第3項之規定：「人壽保險人於同意承保前，得預收相當於第一期保險費之金額。保險人應負之保險責任，以保險人同意承保時，溯自預收相當於第一期保險費金額時開始。」如果依通常情形，保險人甲應「同意承保」，因見被保險人乙已經死

亡，竟「不同意承保」，希圖免其保險責任；是乃以不正當行為阻其條件之成就，依民法第101條第1項規定，視為條件已成就。此時保險人甲自應負其保險責任。

（二）條件之不成就

即條件內容之事實，確定不實現之謂。「因條件成就而受利益之當事人，如以不正當行為促其條件之成就者，視為條件不成就」（同條 II）。因無該項不正當行為時，條件當已不成就故也。例如要保人於投保火災險後，試圖詐領保險金，故意縱火，釀成火災是。此時保險公司不須理賠，該保險事故視為未發生。

四、附條件法律行為之效力

（一）條件成就時之效力

「附停止條件之法律行為，於條件成就時，發生效力」（§99 I）；「附解除條件之法律行為，於條件成就時，失其效力」（同條 II）。但「依當事人之特約，使條件成就之效果，不於條件成就之時發生者，依其特約」（同條 III）。例如甲與乙約定，於乙結婚3個月後，贈屋居住。

（二）條件成就前之效力

條件成否未定之前，當事人已有取得權利之希望，即學說上所謂期待權，自應予以保護。故「附條件之法律行為當事人，於條件成否未定前，若有損害相對人因條件成就所應得利益之行為者，負賠償損害之責任」（§100）。

（三）條件不成就之效力

依第99條第1項、第2項反面解釋，停止條件不成就時，法律行為確定不生效力。解除條件不成就時，法律行為繼續發生效力。

五、禁止附條件之法律行為

法律行為，原則上得附條件，例外不許附條件，除法律規定者（例如§335規定，債務之抵銷，不得附條件）外，乃由於法律行為之性質，其情形有二：

　　（一）附加條件，妨害公序良俗者，其法律行爲無效。例如結婚、離婚、收養、認領、繼承之承認或拋棄等。

　　（二）附加條件，妨害相對人之利益者，其法律行爲原則上無效。但無損於相對人之利益或相對人同意附加者，仍屬有效。例如附條件之撤銷、承認或解除，係經相對人同意。

第二款　期　限

一、期限之意義

　　（一）期限者，使法律行爲之效力之發生或消滅，取決於將來確定事實之發生之附從意思表示也。

　　（二）期限爲附從之意思表示。即對於法律行爲之效力所附加之限制。

　　（三）期限以將來確定發生之事實爲內容。條件則以將來客觀不確定事實之發生與否爲內容，故二者不同。例如「明日如降雨」乃條件，而「天降雨時」則爲期限。

　　（四）期限係限制法律行爲之效力。即決定法律行爲效力之發生（始期）或消滅（終期）。

二、期限之種類

（一）始期與終期

　　始期者，法律行爲開始發生效力之期限也。例如甲將房屋出租與乙，約定自某月某日起開始生效。終期者，法律行爲喪失效力之期限也。例如上例之租期至某月某日止。

（二）確定期限與不確定期限

　　確定期限，即到來之時期業已確定之期限。如某月某日是。不確定期限，即事實之發生雖確定，而其發生時期不確定之期限。如死亡時，天雨時。

（三）約定期限與法定期限

　　前者，乃當事人任意約定之期限。此乃法律行爲中所稱之期限。後者乃法律規定之期限。例如買回之期限爲5年（§380）。

三、附期限法律行為之效力

（一）期限到來時之效力

期限之到來者，指爲期限內容之事實已發生而言。其情形有二：

1. **始期屆至之效力**：「附始期之法律行爲，於期限屆至時，發生效力」（§102 I）。故法律行爲附有始期與附有停止條件相當，於期限屆至前，其效果均停止發生。

2. **終期屆滿之效力**：「附終期之法律行爲，於期限屆滿時，失其效力」（同條 II）。

（二）期限到來前之效力

法律行爲所附期限，必可到來，當事人將來可以取得權利之期待權之實現，至爲確實，自應加以保護。故附期限之法律行爲，當事人於期限到來前，若有損害相對人因期限到來所應得利益之行爲者，應負賠償損害之責任（§102 III）。

四、不許附期限之法律行為

法律行爲，原則上許附期限。不得附條件之法律行爲，大致亦不容附期限。其許附期限而不許附條件者，例如票據行爲是；其許附條件而不許附期限者，例如債務之免除不得附終期。

第五節　代　理

民法將代理之一般原則，規定於總則編，而將代理權之授與及無權代理等，另定於債編。爲使代理理論完整呈現，特將債編有關代理之規定，於此一併說明。

第一款　概　說

一、代理之意義

代理者，代理人於代理權限內，以本人名義所爲或所受之意思表示，直接對本人發生效力之行爲也（§103 I）。今日社會，交易頻繁，無行爲能力人

及限制行爲能力人，固須藉他人補充其能力之欠缺；有完全行爲能力者，亦難事事躬親，有賴於他人之協助，以擴充其活動之範圍，故各國法律，均設代理之制度。茲將其意義，說明如下：

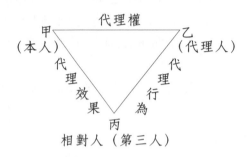

二、代理之效力

（一）本人與代理人之關係

本人與代理人之間，係授與代理權，或法定代理權之問題。無論何者均須有代理權之存在，始爲有權代理，否則爲無權代理。代理權之存在，因授權代理，通常多隨同委任關係（代理權所由授與之法律關係）而發生，故以委任狀爲授權書而證明之，不過卻不以此爲限，因隨同僱傭、承攬、運送等關係，亦可授與代理權也。至法定代理，當事人居於法定地位時，即當然有代理權，無須再以何種文件表示之。

（二）代理人與第三人之關係

代理人與第三人間爲代理行爲之問題。代理行爲以法律行爲爲限，亦即屬於爲意思表示或受意思表示之問題。既係爲法律行爲則代理人須有行爲能力，但不以具有完全之行爲能力爲必要，即限制行爲能力人亦得爲之，民法第104條規定：「代理人所爲或所受意思表示之效力，不因其爲限制行爲能力人而受影響。」又民法第105條規定：「代理人之意思表示，因其意思欠缺、被詐欺、被脅迫或明知其事情，或可得而知其事情，致其效力受影響時，其事實之有無，應就代理人決之。但代理人之代理權係以法律行爲授與者，其意思表示，如依照本人所指示之意思而爲時，其事實之有無，應就本人決之。」蓋因代理行爲係代理人所爲，故代理行爲有意思表示不一致或意思表示不自由時，

其事實之有無，應以代理人是否具有各該情形爲準而解決之，而不以本人是否具有各該情形爲準。

　　但代理人係依照本人所指示之意思而爲時，因其意思既係本人所決定，而非代理人自作之主張，故此種情形，則應就本人決之，而不就代理人決之。

（三）本人與第三人之關係

　　本人與第三人之關係爲代理效果歸屬之問題。代理制度係將行爲與效果分開，行爲由代理人爲之，效果由本人受之，民法第103條規定：「代理人於代理權限內，以本人名義所爲之意思表示，直接對本人發生效力。前項規定，於應向本人爲意思表示，而向其代理人爲之者，準用之。」所謂直接對本人發生效力，即代理行爲一經成立，本人與第三人之間即直接發生法律關係。例如代理人乙代本人甲與第三人丙訂立買賣契約，則甲丙間即直接發生買賣關係。

三、類似代理之概念

（一）代理與代表

　　代理爲代理人之行爲，其效果直接歸屬於本人。代表爲代表人之行爲，視爲本人之行爲。代理以法律行爲爲限，代表則可爲事實行爲。

（二）代理與使者

　　代理係代理人自己決定意思及自爲表示行爲，故須具有意思能力，其意思表示，有無瑕疵，亦就代理人決之。使者則係傳達本人所決定之意思，無須意思能力，意思表示有無瑕疵，亦應就本人決之。

四、代理之分類

（一）法定代理與意定代理

　　法定代理，即基於法律規定而發生代理權者也。例如父母對其未成年子女之法定代理權（§1086）。意定代理，即基於本人之授權行爲而發生代理權者也。例如甲授權乙代爲出賣房屋。

（二）積極代理與消極代理

　　積極代理，即代本人爲意思表示之代理也。例如甲代乙爲契約之要約。消

極代理，即代本人受意思表示之代理也。例如甲代乙接受契約之承諾。

（三）一般代理與特別代理

一般代理，即代理權範圍無特定限制之代理也。例如甲授權乙代為處理一切事務。特別代理，即代理權之範圍有特定限制之代理也。例如甲授乙代賣某屋之權。

（四）直接代理與間接代理

直接代理，即以本人名義為法律行為，而使其效果直接歸屬於本人之代理也。例如甲以乙之名義買車，而使乙直接取得該車之交付請求權，並負擔支付價金之義務。間接代理，即代理人以自己名義，為本人計算，而為法律行為，使其行為之效果，先對代理人發生，再移轉於本人之代理也。例如甲代理乙，以自己名義向丙買車一輛，丙將車交付與甲，並由甲給付價金，然後甲將該車交乙，再向乙請求給付價金。

（五）有權代理與無權代理

有權代理，即有代理權之代理也。例如甲為乙之法定代理人或經乙授與代理權，代理乙所為之法律行為是。反之，即為無權代理（§170）。

（六）集合代理與共同代理

代理權授與數人，而各代理人皆有獨立代理之權限者，曰集合代理，亦稱各自代理或單獨代理。代理權授與數人，而各代理人無獨立代理之權限者，曰共同代理。

五、代理權之限制

代理權之限制，指代理人應有之權限，以法律之規定或當事人之意思而特別加以限制而言。

（一）法定代理之限制

即法律關於法定代理人代理權限之限制。例如監護人處分受監護人之不動產，應得法院許可是（§1101）。

（二）意定代理之限制

1. 當事人所加之限制：當事人對於代理權所加之限制，為免第三人受不測之

損害，不得以之對抗善意第三人（§107前段）。但第三人因過失而不知其事實者，無保護之必要，仍得以之對抗（同條但書）。

2. **雙方代理**：雙方代理者，代理人代理本人對自己（代理人）爲法律行爲，或既爲第三人之代理人，而爲本人與第三人之法律行爲也。前者稱爲自己契約或對己代理。例如甲爲乙之代理人，而將乙之土地出賣與自己是。後者謂之狹義雙方代理。雙方代理，利害必相衝突，爲維護本人之利益，故以不許爲原則（§106前段），並對於意定代理及法定代理均有適用。但代理人所爲之法律行爲，經本人許諾或係專履行債務者，無利害衝突之弊，故例外認爲有效（同條前段及但書）。惟所謂履行債務，乃指狹義之清償，不包括從新交換利益之代物清償在內。

3. **共同代理**：共同代理，乃數代理人共同行使一代理權，各代理人並無獨立之代理權，故「代理人有數人者，其代理行爲，應共同爲之」（§168前段）。否則，即構成無權代理。但法律另有規定（例如第556條規定經理人中有二人簽名即對商號生效是）或本人另有意思表示者，不在此限（同條但書）。

六、代理權之消滅

（一）代理權之消滅原因

1. **授權關係消滅**：「代理權之消滅，依其所由授與之法律關係定之」（§108 I）。故代理權因授權法律關係之終了而消滅。例如因監護或委任關係而生之代理權，因此等關係之終了而消滅。

2. **法定代理之原因消滅**：法定代理之原因消滅，應就各種法定代理之規定以爲決定。例如子女成年，父母之法定代理權消滅（§1086）。

3. **代理權之撤回**：代理權之撤回，乃以本人一方之意思表示而消滅代理權之全部或一部之行爲。「代理權得於其所由授與之法律關係存續中撤回之。但依該法律關係之性質不得撤回者（例如第554條之經理人），不在此限」（§108 II）。代理權經撤回全部或一部者，即全部或一部消滅。惟已否撤回，第三人不易知悉，故代理權之撤回，「不得以之對抗善意第三人。但第三人因過失而不知其事實者，不在此限」（§107）。

（二）代理權消滅之效果

代理人於代理權消滅後，即無代理權，如再爲代理，應適用關於無權代理

之規定。代理權由本人授與者，「代理權消滅或撤回時，代理人須將授權證書交還於授權者，不得留置」（§109），以防濫用。又代理權因本人之限制或撤回而全部或一部消滅者，其效果（§107）已如上述，茲不贅敘。

第二款　無權代理

無權代理，謂無代理權之代理。亦即行為人以本人代理人名義為意思表示而欠缺代理權之代理也。無權代理，可分為表見代理與狹義無權代理二種，茲分述之：

一、表見代理

（一）表見代理之意義

表見代理，即代理人雖無代理權，而因本人與代理人間有一定事實關係存在，足使相對人信其有代理權，而與其為法律行為時，法律仍使本人負授權責任之代理也。表見代理，本人並未授與代理人代理權，原不負何種責任，然為保護交易之安全及代理制度之作用，法律仍使本人負授權之責任。但代理僅得為法律行為，不法行為及事實行為，不成立代理及表見代理。

（二）表見代理之發生

表見代理之成立，其情形如下：

1.由自己之行為表示以代理權授與他人者（§169前段）：在此情形，必依本人之行為，足使第三人信其曾以代理權授與代理人。例如允許他人使用自己名義與第三人為法律行為，或甲以印章及支票簿交乙保管使用而乙私自簽發支票。

2.知他人表示為其代理人而不為反對之表示者（§169後段）：此種情形，無異默認該他人為有代理權，使相對人誤信。例如甲自稱為乙代理人，乙知而不為反對之表示是。但所謂「知」，指明知而言。主張本人知其事實者，應負舉證之責。

（三）表見代理之效力

表見代理，表面上之本人，對於第三人應負授權人之責任（§169）。即第三人得主張其行為對於該本人發生效力。在第三人未為此項主張前，本人亦

得承認該行為，使其發生效力。如第三人已撤回行為，即不得再為承認。但第三人明知其無代理權或可得而知者，則本人不負授權人之責任（同條但書）。又所謂本人應負之責任，指履行責任而言。故本人有無故意過失，在所不問。其責任之範圍，則為其曾經表示授與他人代理權之範圍。

二、狹義無權代理

（一）狹義無權代理之意義

狹義無權代理，指表見代理以外之無權代理而言。係學術上之用語，法律上則逕稱為無權代理。其情形有四：

1. 不具備表見代理要件之代理。
2. 授權行為無效之代理。
3. 逾越代理權範圍之代理。
4. 代理權消滅後之代理。

（二）狹義無權代理之效力

1. **本人與相對人間之關係**：狹義無權代理，既無代理權，又無使人信其為有代理權之原因，對於本人原應無效。但為保護相對人之利益，並謀交易上之便利，法律特規定為效力未定之行為。在本人與相對人間之效力，因下列事由而確定。

　　　（1）本人之承認：「無代理權人以代理人之名義所為之法律行為，非經本人承認，對於本人不生效力」（§170 I）。

　　　（2）本人拒絕承認：即本人表示不補授代理權也。無權代理行為，一經拒絕，即自始不生效力。

　　　（3）相對人之催告：為使無權代理行為是否生效，早日確定，「前項情形，法律行為之相對人，得定相當期限，催告本人確答是否承認，如本人逾期未為確答者，視為拒絕承認」（§170 II）。

　　　（4）相對人之撤回：「無權代理人所為之法律行為，其相對人於本人未承認前得撤回之」（§171前段），以保護其利益。但為法律行為時，明知其無代理權者，無保護之必要，不許撤回（同條但書）。

2. **無權代理人與相對人間之關係**：如本人不為承認，「無代理權人，以他人之代理人名義所為之法律行為，對於善意之相對人，負損害賠償之責」

（§110）。

3. 無權代理人與本人間之關係：無權代理人所爲之行爲，經本人承認者，對本人發生效力。如本人不承認時，則構成無因管理或侵權行爲。

第六節　無效及撤銷

法律行爲具備一定的要件，發生當事人所希望之效力，成爲有效的法律行爲，稱爲「完全的法律行爲」，反之，如有瑕疵存在，而不能發生預期的法律效果時，爲「不完全法律行爲」，即不具備生效要件，可分爲無效（§§71、72）、得撤銷（§§88、92）及效力未定（§§79、118）。

一、無　效

（一）無效之意義

無效乃法律行爲當然的確定的不發生效力之謂。無效無須當事人有何主張，亦勿庸法院爲無效之宣言，其法律行爲即自始不發生效力。不過當事人若有爭執時，仍得向法院提起確認無效之訴，自不待言。

（二）無效之效果

法律行爲之無效，有全部無效與一部無效之分。前者法律行爲全部不生效力；後者依民法第111條規定：「法律行爲之一部分無效者，全部皆爲無效。但除去該部分亦可成立者，則其他部分，仍爲有效。」例如贈與現金10萬元及手槍一支，手槍部分雖無效，但現金10萬元部分仍爲有效。

其次，「無效之法律行爲，若具備他法律行爲之要件，並因其情形，可認當事人若知其無效，即欲爲他法律行爲者，其他法律行爲，仍爲有效」（§112）。是爲無效法律行爲之轉換。例如簽發票據欠缺法定要件而無效時，該票據可視爲普通債權證券，而準用消費借貸（§474以下）之規定；又如密封遺囑未具法定方式而具備自書遺囑之要件時，有自書遺囑之效力（§1193）。

又無效之法律行爲，若當事人於行爲當時，知其無效或可得而知者，應負回復原狀或損害賠償之責任（§113）。

二、撤　銷

（一）撤銷之意義

　　撤銷乃有撤銷權之人行使撤銷權，使已生效力之法律行為，歸於無效之謂。撤銷之結果雖使法律行為亦歸無效，但與前述之無效，係當然的無效者有所不同。即撤銷之無效，係撤銷權人行使撤銷權加以撤銷後，始歸無效，如不撤銷，則該法律行為仍屬有效。而前述之無效，乃當然的無效，不待有人主張，故二者有別。又撤銷與撤回亦不同，撤銷主要係對已生效之意思表示為之；而撤回主要係對尚未生效之意思表示為之（即防止其效力之發生），故二者亦有別。

（二）撤銷之方法

　　撤銷應以意思表示為之；如相對人確定者，前項意思表示，應向相對人為之（§116）。惟此乃指一般之撤銷而言，若民法第74條及第244條規定之撤銷，則非向法院提起撤銷之訴，不得為之，自應注意。

（三）撤銷之效果

　　法律行為經撤銷者，視為自始無效（§114Ⅰ）。例如3月1日所為之法律行為，於8月12日撤銷時，則該法律行為溯及於3月1日無效，與未為該法律行為同。不過此乃指一般法律行為之撤銷而言，若婚姻之撤銷，則不發生溯及效力（§998）。

　　法律行為既因撤銷無效，則當事人於行為當時，知其得撤銷，或可得而知者，應負回復原狀及損害賠償之責任（§114Ⅱ準用§113）。

三、效力未定

（一）效力未定之意義

　　效力未定乃法律行為發生效力與否尚未確定，必須有另一事實使之確定之謂。所謂另一事實，即承認或拒絕是。承認則該法律行為確定生效；拒絕則該法律行為確定無效，在承認或拒絕前，該法律行為既未生效，亦非無效，故屬於效力未定之法律行為。

（二）承認或拒絕之方法

承認應以意思表示爲之；如相對人確定者，前項意思表示，應向相對人爲之（§116）。又法律行爲，須得第三人之同意始生效力者，其同意或拒絕，得向當事人之一方爲之（§117）。

（三）承認之效力

經承認之法律行爲，如無特別訂定，溯及爲法律行爲時，發生效力（§115）。

又無權處分行爲，依民法第118條第1項規定：「無權利人就權利標的物所爲之處分，經有權利人之承認，始生效力。」惟無權利人就權利標的物爲處分後取得其權利者，其處分自始有效；但原權利人或第三人已取得之利益，不因此而受影響（同條Ⅱ）。此種情形即無須經有權人之承認矣。同時此種情形，若數處分相牴觸時，以其最初之處分爲有效（同條Ⅲ）。

無效	得撤銷	效力未定
當然無效 （不特定人均得主張無效）	須有特定人（撤銷權人）之主張（撤銷），始歸無效	法律行爲雖已成立，但是否有效，尚處於不確定狀態
自始無效 （法律行爲成立之初即屬無效）	在撤銷前，已生效力	須以他人行爲使之確定，即經承認則有效，拒絕則無效
確定無效 （不因時之經過而生效）	因撤銷權之消滅，而不歸無效，但經撤銷者，則溯及的無效	不因時之經過而臻於確定

案例

> 甲因出國旅遊，將其所有之機車借乙使用，並將行車執照交付乙。乙因需款應急，竟然變造行車執照，將所有權人欄記載乙之姓名，將該機車出賣予善意之丙，雙方訂立有買賣契約，該買賣契約之效力如何？

甲出國旅遊，將其所有之機車借乙使用，乙擅自變造行車執照，出售予善意丙，並訂有買賣契約，乙係無權處分他人之物之無權處分人，其物權行爲依民法第118條規定應經甲承認始生效力，惟民法第118條之「處分」不包括債權行爲，故而乙、丙之買賣契約有效。

第五章　期日及期間

一、期日及期間之意義

（一）期日之意義

期日乃一定時期之謂。所謂一定時期屬於一個點而不可分者是，如某時、某日、某月、某年之類均屬之，只要其時期特定，不問其時間之長短，故期日並非單指某日而言。

（二）期間之意義

期間乃由一定期日至一定期日之謂。亦即由一時間至另一時間是。著眼在時之經過而觀察，如某時至某時，某日至某日，某月至某月，某年至某年是。期間屬於一條線，必有長度及始終。

二、期日及期間之計算

期日及期間之計算，依民法第119條規定：「法令、審判或法律行為所定之期日及期間，除有特別訂定外，其計算，依本章之規定。」本章之規定如下：

（一）曆法計算法

即按國曆所定之月或年，以為計算之方法。我民法對於連續期間，採曆法計算法，於第123條第1項規定：「稱月或年者，依曆計算。」例如稱自8月1日起算3個月，則計至10月31日止。

（二）自然計算法

即按實際時間，精確計算之方法。我民法對於非連續期間之計算採自然計算法，即第123條第2項規定：「月或年，非連續計算者，每月為三十日。每年為三百六十五日。」例如自8月14日起，6個月完工，則此6個月無論其間某月之大小，而均以實際工作天計算，計足180日始為期間之屆滿。

（三）期間之起算點

1. 以時定期間者，即時起算（§120 I），如上午8時購物，約定3小時交貨，即11時。

2. 以日、星期、月或年定期間者，其始日不算入（§120 II），如一日訂立買賣契約，約定5日交貨，則自2日開始算至6日期滿。

（四）期間之終止點

1. 以日、星期、月或年定期間者，以期間末日之終止，為期間之終止（§121 I）。

2. 期間不以星期、月或年之始日起算者，以最後之星期、月或年，與起算日相當日之前一日，為期間之末日。但以月或年定期間，於最後之月，無相當日者，以其月之末日，為期間之末日（§121 II）。如訂2個月期間，自12月31日起算，則其最後之月為翌年2月，但2月無31日，則以2月之末日為期間之末日。

3. 期日或期間終止點之延長，於一定期日或期間內，應為意思表示或給付者，其期日或其期間之末日，為星期日、紀念日或其他休息日時，以其休息日之次日代之（§122）。

（五）年齡之計算法

年齡自出生之日起算。出生之月、日無從確定時，推定其為7月1日出生。知其出生之月，而不知其出生之日者，推定其為該月15日出生（§124）。

第六章　消滅時效

第一節　總　說

一、消滅時效之意義

消滅時效乃請求權之不行使，繼續達法定期間，則該權利即歸消滅之一種時效。基於一定之事實狀態，經過長時間後，證據散失，爲使義務人免負舉證之困難，確保其權利之安全，以及「權利上之睡眠者」，不值得法律之保護，故有消滅時效之設。其目的乃使永續之事實狀態得以確定，直接確保交易之安全，間接維護社會之公益，以達營社會生活之目的。

所謂時效，分爲兩種：一爲取得時效，我民法規定於物權編；一爲消滅時效，我民法規定於總則編。本章所述以後者爲對象。

二、消滅時效與除斥期間之區別

除斥期間與消滅時效，均爲權利行使上之一種積極的限制，亦爲權利不行使之一種消極的制裁。是爲二者之所同。

然則二者究有何種區別？分述如下：

（一）就其對象而言

消滅時效以請求權爲對象；而除斥期間則以撤銷權（形成權）爲對象。

（二）就其期間而言

消滅時效之期間，常因時效之中斷及時效之不完成等事由而延長；而除斥期間之期間，則固定不變，不因任何事由延長，故亦稱不變期間或預定期間。

（三）就其適用而言

消滅時效非經當事人援用，法院不得依職權以之爲判斷之資料；而除斥期間，當事人縱不援用，法院亦得依職權以之爲裁判之資料。

第二節　消滅時效之期間

一、一般期間

所謂一般期間即特別期間之外之期間。此項期間，在我民法上爲「十五年」，即第125條規定：「請求權，因十五年間不行使而消滅。但法律所定期間較短者，依其規定」。所謂法律所規定期間較短者，即指特別期間而言。

二、特別期間

特別期間有規定於民法總則編消滅時效章者；有規定於民法其他各編者（如§§197 I、473 I、514、514-12、563、601-2、623、666、717、963、1030-1、1146）；亦有規定於民事特別法者（如票§22 I，海§§99、139、165，保§65），以下所述者以民法總則編消滅時效章者爲限。

（一）五年期間

「利息、紅利、租金、贍養費、退職金，及其他一年或不及一年之定期給付債權，其定期給付請求權，因五年間不行使而消滅」（§126）。

1. 利息，是指因借貸金錢所生之法定孳息。

2. 紅利，例如公司每年分配予股東之營業利益屬之。

3. 租金，則是因租賃關係所生之法定孳息。

4. 贍養費，指親屬編中規定離婚配偶給付之生活費，收養關係終止後養父母或養子女之一方給付他方之生活費，或一定親屬間扶養義務人給付扶養權利人之生活費而言，且指已生產的每一期贍養費之請求權而言，並非贍養費請求權本身之時效，須特別注意。

5. 所謂其他一年或不及一年之定期給付債權，指與利息等同一性質及基於一定法律關係，因每次一年以下期間之經過，順次發生之債權而言。至普通債權之定有給付期間，或以一債權分數期給付者，不包括在內。債權之清償期在一年以內之債權，係一時發生，且因一次之給付即消滅者，亦不包括在內（院1331，院1227，28上605）。

（二）二年期間

下列各款請求權，因2年間不行使而消滅（§127）。

1. 旅店、飲食店及娛樂場之住宿費、飲食費、座費、消費物之代價及其墊款。此種商事上債權零星瑣碎，日久不行使，舉證困難，故定為短期時效。

2. 運送費及運送人所墊之款。商事上之債權，原則上應從短期時效。同時對於運送人之賠償請求權，其時效亦為2年（§623Ⅱ），亦期均衡。

3. 以租賃動產為營業者之租價。一般租金時效為5年已如上述，於此以租賃動產為營業之租價，則為2年，亦因屬於商業上債權之故。

4. 醫生、藥師、看護生之診費、報酬及其墊款。此等債權具有營業性，故亦定為短期時效。

5. 律師、會計師、公證人之報酬及其墊款。此等債權亦具有營業性，故定為短期時效。應注意者，此之所謂公證人非法院之公證人，乃指營公證業務之公證人而言，如保險公證人。

6. 律師、會計師、公證人所收當事人物件之交還。理由同上述。

7. 技師、承攬人之報酬及其墊款。理由同上述。

8. 商人、製造人、手工業人所供給之商品及產物之代價。此之短期時效，亦因其係商事債權之故。

惟所謂商人，指實質上之商人（52台上75）。又請求商人、製造人、手工業付出賣標的物請求權之消滅時效，不在本款範圍之內，仍應適用第125條之規定（31上1205、41台上559）。

上述之一般期間及特別時間，其起算點依民法第128條規定：「消滅時效，自請求權可行使時起算。以不行為為目的之請求權，自為行為時起算」。其次上述之消滅時效期間，依民法第147條規定：「時效期間，不得以法律行為加長或減短之」。此乃為維持社會現有秩序，事關公益，屬強行規定，不得以當事人之意思，排除其適用。

三、其他短期時效期間

民法或特別法對於具有特殊性質之請求權，另有短期消滅時效期間之規定，例如：

（一）因侵權行為所生損害賠償請求權（§197Ⅰ）。

（二）使用借貸所生之損害賠償請求權（§473Ⅰ）。

（三）商號對經理人違反不競業義務之損害賠償請求權（§563Ⅱ）。

（四）指示證券領取人或受讓人對被指示人因承擔所生之請求權（§717）。

（五）占有人之物上請求權（§963）。

（六）聯合財產關係消滅時，剩餘財產差額之分配請求權（§1030之1）。

（七）繼承回復請求權（§1146）。

此等請求權之消滅時效期間，短者為2個月，長者多未逾2年。

案例1

> 甲借100萬元給乙，約定2年內還清，但債務到期後，甲拖了將近15年，方向其求償債務人可否拒絕給付？

民法第125條規定請求權，因15年間不行使而消滅。故此項請求權須於15年內行使，且向債務人口頭請求清償之後，如債務人仍置之不理時，則債權人須向法院提起民事訴訟，訴請債務人償還。否則，於口頭請求後6個月內不提起民事訴訟，其時效不中斷，債權的請求權將因15年不行使而消滅，債務人即可以拒絕還錢。

案例2

> 請求權的時效經過多久而消滅？

請求權的時效經過多久而導致於請求權時效消滅，則依不同的請求而有下列之區別：

（一）一般請求權之消滅時效：一般請求權因15年間不行使而消滅。

（二）短期請求消滅時效，可分為兩種：

1. 五年時效

請求權因5年間不行使而消滅者，其中包括利息、紅利、租金、贍養費、退職金及其他一年或不及一年之定期給付債權，其各期給付請求權，因5年間不行使而消滅。

2. 二年時效

請求權因2年間不行使而消滅者，依民法第127條之規定，下列各種請求權，因2年間不行使而消滅：

（1）旅店、飲食店及娛樂場之住宿費、飲食費、座費、消費物之代價及其墊款。

（2）運送費及運送人所墊之款。

（3）以租賃動產爲營業者之租價。

（4）醫生、藥師、看護生之診費、藥費、報酬及其墊款。

（5）律師、會計師、公證人之報酬及其墊款。

（6）律師、會計師、公證人所收當事人物件之交還。

（7）技師、承攬人之報酬及其墊款。

（8）商人、製造人、手工業人所供給之商品及產物之代價。

第三節　消滅時效之中斷

一、消滅時效中斷之意義

消滅時效中斷者，時效期間進行中，因權利人有行使權利之事實，而致已進行之期間，歸於無效之謂也。

二、消滅時效中斷之事由

依第129條規定，消滅時效，因下列事由而中斷：

（一）請　求

請求，指權利人請求債務人履行債務而言。「時效，因請求而中斷者，若於請求後六個月內不起訴，視爲不中斷」（§130）。即時效仍從原開始之時起，繼續進行，與未經中斷同。又時效期間較上述6個月期間爲短者，在新時效期間內，若另無中斷時效之事由發生，則俟新時效期間經過後，請求權仍因時效而消滅。

（二）承　認

即義務人認識權利人權利存在之表示。承認因債務人一方之行爲而成立，明示默示均可。例如請求緩期清償或支付利息是。時效因承認而中斷，有確定

之效力，其時效期間，自承認時重行起算。如於時效完成後承認，則爲時效利益之默示拋棄。

（三）起　訴

起訴爲訴訟上行使權利之行爲。「時效因起訴而中斷者，若撤回其訴，或因不合法而受駁回之裁判，其裁判確定，視爲不中斷」（§131）。

（四）與起訴有同一效力之事項

依民法第129條第2項規定，下列事項，與起訴有同一效力。

1. 依督促程序聲請發支付命令：債權人聲請發支付命令（民訴§508以下），亦爲債權人行使權利之行爲，故時效應自聲請時起中斷。因送達支付命令而發生之訴訟拘束，若失其效力，則與未發支付命令相同。故民法第132條乃規定，「時效因聲請發支付命令而中斷者，若撤回聲請，或受駁回之裁判，或支付命令失其效力時，視爲不中斷」，故時效仍繼續進行。

2. 聲請調解或提付仲裁：聲請調解，乃指當事人依民事訴訟法或其他法律所爲之調解、調處。而提付仲裁，乃是當事人依契約或法律規定（如證交§166，仲）進行仲裁判斷。由於聲請調解或提付仲裁，均爲權利之行使，時效自應中斷。但時效因聲請調解或提付仲裁而中斷者，若調解之聲請經撤回、被駁回、調解不成立或仲裁之請求經撤回、仲裁不能達成判斷時，視爲不中斷（§133）。

3. 申報和解債權或破產債權：債權人於法院許可債務人依破產法所爲和解之聲請，或於宣告破產後，申報其債權之行爲，亦爲權利之行使，故時效亦應中斷。但若債權人雖已爲破產債權之報明，但卻撤回其報明時，則與訴之撤回無異，不應生時效中斷之效力，故「時效因申報和解債權或破產債權而中斷者，若債權人撤回其申報時，視爲不中斷」（§134）。

4. 告知訴訟：當事人於訴訟繫屬中，將訴訟告知因其敗訴而有法律上利害關係之第三人，謂之告知訴訟（民訴§65）。於告知訴訟時，當事人行使權利之意思即已明確，故應認時效亦因此而中斷。不過，時效因告知訴訟而中斷者，若於訴訟終結後，6個月內不起訴，視爲不中斷（§135）。這是因爲若告知人於訴訟終結後6個月內都未提起履行或確認之訴者，是不欲完全行使其權利，故法律乃使其不因訴訟告知而生時效中斷之效力。

5. 開始執行行爲或聲請強制執行：強制執行，乃指以公權力實現權利內容之

處分，故時效亦應中斷。原則上，強制執行應依債權人之聲請而展開，故時效於債權人提出聲請強制執行時中斷。但對於屬於保全程序之假扣押、假處分、假執行之裁判，其執行則應依職權爲之，故時效應於開始執行行爲時中斷。由於對於強制執行有此等不同，故時效因開始執行行爲而中斷者，若因權利人之聲請，或法律上要件之欠缺而撤銷其執行處分時，視爲不中斷。時效因聲請強制執行而中斷者，若撤回其聲請，或其聲請被駁回時，視爲不中斷（§136）。

三、消滅時效中斷之效力

（一）對於時之效力

「時效中斷者，自中斷之事由終止時，重行起算」（§137 I）。此項重行起算之時，如係「因起訴而中斷之時效，自受確定判決或因其他方法訴訟終結時重行起算」（同條 II）。如係與起訴有同一效力之事項（§129 II），則於各該程序終結時，重行起算。故，

1. 中斷事由發生前，已經過之時效期間，全歸無效。
2. 中斷時效事由存續之期間，時效不進行。
3. 自中斷之事由終止時起，時效重新開始進行。

時效中斷事由終止後，重新起算之時效期間，仍以原有時效期間爲準。但「經確定判決或其他與確定判決有同一效力之執行名義所確定之請求權，其原有消滅時效期間不滿五年者，因中斷而重行起算之時效期間爲五年」（同條 III）。以延長短期時效而保護債權人利益。所謂其他與確定判決有同一效力之執行名義，例如依民事訴訟法成立之和解、調解，或業已確定之支付命令。

（二）對於人之效力

中斷時效之事由，均基於當事人之行爲而生，故「時效中斷，以當事人、繼承人、受讓人之間爲限，始有效力」（§138）。即僅有相對的效力。但亦有例外，例如連帶債權人中之一人爲給付之請求者，爲他債權人之利益，亦生效力（§285）。

第四節　消滅時效之不完成

一、消滅時效不完成之意義

消滅時效不完成者，於時效期間終止之際，有難於行使權利之事由，而使時效暫不完成之謂也。乃避免時效在權利人行使權利有障礙時完成，以保護權利人之利益。

二、消滅時效不完成之事由

消滅時效，因下列五種事由而不完成：

（一）因天災事變而不完成

時效之期間終止時，因天災或其他不可避之事變，致不能中斷其時效者，自其妨礙事由消滅時起，1個月內，其時效不完成（§139）。不過，若要主張此種不完成之理由，則須前述其他一切中斷時效之方法，均受天災事變之影響而無法行使，方有本條之適用。例如甲於時效完成前欲以訴訟請求乙清償債務，但卻遭受颱風而無法起訴，若甲還可依其他方法，如請求、承認以中斷時效時，本條時效不完全之事由即無法適用，時效仍繼續進行。

（二）因繼承人管理人未確定而不完成

對於屬於繼承財產之權利，或對於繼承財產之權利，自繼承人確定或管理人選定，或破產之宣告時起，6個月內，其時效不完成（§140）。此乃係因此時欠缺主張時效中斷或受時效中斷之行為人，以致無法保護權利人之權益，故有本條之規定。

（三）因法定代理人欠缺而不完成

無行為能力人，或限制行為能力人之權利，於時效期間終止前6個月內，若無法定代理人者，自其成為行為能力人，或其法定代理人就職時起，6個月內，其時效不完成（§141）。本條之立法目的，乃在於保護無行為能力人或限制行為能力人之利益。

（四）因法定代理關係消滅而不完成

無行為能力人，或限制行為能力人，對於其法定代理人之權利，於代理關係消滅後1年內，其時效不完成（§142）。本條之立法目的亦在保護無行為能

力人與限制行爲能力人之利益。

（五）因婚姻關係消滅而不完成

夫對於妻或妻對於夫之權利，於婚姻關係消滅後1年內，其時效不完成（§143），以延續家室和諧，並免爭訟立生。

三、時效不完成之效力

時效不完成之效力，有四：

1. 不完成之事由消滅後一定期間內，時效不完成。即將時效延長至障礙事由消滅後之一定期間屆滿時爲止。

2. 在上述期間內，仍得爲中斷時效之行爲。例如因繼承關係不完成者，自繼承人確定時起6個月內仍得行使權利，以中斷時效。

3. 時效已進行之期間，仍屬有效，並不重新起算。

4. 時效不完成之效力，有絕對性，與時效中斷，僅在當事人間發生效力不同。

第五節　消滅時效完成之效力

一、債務人得拒絕給付

消滅時效完成後，應發生何種效力，各國立法例不一，我國民法第六章之立法理由則明白指出我國係採德國立法例，亦即抗辯權發生主義，故僅債權人之請求權消滅，權利本身與訴權則不消滅，而債務人則取得拒絕給付之抗辯權。不過若債務人未主張此時效抗辯權，法院不得逕依職權直接適用，亦不得以消滅時效業已完成，即認請求權已歸消滅，故須就債權人之請求有無理由加以判決。

二、已為給付不得請求返還

消滅時效完成後，債務人雖取得拒絕給付之抗辯權，然仍得爲債之清償，權利人之請求權與訴權均不消滅，所受領之給付，亦非不當得利（§179）。故「請求權已經時效消滅，債務人仍爲履行之給付者，不得以不知時效爲理由

請求返還。其以契約承認該債務或提出擔保者，亦同」（§144 Ⅱ）。例如債務人請求分期或延期返還，經債權人同意。

三、主權利消滅效力及於從權利

從權利隨從主權利而存在，故「主權利因時效消滅者，其效力及於從權利。但法律有特別規定者，不在此限」（§146），例如第145條關於擔保物權之規定。

四、擔保物權不因時效而消滅

擔保物權，雖為從權利，但為物權而非請求權，且債權人常因信賴擔保物權存在而未及時行使權利，為維持擔保物權之效力及保護債權人之權益，故「以抵押權、質權或留置權擔保之請求權，雖經時效消滅，債權人仍得就其抵押物、質物或留置物取償」（§145 Ⅰ）。但消滅時效完成後，5年間不實行抵押權者，其抵押權消滅（§880），質權、留置權，解釋上亦同。「前項規定，於利息及其他定期給付之各期給付請求權，經時效消滅者，不適用之」（同條 Ⅱ）。蓋因此種債權，其時效期間較短，應從速請求履行，於時效完成後，不宜就擔保物取償故也。

五、時效利益不得預先拋棄

時效利益之拋棄，乃債務人不享受時效利益之意思表示。亦即拒絕履行抗辯權之拋棄。時效制度，有關公益，為免形同虛設，第147條後段特明定，「不得預先拋棄時效之利益」。故時效完成後，仍得拋棄其利益。時效完成之利益，一經拋棄，即回復時效完成前之狀態，債務人不得再以時效業經完成，拒絕給付。當事人如在訴訟上未行使拒絕給付抗辯權而受敗訴判決確定後，不得再以言詞辯論終結前消滅時效之完成，為拒絕給付之理由。如於時效進行中，拋棄已經過之期間之利益者，應視為承認，有中斷時效之效力。

第七章　權利之行使

第一節　權利之行使之基本原則

　　權利之行使者，權利人實現權利內容之行為也。在近代個人主義下，權利是否行使及如何行使，均屬自由。今之法律，改採社會本位，對於權利之保護，非僅為個人之利益，對於社會之公益，亦應尊重。故權利人行使權利，在積極方面，應依誠實及信用方法，在消極方面，不得違反公共利益及以損害他人為主要目的。茲分述之。

一、不得違反公共利益

　　「權利之行使，不得違反公共利益」（§148 I）。所謂「公共利益」，指不特定多數人利益之通稱，是促進國家社會生存發展不可欠缺的基本要件。是否違反公共利益應由法院以權利人的客觀行為作標準加以判斷，而非以權利人的主觀動機或目的判斷之。例如將自己所有，供公眾通行之道路封閉。

二、禁止權利濫用

　　權利濫用，指行使權利超過必要範圍而言。權利之濫用，不受法律之保護。故權利之行使，不得以損害他人為主要目的（§148 I 後段）。權利之行使，是否以損害他人為主要目的，應就權利人因權利行使所能取得之利益，與他人及國家社會因其權利行使所受之損失，比較衡量以定之。倘其權利之行使，自己所得之利益，與他人及國家社會所受之損失差距甚大者，或其取得權利之初，即明顯知悉其嗣後權利之行使，將造成他人及國家社會重大之損失者，非不得視其權利之行使係以損害他人為主要目的，此乃「權利社會化」之基本內涵。例如以遮斷鄰居之採光通風為目的而築高牆；或以切斷鄰井之泉脈為目的，挖掘土地。

三、應依誠實及信用方法

　　「行使權利，履行義務，應依誠實及信用方法」（§148 II）。此即所謂

誠實及信用之原則，簡稱「誠信原則」，學者稱之爲「帝王條款」。該原則原列於債編，民國71年修正改列於總則編擴大其適用範圍。所謂「誠信原則」，指於具體之法律關係中，依公平正義理念，衡量當事人雙方之利益之一種法律原則。例如出賣人未依約交付全部買賣標的物（700套汽車音響），於20紙箱交運貨物中，其中5箱竟裝運空保麗龍盒，以資搪塞，而請求買受人付款，則其行使權利，履行義務，即有違誠實信用原則（89台上304）。

第二節　自力救濟

權利之保護，有公力救濟與自力救濟兩種。於權利被侵害時，請求國家以公權力實行救濟者，爲公力救濟。於權利被侵害時，以自己力量實行救濟者，爲自力救濟。公力救濟，須依一定之程序，於情況緊急時，難以及時保護權利。故自力救濟，在現代法律，雖以禁止爲原則，仍例外允許之。可分爲自衛行爲及自助行爲兩種。此等行爲，在刑法上不構成犯罪，在民法上不構成侵權行爲。

一、正當防衛

民法第149條規定，「對於現時不法之侵害，爲防衛自己或他人之權利所爲之行爲，不負損害賠償之責。但已逾越必要程度者，仍應負相當賠償之責。」例如甲被盜匪乙追趕，迫不得已拿刀反刺對方是；而如甲因見乙身帶尖刀勢欲逞兇，即用扁擔打去，奪得尖刀將乙殺斃，是乙只帶刀在身，並未持以行兇，即非有不法之侵害，甲遽用扁擔毆打，不得認爲排除侵害之行爲。

二、緊急避難

民法第150規定：「因避免自己或他人生命、身體、自由或財產上急迫之危險所爲之行爲，不負損害賠償之責。但以避免危險所必要，並未逾越危險所能致之損害程度者爲限。前項情形，其危險之發生，如行爲人有責任者，應負損害賠償之責。」例如甲雖係依法拘禁之人，於敵軍侵入城內情勢緊急之際，爲避免自己之生命危難，而將看守所之械具毀壞，自由行動，核與緊急避難之行爲並無不合，其毀壞械具，亦難認爲過當，自不應成立刑法第161條第2項之脫逃罪。

三、自助行為

民法第151條規定：「為保護自己權利，對於他人之自由或財產，施以拘束、押收或毀損者，不負損害賠償之責。但以不及受法院或其他有關機關援助，並非於其時為之，則請求權不得實行或其實行顯有困難者為限。」是為自助行為，亦為違法阻卻事由之一。惟依第152條規定：「依前條之規定，拘束他人自由，或押收他人財產者，應即時向法院聲請處理。前項聲請被駁回或其聲請遲延者，行為人應負損害賠償之責。」例如債務人乙惡性倒閉，債權人甲於機場正巧撞見乙欲搭機潛逃大陸，於是自力將乙拘押以防其逃跑，事後再報警處理。

歷屆高普特考試題

第一章　法　例

1. 簽名與記名有何區別？
2. 依法律有使用文字之必要者，是否必須本人自寫？又決定數量之標準如何？
3. 民法第1條規定：「民事，法律所未規定者，依習慣，無習慣者，依法理」。試闡述其意義。
4. 何謂習慣？習慣在民法上有何種效力？試詳為說明。
5. 民事法律之適用順序如何？
6. 何謂法理？法律許審判官依法理判斷之理由何在？

第二章　人

第一節　自然人

第一款　權利能力

1. 人之權利能力始於出生，但胎兒在未出生前，關於其個人利益，能否享受法律之保護？立法理由安在？
2. 試述死亡宣告之要件。
3. 人之權利能力始於何時，終於何時？又法人及外國人之權利能力有何限制？
4. 人之權利能力始於何時，終於何時？胎兒在何種情形下，有權利能力？
5. 下列之人其權利能力如何？
   （一）禁治產人；（二）財團法人；（三）外國人。
6. 試說明胎兒的權利能力。
7. 何謂權利能力？
8. 何謂權利能力？試就自然人與法人，分別說明其權利能力之始期與終期。

第二款　行為能力

1. 試述行為能力與權利能力有何區別及其關係？
2. 何謂行為能力？依其性質可分幾種？
3. 試說明行為能力與意思能力（識別能力）之區別。
4. 未成年人所為何種法律行為，無須得到法定代理人之同意，仍為有效或強制有效？未成年人所為之法律行為，其效力為如何？請舉例分別說明。
5. 何謂限制行為能力人？限制行為能力人之法律行為的效力如何？限制行為能力人在何種情形下，而有其行為能力？
6. 關於自然人行為能力之態樣，可分為幾種？各指哪些人？
7. 何謂行為能力？如何之人有行為能力？如何之人無行為能力？
8. 我國民法將自然人之行為能力分為幾種狀態？各種行為能力人所為法律行為之效力如何？
9. 試述禁治產宣告之要件及其效力。禁治產宣告與死亡宣告有何區別？
10. 何謂禁治產？禁治產制度之立法意旨何在？何謂禁治產人？
11. 限制行為能力人未得法定代理之允許，所為之法律行為，其效力如何？試舉例說明之？請依民法規定說明之。
12. 說明權利能力與行為能力之意義及區別。舉例說明權利能力與行為能力。
13. 甲為今年1月1日剛年滿18歲之大一學生，因與54歲的離婚婦人乙相戀，甲的父母勉強同意，其於今年1月8日結婚，並至戶政機關完成結婚登記。婚後甲得到乙給的新臺幣（下同）100萬元，於2月5日未經父母同意買下一輛轎車。因車禍昏迷不醒，醫生判定為植物人，送進療養院照護，3個月後，乙向法院聲請監護宣告，宣告後1個月後甲突然甦醒，乙剛好出國不在臺灣。6月9日甲逃離療養院自行開車至修車廠修車花費5萬元。修完車後，甲飆車超速撞傷路人。請判斷甲從事上述行為的法律效果。
14. 6歲之甲於公園垃圾筒發現一被人拋棄的電子遊戲機，並將該遊戲機帶回家玩。請問甲得否取得該電子遊戲機之所有權？
15. 甲因精神障礙，經聲請法院依法為監護宣告。在監護宣告撤銷前，某日甲於識別能力回復狀況下，向乙購買汽車一輛並隨即開車上路，惟因闖紅燈而撞到孕婦丙，丙及其腹中之胎兒丁均受傷。試問：（一）甲向乙購買汽車行為其效力如何？（二）胎兒丁得否向甲請求損害賠償？

第三款　人格權之保護

1. 權利能力、行為能力及自由不得拋棄，立法意旨何在？試申述之。
2. 日前，曾發生所謂「針孔偷拍」之案件，被害人在民事上可為如何之主張？
3. 甲之鄰居所養之狗恰和甲同名，甲日夜聽其呼叫，深受痛苦，可為如何之主張？
4. 請說明自由權可否拋棄及如何得加以限制？
5. 姓名權與人格權受侵害時應如何處理？
6. 人格權受侵害時，有何保障方法與賠償方法？應如何請求救濟？
7. 民法對人格權的保護有何規定？（權利能力、行為能力及自由不得拋棄，立法意義何在？）試申述之。
8. 何謂人格權？民法對人格權之保護有何規定？

第四款　住　所

1. 住所在法律上有何效力？試述明之。
2. 何謂住所？何謂居所？
3. 何謂住所？住所可分為幾種？

第三節　法　人

1. 下列之人其權利能力如何？
   （一）自然人。（二）禁治產人。（三）財團法人。（四）外國人。（五）胎兒。（六）未滿十八歲早婚之人。（七）罪犯。（八）法人。（九）受死亡宣告而未撤銷之人。
2. 何謂外國法人？外國法人據何理由不予承認？
3. 法人有無侵權行為能力？法人對於其董事或職員因執行職務有加以他人之損害時，應負如何責任？
4. 民法上之法人是否指私人？農田水利會是否為私法人？學校如何？農會如何？
5. 關於外國法人之權利能力之限制如何？
6. 何謂法人？自然人與法人有何不同？
7. 法人之權利能力，始於何時？終於何時？其職員因執行職務所加於他人之損

害，法人應否負賠償責任？又法人與自然人、外國法人與中國法人，其權利能力是否相同？試一一論之。

8. 試就法人之權利能力、行爲能力及侵權行爲能力分述之。

9. 社團法人總會決議違法時，其效力如何？社員對違法議得如何處理？

10.解釋名詞：（一）財團與社團。（二）財團法人。

第三章　物

1. 正在生長於土地上之竹木與已砍倒在土地上之竹木，其性質是否相同？

2. 下列各物之性質，試釋明之。（一）不動產。（二）從物。（三）原物。（四）代替物。（五）不可分物。

3. 解釋下列名詞：（一）物。（二）動產。（三）不動產。（四）主物。（五）從物。（六）原物。（七）孳息。

4. 甲購買乙之林園一頃，其中果樹均已結實，乙於買賣契約成立並經登記後10日，在該林園收取果實，甲阻止之，逐涉於訟，該果實究歸甲抑歸乙所有？試依法斷之。

5. 試述主物與從物之意義及其區別之實益。

6. 某甲於某乙出國時，在其土地上種植果樹，果樹生長之果實，某甲是否有收取之權利？

7. 甲將蘋果園出租於乙，甲向乙收取租金，乙則收穫該園所產之蘋果，問
   （一）「租金」與「蘋果」二者，何者爲天然孳息？何者爲法定孳息？
   （二）「蘋果」與「蘋果樹」，是否均爲動產？

8. 何謂不動產？何謂動產？未割之稻究係不動產？抑係動產？

9. 何謂天然孳息與法定孳息？何人有收取孳息之權利？

10.試述動產與不動產之意義？又其區別及區別之實益如何？

11.以下各物在性質上爲動產、不動產或其他？請附理由說明之。（一）磚造一層樓「違章建築」。（二）煤氣。（三）裝在人體上之「假眼」。（四）果園內之「果樹」。（五）在工地搭建之「工寮」。

12.請分別說明：（一）動產與不動產。（二）主物與從物。（三）原物與孳息之意義。

13.以下何者爲動產、不動產或其他？試附具理由加以說明
   （一）裝在人體內跳動不已之「人工心臟」。

（二）煤礦公司在地上鋪設以人力推動台車之「輕便軌道」。

（三）種植在地上之「樹木」。

（四）家庭用之「天然瓦斯」。

14. 解釋名詞

（一）主物與從物。（二）融通物與不融通物。（三）天然孳息。（四）不動產。

15. 甲將甲所有，已出租於乙停放車輛之建地一筆，出售於丙，並辦理所有權移轉登記於丙，該筆土地上植有楊桃一棵，並有甲之父親（已謝世）建之舊式茅屋一間（未辦理所有權登記）。問

（一）茅屋之所有權歸誰所有？（二）楊桃樹之所有權歸誰所有？（三）誰有權收取楊桃樹上之楊桃？

第四章　法律行為

第一節　通　則

1. 試說明法律行為之類別。

2. 法律行為有背於公共秩序及善良風俗者是否有效？並略述其理由。

3. 「老鼠會」之負責人，為謀取暴利，利用他人弱點，約定銷售貨品，使之交付酬金，顯有不平，問該行為之效力如何？（74基特丙經濟行政、財務行政）

4. 解釋名詞

（一）不要因行為。（二）暴利行為。（三）準物權行為。（四）處分行為。（五）要式行為。（六）單獨行為。

5. 法律行為之一般生效要件如何？又所謂標的不能，其情形有幾？試申述之。

第二節　行為能力

第三節　意思表示

1. 某甲為逃避債務，與某乙通謀，虛偽出賣其名錶，某乙又將該錶轉賣予不知情之某丙，試問甲乙間、乙丙間買賣契約之效力如何？

2. 試說明意思表示之意義。

3. 何謂意思表示之錯誤？意思表示如有錯誤其法律上之效力如何？意思表示如有錯誤時，請求救濟之方法如何？

4. 某甲冒稱孤兒院院長向某乙募捐騙得兒童玩具一箱，變賣給某丙、得款花用。問事後某乙發現受騙時，應如何向某甲或某丙追債或追還該玩具？

5. 意思表示於何時生效？試申言之。

6. 甲受乙之脅迫將已有之名畫贈與善意之丙，丙轉贈善意之丁。試問甲對乙、丙、丁得主張何種權利？

7. 乙因甲之脅迫將其土地低價售與甲，甲嗣後即售與丙，則乙是否可向丙主張其權利？又若丙爲善意或惡意，有何影響？若乙是受詐欺時，其關係又爲何？

8. 甲與乙訂約，將甲之樓房所有權假裝轉移於乙，藉以避免甲之債權人扣押，結果乙竟將該樓房之所有權轉讓於不知情之丙，並已登記完竣。問
　　（一）甲乙間之契約，其效力如何？（二）甲向丙請求返還該樓房，丙可否拒絕？

9. 甲見報載某區土地將被政府管理，禁制處分，動乙即將區內土地一處廉售與丙，嗣悉報載爲虛構，乙逐向丙主張：（一）受詐欺。（二）受脅迫。（三）錯誤。（四）不知。（五）急迫無經驗等事由，要求撤銷買賣，收回土地，試簡要說明所主張各事由能否成立，買賣可否撤銷？

10. 甲負債500萬元，爲了逃債，乃虛與友人乙協議，由甲將其所有房屋與地出賣於乙，並辦妥所有權移轉登記；另外爲掩人耳目，並由乙以承租甲之房地之意思，對之加以使用。問甲間關於房地之買賣行爲是否有效？又甲如向乙請求租金之給付，乙是否有給付之義務？請附理由說明之？

11. 甲因負債爲逃避查封執行乃將其所有之土地A、B兩筆，通謀虛僞意思移轉給乙，乙將A土地移轉善意的丙，不久乙車禍死亡，乙善意之子丁繼承乙之B地。問
　　（一）甲與乙之契約是否有效？（二）乙與丙之契約是否有效？（三）甲是否可向丙要回A地？（四）甲是否可向丁要回B地？

12. 何謂通謀虛僞表示？與單獨虛僞表示（心中保留）有何不同？其效力如何？試說明之。

13. 何謂通謀虛僞表示？其成立要件及效力各如同？與「詐害行爲」「隱藏行

為」有何區別？

14. 甲蒐集古董已有數十年經驗，某日甲見乙開設之古董店有一瓷器，其上標示為仿古瓷器，售價5,000元，甲根據其經驗認為該瓷器價值不菲，但並未告訴乙，仍然以5,000元價格買下。1週後乙發現該仿古瓷器其實是真品，價值高達數十萬元，但乙事先並未發現而將其當成仿品出售，乙乃主張錯誤撤銷。試問乙之主張是否有理由？如果乙主張錯誤撤銷成立，甲可否主張其受有損失，請求乙賠償之？

第四節　條件及期限

1. 何謂法律行為之條件？法律行為附有條件者其效力若何？
2. 何謂法律行為之期限？
3. 何謂附停止條件之法律行為？何謂附解除條件之法律行為？二者有何不同？
4. 甲向乙表示，如乙本年高考律師及格，甲即贈律師服一套，後乙參加司法官特考及格，則乙是否可向甲請求履行贈送律師服一套？
5. 何謂停止條件？何謂解除條件？兩者有何區別？試析論之。
6. 附條件及附期限之法律行為，各於何時發生效力或失其效力？關於條件之成就與否，遇有何種情形。視為已成就或不成就？試分別說明之。
7. 條件與期限有何不同？

第五節　代　理

1. 未經授權之代理與代理權經撤回後及超越權限範圍之代理，均為無權代理，其於本人與相對人間之效力有何不同？
2. 代理人之意思表示與代理人依照本人指示而為之意思表示，如有瑕疵，應就何人決之？
3. 試述代理權之發生原因。
4. 何謂代理？
5. 何謂「自己代理」及「雙方代理」？其法律效力如何？試舉例說明之。
6. 甲欲出賣其所有之房屋一棟，請乙為其代理人。乙見該房屋地點不錯，故乙代理甲而與自己（乙）訂立買賣契約；又因甲欠乙10萬元，故乙代理甲返還甲所欠自己（乙）之該債務。問該效力各如何？試說明之。
7. 何種行為不許代理？

第六節　無效及撤銷

1. 試問法律行爲之無效、撤銷、效力未定之意義及其區別如何？

2. 無權處分之法律行爲，何時發生效力？試舉例說明之。

3. 民法上有所謂「不完全法律行爲」，試就所知，比較其彼此間之差異。

4. 「法律行爲係趁他人之急迫、輕率或無經驗，使其爲財產上之給付，或爲給付之約定，依當時情形顯失公平者」，與「因被詐欺而爲意思表示者」間有何不同？試就其要件及效果比較述之。

5. 滿20歲之禁治產人甲，於回復清醒時，向乙購得腳踏車騎用，於行駛時，因凝望路旁美女，不愼撞傷行人丙。問（一）甲購買腳踏車之行爲是否有效？（二）甲對丙是否應負損害賠償責任？

6. 何謂動機錯誤？動機錯誤可否作爲撤銷意思表示之理由？

7. 甲將一輛自行車寄放於乙處，某日丙拜訪乙，見該自行車甚爲喜歡，於是向乙問及價錢，乙未經甲之同意，竟以自己名義賣給不知情之丙，並交付之。試問下列問題：（一）乙以自己名義賣自行車給丙，並交付丙自行車，在甲知情以前，乙賣車及交付的法律行爲效力如何？（二）甲知情後，非常憤怒，拒絕承認乙做的任何行爲，甲能否請求丙返還自行車？

第五章　期日及期間

1. 期日、期間與期限三者有何不同？並就期間計算之起點與終點分別舉例說明。

2. 試述期日及期間之意義。

3. 附理由解答下列問題

　（一）55年1月1日出生之人，於何日成年？成年人是否均有行爲能力？未成年人是否均無行爲能力？

　（二）甲於7月7日向乙借書，言明期間爲三個月，其末日爲何日？設末日爲星期日而次日又爲固定假日者，以何日爲末日？

第六章　消滅時效

1. 何謂消滅時效之中斷？

2. 抵押權爲從權利，若債權因時效而消滅時，該抵押權是否繼續有效？試就民

法之規定述之？

3. 消滅時效與取得時效二者異同之點為何？

4. 甲於民國53年3月1日向乙借款1萬元，立有借據為憑，迄69年3月1日如數清償，清償後甲以債之請求權經過15年即罹時效而消滅，遂請求乙返還，問乙應否返還？並述其理由？

5. 附理由解答下列問題

乙欠甲1萬元，約定須付利息。由乙以手錶交甲作為擔保。嗣消滅時效完成，乙拒絕清償。甲則拍賣該手錶，得款1萬2,000元，以抵償本息。是否合法。

6. 試述消滅時效與除斥期間之區別？（80普村里幹事）

7. 何謂消滅時效之不完成？與消滅時效之中斷有何區別？

8. 消滅時效中斷之效力如何？試說明之。

9. 物上請求權是否因時效期間經過而消滅？試依基於動產所有權之物上請求權，基於不動產所有權之物上請求權，加以說明。

10. 甲於民國92年5月5日向乙購買電腦一部，價金5萬元。乙雖然已經交付電腦，但甲遲遲未交付價金。甲在93年6月6日路上碰到乙，覺得不好意思，自動向乙表示：「上次欠的錢，還沒還，隔幾天再還。」一轉眼，乙忘記了，直到94年8月8日才起訴向甲請求交付價金。試問：乙的起訴，是否有理由？

11. 消滅時效中斷與消滅時效不完成有何區別？試各舉一例說明之。

第七章　權利之行使

1. 何謂正當防衛？

2. 民法上之自衛行為分為正當防衛及緊急避難兩種，試說明其要件及效力。

3. 試說明誠實信用原則在民法上之功能。

4. 何謂緊急避難？

5. 關於權利之保護，我國民法例外認許得為自己救濟，其範圍如何？並試就其意義及要件分別說明之。

6. 關於權利之行使，民法有原則性之規定，試申述之。

7. 申論誠實信用之原則。民法修正後，將此原則移列於總則編之用意何在？

債

第一章 通 則

一、債之意義

何謂債？乃特定人得請求特定行為之法律關係之謂：

（一）債係一種法律關係

所謂關係，乃人與人之間之牽連。牽連之情形不一，有以權利義務為內容者，有不然者。其以權利義務為內容者，始謂之法律關係。債乃法律關係之一種。其內容包括債權及債務。

（二）債係特定人間之法律關係

所謂特定人指具體的某甲或某乙而言，債必有兩方當事人存在，而各該當事人又必須為特定人。此點與物權關係在一般情形係存在於特定人對不特定人之間者，有所不同。

（三）債係特定人間請求特定行為之法律關係

民法第199條第1項規定：「債權人基於債之關係，得向債務人請求給付。」可見債之關係，其主體為債權人及債務人，而債權人得向債務人請求給付。此之給付即係特定行為。雖因具體的債之內容而不同，但抽象觀之，均為特定行為則一。例如金錢債務，債權人得請求債務人給付金錢；勞務債務，債權人得請求債務人給付勞務，雖給付之內容不一，但均屬於給付，則無二致。故債之關係，在乎債權人得向債務人請求給付。

二、債之性質

債者，既為特定人間請求特定行為之法律關係，而此法律關係又由債權及債務所構成，故性質上言，債權係特定人對特定人之權利，為相對權、對人權；債務係特定人對特定人之義務，為相對義務、對人義務。

（一）債權之性質

即特定人對相對特定人得請求為特定行為（作為或不作為）之權利也。故：

1. 債權為權利之一種。即享受特定利益之法律上之力也。

2. 債權為以特定行為為標的之權利。

3. 債權為請求為特定行為之權利。即債權之作用在於請求權,而與物權之直接支配其標的物之屬支配權異。

(二) 債務之性質

即特定人對相對特定人應為特定行為(作為或不作為)之義務也。債權人基於債之關係,得向債務人請求給付(§199)。故:

1. 債務為義務之一種。即法律上所命之以作為或不作為之拘束也。

2. 債務為特定人對相對特定人為特定行為之義務。債務之特徵,在於義務人之特定、相對與內容之具體,故為相對、具體之義務。與一般人對物權人均負有絕對不妨害其物權之概括義務不同。

債務之種類,依給付之內容,可分為給與債務與行為債務。前者為以一定之交付、移轉為內容之債務(如買賣),多發生於財產性契約;後者為以一定之行為(作為或不作為)為內容之債務,多表現於勞務性契約(如僱傭)。契約往往不單純是給與債務或行為債務,如僱傭契約中受僱人所負之債務為行為債務(提供勞務),僱傭人所負之債務為給與債務是(支付報酬)。

債務依其效力之不同,又可分為完全債務與不完全債務。前者係指能依訴權請求法院強制實現之債務,一般之債務屬之;後者為不能依訴權請求法院強制實現或債務人得為抗辯之債務,如罹於消滅時效之債務(§125)或履行道德義務之給付(§180①)。

債務依其成立之先後,又可分為決定債之關係及其特質之原始債務,與債之關係成立後,在履行過程中而發生之傳來債務,例如因買賣契約所生之債務為原始債務,其後因違約而轉換成損害賠償債務,則為傳來債務。

三、債法之編制

我民法第二編名為「債」,共分二章,第一章為「通則」,包括債之發生等六節,在講學上簡稱為「債總」,不獨為債法精華之所在,且為民法重要之關鍵。第二章為「各種之債」,包括買賣等共計二十七節,簡稱「債各」,其中二十五節屬於契約(因借貸一節分為使用借貸與消費借貸,經理人與代辦商亦屬各別,故共計27種契約),其餘二節為證券,除民法固有之規定外,並因

採取民商統一法制之故，將原應爲商法之規定，亦列入數節，如交互計算、經理人及代辦商、倉庫、承攬運送等等均是。債各較債總之規定，趨向具體，故債總爲理論之匯萃，債各則爲實用之準繩。

　　民法債編係民國19年5月5日施行，台灣光復後，實施迄今，其間社會經濟變遷甚大，原有規定難以因應實際需要，債編部分，歷時20餘年，於民國88年4月2日經立法院三讀通過債編之修正。

　　債編此次修正，計修正123條、增訂67條、刪除9條，變更幅度甚大。其修正重點如次：

　　（一）增訂「優等懸賞廣告」之規定（§165-1以下），以獎勵及保障學術、發明或創造。

　　（二）加強公益、公安之維護。其要者有七：1.明訂無因管理人之管理，違反本人違反公序良俗之意思者，不負無過失賠償責任（§174）。2.明定違反保護他人之法律，致生損害於他人者，爲獨立之侵權行爲（§184）。3.增訂建築物或其他工作物致他人權利遭受損害時，推定其所有人就設置或保管有欠缺（§191）。4.增訂商品製造人因其生產、製造或加工之瑕疵所致消費者之損害，應負賠償責任（§191-1）。5.增訂駕駛動力交通工具侵害他人時，應負之賠償責任（§191-2）。6.增訂經營一定事業或從事其他工作或活動之人，因工作或活動之性質或其使用之工具或方法有生損害於他人之危險者，對他人之損害應負賠償責任（§191-3）。7.明定爲被害人支出醫療及增加生活上需要之費用之人，得直接向加害人請求賠償（§192 I），以減少被害人之生命危險。

　　（三）明示信用、隱私、貞操、其他人格法益及基於父母子女或配偶關係之身分法益爲保護範圍（§195 I、III），並增訂債務人因債不履行，致債權人之人格權受侵害者，得準用侵權行爲之規定，請求賠償非財產上之損害，以加強人格權及身分法益之保護（§227-1）。

　　（四）明定「損益相抵」之法則（§216-1）。

　　（五）增訂「不完全給付」爲債務不履行之種（§227）。

　　（六）增訂「情事變更原則」，以因應社會經濟變遷（§227-2）。

　　（七）增訂「締約過失責任」，以維護交易安全（§245-1）。

　　（八）增訂「定型化契約」之規定，以保護經濟上之弱者，並防止「契約自由」之濫用（§247-1）。

　　（九）有關承攬人之法定抵押權，修正為承攬人得請求定作人會同為抵押權之登記，並兼採「預為登記」制度，以兼顧承攬人之利益及交易之安全（§ 513）。

　　（十）增訂「旅遊」一節（§§ 514-1～514-12），使旅客與旅遊營業人間之法律關係明確，以減少旅遊糾紛。

　　（十一）增訂「合會」一節（§§ 709-1～709-9），使我國民間盛行之籌措小額資金制度，其權利義務關係臻於明確，以防止弊端。

　　（十二）增訂「人事保證」一節（§§ 756-1～756-9），以明定保證人之責任範圍。

第一節　債之發生

　　債之發生，乃指客觀的原始的新生債權債務關係。故由債之讓與取得之權利，或債之承受而負擔之義務，則非為債之發生，而僅為主體之變更，為債之移轉。

　　債之發生，依民法債編之規定，計有契約、代理權之授與、無因管理、不當得利、侵權行為等五種法律事實。實則，債之發生尚有其他法律特別規定之原因，如物權、親屬、繼承等編規定有關損害賠償之債是。

第一款　契　約

一、契約之意義

　　廣義之契約，指雙方當事人以發生法律上效果為目的而成立之合意而言。包括債權、物權、身分（收養、訂婚）等契約及國家間條約在內。狹義之契約，亦稱債權契約，指以發生債之關係為目的之合意而言。亦即雙方當事人以發生債之關係為目的，互相表示意思一致，而成立之法律行為（§ 153）。

　　我民法債編所規定者為狹義之契約，惟債權以外之契約，除性質並不相符者外，亦當類推適用之。

二、契約之種類

　　茲將重要之契約分類，列述如下：

（一）有名契約與無名契約

法律上設有名稱或規定之契約，謂之有名契約，又稱之爲典型契約，如民法債編第二章各種之債中所規定之契約、海商法上第三章第38條以下所規定之運送契約是。反之，則稱之無名契約、非典型契約。因契約自由、當事人意思自主原則之結果，自有於有名契約之外，承認無名契約之必要，即不得因當事人所約定之合意法無明文，遂否定其合意之效力。

（二）雙務契約與單務契約

此以契約之效果，因當事人雙方負擔債務或僅一方負擔債務而異。前者謂之雙務契約，如買賣、互易、僱傭、承攬、有償委任、合夥及和解是；後者稱之爲片務契約、單務契約，例如贈與、消費借貸、無償寄託、無償委任。

雙務契約不僅須互負債務，此二債務並須互爲對價，以主觀上有報償關係存在爲是。例如買賣契約中，買受人之支付價金，乃在換取出賣人移轉財產權，而出賣人之移轉財產權，乃在換取買受人之支付價金。

雖然雙方均負有債務，但不爲對價關係者，亦非爲雙務契約，仍爲單務契約，有稱爲非真正雙務契約。如貸與人有容忍借用人使用借用物之義務，但此義務與借用人返還借用物之債務並無對價關係存在，故仍爲片務契約。

（三）有償契約與無償契約

契約以對價給付之有無而分，可分爲有償契約與無償契約。前者謂雙方當事人各爲對價給付之契約，買賣、租賃、借貸等屬之；後者爲僅當事人一方爲給付，他方僅受利益並不爲給付之契約，如贈與、使用借貸。

雙務契約一定是有償契約，有償契約不一定是雙務契約；無償契約一定是單務契約，單務契約不一定是無償契約。例如前述之附利息金錢消費借貸，雖爲有償契約，但性質上仍屬單務契約。

（四）要式契約與不要式契約

契約以是否須履行一定方式，可分爲要式契約與不要式契約。前者係指除當事人間相互之意思表示合致外，尚須履行一定方式，契約才能成立或生效之契約；僅當事人間相互之意思表示合致，無須履行一定方式，契約即能成立之契約，則爲不要式契約，一般之契約多屬不要式契約。

要式又可分爲法定要式及約定要式契約。前者爲依法律之規定，須履

行一定方式，契約才能成立或生效者，如終身定期金（§730）、協議離婚（§1050）等是；後者係指法律未規定以一定方式為必要，但當事人間自己約定須履行一定方式者，如中央信託局之招標，定標後須簽立正式書面契約。

（五）要物契約與不要物契約

以契約除意思表示合致外，是否尚須為物之交付而區分，契約可分為要物契約與不要物契約。前者又稱為踐成契約，指除當事人間意思表示合致外，尚須為物之交付，才能成立之契約，如寄託、使用借貸或消費借貸是；後者又稱之為諾成契約，意思表示合致時，契約即為成立，一般債權契約多屬之，如買賣、合夥。

要物之債權契約，如使用借貸（§464）、寄託（§589）、倉庫寄託、押租金契約、定金契約是。一般債權契約，多為諾成契約；物權契約，則為要物契約。

將來寄託、借貸均將物之交付從現行法採生效要件改為成立要件，以符一般見解。

（六）要因契約與不要因契約

當事人訂定契約，如債權必有一定之原因者，謂之要因契約，其不問原因者，則稱之為不要因契約，如債權讓與、債務承擔與物權契約是。

不要因契約，如原因不存在，契約仍為有效。因契約有效，不得以無因作為抗辯。要因契約，若原因不存在，則其契約為無效，產生民法第179條不當得利之問題。非財產契約無所謂要因或不要因之問題，例如身分契約。

（七）附合契約與非附合契約

契約之內容，預由當事人一方為之確定，他方當事人無議約力可言之契約，稱之附合契約，一般定型化契約，多為附合契約，例如保險契約、運送契約是。反之，則為非附合契約，一般債權契約屬之。關於附合契約與定型化契約之具體適用，須注意消費者保護法中之規定。

三、契約之成立

契約為法律行為之一種，故除具備一般法律行為之成立要件（即當事人、標的及意思表示）外，尚須當事人互相意思表示合致。所謂相互意思表示，即

當事人彼此所爲之對立意思表示，亦即要約與承諾。所謂意思表示相互對立合致，即主觀上，當事人各具有欲與他方意思表示結合而成立契約，在客觀上有同一內容之謂。

當事人互相表示意思一致者，無論其爲明示或默示，契約即爲成立。又當事人對於必要之點，意思一致，而對於非必要之點，未經表示意思者，推定其契約爲成立，關於該非必要之點，當事人意思不一致時，法院應依其事件之性質定之（§153）。所謂必要之點，係指契約成立必要而不可缺之要素，如民法第345條規定之移轉財產權與支付價金，均爲法定必要之點。

意思表示不一致與錯誤有別，前者係指表意人主觀的意思與外觀的表示不一致，且非出於故意者（偶然的不一致），乃爲一方的意思與表示不一致；後者爲兩個意思表示客觀上不能一致，意思表示本身並無錯誤存在。乃有意識的不一致，爲契約能否成立問題。

（一）因要約與承諾而合致

此爲最普遍的契約成立方法，一般契約多以此方法而成立，茲將要約與承諾分述之如下：

1. 要　約

（1）要約之意義：要約，乃以訂立一定契約爲目的而爲之意思表示，並非法律行爲。要約人在客觀上須已確定，其相對人則無須特定。要約以訂立一定契約爲目的，其內容須足以決定契約之必要之點。又所謂要約之引誘，乃表意人使他人向其爲要約爲目的而表示之意思。須他方爲要約後，自己再爲承諾，契約始能成立。要約與要約之引誘，實際上甚難分辨，民法規定「貨物標定賣價陳列者，視爲要約。但價目表之寄送，不視爲要約」（§154 Ⅱ）。即將價目表之寄送，認爲要約之引誘，乃其例示。

（2）要約之效力：要約之生效時期，依民法總則關於意思表示生效之規定。要約生效後，其效力如下：

①對於要約人之效力：「契約之要約人，因要約而受拘束」（§154 Ⅰ），不得予以撤回或變更。此爲要約之形式的效力或拘束力。「但要約當時預先聲明不受拘束，或依其情形，或事件之性質，可認當事人無受其拘束之意思者，不在此限」（同項但書），例如告以同時向他人要約，或以懸賞廣告爲要約者，相對人不致受不測之損害，無礙於交易之安全，要約人仍可

不受要約之拘束。

②對於相對人之效力：要約之相對人得承諾而成立契約。此為要約之實質的效力，亦稱承諾能力或承諾適格。但相對人並無承諾之義務。如不為承諾，亦無通知要約人之義務。對於以現物為要約者，亦不負受領之責任。

（3）要約之消滅：要約之消滅，謂要約失其形式的及實質的拘束力。其消滅之原因如下：

①要約之拒絕：要約之拒絕，乃對於要約不為承諾之意思通知。「要約經拒絕者，失其拘束力」（§155）。但對於不特定人之要約，不因特定人之拒絕而失其效力。如「將要約擴張、限制或為其他變更而承諾者，視為拒絕原要約而為新要約」（§160 II）。

②承諾期間之經過：

a.要約定有承諾期限者。「要約定有承諾期限者，非於其期限內為承諾，失其拘束力」（§158）。故承諾之通知，於期限內發送而未於期限內到達要約人者，要約亦失其效力。如要約所定之承諾期限過短，致承諾之通知，事實上不能於期限內到達者，其要約無效。

b.要約未定期限者。有兩種情形：（a）對話為要約者，他方承諾與否，可即決定，「非立時承諾，即失其拘束力」（§156）。（b）「非對話為要約者，依通常情形可期待承諾之達到時期內，相對人不為承諾時，其要約失其拘束力」（§157）。

c.要約之撤回。要約之撤回，乃阻止要約發生效力為目的之意思表示。故撤回要約之通知，其到達在要約到達之後者，不生撤回之效力，其要約仍有拘束力。但「按其傳達方法，通常在相當時期內應先時或同時到達，其情形為相對人可得而知者，相對人應向要約人即發遲到之通知」（§162 I）。如「相對人怠於為前項通知者，其要約撤回之通知，視為未遲到」（同條 II），即要約仍視為撤回。

2. 承 諾

（1）承諾之意義：承諾，乃要約受領人同意要約之內容，而與要約人成立契約之意思表示。為構成契約之意思表示之一，並非法律行為。承諾之目的，在與要約人訂立一定之契約，自須向要約人為之。承諾之內容，亦須與要約之內容完全一致，方能成立契約。

（2）承諾之遲到：承諾之遲到，指承諾之通知，於承諾期間經過後，始

到達於要約人而言。其情形有二：

①「承諾之通知，按其傳達方法，通常在相當時期內可達到而遲到，其情形爲要約人可得而知者，應向相對人即發遲到之通知」（§159 I），以免相對人誤信契約爲成立而受損害。如「要約人怠於爲前項通知者，其承諾視爲未遲到」（同條 II），仍認契約爲成立。

②「遲到之承諾，除前條情形外，視爲新要約」（§160 I）。原要約人得爲承諾而成立契約。如「將要約擴張、限制或爲其他變更而爲承諾者，視爲拒絕原要約而爲新要約」（同條 II），即不能認爲承諾。

（3）承諾之方法：承諾之通知所用方法，原則上應與要約相同。但依習慣，或依其事件之性質，或要約人於要約當時，預先聲明承諾無須通知者，在相當時期內，有可認爲承諾之事實時，其契約爲成立（§161）。此即所謂承諾意思之實現。至所謂可認爲承諾之事實，即在客觀上足以推斷要約受領人有承諾之意思之事實。例如使用要約人送到之物品，或履行契約成立後應負之義務是。此與默示之承諾，承諾人仍須爲承諾之默示意思表示不同。

（4）承諾之撤回：承諾之撤回，乃阻止承諾發生效力爲目的之意思表示。應準用第162條關於要約撤回之規定（§163）。

要約與承諾一經合致，契約即爲成立。不過契約之內容，單純者有之，複雜者有之。其內容複雜者，是否當事人就每一細節，均須意思合致，始能成立契約？民法第153條第2項規定：「當事人對於必要之點意思一致，對於非必要之點，未經表示意思者，推定其契約爲成立。關於該非必要之點，當事人意思不一致時，法院應依其事件之性質定之。」

（二）因要約交錯而合致

要約交錯亦稱要約吻合，乃當事人互爲要約，而偶然的內容一致之謂，例如甲向乙要約願賣與電腦一部，價金2萬元，而乙亦恰向甲要約願購電腦一部，價金2萬元。二者內容一致，此種一致雖屬巧合，但卻不必再互爲承諾，即可成立契約。

（三）因意思實現而合致

意思實現乃承諾無須通知，而有可以認爲承諾事實時，其契約即爲成立之謂。例如旅客訂旅館或飯館訂酒席，在客觀上足以推斷主人有備妥房間、酒食之事實者，即認契約成立。民法第161條規定：「依習慣或其事件之性質，承

諾無須通知者，在相當時期內，有可認為承諾之事實時，其契約為成立。前項規定，於要約人要約當時預先聲明承諾無須通知者，準用之。」可知意思實現亦契約成立方法之一。

依以上三種方法成立契約，均無須具備一定方式。但當事人如約定其契約須用一定方式者，在該方式未完成前，推定其契約不成立（§166）。又不動產物權具有高度經濟價值，為求當事人締結契約時能審慎衡酌，辨明權義關係，此次債編修正增訂民法第166-1條，其第1項規定：「契約以負擔不動產物權之移轉、設定或變更之義務為標的者，應由公證人作成公證書。」不過，本條所稱之契約乃指債權契約而言，若當事人間已有變動物權之合意，並已向地政機關完成物權變動之登記者，雖債權契約未經公證，亦已生物權變動之效力，自不宜因其債權契約未具備前項之公證要件，而否認該債權契約之效力。故同條第2項規定：「未依前項規定公證之契約，如當事人已合意為不動產物權之移轉、設定或變更而完成登記者仍為有效。」

四、懸賞廣告

（一）通常懸賞廣告

1. **懸賞廣告之意義**：懸賞廣告者，乃廣告人以廣告聲明，對於完成一定行為之，給與報酬之一種要約。關於懸賞廣告之性質，有單獨行為說及契約說之不同立法例，本次民法債編修正採契約說之觀點，因此對於不知有廣告而完成廣告所定行為之人，雖因不知要約之存在，原無從成立契約，惟就其受領報酬之權利，鑑於懸賞廣告之特性，實與知有廣告而完成一定行為之人無異，故準用懸賞廣告之規定（§164 IV）。

2. **懸賞廣告之效力**：民法第164條第1項規定：「以廣告聲明對完成一定行為之人給與報酬者，為懸賞廣告。廣告人對於完成該行為之人，負給付報酬之義務」。若數人先後分別完成懸賞廣告所要求之行為時，由最先完成該行為之人取得報酬請求權。廣告人對於最先通知者，已為報酬之給付時，如廣告人善意不知另有最先完成行為之人而以為最先通知者即為最先完成行為者，其給付報酬之義務消滅（§164 III）。先完成懸賞廣告所要求之行為之人與最先通知之人不同時，先完成懸賞廣告所要求之行為之人對於最先通知之人有求償權。又完成一定行為之結果，如可取得一定之權利，例如專利權或著作權者，其權利

屬於行為人，但廣告另有聲明者，不在此限（§164-1）。

3. **懸賞廣告之撤回**：懸賞廣告，乃對於不特定人之要約，廣告人常無受其拘束之意思，故於行為人完成指定行為前，仍許撤回。如撤回時該行為已完成者，懸賞契約已因承諾而成立，不生撤回之效力，廣告人仍應給付報酬。撤回之方法，亦應以廣告方法為之。「預定報酬之廣告，如於行為完成前撤回時，除廣告人證明行為人不能完成其行為外，對於行為人因該廣告善意所受之損害，應負賠償之責。但以不超過預定報酬額為限」（§165 I）。例如行為人著手該行為所支出之費用是。至不知有廣告而進行該行為之人，則不得請求賠償。如廣告定有完成行為之期間者，可認為廣告人有在該期間內受拘束之意思，故「推定廣告人拋棄其撤回權」（同條 II），以免誤信廣告而如期完成行為之人受不測之損害。故此項規定，於民法債編修正施行前定有完成行為期間之懸賞廣告，亦適用之（民債施§6）。

（二）優等懸賞廣告

1. **優等懸賞廣告之意義**：優等懸賞廣告，乃「以廣告聲明對完成一定行為，於一定期間內為通知，而經評定為優等之人給與報酬」之廣告（§165-1前段，德民§661）。例如徵求商標、房屋設計等。此種廣告，行為人須於一定期間內完成指定之行為，並為應徵之通知。廣告人僅就入選之作品或成果，即於評定完成時，對經評定為優等之人，負給付報酬之義務（同條後段）。

2. **優等之評定**：於廣告所定期間內完成指定行為並通知者，其行為是否優等之評定，「由廣告中指定之人為之。廣告中未指定者，由廣告人決定方法評定之」（§165-2 I）。上述評定，「對於廣告人及應徵人有拘束力」（同條 II）。不得以評定不公而訴請法院裁判。

3. **廣告人之給付報酬義務**：廣告人僅對經評定為優等之人，於評定完成時，負給付報酬之義務。「被評定優等之人有數人同等時，除廣告另有聲明外，共同取得報酬請求權」（§165-3）。以示公平。所謂廣告另有聲明，例如均給報酬。

4. **行為人取得其行為所生權利**：此與通常懸賞廣告同（§165-4）。

上述第165-1條至第165-4條之規定，於增訂前成立之懸賞廣告，亦適用之（民債施§7）。

案例1

> A將其所有計程車售與B，價款10萬元，B乃付訂金1萬元，A將車交付B後，B無款可付，經A同意將其所欠之9萬元轉作借款，並言明半年後清償，並約定屆期不清償，買賣即取消，B應交還該車，訂金1萬元為A所有，B並應償還9萬元，此約定並以書面為之。問此約有效否？

　　因為此契約並未違反公序良俗及強制法，而且A、B雙方的意思也是一致的，因此此契約可以成立。

案例2

> 甲到房東家簽約，因為證件不足，所以暫時繳交租金，以口頭訂下契約，請問此口頭契約是否有效？

　　原則上租賃契約之成立，並不以訂立書面契約為必要，只須當事人對於租賃物之使用收益與租金之支付等租賃要素之彼此間意思合致，即得成立生效，且不以租賃物之交付為必要。

第二款　代理權之授與

一、代理權之授與之意義

　　代理權係得代本人為法律行為之資格，而非權利。本人雖對代理人授與代理權，但代理人對於本人並不負任何義務。代理人對本人負有義務者乃由於其間基本法律關係而生，與代理權之授與行為無關。本書依本款規定條文順序，敘述其內容以補足民法總則代理規定之不周。

二、代理權授與之方法

　　民法第167條：「代理權係以法律行為授與者，其授與應向代理人或向代理人對之為代理行為之第三人，以意思表示為之。」故代理權授與方法為意思表示，其授與方式有二，一是向代理人為之，稱為內部授權，二是向第三人

（即代理人爲法律行爲之相對人）爲之，稱爲外部授權。

三、共同代理

民法第168條：「代理人有數人者，其代理行爲應共同爲之。但法律另有規定或本人另有意思表示者，不在此限。」代理人有數人，而其代理行爲應由數代理人共同爲之者，稱爲共同代理。故原則上欠缺一人或一人爲不同之表示者，其代理行爲不生效力，例外如法律另有規定或本人另有意思表示無須共同爲之者，則不在此限。

四、無權代理

（一）表見代理

表見代理乃無代理權人，有相當理由，足以令人相信其有代理權，因而其所爲之代理行爲，雖屬無權代理，但本人對於善意無過失之第三人須負授權責任者是也。民法第169條規定：「由自己之行爲表示以代理權授與他人，或知他人表示爲其代理人而不爲反對之表示者，對於第三人應負授權人之責任。但第三人明知其無代理權或可得而知者，不在此限。」可知表見代理之成立，有兩種情形：1.由自己之行爲表示以代理權授與他人，結果雖未授權，但成立表見代理；2.知他人表示爲其代理人而不爲反對之表示，結果雖未授權，亦成立表見代理。

表見代理之效果爲本人應負授權之責任，此乃保護相對人交易安全之規定，因而若相對人明知或可得而知其無代理權者，則不值得保護，於此情形，本即不須負授權之責任矣。

以上兩種表見代理，係債編所規定，民法總則亦有表見代理發生之可能，民法第107條規定：「代理權之限制及撤回，不得以之對抗善意第三人。但第三人因過失而不知其事實者，不在此限。」即代理權雖已撤回，若原代理人仍爲代理行爲，當然屬於無權代理，但第三人非因過失而不知其代理權已撤回者，本人即不得以其撤回與之對抗，結果仍應負有權代理之責任。

（二）無權代理

此之無權代理即狹義的無權代理而言，即不構成表見代理之無權代理是也。此種無權代理，依民法第170條第1項規定：「無代理權人以代理人之名義

所為之法律行為，非經本人承認，對於本人不生效力。」是為效力未定之法律行為，經本人承認後，始生效力，若本人拒絕承認則確定的不生效力矣。然若本人不為表示時，則豈非永懸不定，因而民法第170條第2項乃規定：「前項情形，法律行為之相對人，得定相當期限，催告本人確答是否承認，如本人逾期未為確答者，視為拒絕承認」。是為相對人之催告權。又民法第171條規定：「無代理權人所為之法律行為，其相對人於本人未承認前，得撤回之。但為法律行為時，明知其無代理權者，不在此限」。是為相對人之撤回權。相對人有上述兩種權利，可使無權代理行為之效力，歸於確定，而不至於久懸不決也。不過催告權之行使，在任何情形下均得為之，但撤回權之行使，須相對人為善意始可，否則不能撤回也。

第三款　無因管理

一、無因管理之意義

　　無因管理乃未受委任，並無義務，而為他人管理事務之行為。例如途遇迷路之兒童，將其送還於其父母；鄰人外出，代收其郵件，均屬於為他人管理事務之行為是。惟上述之行為，若受其父母，或鄰人之委託而為之者，則謂之委任（§528），非此之無因管理。無因管理乃未受其委託，並無義務，而自動為之者是也。

　　無因管理的成立要件有三：

（一）須管理他人事務

　　例如修理他人房屋，出賣他人物品，或收留迷路的兒童。

（二）須有為他人管理的意思

　　即有將管理行為所生的利益歸諸他人的意思。小偷將偷來之摩托車恐人認出，而改塗他色之油漆，雖係就他人之車而有操作，但因無為他人管理之意思，不得謂之無因管理。

（三）須無義務

　　管理他人之事務如在法律上有義務時，不得主張無因管理，例如父母管理子女之財產（§1088），受任人處理委任事務（§535），受寄人保管寄託物（§590），均不得主張無因管理。

二、無因管理之效力

　　無因管理成立，在管理人與本人間，發生債權債務關係，管理人之權利即爲本人之義務，管理人之義務即爲本人依法律規定所得享有之保護權利。茲就無因管理人之義務與權利分述如下：

（一）管理人之義務

1. **適當管理之義務**：民法第172條規定：「未受委任，並無義務，而爲他人管理事務者，其管理應依本人明示或可得推知之意思，以有利於本人之方法爲之。」此謂之適當管理之義務。管理人若違反此一義務，對於因其管理所生之損害，雖無過失，亦應負賠償責任（§174Ⅰ）。但此項規定於其管理係爲本人盡公益上之義務，或爲其履行法定扶養義務者，或本人之意思違反公共秩序善良風俗者，不適用之（同條Ⅱ）。又管理人爲免除本人之生命、身體或財產上之急迫危險而爲事務之管理者，對於因其管理所生之損害，除有惡意或重大過失者外，不負賠償之責（§175）。

2. **通知之義務**：管理人開始管理時，以能通知爲限，應即通知本人，如無急迫之情事，應俟本人之指示，再爲管理（§173Ⅰ）。

3. **計算之義務**：管理人應將管理事務進行狀況，報告本人，管理關係終止時，並應明確報告其顛末，管理人因管理事務所收取之金錢物品及孳息，應交付於本人。又以自己之名義，爲本人取得之權利，應移轉於本人。管理人爲自己之利益，使用應交付於本人之金錢，或使用應爲本人利益而使用之金錢者，應自使用之日起，支付利息，如有損害，並應賠償（§173Ⅱ準用§§540～542）。

（二）管理人之權利

　　民法第176條第1項規定：「管理事務利於本人，並不違反本人明示或可得推知之意思者，管理人爲本人支出必要或有益之費用，或負擔債務，或受損害時，得請求本人償還其費用及自支出時起之利息，或清償其所負擔之債務，或賠償其損害。」反之，管理事務不利於本人，或違反本人明示或可得推知之意思者，本人仍得享有因管理所得之利益（此時稱爲準無因管理），但本人對管理人所負之義務，只以其所得之利益爲限。又管理人之管理係爲本人盡公益上之義務，或爲其履行法定扶養義務或本人之意思違反公共秩序善良風俗者，縱

然違反本人明示或可得推知之意思，仍然享有民法第176條第1項之權利，此蓋兼顧公共利益及善良風俗也。

第四款　不當得利

一、不當得利之意義

不當得利，乃無法律上之原因而受利益，致他人受損害之事件（§179）。其成立要件如下：

（一）須一方受利益

所謂受利益，即因一定事實之結果，而增加其財產總額，包括財產總額之積極增加及財產應減少而不減少在內。

（二）須他方受損害

所謂受損害，即財產之減少，包括現存財產之減少及財產應增加而未增加。

（三）須損益之間有因果關係

即一方受利益致他方受損害係基於同一事實，二者之間，有直接因果關係。

（四）須無法律上原因

所謂無法律上原因，通說認為無權利之意。無法律上之原因包括：

1. 自始無法律上原因，例如雙方所訂立之買賣契約自始無效，但仍受領他人之給付。

2. 受領時有法律上原因，但其後已不存在（§179後段）。例如買賣契約解除前受領之價金。但因時效而取得權利或免義務，依不當之確定判決對債務人強制執行而受給付，因結婚而交付之聘禮於婚姻關係消滅時，均非無法律上之原因而受利益，不能依不當得利之規定請求返還。

二、不當得利之效力

（一）受領人之義務

不當得利之受領人，應返還其利益（§179），即應返還所受利益於受損

人，茲分述之：

1. 返還之標的

「不當得利之受領人，除返還其所受之利益外，如本於該利益更有所取得者，並應返還」（§181前段）。例如侵占他人之物除返還原物外，該物之孳息，並應返還是。如所受利益超過受損人所受損害者，僅於其所受損害限度內，負返還責任。如依其利益之性質或依其他情形不能返還原物者，應償還其價額（同條但書）。

2. 返還之範圍

（1）受領人爲善意者：「不當得利之受領人不知無法律上之原因，而其所受之利益已不存在者，免負返還或償還價額之責任」（§182 I）。其不知有無過失及所受利益已不存在之原因如何，均非所問。但受領人所受利益之原形雖不存在，而實際上所獲財產總額之增加，現尚存在時，不得謂爲利益已不存在。例如受領之物被毀而曾受賠償是。又利益是否存在，以請求返還之時爲準，受領人如主張已不存在，應負舉證之責任。

（2）受領人自始爲惡意者：受領人於受領時知無法律上之原因者，應將受領時所得之利益，附加利息，一併償還。如有損害，並應賠償（§182 II）。至受損人請求返還時該利益是否存在及其不存在之原因如何，均非所問。

（3）受領人嗣後爲惡意者：受領人於受領時不知無法律上之原因，而其後知之者，應自知無法律上原因時所現存之利益，附加利息，一併償還；如有損害，並應賠償（§182 II）。故所受之利益，在知無法律上原因時已不存在者，不必返還。

（二）轉得人之義務

「不當得利之受領人，以其所受者無償讓與第三人，而受領人因此免返還義務者，第三人於其所免返還義務之限度內，負返還責任」（§183）。以保護受損者之利益。如經數次轉讓，每一轉得人之返還義務，均以其前轉得人因無償讓與所免之返還義務爲其限度。

三、特殊不當得利

特殊不當得利乃雖具備不當得利之要件，但因有特殊情形，法律上遂剝奪

其返還請求權者是也。依民法第180條之規定，其情形有四：

（一）給付係履行道德上之義務者

此種不當得利在法律上雖無原因，但在道德上卻有義務（如無因管理之本人對於管理人在法律上本無給付報酬之義務，但在道德上不能無之），故不給付則已，如已給付則不得請求返還。

（二）債務人於未到期之債務因清償而為給付者

債務未到期，本得不清償（參照§316），但已清償，則不得請求返還，因將來終須清償也。

（三）因清償債務而為給付於給付時明知無給付之義務者

既明知無給付義務，何必清償，故法律不予保護，乃規定其不得請求返還，以免滋擾。

（四）因不法之原因而為給付者

因不法之原因而爲給付（例如行賄），則法律上無保護之必要，故明定其不得請求返還，以示制裁。但不法之原因僅於受領人一方存在時，不在此限。例如因被脅迫而爲給付，則給付者並無不法，故仍得請求返還。

案例

> 甲參加考試院舉辦之高等考試，僱乙代考，乙取得報酬，恐被查獲，不敢應試，問甲可否請求返還該項報酬？

本題中，甲參加考試院舉辦之考試，僱乙代考，雙方約定報酬，此行爲違反強制或禁止之規定，依民法第71條之規定，爲無效。甲乙之約定既爲無效，則乙已取得報酬，即屬無法律上之原因而受利益，致他人受損害，依民法第179條之規定，甲尚可向乙請求返還該報酬。民法第180條第4項規定，因不法之原因而爲給付者，不得請求返還，即爲不當得利之例外。基此，甲不得向乙主張不當得利之返還請求權，縱乙未依約應試，乙亦無需返還該報酬。

第五款　侵權行為

一、侵權行為之意義

　　侵權行為者，因故意或過失不法侵害他人權利或利益，而應負損害賠償之行為（§184）。故意以背於善良風俗之方法，加損害於他人者，亦同。

　　侵權行為可分一般侵權行為與特殊侵權行為兩種，前者規定於民法第184條，採過失責任主義；後者規定於民法第185條至第191-3條，並非採單純過失責任主義。

　　民事責任雖以過失為原則（過失責任主義），惟於現代社會立法下，因（一）企業規模日大，危險日增；（二）被害人有時舉證不易；（三）為求勞動者生活之保障，於特定情形下（如工業災害、核子或放射線傷害、公害賠償等），有時特別立法，如消費者保護法之規定，加害人縱無過失，如有損害發生，加害人即應負損害賠償之責任，是為無過失責任主義。

二、侵權行為之構成要件

　　侵權行為之構成，應具備下列要件：

（一）一般侵權行為

1. 主觀要件

　　（1）須有故意或過失：侵權行為，須以故意或過失為要件。所謂故意，指行為人對於構成侵權行為之事實，明知並有意使其發生，或預見其發生，而其發生並不違背其本意者而言（參閱刑§13）。所謂過失，指行為人雖非故意，但按其情節，應注意能注意而不注意，或對於構成侵權行為之事實，雖預見其發生，而確信其不發生者而言（參閱刑§14）。侵權行為之責任，故意與過失相同。

　　（2）須有責任能力：侵權行為之構成，須行為人於行為時有責任能力。亦曰侵權行為能力。此項能力之有無，則以有無識別能力決之。所謂識別能力，即能識別自己行為之結果之能力。但無須有違法之具體認識，只須認識其行為乃社會所不容許即可。例如7歲兒童玩火焚屋。

2. 客觀要件

　　（1）須為自己之行為：即由於自己之意思而發生之行為。包括作為及不

作為。但不作為，須行為人有作為義務時，始構成侵權行為。

（2）須為侵害他人之行為：即須為侵害他人權利或加損害於他人之行為。民法第184條之被害客體，不以權利（例如人格權、財產權）為限，即利益（例如占有、通信祕密）亦屬之。但侵害權利之方法，並無限制；侵害利益之方法，則須以故意以背於善良風俗之方法，加損害於他人，始能構成。

（3）須發生損害：民事責任，以填補被害人所受損害為目的，以實際上發生損害為成立要件。行為人是否受益，則非所問。故侵害權利而未生損害者，不構成侵權行為。權利被侵害之事實，亦應由被害人負立證之責。

（4）行為與損害間須有因果關係：凡某種行為，通常足生某種損害者，即為有因果關係。即加害行為與損害發生之間須有客觀相當因果關係，民事責任以填補損害為目的，無損害，即無責任，但有損害，而該損害之發生與加害行為無因果關係者，亦不負賠償責任。

（5）行為須不法：侵害他人權利，雖常屬違法。然所謂不法，指無違法阻卻之情形而言。有阻卻違法之事由存在時，則非違法。例如權利之行使、被害人之承諾、正當防衛、緊急避難、自助行為及無因管理等，雖屬侵害他權利，但為法律之所許，並非不法。

（6）須負賠償責任：行為人之行為，須對於被害人造成損害，並因而負損害賠償者，始屬侵權行為（§184Ⅰ、Ⅱ）。

（二）特殊侵權行為

特殊侵權行為所別於一般侵權行為者，主要有二：一是侵權行為主體結構不同，二是所負責任不同。茲將各種特殊侵權行為，說明如下：

1.共同侵權行為

民法第185條規定：「數人共同不法侵害他人之權利者，連帶負損害賠償責任。不能知其中孰為加害人者，亦同。造意人及幫助人，視為共同行為人。」是為共同侵權行為。各共同侵權行為人間不以有意思聯絡為必要（參照司法院民國66年6月1日例字第1號），只要其行為關連共同，即可成立。所謂造意，即使他人產生實施侵權行為之意思，與刑法上之教唆（刑§29Ⅰ）同其意義。所謂幫助，即予他人物質或精神上之幫助，使其易於實施侵權行為之行為，與刑法上之從犯（刑§30Ⅰ）相當。為維持社會正義，保護被害人之利益，於被教唆及受幫助者構成侵權行為時，即應負連帶賠償責任。

2. 公務員之侵權行為

公務員侵害他人之權利，如與職務無關，純屬私人行為，應依一般侵權行為之規定負賠償責任；如為職務上行為，則可分為兩種情形：

（1）私法上之行為：公務員所執行之職務，為私法上之行為者，例如代表國家為買賣、承攬等行為而侵害他人權利時，應依民法第28條規定，與國家負連帶賠償責任。

（2）公法上之行為：公務員所執行之職務為公法上之行為者，依民法第186條：「公務員因故意違背對於第三人應執行之職務，致第三人受損害者，負賠償責任。其因過失者，以被害人不能依他項方法受賠償時為限，負其責任」之規定負賠償責任，但公務員之侵權行為不論出於故意或過失，如被害人得依法律上之救濟方法，除去其損害，而因故意或過失不為之者，公務員不負賠償責任（§186 Ⅱ）。公務員違法侵害人民之自由或權利者，被害人民就其所受損害，得依法律向國家請求賠償（憲§24）。故公務員於執行職務行使公權力時，因故意或過失不法侵害人民自由或權利者，國家應負賠償責任。公務員怠於執行職務，致人民自由或權利遭受損害者亦同（國賠§2 Ⅱ，871120釋469）。但公務員有故意或重大過失時，賠償義務機關對之有求償權（同條Ⅲ）。被害人民所受損害，既由國家負責賠償，自不得逕向公務員請求賠償。所稱權利，則以私權為限。

3. 法定代理人之責任

無行為能力人或限制行為能力人，不法侵害他人之權利者，通常多由於其法定代理人監督疏忽所致，因此民法第187條第1項規定：「無行為能力人或限制行為能力人，不法侵害他人之權利者，以行為時有識別能力為限，與其法定代理人連帶負損害賠償責任。」所謂「識別能力」指行為人有辨別自己行為在法律上應負何種責任之能力而言。法定代理人須為上述行為人之法定代理人，如未成年人之父母（§1086）；受監護宣告之人之監護人（§1113準用§1098），其他法定代理人不在此限。但夫妻離婚後，對未成年子女無監護權之一方就該子女之侵權行為不負賠償責任（80台上1327）。民法第187條第2項規定：「前項情形，法定代理人如其監督並未疏懈，或縱加以相當之監督，而仍不免發生損害者，不負賠償責任」。即為關於法定代理人舉證免責之規定。

若行為人無識別能力，而法定代理人又能依民法第187條第2項規定舉證免責時，被害人將求償無門，有失公允，為救濟被害人，平衡不同法益，特於民

法第187條第3項規定：「如不能依前二項規定受損害賠償時，法院因被害人之聲請，得斟酌行為人及其法定代理人與被害人之經濟狀況，令行為人或其法定代理人為全部或一部之損害賠償。」是為行為人及其法定代理人之衡平責任，屬於無過失責任之一種。

上述衡平責任之規定，係基於公平原則而來，不僅行為人為無行為能力人或限制行為能力人時適用，即其他之人，在無意識或精神錯亂中所為之行為，致第三人受損害時，亦準用之（同條 VI）。

4. 僱用人之責任

僱用人對於受僱人之選任及監督其職務之執行，應盡相當之注意，否則對受僱人因執行職務，不法侵害他人之權利，所致之損害，應與行為人（受僱人）連帶負賠償責任（§188 I），析述之：

（1）所謂僱用人與受僱人，不以有僱傭契約存在為必要。只要事實上一方經他方選任、使用，並在其監督下執行職務，不論時間久暫、有無報酬，均屬受僱人。

（2）所謂受僱人執行職務，不法侵害他人權利，不僅指受僱人職務範圍內的行為而言，即與執行職務相牽連的行為，亦包括在內。

（3）僱用人對於受僱人選任及監督的過失，是法律所推定，被害人不必舉證，但僱用人得證明其選任及監督受僱人執行職務，已盡相當的注意，或縱加以相當注意，仍不免發生損害，以免除其賠償責任。然受僱人多是經濟上的弱者，為保護受害人，民法第188條第2項規定，如被害人依前項但書規定（即僱用人不負賠償責任），不能受損害賠償時，法院因其聲請，得斟酌僱用人與被害人的經濟狀況，令僱用人為全部或一部的損害賠償。這就是僱用人的「衡平責任」，但僱用人賠償損害時，對於為侵權行為的受僱人，有求償權（§188 III）。

5. 定作人的責任

民法第189條前段規定：「承攬人因執行承攬事項，不法侵害他人之權利者，定作人不負損害賠償責任。」因承攬人為完成一定工作，是依自己的意思獨立進行，與受僱人受僱用人監督的情形不同，故承攬人因承攬事項，不法侵害他人權利，定作人不負損害賠償責任。但定作人對於定作或指示，仍有注意義務，如有過失，仍應負責，所以民法第189條後段規定：「但定作人於定作或指示有過失者，不在此限。」

6. 動物占有人的責任

民法第190條第1項規定：「動物加損害於他人者，由其占有人負損害賠償責任。但依動物之種類及性質，已為相當注意之管束，或縱為相當注意之管束而仍不免發生損害者，不在此限。」所謂「動物」，包括家畜及非家畜，例如狗、貓、虎、蛇。

所謂占有人，包括直接占有人及幫助占有人（§942），而不包括間接占有人（§941）。所謂加損害於人，指動物之獨立動作損害他人。如係利用動物加害他人，應負一般侵權行為之責任。

動物之加害於人，縱係由於第三人或他動物之挑動，致加損害於他人者，仍應對受害人負損害賠償責任，但於賠償後，對於該第三人或該動物之占有人，有求償權（§190 II）。

7. 工作物所有人責任

民法第191條規定：「土地上之建築物或其他工作物所致他人權利之損害，由工作之所有人負賠償責任。」

「建築物」，通常指有防雨、避風、蔽日設備的人造物，房屋、倉庫、廟宇均是。「其他工作物」，指建築物以外的人造物，如橋梁、堤防、道路、電桿、旗桿、廣告牌、路燈、欄杆、坑道皆是。

損害之發生，如別有應負責任之人時，賠償損害之所有人對於該應負責之人有求償權（§191 II），例如甲之房屋招牌掉落，傷及路人，雖由房屋所有人對路人負損害賠償責任，但所有人對於承造該招牌而有過失之承攬人，有求償權。

8. 商品製造人之責任

（1）商品製造人之意義：所謂「商品」，包括自然產物及工業產品在內；所謂「商品製造人」，指上述商品的生產、製造及加工業者而言。除其為真正生產、製造、加工業者外，不論何人，在該商品上標示其姓名、商號、商標或其他文字、符號足以表彰係其自己所生產、製造、加工者，亦視為該商品的製造人，使其與商品製造人負同一之責任（§191-1 II）。另外，商品如係自國外輸入者，每因轉賣、運銷等原因致使該商品製造人難於追查，為維護消費者的權益，特明定商品輸入業者，與商品製造人負同一責任（同條 IV）。

（2）商品製造人之責任：為保護消費者之利益，「商品製造人因其商品之通常使用或消費所致他人之損害，負賠償責任」（§191-1 I 前段）。但已

證明其對於商品之生產、製造或加工、設計並無欠缺，或其損害非因該項欠缺所致或於防止損害之發生，已盡相當之注意者，得免除其責任（同項但書）。例如商品如有危險性，商品製造人有附加說明之義務，若應說明而未爲說明，即爲防止損害之發生，未盡相當之注意，不得免除其責任（同條 I 但書）。至於商品之經過品質管制或已送政府機關檢驗合格，則不能謂爲當然已盡防止損害發生之注意，商品製造人均不得以此免責。如「商品之生產、製造或加工、設計與其說明書或廣告內容不符者，視爲有欠缺」（同條 III），以免消費者誤信其品質及功能而購買使用，致生損害。

9. 汽、機車駕駛人責任

民法第191-2條規定：「汽車、機車或其他非依軌道行駛之動力車輛，在使用中加損害於他人者，駕駛人應賠償因此所生之損害。但於防止損害之發生，已盡相當之注意者，不在此限。」（88增修）。動力車輛乃現代交通必備工具，而因動力車輛肇事致損害人之身體或財產者，日見增多，故增訂駕駛動力交通工具侵害他人時，應負較嚴格侵權行爲責任。汽、機車駕駛人所負責任提高後，若欲分散其損害賠償之風險，可以向保險公司投保責任保險，一俟汽、機車駕駛人賠償受害人之後，保險公司將依約給付保險金予汽、機車駕駛（被保險人），塡補其爲賠償所生之損害。

10. 危險製造人之責任

民法第191-3條規定：「經營一定事業或從事其他工作或活動之人，其工作或活動之性質或其使用之工具或方法有生損害於他人之危險者，對他人之損害應負賠償責任。但損害非由於其工作或活動或其使用之工具或方法所致，或於防止損害之發生已盡相當之注意者，不在此限。」（88增修）。茲將增訂理由摘錄如下：「近代企業發達，科技進步，人類工作或活動之方式及其使用之工具與方法日新月異，伴隨繁榮而產生危險性之機會大增。如有損害發生，而須由被害人證明經營一定事業或從事其他工作或活動之人有過失，被害人將難獲得賠償機會，實爲社會不公平現象。且鑑於：（1）從事危險事業或活動者製造危險來源；（2）僅從事危險事業或活動者於某種程度控制危險；（3）從事危險事業或活動者因危險事業或活動而獲取利益，凡經營一定事業或從事其他工作或活動之人，對於因其工作或活動之性質或其他使用之工具或方法有生損害於他人之危險（例如工廠排放廢水或廢氣、筒裝瓦斯廠裝塡瓦斯、爆竹廠製造爆竹、舉行賽車活動、使用炸藥開礦、開山或燃放焰火），對於他人之損

害，應負損害賠償責任。請求賠償時，被害人只須證明加害人之工作或活動之性質或其使用之工具或方法，有生損害於他人之危險性，而在其工作或活動中受損害即可，不須證明其間有因果關係。但加害人能證明損害非由於其工作或活動或其使用之工具或方法所致，或於防止損害之發生已盡相當之注意者，則免負賠償責任，以期平允，爰增訂本條規定。」

三、侵權行為之效力

侵權行為之效力，可分下列三點述之：

（一）損害賠償之當事人

1. 義務人

損害賠償義務人原則上為加害人，例外為加害人以外之人如法定代理人、僱用人。

2. 權利人

損害賠償權利人原則上為被害人，但下列之人，亦享有損害賠償請求權：

（1）支出殯葬費或醫療費之人：不法侵害他人致死者，對於支出醫療及增加生活上需要之費用或殯葬費之人，亦應負損害賠償責任（§192 I）。所謂支出殯葬費之人，不問與被害人之關係如何，亦不問其有無支出之義務，但不包括慈善捐助在內。

（2）被害人對之負有法定扶養義務之人：被害人對於第三人負有法定扶養義務者，加害人對於該第三人，亦應負損害賠償責任（§192 II）。當事人如聲請定期金時，法院亦得命為定期金之支付，但仍應命加害人提出擔保，以擔保其確實履行（§§192 III、193 II）。

（3）被害人之父、母、子、女及配偶：不法侵害他人致死者，被害人之父、母、子、女及配偶，雖非財產上之損害，亦得請求賠償相當之金額（§194），係慰藉被害人之遺屬所受精神上之痛苦而規定。

（二）損害賠償之方法及範圍

損害賠償之範圍及方法，因被害之法益不同而不同，析言之：

1. 生命之侵害

侵害生命發生之損害賠償有三：

（1）殯葬費：不法侵害他人致死者，對於支出殯葬費之人，應負損害賠

償責任（§192 I），此項賠償以金錢為之。

（2）扶養費：不法侵害他人致死者，被害人對於第三人負有法定扶養義務者，加害人對於該第三人應負損害賠償責任（§192 II），賠償方法，應以金錢為之。此項扶養以法定扶養為限（§1114）。關於扶養費的請求得適用第193條第2項規定，亦即法院得因當事人聲請，定為支付定期金，但須命加害人提出擔保。（註：如命加害人一次賠償，須先認定被害人於可推知之生存期內，應向第三人支付扶養費用之年數及其歷年應付之數額，並就歷年將來應付之數額，各以法定利率即周年利率5%，依「霍夫曼式」計算法，扣除各該年以前之利息，俾成歷年現在應付之數額，再以歷年現在應付之總數為其賠償額。如被害人之扶養能力，在死亡時尚未具備，而日後應可具備者，與侵害受扶養權利人將來應受扶養之權利無異，亦得按被害人將來之扶養能力，請求賠償。至「霍夫曼式」計算法，則係假定N年應給付之金額為A，利率為R，現在應給付之數額為X，其公式為$X = \dfrac{A}{1+RN}$。）

（3）慰撫金：不法侵害他人致死者，被害人之父、母、子、女及配偶，雖非財產上之損害，亦得請求賠償相當之金額（§194），慰撫金之賠償，應以金錢為之。

2. 身體、健康、名譽、自由等人格權之侵害

不法侵害他人身體、健康、名譽、自由、信用、隱私、貞操或不法侵害其他人格法益而情節重大者，被害人得請求損害賠償有三：

（1）喪失或減少勞動能力，或增加生活上之需要：不法侵害他人之身體或健康者，對於被害人因此喪失或減少勞動能力，或增加生活上之需要時，應負損害賠償責任（§193 I），其賠償方法，以金錢為之。如分年或分月支付，則為定期金，但定期金不可靠，故須擔保（§193 II）。

（2）慰撫金：不法侵害他人之身體、健康、名譽、自由、信用、隱私、貞操，或不法侵害其他人格法益而情節重大者，被害人雖非財產上之損害，亦得請求賠償相當之金額（§195 I 前段）。賠償金額是否相當，應以實際加害情形與其影響是否重大，及被害人身分、地位與加害人經濟狀況等關係決定（47台上1221），並得由法院掛酌上述情形，定其數額。

（3）回復名譽之適當處分：不法侵害他人之名譽者，並得請求為回復名譽之適當處分（§195 I 後段），例如登報道歉。

3. 身分法益之侵害

不法侵害他人基於父、母、子、女或配偶關係之身分法益而情節重大者，被害人雖非財產上之損害，亦得請求賠償相當之金額。其名譽被侵害者，並得請求回復名譽之適當處分（§195 Ⅲ）。

4. 物之侵害

不法毀損他人之物者，被害人得請求賠償其物因毀損所減少之價額，此項賠償以金錢爲之或以回復原狀爲之（§196）。

依民法第195條第2項規定：「前項請求權，不得讓與繼承。但以金額賠償之請求權已依契約承諾，或已起訴者，不在此限。」係指慰撫金、回復名譽之適當處分具有專屬性，原則上不得讓與或繼承；但慰撫金之請求權，如已依契約承諾（如和解是），或已起訴者，則得讓與或繼承。

（三）損害賠償請求權之時效

民法第197條規定：「因侵權行爲所生之損害賠償請求權，自請求權人知有損害及賠償義務人起，二年間不行使而消滅，自有侵權行爲時起，逾十年者亦同」。

（四）侵權行為與不當得利請求權之競合

民法第197條第2項規定：「損害賠償之義務人，因侵權行爲受利益，致被害人受損害者，於前項時效完成後，仍應依不當得利之規定，返還其所受之利益於被害人。」賠償義務人因侵權行爲所受的利益，被害人同時得基於侵權行爲或不當得利的法律關係，請求返還，學說上稱爲請求權競合。至於不當得利返還請求權的消滅時效，則應依第125條規定，因15年間不行使而消滅。

（五）惡意之抗辯

民法第198條：「因侵權行爲對於被害人取得債權者，被害人對該債權之廢止請求權，雖因時效而消滅，仍得拒絕履行。」例如因詐欺而取得債權，則被詐欺人得請求廢止該債權。若因上述時效消滅，該加害人所取得之債權尚屬存在，如該債權人行使請求權時，被害人仍得拒絕履行，此即爲惡意之抗辯。

案例1

甲女因被強姦所生子女丙、丁而支出之扶養費,可否基於侵權行為法理,對加害人乙男請求損害賠償?

因被強姦生育子女而支出子女之扶養費用,為因侵權行為所生財產上損害,以實際已經支出費用額為限,得依民法第184條第1項之規定請求賠償。

案例2

某甲明知乙有配偶仍與之通姦,某乙之夫丙可否請求甲賠償非財產上損害,理論何在?

通姦為法律明文禁止,刑法上定有處罰通姦、相姦犯之法條,且依民法第1052條構成離婚原因,故甲明知乙為有夫之婦仍與之通姦,係以違背善良風俗之方法,加損害於他人之故意,如丙確因而受非財產上之損害,自得依民法第184條第1項後段,請求賠償。

案例3

甲飼養西藏獒犬,因犬性兇猛,對人具有攻擊性,故平常關鎖在鐵籠內。某日,餵食獒犬後,一時疏忽未將鐵籠上鎖,致獒犬咬傷路人身受重傷,醫療費用共花費15萬多元。問可否向甲請求該筆醫療藥費?

西藏獒犬性兇猛,飼主應注意防範,以免咬傷他人,如果飼主未善盡管束的注意義務,因疏忽而使猛犬咬人成傷,依民法第190條規定,動物加損害於他人時,其占有人對於被害人應負損害賠償責任。

案例4

甲於友人家中過夜,由於夢遊,不小心將友人家中一顆價值400萬元的古董瓷器打破,是否必須賠償?

　　侵權行為之責任能力之前提條件，是侵權行為人要有識別能力，無識別能力之侵權行為人之侵權行為，依民法第187條第1項後段之規定，不負擔損害賠償責任。本案例中，因在夢遊中而處於無意識狀態中，也就是無識別能力的狀態，所以不用負擔損害賠償責任，但如此也將造成不公平，所以又民法第187條第4項之規定，基於衡平責任，必須考量比較行為人與被害人之經濟狀況，如行為人之經濟狀況較被害人為佳，則被害人可聲請法院令行為人為全部或一部分損害賠償。

案例5

> 　　甲被18歲的乙無照駕車所撞傷，支出醫療費用共計20萬元，甲多次向乙的父母要求賠償時，其父母則加以拒絕。問甲向乙之父請求賠償是否有理由？

　　民法第187條規定，無行為能力人或限制行為能力人，不法侵害他人之權利者，以行為時有識別能力為限，與其法定代理人連帶負損害賠償責任。行為時無識別能力者，由其法定代理人負損害賠償責任。前項情形，法定代理人如其監督並未疏懈，或縱加以相當之監督，而仍不免發生損害者，不負賠償責任。故乙之父母原則上可須連帶負責。

案例6

> 　　甲、乙騎車互撞，乙傷勢極重，雙方簽訂和解書，寫明甲應賠償乙 5萬元，乙放棄民、刑法上之權利主張，嗣乙心有不甘，仍提出刑事傷害告訴與民事賠償之訴。

　　民法上之和解標的，須限於私法關係，刑事訟訴乃一公法權利，不得為和解之標的，故乙之告訴合法。至民事訴訟，雖程序上合法，但因乙既同意賠償5萬而放棄其他請求，等於拋棄其他損害賠償請求權。

第二節　債之標的

一、概　說

債之標的係指債權人基於債之關係，得要求債務人履行之義務，亦即債務人基於債之關係所應為之行為，又名給付。

（一）給付包括作為及不作為（§199 Ⅲ）。

（二）給付不以有財產價格者為限（§199 Ⅱ）。

（三）本節所規定債之標的，分為種類之債、貨幣之債、利息之債、選擇之債、損害賠償之債五種。

二、種類之債

（一）意　義

於某種類之物中，給付一定數量之物為標的之債。茲分述之：

1. 民法第200條第1項明定給付者為「物」，因此，不包括權利或勞務。

2. 其係指示種類中一定數量，如砂糖5斤。

（二）品質之確定

依民法第200條第1項之規定：「給付物僅以種類指示者，依法律行為之性質或當事人之意思不能定其品質時，債務人應給以中等品質之物。」即品質之確定有下列幾種方法：

1. 依法律行為之性質定之。如照貨樣約定買賣者，應給付與貨樣品質相同之物（§388）。

2. 依當事人之意思定之。如當事人於訂約時，特別明定是。

3. 倘不能依上述兩種方法定之者，則債務人應給以中等品質之物（§200 Ⅰ）。

（三）種類之債之特定

1. 特定之方法（§200 Ⅱ）

（1）債務人交付其物之必要行為完結後。

（2）債務人經債權人的同意指定應交付之物時。

2. 特定之效力

給付物特定後，即成爲特定物之債。

三、貨幣之債

（一）意　義

以給付一定數額之貨幣爲標的之債。

（二）種　類

1. **特定貨幣之債**：以貨幣爲特定物之債，如原封貨幣之寄託。
2. **特種貨幣之債**：亦稱金錢之債，可分爲：

（1）相對特種貨幣之債：以特種通用貨幣之一定金額爲標的之債，此種之債，多爲貨幣的兌換（§201）。

（2）絕對特種貨幣之債：以特種貨幣之一定數量爲標的之債。
3. **金額貨幣之債**：以一定金額之通用貨幣爲標的之債，如約定給付現金1萬元。
4. **外國貨幣之債**：以外國貨幣爲標的之債（§202）。

四、利息之債

（一）意　義

以給付利息爲標的之債。

（二）種　類

1. **約定利息**：依法律行爲所生之利息。

（1）利率之種類：利率乃計算利息之準據，可分爲：

①約定利率。由當事人約定而成立。

②法定利率。依法律規定而成立（§203，票§28 Ⅱ）。

（2）最高利率之限制：約定利率超過周年20%者，債權人對於超過部分之利息，無請求權（§205）。

（3）巧取利益之禁止：債權人不得以折扣或其他方法巧取利益（§206）。

（4）原本之期前清償權（§204）：約定利率逾周年12%者，經一年後，債務人得隨時清償原本。但須於1個月前預告債權人。此項權利，不得以契約除去或限制之。

2. **法定利息**：由法律規定所生之利息，凡依民法或其他法律之規定應付利息者，皆屬之。如遲延利息（§233）、墊費利息（§176 I）、擬制利息（§542）、附加利息（§182 II）

3. **複　利**：將債務人未於清償期支付之利息，滾入原本，再生利息。

（1）原則：複利，我民法原則上加以禁止，以保護經濟上之弱者（§207 I 前段）。

（2）例外：允許複利之存在。

①利息遲付逾一年後，經催告而不償還時（§207 I 但書）。

②商業上另有習慣者（§207 II）。

五、選擇之債

（一）意　義

在數宗給付中，得由有選擇權人選定其中之一宗為給付標的之債。

（二）選擇之債之特定

1. **依契約之所定**

選擇之債，得依當事人之合意而特定。

2. **選擇權之行使**（§§208～210）

（1）選擇權人

除法律另有規定或契約另有訂定外，其選擇權屬於債務人（§208）。

（2）行使的方法

①有選擇權者，應向他方當事人以意思表示為之（§209 I）。

②若由第三人為選擇者，應向債權人及債務人為之（§209 II）。

（3）選擇權的移轉

①定有行使期間。如於期間內不行使，選擇權移轉於他方當事人（§210 I）。

②未定行使期間。債權至清償期時，無選擇權者得定相當期限催告他方行使。他方當事人逾期不行使時，選擇權移屬於為催告的當事人（§210 II）。

③第三人選擇者。第三人如不能或不欲選擇時，選擇權移屬於債務人（§210Ⅲ）。

3. 給付不能（§211Ⅲ）

（1）數宗給付中，有給付不能者，債之關係僅存在於餘存之給付。

（2）可歸責於無選擇權者致給付不能時，選擇權人仍可選擇不能之給付（即他方之選擇權尚屬存在）。

①如應負責者為債務人（債權人選擇時），債權人可請求賠償損害（§226）或解除契約（§256）。

②如應負責者為債權人（債務人選擇時），債務人免給付義務（§225Ⅰ）。

（三）選擇之債特定之效力

選擇權一經行使，溯及於債之發生時，成為單純之債（§212）。

六、損害賠償之債

（一）意　義

損害賠償之債乃以賠償損害為標的之債也，所謂損害乃於人身或財產所生之不利益是；所謂賠償乃填補損害是也。損害賠償之債，多因法律規定而發生，其主要原因有侵權行為或債務不履行兩者，但亦有因契約而生者，如因保險契約而生損害賠償是。

（二）損害賠償之方法

1. 回復原狀

「負損害賠償責任者，除法律另有規定或契約另有訂定外，應回復他方損害發生前之原狀」（§213Ⅰ）。

回復原狀，若必由債務人為之，對債權人有時可能緩不濟急，或不能符合被害人之意願，故債權人亦得請求支付回復原狀所必要之費用，以代回復原狀（§213Ⅲ）。因回復原狀而應給付金錢者，自損害發生時起，加給利息（§213Ⅱ）。

2. 金錢賠償

損害賠償，以金錢賠償為例外。其情形有二：

（1）應回復原狀者，如經債權人定相當期限催告後，逾期不爲回復時，債權人得請求以金錢賠償其損害（§214）。

（2）不能回復原狀或回復顯有重大困難者，應以金錢賠償其損害（§215）。

（三）損害賠償範圍

1. **以填補債權人所受損害及所失利益爲限（§216）**：依通常情形或依已定之計畫、設備或其他特別情事，可得預期之利益，視爲所失利益。

2. **損益相抵**：乃損害賠償請求權人因同一賠償原因事實，受有利益時，應將所受利益，由所受損害中扣除，以定賠償範圍是也（§216-1）。所謂所受利益無論積極利益或消極利益均包括之。例如§638。

（四）賠償金額之減免

1. **被害人與有過失（§217）**：損害之發生或擴大，被害人與有過失者，法院得減輕賠償金額或免除之。重大之損害原因，爲債務人所不及知，而被害人不預促其注意或怠於避免或減少損害者，爲與有過失。此於被害人之代理人或使用人與有過失者，亦準用之（§217Ⅲ）。

2. **義務人之生計有重大影響時**：損害非因故意或重大過失所致者，如其賠償致賠償義務人之生計有重大影響時，法院得減輕其賠償金額（§218）。

（五）賠償代位原則

負賠償責任之人得請求讓與基於其物之所有權，或基於其權利對於第三人之請求權（§218-1）。關於物或權利之喪失或損害，負賠償責任之人，得向損害賠償請求權人請求讓與基於其物之所有權，或基於其權利對於第三人之請求權。且該讓與請求權或損害賠償義務有對價關係，而得適用民法第264條同時履行抗辯之規定（§218-1Ⅱ）。

第三節　債之效力

第一款　給　付

一、意　義

債務人依債之本旨所爲之履行，即實現債之內容之行爲。債務人依債之本

旨履行給付後，債之關係即歸消滅。民法債之效力，分為給付、遲延、保全及契約四部分，均為債之普通效力。而債之特別效力，則於各種之債之關係中規定之。

二、債務人之責任

（一）故　意

1. 故意係對於一定之事實，明知並有意使其發生；或預見其發生而其發生並不違背其本意。

2. 債務人就其故意行為：債務人就其故意行為，應負責任（§220 I），且不得預先免除（§222）。

（二）過　失

1. 過失之意義

行為非故意，但按其情節應注意，並能注意，而不注意者；或對於一定之事實，預見其能發生，而確信其不發生者。

2. 過失之種類

（1）重大過失：欠缺一般人之注意。

（2）具體過失：欠缺與處理自己事務為同一之注意。

（3）抽象過失：欠缺善良管理人之注意（如§535）。

3. 過失之責任

（1）債務人就其過失之行為，應負責任（§220 I）。

（2）過失行為之責任，如無法律特別規定且當事人亦無約定，則依「事件之特性」定其輕重，如其事件非予債務人以利益者，應從輕酌定（§220 II）。

（3）重大過失之責任，不得預先免除（§222）。

（4）應與處理自己事務為同一注意者，如有重大過失，仍應負責（§223）。

（三）事變之責任

1. 事　變

乃指非由於債務人之故意或過失所發生之意外事實。

2. 事變可分為

　　(1) 通常事變：債務人已盡其應盡之注意義務，而仍不免發生，但若再特別嚴密注意，則可能避免（如§606）。

　　(2) 不可抗力：任何人縱加以最高度之注意，亦不能避免的事故。例如颱風、地震、戰爭之爆發是。

3. 責　任

　　關於事變，債務人原則上不負責任（如§§606、231）。

（四）無行為能力人或限制行為能力人之責任

　　債務人應就其故意或過失之行為負責，而故意或過失，均以具有意思能力為前提，如債務人為無行為能力人或限制行為能力人者，其意思能力有欠缺，其責任之負擔，應「依第187條規定定之」（§221）。

（五）債務人對其代理人或使用人過失之責任

　　債務人原則上僅就自己之故意或過失負責。然為確保交易之安全，故「債務人之代理人或使用人，關於債之履行有故意或過失時，債務人應與自己之故意或過失負同一之責任。但當事人另有訂定者，不在此限」（§224）。

三、債務人違反給付義務之責任

　　債務人違反給付義務之形態有：

（一）給付不能

1. 意　義

　　債務人不能依債務本旨而給付，即自始主觀不能及嗣後不能（§246）。

2. 效　力

　　(1) 因不可歸責於債務人事由致給付不能：①債務人免給付義務（§225 I）；②債權人代償請求權（§225 II）。債務人因給付不能之事由，對第三人有損害賠償請求權者，債權人得向債務人請求讓與其請求權或交付其受領物。

　　(2) 因可歸責於債務人之事由致給付不能：①全部給付不能。債權人得請求損害賠償（§226 I）；②一部給付不能時（§226 II）。若其他部分之履行於債權人無利益時，債權人得拒絕該部分之給付，請求全部不履行之損害

賠償。

（二）不完全給付

1. 意 義

乃指不符合債務本旨之給付。亦即債務人雖提出給付，但有欠缺（如一部給付）或有瑕疵等（§227）。

2. 不完全給付之要件

（1）債務人已爲給付：如根本未爲給付，或爲不能給付，或爲遲延給付，並非不完全給付。

（2）給付爲不完全（未依債之本旨）：即瑕疵給付或加害給付。

①瑕疵給付。如數量不足、品質有缺點、方法不當等均屬之。例如書本缺頁，古畫毀損。

②加害給付。不僅給付有瑕疵，且因此瑕疵而招致其他之損害，如給付病雞致原有完好之雞遭傳染疾病。

（3）可歸責於債務人。

3. 不完全給付之效力

因能否補正而不相同，茲分述之：

（1）不完全給付尚能補正者：不完全給付，於給付之際，爲債權人發現者，債權人得拒絕受領，請求補正，補正拖延時間者，並發生給付遲延之問題。若債務人不予補正，債權人得聲請強制執行，並得請求損害賠償。若債權人於受領後發現者，得返還有瑕疵之給付物，而請求補正，如係加害給付，而債權人因之受有損害時，並得請求賠償（§227Ⅰ）。

（2）不完全給付不能補正者：此時債權人得依民法第226條第2項之規定，請求損害賠償（§227Ⅰ）。

（3）若爲加害給付者：除原來債務不履行而生之損害外，就因其不完全給付而生之其他損害，債權人並得請求賠償（§227Ⅱ）。

（三）給付遲延

1. 意 義

債務人遲延者，債務人於已屆給付期之債務，能給付而不爲給付也。給付遲延則債務人應負遲延責任，因給付有確定期限與否而不相同：

（1）給付有確定期限者：民法第229條第1項規定：「給付有確定期限

者，債務人自期限屆滿時起，負遲延責任。」

（2）給付無確定期限者：民法第229條第2項規定：「給付無確定期限者，債務人於債權人得請求給付時，經其催告而未為給付，自受催告時起，負遲延責任。其經債權人起訴而送達訴狀，或依督促程序送達支付命令，或為其他相類之行為者，與催告有同一之效力。」又前項催告定有期限者，債務人自期限屆滿時起負遲延任（同條 Ⅲ）。

2. 效　力

（1）金錢債務之給付遲延：民法第233條規定：「遲延之債務，以支付金錢為標的者，債權人得請求依法定利率計算之遲延利息。但約定利率較高者，仍從其約定利率。對於利息，無須支付遲延利息。前二項情形，債權人證明有其他損害者，並得請求賠償。」

（2）非金錢債務之給付遲延：民法第231條規定：「債務人遲延者，債權人得請求其賠償因遲延而生之損害。前項債務人在遲延中，對於因不可抗力而生之損害，亦應負責。但債務人證明縱不遲延給付，而仍不免發生損害者，不在此限。」可見債務人在給付遲延中，就不可抗力亦應負責，屬於無過失責任。

又民法第232條規定：「遲延後之給付，於債權人無利益者，債權人得拒絕其給付，並得請求賠償因不履行而生之損害。」

（四）非財產上之損害賠償責任

債務人因債務不履行致債權人之人格權受侵害者，應負賠償責任（§227-1）。

四、情事變更原則（§227-2，民訴§397）

情事變更原則，乃指法律行為或法律關係成立之基礎，因客觀因素而變更，非當時所得預料，仍依其原有效果，在一般觀念上顯失公平時，得由當事人請求予以變更者而言（39台上1440）。債之關係發生後，當事人即受其拘束，惟契約成立後或非因契約所發生之債發生後，情事變更，非當時所得預料，而依其原有效果顯失公平者，當事人得聲請法院增、減其給付或變更其他原有之效果（§227-2）。

第二款　遲　延

一、債務人遲延

已如第一節給付所述，於茲不贅。

二、債權人遲延

（一）意　義

債權人對於已提出之給付，拒絕受領或不能受領亦稱受領遲延人（§234）。

（二）要　件

須債務人已提出給付，即可使債權人就給付處於可得受領之地位（§235）。即爲：

1. **現實提出**：債務人已依債務本旨，現實提出給付。
2. **言詞提出**：債權人預示拒絕受領之意思，或給付兼需債權人之行爲者，債務人得以準備：

　　1. 給付之事情，通知債權人以代提出。

　　2. 須債權人拒絕受領或不能受領。

　　3. 須非因一時不能受領之情事（§236）。

若給付無確定期限，或債務人於清償期前得爲給付者，債權人就一時不能受領之情事，不負遲延責任。但其給付，由於債權人之催告或債務人已於相當期間前預告債權人者，不在此限。

（三）效　力

1. **關於債務人責任之減輕者**

　　（1）注意義務之減輕：在債權人遲延中，債務人僅就故意或重大過失負其責任（§237）。

　　（2）利息支付之停止：在債權人遲延中，債務人無須支付利息（§238）。

　　（3）孳息返還範圍之縮小：債務人應返還由標的物所生之孳息，或償還其價金者，在債權人遲延中，以已收取之孳息爲限，始負返還責任（§239）。

2. 關於債務人費用賠償之請求者

債權人遲延,債務人得請求其賠償提出及保管給付物之必要費用(§240)。

3. 關於債務人自行免責者

債權人受領遲延後,債務人之債務雖不當然因而消滅,但債務人卻可依法定方法,自行免責(消滅其債務),其免責方法如占有之拋棄(§241),提存或拍賣(§§326、331)。

4. 關於雙務契約之危險負擔者

民法第267條規定:「當事人之一方,因可歸責於他方之事由,致不能給付者,得請求對待給付。」而受領遲延乃因可歸責於他方(債權人)之事由,致受領遲延,其危險之負擔移轉於債權人。

第三款　保　全

一、保全之意義

保全亦稱債權之保全,乃債權人為確保其債權之獲償,用以防止債務人財產減少之權利也。其權有二,一為代位權;一為撤銷權。憑此二者可以防止債務人財產之減少,以便於強制執行。

二、代位權

代位權乃債權人為保全其債權,得以自己之名義,行使債務人權利之權利。其要件如下:

(一)須債務人怠於行使其權利。民法第242條規定:「債務人怠於行使其權利時,債權人因保全債權,得以自己之名義,行使其權利。但專屬於債務人本身者,不在此限。」。

(二)須債權人有保全債權之必要。非有保全債權之必要則不得為之。

(三)須債務人已負遲延責任。民法第243條規定:「前條債權人之權利,非於債務人負遲延責任時,不得行使。但專為保存債務人權利之行為,不在此限。」

三、撤銷權

撤銷權者乃債權人對於債務人所爲有害債權之行爲，得聲請法院予以撤銷之權利。其要件如下：

（一）須債務人曾爲行為

例如債務人將其房屋廉價出售於第三人（有償行爲）；或將其土地贈與友人（無償行爲）。

（二）須其行為有害債權

債權人之撤銷權，不但干涉債務人之行動，且妨害第三人交易之安全，非債務人之行爲有害債權時，則不得行使之。故僅有害於以給付特定物爲標的之債權時，債權人不得行使撤銷權（§244Ⅲ後段）。

（三）須其行為以財產為標的

債務人之行爲，若非以財產爲標的，債權人不得行使撤銷權（§244Ⅲ前段）。

具備上述要件，依民法第244條第1、2項規定：「債務人所爲之無償行爲，有害及債權者，債權人得聲請法院撤銷之。債務人所爲之有償行爲，於行爲時明知有損害於債權人之權利者，以受益人於受益時，亦知其情事者爲限，債權人得聲請法院撤銷之。」又債權人依前述規定聲請撤銷時，得並聲請命受益人或轉得人回復原狀，但轉得人於轉得時不知有撤銷原因者，不在此限（§244Ⅳ）。撤銷權既有害交易之安全，故民法第245條設有除斥期間之規定，即「前條撤銷權，自債權人知有撤銷原因時起一年間不行使，或自行爲時起經過十年而消滅」。

案例1

> 債務人為避免債權人強制執行，而將所有之不動產設定抵押予知情之第三人，債權人應如何訴訟方能使債務人之不動產不生變動，而有利於債權之受償？

債務人欲免其財產被強制執行，與第三人通謀而爲虛僞意思表示，將其所

有不動產為第三人設定抵押權，債權人可依侵權行為之法則，請求第三人塗銷登記，亦可行使代位權，請求塗銷登記，兩者任其選擇行使，又債權人如本於侵權行為訴請塗銷登記時，僅得向該第三人為之。

案例2

　　甲向乙購買房屋一棟，已交付由甲占有使用，尚未辦理所有權移轉登記，乙又將該房屋立約出賣與知情之丙，甲可否依民法第244條行使債權人之撤銷權？

　　債權人之債權，因債務人之行為，致有履行不能，或困難之情形者，即應認為有損害債權人之權利，故在特定債權，倘債務人所為之有償行為，於行為時明知有損害於債權人之權利，而受益人於受益時亦知其情事者，債權人即得行使民法第244條第2項之撤銷權，以保全其債權。甲自得訴請撤銷乙、丙間之契約。

第四款　契　約

　　關於契約之成立，前已於債之發生原因中述及，本節則規定契約之效力，契約之效力即契約在法律上發生之效果。

一、締約過失責任

（一）意　義

　　契約未成立時，當事人為準備或商議訂立契約而有違反誠實及信用原則時，對於非因過失而信契約能成立致受損害之他方當事人，負賠償責任（§245-1）。

（二）締約上過失之情形

1. 違反據實證明之義務：意即「就訂約有重要關係之事項，對他方之詢問，惡意隱匿或為不實之說明者」（§245-1 I ①）。

.2.**違反保守他方祕密之義務**：意即「知悉或持有他方之祕密，經他方明示應予保密，因故意或重大過失洩漏之者」（同條項②）。

3.**其他顯然違反誠實及信用方法者**（同條項③）。

（三）時 效

「前項損害賠償請求權，因二年間不行使而消滅」（§245-1 Ⅱ）。

二、契約之標的

契約為法律行為之一種，其標的自須具備可能、確定及合法等要件，始生效力。茲就「標的不能」分述如下：

（一）「標的不能」無效

契約之內容，雖得由當事人自由訂定，而其標的則以可能給付為必要。故「以不能之給付為契約標的者，其契約為無效」（§246 Ⅰ前段）。所謂不能，指自始客觀不能及永久的不能而言。如為自始主觀的不能、嗣後不能或一時不能，其契約仍為有效。故下述兩種情形，均屬例外：

1.**預期不能之情形除去後給付**：契約成立時雖為給付不能，「但其不能情形可以除去，而當事人訂約時並預期於不能之情形除去後為給付者，其契約仍為有效」（§246 Ⅰ但書）。

2.**條件成就或期限屆至前不能之情形已除去**：「附停止條件或始期之契約，於條件成就或期限屆至前，不能之情形已除去者，其契約為有效」（同條Ⅱ）。

（二）標的不能之責任

給付是否可能，訂約時應為相當之注意。「契約因以不能之給付為標的而無效者，當事人於訂約時知其不能或可得而知者，對於非因過失而信契約為有效，致受損害之他方當事人負賠償責任。」（§247 Ⅰ）；「給付一部不能，而契約就其他部分仍為有效者，或依選擇而定之數宗給付中，有一宗給付不能者，準用前項之規定」（同條Ⅱ）。

（三）損害賠償請求權之時效

「前二項損害賠償請求權，因二年間不行使而消滅」（同條Ⅲ）。

三、附合契約

（一）意　義

　　當事人一方預先決定契約條款的內容，他方當事人需要訂約時，即依照該項預定條款簽約，學說上稱之爲「附合契約」或「定型契約」。此類契約通常由工商企業者一方，預定（預先決定）一方，適用於同類契約的條款內容，由他方依其契約條款而訂定契約。預定契約條款的一方，大多爲經濟上較強者，而相對人（他方當事人）則多爲經濟上較弱者，爲防止契約自由的濫用，及維護交易公平宜於民法法典中，作原則性之規定，以使社會大眾普遍知法、守法。消費者保護法第11條至第17條亦有類似之規定。

（二）效　力

1. 無效之條款

　　附合契約「爲下列各款之約定，按其情形顯失公平者，該部分約定無效」（§247-1）。

　　（1）免除或減輕預定契約條款之當事人責任者（同條①）。

　　（2）加重他方當事人之責任者（同條②）。

　　（3）使他方當事人拋棄權利或限制其行使權利者（同條③）。

　　（4）其他於他方當事人有重大不利益者（同條④）。

2. 預定契約條款當事人之責任

　　附合契約如有無效之條款，僅該部分約定無效，其他部分原則上仍屬有效（§111但書）。當事人對有效部分，應負履行責任。預定契約條款之當事人於契約一部或全部無效時，對於他方應負回復原狀或損害賠償之責任（§113）。關於附合契約之規定，於其增訂前訂立之契約，亦適用之（民債施§17）。

四、契約之確保

（一）定　金

1. 意　義

　　契約當事人一方爲確保契約之履行，交付與他方之金錢或其他代替物。定金之性質乃從契約，不要式契約及要物契約。以主契約之成立爲前提，並以交

付爲成立要件。

2. 效 力

（1）推定契約成立：訂約當事人之一方，由他方受有定金時，其契約推定成立（§248）。

（2）契約履行時：定金應返還或作爲給付之一部（§249）。

（3）契約不履行時（§249）：

①因可歸責於付定金當事人之事由，致不能履行時，定金不得請求返還。

②因可歸責於受定金當事人之事由，致不能履行時，該當事人應加倍返還其所受之定金。

③因不可歸責於雙方當事人之事由，致不能履行時，定金應返還之。

（二）違約金

1. 意 義

契約當事人約定，於債務人不履行債務或不爲適當之履行時，所應支付之金錢（或金錢以外之給付）。其性質乃從契約，不要式契約，不要物契約（諾成契約）。

2. 效 力（§250 II）

（1）損害賠償性違約金：除當事人另有訂定外，視爲因不履行而生損害之賠償總額。而如當事人約定債務人不於適當時間，或不依適當方法履行債務時，即須支付違約金者，債權人除得請求履行債務外，違約金視爲因不於適當時期或不依適當方法履行債務所生損害之賠償總額。

（2）但當事人亦得另行爲懲罰性違約金之約定。

3. 違約金之酌減

當事人約定違約金者，於債務人不履行債務時，即應照約支付。爲防止債權人藉機巧取重利，並保護債務人之利益，於有下述情形時，特許債務人以訴或以抗辯方式請求法院減少之。但不得因其過低而酌予增加。

（1）債務已爲一部履行者：「債務已爲一部履行者，法院得比照債權人因一部履行所受之利益，減少違約金」（§251）。

（2）約定違約金過高者：「約定之違約金過高者，法院得減至相當之數額」（§252）。

4. 準違約金

違約金之標的原則上以金錢充之，但當事人約定之標的為金錢以外之給付（如物、權利）時，此種非以金錢為標的之違約契約，係準用違約金之規定，故稱準違約金。

五、契約之解除

（一）意　義

當事人之一方行使解除權，使契約自始的歸於消滅之法律行為。

（二）解除權之發生原因

1. 法定解除權

法定解除權之發生原因為債務不履行。債務不履行之型態有：給付遲延、給付不能、不完全給付等三種。不完全給付依民法第227條規定，其效力依給付遲延或給付不能之規定，因此於不完全給付亦有適用解除權之規定。茲就給付遲延與給付不能之情形，分述如下：

（1）因給付遲延而解除

①非定期行為。契約當事人之一方遲延給付者，他方當事人得定相當期限，催告其履行，如於期限內不履行時，得解除其契約（§254）。

②定期行為。

a.定期行為係指依契約之性質或當事人之意思表示，非於一定時期履行，不能達契約的目的者。

b.當事人之一方不按照時期給付者，他方得不經催告，逕行解除契約（§255）。

（2）因給付不能而解除

①因可歸責於債務人之事由致給付不能。

②因可歸責於債務人之事由致給付一部不能，而其他部分之履行，於債權人無利益時，債權人得拒絕該部分給付。

若有上述情形之一，債權人得解除契約（§256）。

2. 約定解除權

契約當事人約定保留解除契約之權利。

（三）解除權之行使（§258）

1. 依民法第258條，解除權之行使，應向他方以意思表示爲之（同條Ⅰ）。

2 .解除契約之意思表示，不得撤銷（同條Ⅲ）。

（四）契約解除之效力

1.回復原狀

契約已履行者，於「契約解除時，當事人雙方回復原狀之義務，除法律另有規定或契約另有訂定外，依下列之規定」（§259）：

（1）「由他方所受領之給付物，應返還之」（同條①）。

（2）「受領之給付爲金錢者，應附加自受領時起之利息償還之」（同條②）。

（3）「受領之給付爲勞務或物之使用者，應照受領時之價額，以金錢償還之」（同條③）。

（4）「受領之給付物，生有孳息者，應返還之」（同條④）。

（5）「就返還之物，已支出必要或有益之費用，得於他方受返還時所得到利益之限度內，請求其返還」（同條⑤）。

（6）「應返還之物，有毀損、滅失或因其他事由，致不能返還者，應償還其價額」（同條⑥）。

2.損害賠償之請求（§260）

解除權之行使，不妨害損害賠償之請求。

3.雙務契約規定之準用（§261）

當事人因契約解除而生之相互義務，準用同時履行抗辯權及危險負擔之規定。

（五）解除權之消滅

1.存續期間之經過

（1）解除權的行使，定有期間，而未於期間內行使。

（2）解除權的行使，未定期間者，他方得定相當期限催告解除權人是否解除，而解除權人逾期未行使解除權（§257）。

2.受領物之不能返還（§262）

（1）有解除權人，因可歸責於自己之事由，致其所受領之給付物有毀

損、滅失或其他情形不能返還者。

（2）受領之給付物，因加工或改造，變其種類者。

六、契約之終止

（一）意　義

當事人本於終止權，使繼續的契約關係向將來消滅之一方意思表示。終止契約，以消滅現存之繼續的契約關係爲目的，僅使契約自終止時起，嗣後失其效力，與解除契約係溯及訂約時失其效力不同。

（二）終止權發生之原因

1. *法定終止權*：其因法律之規定而生者，如民法第424條、第435條第2項、第484條、第485條、第511條。
2. *約定終止權*：因契約而生者，應依其所定。

（三）終止權之行使

民法第263條準用第258條解除權之規定。

（四）契約終止之效力

1. 契約關係向將來消滅，故終止契約不生回復原狀問題。
2. 損害賠償之請求：民法第263條準用第260條解除權之規定，不妨礙損害賠償之請求。

七、雙務契約之效力

雙務契約者，雙方當事人互負有對價關係之債務之契約也。例如買賣、租賃是。茲分述如下：

（一）同時履行抗辯權

1. *意　義*

所謂同時履行抗辯權，指雙務契約當事人之一方，於他方未爲對待給付前，得拒絕自己給付之權利而言。

2. *要　件*

「因契約互負債務者，於他方當事人未爲對待給付前，得拒絕自己之給

付。但自己有先爲給付之義務者，不在此限」（§264 I）。故「同時履行抗辯權」之成立，應具備下列要件：

（1）須因契約互負義務：即雙方債務發生於同一雙務契約，並互爲對價。若雙方債務非由同一雙務契約，或雖發生於同一雙務契約，而一方之給付與他方之給付，無互爲對價之關係者，均無同時履行抗辯權。

（2）須他方未爲對待給付：即他方未依債務本旨爲給付或提出給付。但「他方當事人已爲部分之給付時，依其情形，如拒絕自己之給付，有違背誠實及信用方法者，不得拒絕自己之給付」（同條 II）。

（3）須自己無先爲給付之義務：當事人之一方，如依契約訂定或法律規定，有先爲給付之義務，即無同時履行抗辯權（同條 I 但書）。惟「當事人之一方，應向他方先爲給付者，如他方之財產於訂約後顯形減少，有難爲對待給付之虞時，如他方未爲對待給付或提出擔保前，得拒絕自己之給付」（§265）。此項抗辯稱爲「不安之抗辯權」。

3. 效　力

同時履行抗辯權，係暫時拒絕自己之給付，而非否認他方之請求權。他方請求給付時，縱有先爲給付義務，亦無須先爲給付或提出給付。

（二）危險負擔

1. 因不可歸責於雙方當事人之事由致給付不能時

他方免爲對待之給付。如僅一部不能者，應按比例減少對待給付。若已爲全部或一部之對待給付者，得依關於不當得利之規定，請求返還（§§225、266）。

2. 因可歸責於他方之事由致給付不能時

得請求對待給付，但其因免給付義務所得之利益，或應得之利益，均應由其所得請求之對待給付中扣除之（§§226、267）。

八、涉他契約

當事人約定，以第三人負擔義務或由第三人享受利益之契約。

（一）第三人負擔契約（亦稱由第三人給付之契約）

乃以第三人給付爲標的之契約（§268）。其效力：

1. **對債務人之效力**：負有使第三人為給付之義務，於第三人不為給付時，負損害賠償責任。

2. **對債權人之效力**：不得逕向第三人請求給付，因第三人不受契約之拘束。

（二）第三人利益契約（亦稱向第三人給付之契約）

乃當事人之一方，約定他方向第三人給付，第三人亦因而取得直接請求給付權利之契約（§§269、270）。其效力：

1. **對債務人之效力**：債務人得以由契約所生之一切抗辯，對抗受益之第三人。

2. **對債權人之效力**：得請求債務人向第三人給付，而不得請求向自己給付。

3. **對第三人之效力**：

（1）取得請求權。

（2）未為受益之意思表示。當事人得變更契約或撤銷之。

（3）拋棄利益之意思表示。視為自始未取得其權利。

第四節　多數債務人及債權人

一、概　說

債權人及債務人均為單數時，僅發生債權之行使及債務之履行問題。如一方或雙方為多數時，即所謂多數主體之債。民法第271至293條即係就債務人或債權人為多數時，所設之特別規定。

民法將之分為可分之債（§271）、連帶之債（§§272～291）、及不可分之債（§§292、293）三大部分。

二、可分之債

（一）意　義

數人負同一債務或有同一債權，而其給付可分者（§271）。

（二）效　力

1. **可分債務**：即數人負同一債務，而其給付可分者，除法律另有規定或契約另有訂定外，應各平均分擔之。其給付本為不可分而變為可分者，亦同。

2. **可分債權**：即數人有同一債權，而其給付可分者，除法律另有規定或契約另有訂定外，應各平均分受之。其給付本爲不可分而變爲可分者，亦同。

三、連帶之債

（一）意　義

　　債權人或債務人爲數人，各債權人得單獨請求全部之給付，各債務人有爲全部給付之義務之債之關係，可分爲連帶債務及連帶債權。

（二）連帶債務

1. 意　義

　　連帶債務人乃數人負同一之債務，對於債權人各負全部給付之責任者（§272 I）。

2. 要　件

　　（1）須有多數債務人。

　　（2）須爲數個債務。

　　（3）數個債務之標的爲同一給付。

　　（4）數個債務之目的相同。債權人的目的因債務人一人的給付而實現時，其他債務人與債權人間債的關係，即歸消滅。

　　（5）須基於當事人之明示意思或法律之規定。

　　①明示的意思表示。數人負同一債務，明示對於債權人各負全部給付之責任者，爲連帶債務（§272 I）。例如A、B、C向甲購馬一匹，約明價款10萬元，由三人負連帶清償之責是。

　　②依法律規定而成立者。民法第28、185第1項、187第1項、188第1項、305、471、637、681、748、1153條等規定是。如A、B共同侵害甲之權利，依民法第185條之規定，應就甲所受損害連帶負賠償責任。

3. 效　力

　　（1）債權人之權利：「連帶債務之債權人，得對於債務人中之一人，或數人，或其全體，同時或先後，請求全部或一部之給付」（§273 I）。

　　依此連帶債務之債權人得爲如下之請求：

　　①向債務人中之一人或數人或全體請求。

　　②同時或先後請求。

③全部或一部請求。

（2）連帶債務人中一人所生事項之效力：連帶債務人之一人與債權人間所生之事項，對於他債務人是否生效力，可分兩種情形：一為對於他債務人不生效力者，謂之生相對效力事項，另一為對於他債務人亦生效力者，謂之生絕對效力事項。民法上以生相對效力為原則（民法第279條設有概括規定），生絕對效力為例外（民法第274條至第278條設有列舉規定）。

①發生絕對效力之事項。效力及於他債務人（§§274～278）。其情形有：

a.清償、代物清償、提存、抵銷、混同（§§274、277）。

b.確定判決（§275）。連帶債務人中的一人受確定判決，而其判決非基於該債務人的個人關係者，為他債務人的利益，亦生效力。

c.免除債務（§276Ⅰ）。全部連帶債務免除，則全部債務消滅。僅對某一債務人的債務免除，就該債務人應分擔部分，他債務人亦免責。

d.時效完成（§276Ⅱ）。

e.遲延受領（§278）。

②發生相對效力之事項。「就連帶債務人中之一人所生事項，除前五條規定或契約另有訂定者外，其利益或不利益，對他債務人不生效力」（§279）。例如請求、給付遲延、時效之中斷及不完成是。

（3）連帶債務人相互間之關係：即各連帶債務人相互間之權利義務關係，亦即如何求償之問題。

①各債務人平均分擔債務：

a.原則：除法律另有規定或契約另有訂定外，各債務人應平均分擔（§280前段）。

b.例外。因債務人中之一人應單獨負責之事由所致之損害及支付之費用，由該債務人負擔（同條但書）。

②債務人相互間之求償權（§§281Ⅰ、282）：

a.求償權的要件

（a）債務人有清償、代物清償、提存、抵銷或混同等免責行為。

（b）該行為致使他債務人同免責任。

（c）他債務人同免責任的數額超過其應分擔部分。

b.求償權的範圍

民法第281條第1項規定：「連帶債務人中之一人，因清償、代物清償、提存、抵銷或混同，致他債務人同免責任者，得向他債務人請求償還其各自分擔之部分，並自免責時起之利息」。此項利息，應依法定利率計算之。

又民法第282條第1項規定：「連帶債務人中之一人，不能償還其分擔額者，其不能償還之部分，由求償權人與他債務人按照比例分擔之。但其不能償還，係由求償人之過失所致者，不得對於他債務人請求其分擔」。是為求償範圍之擴張。此種情形，他債務人中之一人應分擔之部分已免責者，仍應依前項比例分擔之規定，負其責任（同條 II）。

承受權：求償權人於求償範圍內，承受債權人之權利（§281 II），是為求償權人之代位權。

（三）連帶債權

1.意 義

數人依法律規定或法律行為有同一債權，而各得向債務人為全部給付之請求。

2.要 件

（1）須有數債權人。

（2）係數個債權。

（3）數個債權之標的為同一給付。

（4）數個債權具同一目的。

3.效 力

（1）債權人之權利：各得向債務人為全部給付的請求（§283）。

（2）債務人之權利：得向債權人中的一人為全部的給付（§284）。

（3）連帶債權人與債務人間之關係：

①發生絕對效力之事項：效力及於他債權人（§§285～289）。

a.請求給付（§285）。

b.受領清償、代物清償、提存、抵銷、混同而債權消滅（§286）。

c.確定判決之限制（§287）。受有利之確定判決者：效力及於他債權人，受不利之確定判決者，效力及於他債權人，但若基於該債權人之個人關係者，不及於其他債權人。

　　d.免除債務（§288 I）。僅該債權人應享有部分的債權消滅，他債權人的權利，仍不消滅。

　　e.消滅時效完成（§288 II）。

　　f.受領遲延（§289）。

　　②發生相對效力之事項：效力不及於他債權人（§290）。

4. 連帶債權人相互間之關係

　　民法第291條，除法律另有規定或契約另有訂定外，應平均分受其利益。

四、不可分之債

　　不可分之債，乃指數人負同一債務或有同一債權，而其給付不可分者。

（一）不可分債務

1. 意　義

　　數人負同一債務而其給付不可分者（§292）。

2. 效　力

　　準用關於連帶債務之規定（§292）。亦即民法第273至275條、278至281及282條第1項之規定。但第273條中關於一部給付之規定及第276、277、282條第2項，因其性質不能準用。

（二）不可分債權

1. 意　義

　　數人有同一債權而其給付不可分者（§293）。

2. 效　力

　　（1）各債權人僅得請求向債權人全體為給付（§293 I）。

　　（2）債務人僅得向債權人全體為給付（§293 I）。

　　（3）債權人中之一人與債務人間所生之事項，其利益或不利益，對他債權人不生效力（§293 II）。

　　（4）債權人相互間，準用民法第291條之規定（§293 III）。

案例

> A、B、C、D、E 5人共同向甲貸款200萬元，約定對甲負連帶責任。A有恩於甲，甲於其債權至清償屆至時，免除A分擔部分之債務，而對B之財產強制執行，獲得債權全部清償。嗣B對C、D、E求償時，適E生病死亡，E既無財產，又無繼承人。試問：B應如何對其他債務人求償？
>
> （84基丙）

依民法第276條之規定，「……除該債務人應分擔之部分外，他債務人仍不免其責任。」甲免除A分擔部分之債務，B、C、D、E仍連帶對甲負160萬之債務。

B之財產被強制執行，致C、D、E免除給付之責，B可向C、D、E分別求償各40萬。

E死亡，既無財產，又無繼承人，其應分擔之40萬，應由A、B、C、D平均分擔各10萬。

故B得向A求償10萬，向C求償50萬，向D求償50萬。

第五節　債之移轉

一、意　義

債權或債務由原主體移轉於新主體，故僅為債之主體之變更。債權人或債務人雖有所改易，但該債權或債務之內容則一仍其舊，是為債之關係不失其同一性。

債之移轉原因有二：

（一）因當事人之契約而移轉，如債權讓與、債務承擔。

（二）因法律之規定而移轉，如繼承（§1148）、清償代位（§§312、749）。

二、債權讓與

（一）意　義

債權人將其債權讓與第三人之法律行為（§294Ⅰ）為不要因行為，一經

成立便生債權讓與之效力。縱欠缺讓與原因，亦不影響其效力，學者稱之為
「準物權契約」（蓋因此契約成立之同時，債權即發生移轉之效果，不另有履
行移轉義務之問題）。

（二）不得讓與之債權

1. 原則：債權人得將債權讓與於第三人，而無須債務人之同意。

2. 例外（§294 I 但書）：

（1）依債權之性質不得讓與者，例如委任、僱傭，夫妻間之扶養請求
權，不作為債權、從債權。

（2）依當事人之特約，不得讓與者，但不得以之對抗善意第三人。

（3）債權禁止扣押者，例如養老金債權、退休金債權。

（三）債權讓與之效力

1. 讓與人與受讓人間之效力

（1）從權利隨同移轉（§295）

①從權利包括債權擔保及其他從屬權利，例如債權、抵押權、違約金債
權、損害賠償債權、將來之利息債權。

②已到期未支付的利息，推定隨同原本移轉於受讓人（§295 II）。

③例外：從權利與讓與人有不可分離關係者，則不隨同移轉（§295 I 但
書）。

（2）債權文件之交付（§296）

應將證明債權之文件交付受讓人，並應告以關於主張該債權所必要之一切
情形。

2. 債務人與受讓人間之效力

（1）債權讓與之通知（§§297、298）

①債權的讓與人或受讓人負有通知債務人的義務，在未通知以前，對於債
務人不生效力（§297 I）。但法律另有規定者，不在此限。

②通知的方法：

a.通知乃通知債權讓與之事實，其性質為觀念通知，不需何等方式。

b.受讓人將讓與人所立的讓與字據提示於債務人者，與通知有同一之效力
（§297 II）。

③通知的效力（§298）：讓與人已將債權的讓與通知債務人時，產生的

效力：

　　a.縱未爲讓與或讓與無效，債務人仍得以其對抗受讓人的事由，對抗讓與人（§298 I）。

　　b.讓與的通知，非經受讓人的同意，不得撤銷（§298 II）。

　　（2）得以對抗讓與人之事由對抗受讓人（§299 I）

　　以債務人受通知時所得對抗讓與人的事由爲限。

　　（3）得以對於讓與人之債權對受讓人主張抵銷

　　債權讓與，「債務人於受通知時，對於讓與人有債權者，如其債權之清償期，先於所讓與之債權或同時屆至者，債務人得對於受讓人主張抵銷」（§299 II）。即債務人原得向讓與人抵銷者，亦得對受讓人主張抵銷。

三、債務承擔

（一）意　義

　　債務承擔乃依當事人之契約或法律之規定，將債務移轉於新債務人（承擔人）是也。債務承擔可分爲免責的債務承擔與併存的債務承擔兩大類，茲分述之。

（二）免責的債務承擔

1. 意　義

　　由第三人承擔債務人債務之契約。

2. 債務承擔契約之成立

　　（1）債權人與第三人間之承擔契約（§300）。此契約不須通知債務人，亦不問其是否同意或知悉，即生效力。

　　（2）債務人與第三人之承擔契約（§301）。「此契約非經債權人承認，對債權人不生效力」。「債權人未承認前，債務人或承擔人，得定相當期限，催告債權人，於該期限內確答是否承認，如逾期不爲確答者，視爲拒絕承認」。「債權人拒絕時，債務人或承擔人得撤銷其承擔契約」（§302）。

3. 效　力

　　（1）承擔人得援用債務人之抗辯（§303 I），但不得以屬於債務人之債權爲抵銷。

　　（2）承擔人不得以對抗債務人之事由對抗債權人（§303 II）。

（3）從權利（如利息、違約金、擔保）繼續存在，但與債務人有不可分離之關係者，不在此限（§304）。

（4）第三人之擔保責任消滅（§304Ⅱ）。

（5）原債務人脫離關係，由承擔人對債權人負清償之責。

（三）併存的債務承擔

1. 意　義

第三人承擔債務人之債務，而原債務人仍不免除其債務，於一定期限內，須與承擔人負連帶責任。

2. 種　類

民法規定有二：

（1）財產或營業之概括承受（§305）：此種情形，因原債務人之資產及負擔一併為承擔人所承受，債務之一般擔保未變，由原債務人與承擔人併負責任，對於債務人並無不利，故不須得債權人之同意，祇須通知或公告，使債權人知悉即可。惟此種承擔依民法第305條第2項之規定，僅有2年期限，2年之後，則由承擔人單獨負責。

（2）營業之合併：「營業與他營業合併，而互相承受其資產及負債者，與前條之概括承受同。其合併之新營業，對於各營業之債務，負其責任」（§306）。此種情形，舊營業之資產併同新營業之其他資產而對其債務負責，故為併存之債務承擔。

第六節　債之消滅

一、概　說

（一）債之消滅之意義

乃債之關係，客觀的失其存在。與前者所述「債之移轉」，係主體之變更（例如債權讓與、讓與人債權消滅）此乃主觀的消滅有所不同。

（二）債之消滅之原因

民法規定者有清償、提存、抵銷、免除及混同等五種，此外，如法律行為之撤銷、契約解除等亦使債之關係消滅。

（三）債之消滅之共同效力

1. 從權利消滅（§307）

債之關係消滅者，其債權之擔保及其他從屬之權利，亦同時消滅。

2. 負債字據之返還或塗銷（§308）

（1）債之全部消滅者，債務人得請求返還或塗銷負債之字據。

（2）其僅一部消滅或負債字據上載有債權人他項權利者，債務人得請求將消滅事由記入字據。

（3）負債字據如債權人主張有不能返還或有不能記入之事情者，債務人得請求給與債務消滅之公認證書。

二、清　償

（一）意　義

清償乃債務人或其他得為清償之人，向債權人或其他有受領權人，依債務本旨，實現債務內容之行為，俗稱「還債」。清償行為包括作為及不作為在內。

（二）清償人

1. 債務人或其代理人

2. 第三人：清償人原則上為債務人，反之非債務人得為清償時亦有之，茲分述之：

（1）一般之第三人（§311 I）

債之清償，得由第三人為之，例外不得清償者有三：

①當事人另有訂定不得由第三人清償者。

②依債之性質不得由第三人清償者，第三人不得清償。例如提供特別技藝之債務是。

③第三人之清償，債務人有異議時，債權人得拒絕其清償。若僅債務人有異議，債權人不拒絕時，仍得清償。

（2）有利害關係之第三人（§311 II但書）

就債之履行有利害關係之第三人（如物上保證人、擔保物之取得人）為清償時，債務人雖有異議，債權人仍不得拒絕。此外，尚有清償代位問題，就債之履行有利害關係之第三人為清償者，於其清償之限度內承受債權人之權利。

並準用民法第297條、第299條有關債權讓與之規定，但不得有害於債權人之利益（§§312、313）。

（三）受領清償人

1. **債權人或其代理人**（§309 I）：依債務主旨，向債權人或其他有受領權人爲清償，經其受領者，債之關係消滅。

2. **收據持有人**：「持有債權人簽名之收據者，視爲有受領權人。但債務人已知或因過失而不知其無受領權者，不在此限」（§309 II）。

3. **第三人**：爲保護債務人之利益及謀事實上之便利，清償人向無受領權之第三人爲清償，經其受領者，其效力依下列各款之規定（§310）。

　　（1）「經債權人承認，或受領人於受領後取得其債權者，有清償之效力」（同條①）。

　　（2）「受領人係債權之準占有人者，以債務人不知其非債權人者爲限，有清償之效力」（同條②）。

　　（3）「前二款情形外，於債權人因而受利益之限度內，有清償之效力」（同條③）。例如受領人將所受領之物全部或一部交付於債權人是。

（四）清償之方法

1. **原則**：清償人應依債務之本旨爲清償（§309 I）。

2. **例外**：

　　（1）一部清償、分期給付、緩期清償（§318）。一部清償不合債之本旨，原則上不可，但法院同情弱者，亦得酌情許其分期給付或緩期清償。

　　（2）代物清償（§319）。例如以牛代馬而清償是，惟債務人不當然有此權利，必須經債權人同意始可。

　　（3）間接給付（§320）。間接給付亦稱新債抵舊。例如甲原欠乙汽車價款十萬，嗣後經乙同意，由甲開本票一張予乙是。

（五）清償地（§314）

　　依法律、契約、習慣、債之性質、其他情形定之。否則，1.以給付特定物爲標的者，於訂約時物之所在地；2.其他之債，於債權人之住所地。我民法關於清償地，原則上係採債權人住所地主義，易言之，即以赴償債務爲原則。

（六）清償期（§§315、316）

1. 未定清償期：依法律、契約、債之性質，其他情形定之，否則債權人得隨時請求清償，債務人亦得隨時爲清償。

2. 定有清償期：債權人不得於期前請求清償，如無反對之意思表示時，債務人得於期前爲清償。

（七）清償費用（§317）

例如運費、郵費、通知費、包裝費、關稅等是。

1. 原則：由債務人負擔。

2. 例外：

（1）法律或契約另有訂立。

（2）債權人變更住所或其他行爲，致增加清償費用者，其增加之費用，由債權人負擔。

（八）清償之抵充

1. 意　義

債務人對一債權人負數宗債務，給付種類相同，而所提出之給付不足以清償全部債務時，決定何宗債務應受清償。

2. 決定之方法

（1）約定抵充：當事人間有約定者，依其約定。

（2）指定抵充（§321）：債務人負擔數宗債務，種類相同，所提出之給付不足清償全部債額，清償人有指定權，若不指定，依法定抵充方法爲之。

（3）法定抵充：法律明文規定抵充之順序（§322）。

（4）抵充之順序：清償人所提出之給付，如不足清償全部債額時，應先抵充費用，次充利息，次充原本（§323）。

（九）清償之證明

1. 受領證書。清償人對於受領清償人，得請求給與受領證書（§324）。

2. 清償之推定。關於利息或其他定期給付，如債權人給與受領一期給付之證書，未爲他期之保留者，推定其以前各期之給付已爲清償（§325）。

三、提　存

（一）意　義

清償人以消滅債務為目的，將給付物為債權人寄託於提存所之行為。

（二）提存之原因（§326）

1. 債權人受領遲延時。

2. 不能確知孰為債權人而難為給付者。

（三）提存之方法

1. 提存之處所：原則上於清償地之地方法院提存所為之（§327）。

2. 提存之標的：給付物於必要時得拍賣或照市價出賣之（§§331、332）。

3. 提存之費用：由債權人負擔（§333）。

（四）提存之效力

1. 提存人與提存所間之效力

（1）原則：債權人雖不領取，提存人亦不得請求返還。

（2）例外：自提存翌日起10年內，提存人如能證明其提存係出於錯誤提存的原因已消滅或經受取權人同意返還者，提存人得請求返還提存物。

（3）逾上述10年期間，提存物歸屬於國庫（提§17）。

2. 債權人與提存所間之效力

（1）原則：債權人得隨時受取提存物（§329前段）。

（2）例外：如須債權人為對待給付者，債權人未提出對待給付或提出相當擔保前，得阻止其受取提存物（同條後段）。

（3）債權人關於提存物的權利，應於提存後10年內行使之，逾期其提存物歸屬於國庫（§330）。

3. 提存人與債權人間之效力（§328）

提存一經生效，物權即行移轉，債之關係即歸消滅。

四、抵　銷

（一）意　義

二人互負債務，而其給付種類相同，並均屆清償期時，各得使其債務與他方債務之對等額同歸消滅之一方意思表示（§334）。

（二）要　件

1. 須二人互負債務。
2. 須雙方債務之給付種類相同。
3. 須雙方債務均屆清償期。
4. 須非不能抵銷之債務。債務以得抵銷為原則，但下列債務不得抵銷：
   （1）依債務的性質不得抵銷（§334 I 但書）。
   （2）依當事人之特約不得抵銷者。惟該特約不得對抗善意第三人（§334 I 但書、II）。
   （3）禁止扣押之債（§338）。
   （4）因故意侵權行為負擔之債務（§339）。
   （5）扣押後取得之債權（§340）。
   （6）約定向第三人為給付之債務（§341）。
5. 當事人無特約約定不得抵銷。惟該特約不得對抗善意第三人（§334）。

（三）抵銷之方法

1. 應以意思表示向他方為之（§335）：此意思表示為單獨行為，無須得雙方同意。若此意思表示附有條件或期限者，無效。
2. 抵銷之順序：依民法第342條準用第321條至第323條清償抵充之規定。

（四）抵銷之效力

溯及最初得為抵銷時，按照抵銷數額而消滅（§335 I 後段）。

五、免　除（§343）

（一）意　義

債權人向債務人表示，以免除其債務之意思，拋棄其債權而使債之關係消滅之行為。

（二）免除為單獨行為

因債權人一方之意思表示而生效，使債之關係消滅。

六、混　同（§344）

（一）意　義

債權與其債務同歸於一人時，債之關係消滅。例如債權人繼承債務人或債務人由債權人受讓債權是。

（二）效　力

1. 原則：債權債務同歸一人，債之關係消滅。

2. 例外：下列兩種情形，則不消滅。

　　（1）債權為他人權利之標的者，例如該項債權為他人質權之標的是。

　　（2）法律另有規定者，繼承人對於被繼承人之權利義務，不因繼承而消滅是（§1154）。

第二章　各種之債

一、財產性契約之債

債之標的，亦即債務人之行為，在於給與財產者，通稱財產性契約。依各種之債規定，其類型有七者：

財產性契約之債
- 買賣　（§§ 345～397）
- 互易　（§§ 398～399）
- 交互計算　（§§ 400～405）
- 贈與　（§§ 345～397）
- 租賃　（§§ 421～463-1）
- 借貸　（§§ 464～481）
- 合會　（§§ 345～397）

二、勞務性契約之債

債之標的，亦即債務人之行為，在於提供勞務者，是勞務性契約之債。

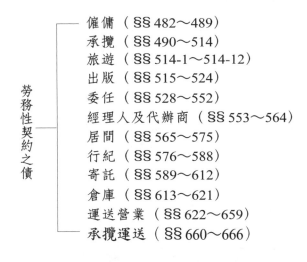

勞務性契約之債
- 僱傭　（§§ 482～489）
- 承攬　（§§ 490～514）
- 旅遊　（§§ 514-1～514-12）
- 出版　（§§ 515～524）
- 委任　（§§ 528～552）
- 經理人及代辦商　（§§ 553～564）
- 居間　（§§ 565～575）
- 行紀　（§§ 576～588）
- 寄託　（§§ 589～612）
- 倉庫　（§§ 613～621）
- 運送營業　（§§ 622～659）
- 承攬運送　（§§ 660～666）

其間之經理人及代辦商、行紀、倉庫、運送營業、承攬運送五者，為商事契約類型，通稱民商合一。其中第二十節指示證券與第二十一節無記名證券兩節為單獨行為，非契約，其餘二十五節始為契約之規定。

第一節　買　賣

一、意　義

當事人約定，一方（即出賣人）移轉財產權於他方（即買受人），他方支付價金之契約（§345 I）。

二、性　質

（一）有名契約

買賣為有名契約，買賣為民法所明定。

（二）有償契約

買賣為有償契約，當事人須互為給付。

（三）雙務契約

買賣為雙務契約，出賣人負有移轉財產權之義務，買受人負有支付價金之義務，雙方互負之債務有對價關係。

（四）不要式及不要物契約（諾成契約）

買賣為不要式契約及不要物契約，當事人就標的物及其價金互相同意時，買賣契約即為成立（§345 II）。因此，買賣契約之成立不須一定方式，亦不以實行給付為必要。

（五）債權契約

買賣為債權契約，買賣之成立，出賣人僅生移轉財產之債務，並非現實移轉，而買受人亦僅生支付價金之債務，亦未現實支付。因此，買賣雙方只發生債之關係，並不發生物權變動。

三、買賣契約之成立

當事人就標的物及其價金互相同意時，買賣契約即為成立（§§345 II、346）。

四、買賣之效力

（一）出賣人之義務

1. **出賣人移轉財產權之義務**：所謂移轉財產權係使買受人在法律上及事實上得為財產權之主體，茲分述之：

（1）物之出賣：物之出賣人，負交付其物於買受人，並使其取得該物所有權之義務（§348 I）。所謂交付即移轉占有；所謂使取得該物所有權，即使買受人在法律上取得該物所有權之謂。例如不動產之出賣人應會同買受人為所有權移轉之登記。

（2）權利之出賣：「權利之出賣，負使買受人取得其權利之義務。如因其權利而得占有一定之物者，並負交付其物之義務」（§348 II）。所謂使買受人取得其權利，例如出賣債權之人，應依債權讓與之規定（§294以下）為債權之讓與是。所謂因其權利而得占有一定之物者，並負交付其物之義務，例如因典權得占有典物。

出賣人不履行移轉財產權義務時，買受人得依關於債務不履行之規定行使其權利（§353）。

2. **出賣人瑕疵擔保之責任**：出賣人就買賣標的之權利或物之瑕疵，應負擔保責任。可分為權利瑕疵擔保及物之瑕疵擔保。

（1）權利瑕疵擔保

①權利瑕疵擔保之意義。出賣人不能將買賣標的之財產權之全部或一部移轉於買受人或所移轉之財產權不完全時，所應負擔之責任。

②權利瑕疵擔保之內容。

a.權利無缺之擔保。權利無缺之擔保，即出賣人應擔保買賣標的物之權利完整無缺之謂，民法第349條規定：「出賣人應擔保第三人就買賣之標的物，對於買受人不得主張任何權利」。

b.權利存在之擔保。所謂「權利之存在」指權利本身之存在而言，否則該權利根本不存在或曾經存在但已消滅（如債權業已清償，有價證券業已失效）

時，出賣人應負擔保責任。民法第350條：「債權或其他權利之出賣人應擔保其權利確係存在。有價證券之出賣人，並應擔保其證券未因公示催告而宣示為無效。」即係此種擔保之明文規定。其次債權之出賣人僅擔保其債權確係存在為已足，至於該債權之債務人之支付能力如何，原則上不負擔保責任，民法第352條規定：「債權之出賣人對於債務人之支付能力，除契約另有訂定外，不負擔保責任。出賣人就債務人之支付能力，負擔保責任者，推定其擔保債權移轉時債務人之支付能力。」

③權利瑕疵擔保之要件。以上所述之權利瑕疵擔保，若買受人於契約成立時，知如有權利之瑕疵者，出賣人不負擔保之責；但契約另有訂定者，不在此限（§351）。又當事人以特約免除或限制出賣人關於權利之瑕疵擔保義務者，如出賣人故意不告知其瑕疵，其特約為無效（§366）。

④權利瑕疵擔保之效力。出賣人若不履行第349條至第351條所定之義務者，買受人得依債務不履行之規定，行使其權利（§353）。

（2）物之瑕疵擔保

①物之瑕疵擔保之意義。出賣人就買賣標的物本身所存在之瑕疵，應對買受人負擔保責任。

②物之瑕疵擔保之內容（§354）

a.價值瑕疵之擔保。擔保其物無滅失或減少其價值之瑕疵。例如表面完好之蘋果，而內部卻已腐敗是。

b.效用瑕疵之擔保

（a）擔保其物無滅失或減少其通常效用之瑕疵：通常效用係指一般交易觀念上應有之效用。

（b）擔保其物無滅失或減少契約預定效用之瑕疵：契約預定效用係指一般交易觀念上未必。有此效用，而為當事人特以契約預定之效用。但減少之程度無關緊要者，不得視為瑕疵。

③物之瑕疵擔保之要件。物之瑕疵擔保義務者，出賣人就買賣標的物本身所存在之瑕疵，對於買受人所負之擔保義務也，其要件有五：

a.須買賣標的物於危險移轉時有瑕疵存在。「物之出賣人對於買受人，應擔保其物依第373條之規定危險移轉於買受人時，無滅失或減少其價值之瑕疵，亦無滅失或減少其通常效用，或契約預定效用之瑕疵。但減少之程度無關重要者，不得視為瑕疵」（§354Ⅰ）。

買賣標的物之品質，須經特別約定，出賣人始負物之瑕疵擔保義務，故出賣人曾就標的物約定具有某種品質者，「出賣人並應擔保其物於危險移轉時，具有其所保證之品質」（§354Ⅱ）。

b.須買受人於契約成立時不知。「買受人於契約成立時，知其物有前條第1項所稱瑕疵者，出賣人不負擔保之責」（§355Ⅰ）。如「買受人因重大過失而不知有前條第1項所稱之瑕疵者，出賣人如未保證其無瑕疵時，不負擔保之責」（§355Ⅱ前段），但出賣人明知其物有瑕疵而對買受人「故意不告知其瑕疵者」，出賣人仍應負擔保之責（§355Ⅱ但書）。

c.買受人須即通知出賣人。出賣人就買賣標的物之瑕疵所負之擔保責任，如久不確定，實有害於出賣人之利益。故買受人對於送到之物，應從速檢查通知。茲分述之：

（a）瑕疵得即時發見者。「買受人應按物之性質，依通常程序，從速檢查其所受領之物。如發見有應由出賣人負擔保責任之瑕疵時，應即通知出賣人」（§356Ⅰ）。如「買受人怠於為前項之通知者，除依通常之檢查不能發見之瑕疵外，視為承認其所受領之物」（同條Ⅱ）。出賣人之擔保責任，即行消滅。

（b）瑕疵不能即時發見者。買受人按物之性質，依通常之檢查，「不能即知之瑕疵，至日後發見者，應即通知出賣人，怠於為通知者，視為承認其所受領之物」（同條Ⅲ）。

「前條規定，於出賣人故意不告知瑕疵於買受人者，不適用之」（§357）。因其有違交易之誠實信用，故買受人雖未檢查通知，出賣人仍負擔保之責。

（c）物由他地送到者。「買受人對於由他地送到之物，主張有瑕疵，不願受領者，如出賣人於受領地無代理人，買受人有暫為保管之責」（§358Ⅰ）。「前項情形，如買受人不即依相當方法證明其瑕疵之存在者，推定於受領時為無瑕疵」（同條Ⅱ）。買受人仍應依第356條規定通知出賣人。

（d）送到之物易敗壞者。「送到之物易於敗壞者，買受人經依相當方法之證明，得照市價變賣之。如為出賣人之利益有必要時，並有變賣之義務」（同條Ⅲ）。但「買受人依前項規定為變賣者，應即通知出賣人，如怠於通知，應負損害賠償之責」（同條Ⅳ）。

d.須無免除或限制之特約。物之瑕疵擔保義務，得以特約免除或限制之。但出賣人故意不告知其瑕疵者，違背交易誠信之原則，其特約爲無效（§366）。

e.須非強制拍賣。依強制執行程序拍賣之物，其買受人就物之瑕疵，無擔保請求權（強執§§69、113），以免有礙執行程序之終結。

④物之瑕疵擔保之效力。買受人因物之瑕疵而得主張之權利有四：

a.解除契約。「買賣因物有瑕疵，而出賣人依前五條之規定應負擔保之責者，買受人得解除契約」（§359前段）。茲分述之：

（a）解除契約之限制。爲免出賣人損失過鉅，買受人解除契約之權利，有下述三項限制：

•　買賣因物有瑕疵，而出賣人應負擔保之責時，「依其情形，解除契約顯失公平者，買受人僅得請求減少價金」（§359但書），不得解除契約。

•　「爲買賣標的之數物中，一物有瑕疵者，買受人僅得就有瑕疵之物爲解除。其以總價金將數物同時賣出者，買受人並得請求減少與瑕疵物相當之價值」（§363 I）。但「前項情形，當事人之任何一方，如因有瑕疵之物與他物分離而顯受損害者，得解除全部契約」（同條 II）。

•　「從物有瑕疵者，買受人僅得就從物之部分爲解除」（§362 II）。

（b）解除契約之效力。買賣，「因主物有瑕疵而解除契約者，其效力及於從物」（§362 I）。從物係另定價金者，亦同。但「從物有瑕疵者，買受人僅得就從物之部分爲解除」（同條 II），其效力不及主物。

（c）解除權之喪失。買受人因物有瑕疵，得解除契約者，應使其從速確定，以保出賣人之利益。故其解除權因下列原因而喪失：

•　催告期間之經過。「買受人主張物有瑕疵者，出賣人得定相當期限催告買受人於其期限內，是否解除契約」（§361 I）；「買受人於前項期限內不解除契約者，喪失其解除權」（同條 II）。

•　法定期間之經過買受人因物有瑕疵，而得解除契約者，其解除權，「於買受人依民法第356條規定爲通知後六個月間不行使或自物之交付時起經過五年而消滅」（§365 I）。但「前項關於六個月期間之規定，於出賣人故意不告知瑕疵者，不適用之」（同條 II）。

b.減少價金。買賣，因物有瑕疵，而應由出賣人負擔保之責者，買受人如不願解除契約，得請求減少價金（§359前段）。如「依其情形，解除契約

顯失公平者，買受人僅得請求減少價金」（§359但書）。此項價金減少請求權，爲形成權性質。又「買受人依第356條規定爲通知後六個月間不行使或自物之交付時起經過五年而消滅」（§365Ⅰ）。但「前項關於六個月期間之規定，於出賣人故意不告知瑕疵者，不適用之」（同條Ⅱ）。

　　c.損害賠償。「買賣之物，缺少出賣人所保證之品質者，買受人得不解除契約或請求減少價金，而請求不履行之損害賠償。出賣人故意不告知物之瑕疵者，亦同」（§360）。

　　d.另行交付。「買賣之物，僅指定種類者，如其物有瑕疵，買受人得不解除契約或請求減少價金，而即時請求另行交付無瑕疵之物。出賣人就前項另行交付之物，仍負擔保責任」（§364Ⅰ、Ⅱ）。

（二）買受人之義務

1. 支付價金之義務

（1）交付時期（§§369、370）

　　①原則：與買賣標的物之交付同時爲之。

　　②例外：法律另有規定，契約另有訂定或另有習慣者，不在此限。

　　③買賣標的物定有交付期限者，推定其爲價金交付之期限。

（2）交付處所

　　①標的物與價金同時交付者，價金應於標的物之交付處所交付（§371）。

　　②標的物非與價金同時交付者，依民法第314條之規定。

（3）價金之計算（§372）

　　①原則：價金依物之重量計算者，應除去其包皮之重量。

　　②例外：契約另有訂定或另有習慣者，從其訂定或習慣。

（4）買受人之價金支付拒絕權。買受人有正當理由，恐第三人主張權利致失其權利時，得拒絕支付價金（§368）。

2. 受領標的物之義務

　　出賣人交付標的物之義務，經買受人受領而消滅，故買受人有受領標的物之義務（§367）。出賣人已提出給付，而買受人拒絕受領者，應負受領遲延責任。

3. 瑕疵物之保管義務

　　買受人對於由他地送到之物，主張有瑕疵，不願受領者，如出賣人於受領

地無代理人，買受人有暫為保管之責（§358 I）。

4. 物之瑕疵通知義務

如發見有應由出賣人負擔保責任之瑕疵時，買受人應即通知出賣人（§356 I）。

(三) 標的物之危險負擔

民法第373條規定：「買賣標的物之利益及危險，自交付時起，均由買受人承受負擔，但契約另有訂定者，不在此限」。是以交付之時為利益承受及危險負擔移轉之時。不過買受人請求將標的物送交清償地以外之處所者，自出賣人交付其標的物於為運送之人或承攬運送人時起，標的物之危險，由買受人負擔（§374）。買受人關於標的物之送交方法，有特別指示，而出賣人無緊急之原因，違其指示者，對於買受人因此所受之損害，應負賠償責任（§376）。又標的物之危險，於交付前已應由買受人負擔者，出賣人於危險移轉後，標的物之交付前，所支出之必要費用，買受人應依關於委任之規定，負償還責任。前項情形，出賣人所支出之費用，如非必要者，買受人應依關於無因管理之規定，負償還責任（§375）。

若「權利買賣」依民法第377條規定：「以權利為買賣之標的，如出賣人因其權利而得占有一定之物者，準用前四條之規定。」

(四) 買賣費用之負擔

買賣費用之負擔除法律另有規定（如§381之規定）或契約另有訂定，或另有習慣外，依下列之規定（§378）：

1. 買賣契約之費用，由當事人雙方平均負擔。

2. 移轉權利之費用、運送標的物至清償地之費用及交付之費用，由出賣人負擔。

3. 受領標的物之費用、登記之費用及送交清償地以外處所之費用，由買受人負擔。

五、買　回

出賣人於買賣契約保留買回之權利，得返還其所受領之價金，而買回其標的物之契約（§§379～383）。

六、特種買賣

（一）試驗買賣

1. **意　義**：以買受人承認標的物爲停止條件而訂立之契約（§384）。
2. **出賣人之義務**：有許買受人試驗其標的物之義務（§385）。
3. **買受人之承認**
 （1）標的物經試驗而未交付者（§386）
 ①買受人於約定期限內，未就標的物爲承認之表示時。
 ②若無約定期限而於出賣人所定之相當期限內，未爲承認之表示時。
 （2）標的物因試驗已交付於買受人者（§387）
 ①買受人不交還其物或於約定期限或出賣人所定之相當期限內，不爲拒絕之表示者。
 ②買受人已交付價金之全部或一部，或就標的物爲非試驗所必要之行爲者。

（二）貨樣買賣

 按照貨樣約定買賣者，視爲出賣人擔保其交付之標的物與貨樣有同一品質（§388）。

（三）分期付價買賣

1. **意　義**：分期付價買賣爲約定分期支付價金之買賣。
2. **分期付款買賣之附款**
 （1）期限利益喪失約款：分期付價之買賣，如約定買受人有遲延時，出賣人得即請求支付全部價金者，除買受人遲付之價額已達全部價金五分之一外，出賣人仍不得請求支付全部價金（§389）。
 （2）解約扣款約款：分期付價之買賣，如約定出賣人於解除契約時，得扣留其所受領價金者，其扣留之數額，不得超過標的物使用之代價，及標的物受有損害時之賠償額（§390）。

（四）拍　賣

1. **意　義**：由多數應買人公開出價中，擇其最高者，與之訂立買賣契約。
2. **拍賣之成立**
 （1）拍賣之表示：拍賣人表示欲爲拍賣。

（2）應買之表示：應買人出價應買。應買表示失其拘束力之情形有二（§395）：①有出價較高之應買時；②拍賣物經撤回時。

　　（3）賣定之表示：由拍賣人拍板或依其他慣用方法為之（§391）。

3. **拍賣之效力**

　　（1）出賣人之義務

①交付標的物及移轉財產權義務；②瑕疵擔保責任。

　　（2）買受人之義務

①支付價金義務（§396）；②受領標的物義務。

4. **買受人不按時支付價金之效力**：拍賣之解除及再拍賣（§397）。

5. **投　　標**：亦稱招標，係以投標方法成立買賣或其他有償契約。

七、其他特種買賣

　　伴隨著經濟發展及交易形態之更新，民法買賣乙節以外之特種買賣，不能視若無睹。限於篇幅，乃選擇其應用較為普遍重要之繼續性供給契約、訪問買賣、郵購買賣及上市證券買賣數者為對象，分別簡要介紹。

（一）繼續性供給契約

　　繼續性供給契約者，當事人約定，一方於一定或不定期限內，繼續供給一定種類之物品或物質於他方，他方支付一定之價金之契約。例如牛乳、報紙、餐點、自來水、煤氣、電力等均是。故性質上為種類買賣之特殊形態。

　　繼續性供給契約，雖因繼續性供給尚不影響買賣成立之制度內容，解釋上應適用有關一般買賣成立之規定。即使在買賣之效力方面，有關一般買賣之效力（包括債編通則）之相關規定，於繼續性供給契約，亦均有其適用。

（二）訪問買賣、郵購買賣

　　訪問買賣者，指企業經營者，未經邀約而在消費者之住居所或其他場所從事銷售，而發生之買賣行為（消保§2 I ⑪）。郵購買賣者，指企業經營者，以郵寄或其他遞送方式，而為商品買賣之交易形態（同上法條 ⑩）。二者之方法，雖然不同。惟在買賣成立過程，買受人本非主動，其所以應買，係在出賣人突然出現勸誘，買受人本身常未經深思熟慮，為其二者之共同特徵。

　　訪問買賣、郵購買賣之特例，係本於消費者保護法而來：

1. **企業經營者之具體情事告知義務**：企業經營者為郵購買賣或訪問買賣時，應將其買賣之條件、出賣人之姓名、名稱、負責人、事務所或住居所告知買受之消費者（消保§18）。

2. **消費者之任意拒買權及解除權**：郵購或訪問買賣之消費者，對所收受之商品不願買受時，得於收受商品後7日內退回商品或以書面通知企業經營者解除買賣契約，無須說明理由及負擔任何費用或價款（消保§19Ⅰ）。

3. **不利消費者約定之無效**：郵購買賣或訪問買賣之約定，有下列情事之一者，其約定無效：

　　（1）違反買受人7日內得任意拒買或解約者（同法§19Ⅱ）。

　　（2）契約解除回復原狀之約定，對消費者而言，較民法第259條規定為不利於消費者（§19Ⅱ）。

4. **企業經營者之物品取回義務**：未經消費者要約而對之郵寄或投遞之商品，消費者不負保管義務。

　　前項物品之寄送人，經消費者定相當期限通知取回而逾期未取回或無法通知者，視為拋棄其寄投之商品。雖未經通知，但在寄送後逾1個月未經消費者表示承諾，而仍不取回其商品者，亦視為拋棄其寄投之商品（同法§20Ⅰ、Ⅱ）。

5. **消費者之求償權**：訪問買賣、郵寄買賣之消費者，對於企業經營者得請求償還因寄送物所受之損害，並請求因處理寄送物所支出之必要費用（同上條Ⅲ）。

（三）上市有價證券買賣

　　證券買賣者，以有價證券為標的物而成立之買賣也。嚴格言之，一般證券之買賣，與其他財產權之買賣相較，尚無特殊之處，本無特種買賣之意義。惟上市有價證券之買賣，因證券交易法規之規定，呈現許多民法所無之特性，謂非特種買賣，誠難令人信服。

1. **現實買賣**：上市有價證券買賣之交割（券款之交付及支付），應以現款、現貨為之，既不得為預約買賣，亦不得進行信用買賣（證交§43Ⅰ）。

2. **第三人擔保給付**：上市有價證券買賣，當事人一方之券款交割，發生不履行（原則上為給付遲延）者，由證券交易所擔保給付（證交§153）。

3. **契約解除之不適用**：上市證券買賣，既由證券交易所擔保給付，買受人尚

難主張給付遲延,則同一法理,應解釋為契約解除權尚無適用。

4. **不當買賣行為之禁止**:不當買賣行為之禁止,亦為上市證券買賣重要特色之一。操縱市場股價行為之禁止、短線交易之歸入權強制行使、內線交易之禁絕,均其著例(證交§§ 156、157、157-1)。

案例1 房屋瑕疵(磁磚剝落)

> 民國81年11月大樓交屋後,自民國82年起,大樓的外牆磁磚竟出現階段性的剝落現象,彷如天女散花般,且每隔一段時間即掉下一大塊,導致大樓住戶於出入大樓時,均得時時提高警覺,深恐被掉落的磁磚「K」中;至於游泳池、網球場則無住戶敢使用。
>
> 建設公司亦曾修補數次,但大樓磁磚仍不定時脫落,嗣後再次向建設公司請求補修時,建設公司竟稱:保固期間已過,不再負責維修云云。

1. 所謂「保固期間」,並非民法所規定的名詞,亦即「保固期間」僅係現行社會房屋買賣案例中,買賣雙方於法律規定外,另行所自行約定的內容;其意義係指房屋出賣人於保固期間內,保證負責維護修繕買賣標的物(即房屋)的義務;除此之外,並無免除房屋出賣人依民法或其他法律規定應負擔的法律責任。

一般房屋買賣糾紛常見的類型,例如出賣人所應負擔之民法第354條:「物之瑕疵擔保責任」及民法第227條:「不完全給付」之債務不履行等損害賠償責任,房屋買受人仍得向出賣人主張,並不因為房屋買賣契約內規定的「保固期間」已過,房屋出賣人即可不必負擔法律責任。

2. 以本案為例,縱使房屋買賣雙方所約定的保固期間已過;惟因該大樓外牆磁磚剝落的原因,確係導因於建設公司於興建中所採用的磁磚貼劑施工不良(建商代表已於協調會時坦承),因此該大樓外牆磁磚剝落的事實,係可歸責於建設公司本身,房屋出賣人(即建設公司)對於房屋之買受人自應負民法第227條不完全給付之損害賠償責任,且於房屋買受人發現房屋外牆剝落之事實時起,15年內均得主張。

3. 另本案房屋外牆磁磚的剝落事實,房屋買受人亦得主張出賣人負民法第354條:「物之瑕疵擔保責任」,自不待言,惟應注意,依民法第365條之規

定：買受人因物有瑕疵而得解除契約或請求減少價金者，其解除權或請求權於物之交付後（即點交後），5年間不行使而消滅。惟縱使本案房屋買受人依據「物之瑕疵擔保」請求權，因已逾5年而無法主張解除契約或請求減少價金；房屋買受人自仍可對於建設公司主張不完全給付之損害賠償責任！

案例2

> 正值初夏，盛傳今年將流行日本腦炎，因此趕緊帶著家中的寶寶到衛生所打預防針。所內一片鬧哄哄，夾雜著小孩打針時的號啕聲，我家的寶寶被打了一針後，也哇哇哭了起來，在安撫之際，有兩位小姐上前逗弄寶寶：其中一位從大手提袋中拿出一些動物圖片給正在哭鬧的寶寶看，逗得寶寶不哭了，另一位小姐則拿著幼兒系列叢書目錄向我介紹，當時看著聆聽故事的寶寶，既安靜且愉快，於是向兩位小姐訂購了二套共值1萬6,000元的叢書，當場付了5,000元的訂金，並言明一星期後交書。
>
> 回家後，將寶寶打針、專注聆聽故事及購書情事向先生陳述，不料先生斥責我購買萬把塊的書也不與他商量；他又說大伯不久前決定把姪兒所有幼兒系列叢書送給寶寶，要我退還已訂購的叢書，把訂金拿回來。因此，只好打電話向書局提出退款的要求，賣書的小姐卻稱：「公司規定僅能退回七成的訂金，而且須三個月後才可領回。」先生聽了之後更是生氣，錢給了、書沒收到、還要扣款……

依消保法第19條及其施行細則第18條規定，若經由訪問買賣，未收受商品前，可依相關規定解約退款，建議消費者儘速向書商發出郵局存證信函，解除買賣契約。

1. 此件買賣為消費者在未有預期心理及欠缺詳細考慮下，被動接受購買商品，即使其曾向業務員討價還價甚久，並表示樂意購買，但仍屬消保法所定訪問買賣型態。

2. 若消費者主動趨前向設攤或開店業者詢問商品內容，接受其服務且購買商品，則屬一般買賣，能否解約退款端視業者的意願了。

3. 業者應該體認消保法有關特種買賣（郵購、訪問、現物要約、分期付

款）與民法一般買賣的規定不同，當消費者以特種買賣方式訂定契約，在猶豫期間後悔不願買受時，業者不能動輒沒入價金，還是要依現行法令辦理，以保障雙方權益。

第二節　互　易

一、意　義

當事人雙方約定以互相移轉金錢以外之財產權為目的之契約（§398）。互易雖以金錢以外之財產權交換為主，但一方之物價值較低，另附金錢補足之，亦無不可。

二、性　質

互易與買賣契約同為雙務契約、有償契約、諾成契約、不要式契約。

三、效　力

（一）準用買賣之規定（§398）。

（二）附有補足價金之規定（§399）。

即當事人雙方，約定互為財產權之移轉，並約定一方應交付金錢，以補足其價值之差額之互易也。雖仍屬互易，惟「其金錢部分，準用關於買賣價金之規定」（§399）。

案例 合建契約

　　地主與建商訂立合建契約，約明建築公司出資建屋、地主提供土地，房屋建妥後，雙方各分若干層，地主同時按比例將土地所有權（通常為共有持分方式）移轉於建商分得之房屋。此一契約，是否為互易契約？

司法院72年廳民1字第0119號函：「土地所有權人提供土地由建築商出資合作建屋，其契約之性質如何，應依契約內容而定，不能一概而論。如契約當事人於訂約時言明，須俟房屋建竣後，始將應分歸地主之房屋與分歸建築商之

基地，互易所有權者，固屬互易契約，惟如契約內言明，建築商向地主承攬完成一定之工作，而將地主應給與之報酬，充作買受分歸建築商之房屋部分基地之價款，則係屬買賣與承攬之混合契約，至若契約訂明各就分得房屋以自己名義領取建造執照，就地主分得部分而言，認該房屋之原始所有人為地主，地主與建築商就此部分之關係為承攬契約。本件土地所有權人提供土地由建築商出資合作建屋，約定各就分得房屋以自己名義領取建造執照，其契約性質，係屬承攬。」

第三節　交互計算

一、意　義

當事人約定，以其相互間之交易所生之債權債務為定期計算，互相抵銷，而僅支付其差額之契約（§400）。抵銷除法定抵銷之外，尚有約定抵銷，此項抵銷契約之成立及其效力，除法律另有規定（如§400以下交互計算之抵銷）外，無須受民法第334條所定抵銷要件之限制，即給付種類縱不相同或主張抵銷之主動債權已屆清償期，而被抵銷之被動債權雖未屆滿清償期，惟債務人就其所負擔之債務有期前清償之權利者，亦得於期前主張抵銷之（50台上1852）。

二、性　質

交互計算乃諾成契約、雙務契約、有償契約、不要式契約。

三、效　力

（一）債權債務之除去

匯票、本票及其他流通證券，記入交互計算者，如證券之債務人不為清償時，當事人得將該記入之項目除去之（§401）。記入交互計算之項目，自計算後，經過一年，不得請求除去或改正（§405）。

（二）支付差額

稱交互計算者，謂當事人約定，以其相互間之交易所生之債權債務為定期計算，互相抵銷，而僅支付其差額之契約（§400）。

（三）利息之約定及支付

記入交互計算之項目，得約定自記入之時起，附加利息。由計算而生之差額，得請求自計算時起，支付利息（§404）。

（四）消 滅

當事人之一方，得隨時終止交互計算契約，而爲計算。但契約另有訂定者，不在此限（§403）。

第四節　贈　與

一、贈與之意義

贈與之當事人一方（贈與人）以自己之財產，爲無償的給與他方（受贈人）之意思表示，經他方允受而生效力之契約（§406）。

二、贈與之性質

（一）贈與乃無償契約：一方無償給與他方財產。
（二）贈與乃單務契約：僅贈與人負有履行贈與之債務，受贈人不負擔義務。
（三）贈與乃不要式契約：雙方意思表示一致時，贈與契約即成立並生效。
（四）贈與乃債權契約：贈與僅使贈與人負無償給與財產之債務。

三、贈與之效力

（一）贈與人有移轉財產權之義務（§§409、418）
（二）贈與人之債務不履行責任（§§408～410）

1. 贈與物之權利未移轉前
　（1）贈與人得撤銷其贈與（§408Ⅰ）。
　（2）經公證或爲履行道德義務之贈與，不得任意撤銷（§408Ⅱ）。

2. 贈與人就民法第408條第2項之贈與（§409）
　（1）給付遲延時：受贈人得請求交付贈與物。
　（2）因可歸責自己之事由致給付不能時：受贈人得請求賠償贈與物之價額。
　（3）受贈人不得請求遲延利息或其他不履行之損害賠償。

3. 贈與人僅就其故意或重大過失，對於受贈人負給付不能之責任（§410）。

（三）贈與人之瑕疵擔保責任

　　1. 原則：贈與人不負擔保之責（§411前段）。

　　2. 例外：贈與人故意不告知其瑕疵或保證其無瑕疵者，贈與人對於受贈人因瑕疵所生之損害，負賠償之義務（§411但書）。

四、贈與之撤銷

（一）一般之撤銷原因

　　贈與為無償行為，故在「贈與物之權利未移轉前，贈與人得撤銷其贈與。其一部已移轉者，得就其未移轉之部分撤銷之」（§408 I）。但「前項規定，於經公證之贈與，或為履行道德上之義務而為贈與者，不適用之」（同條 II）。此種贈與或贈與物業已交付者，須依第416條及第417條之規定，始得撤銷。

（二）贈與人之撤銷原因

　　「受贈人對於贈與人，有左列情形之一者，贈與人得撤銷其贈與：一、對於贈與人、其配偶、直系血親、三親等內旁系血親或二親等內姻親有故意侵害之行為，依刑法有處罰之明文者。二、對於贈與人有扶養義務而不履行者」（§416 I）。「前項撤銷權，自贈與人知有撤銷原因之時起，一年內不行使而消滅。贈與人對於受贈人已為宥恕之表示者，亦同」（§416 II）。

（三）贈與人繼承人之撤銷原因

　　「受贈人因故意不法之行為，致贈與人死亡或妨礙其為贈與之撤銷者，贈與人之繼承人得撤銷其贈與。但其撤銷權自知有撤銷原因之時起，六個月間不行使而消滅」（§417）。

（四）撤銷之方法

　　「贈與之撤銷，應向受贈人以意思表示為之」（§419 I）。

（五）撤銷之效力

　　贈與撤銷後，尚未履行者，贈與人無須履行。業已履行者，於「贈與撤銷後，贈與人得依關於不當得利之規定，請求反還贈與物」（§419 II）。

（六）撤銷權之消滅

「贈與之撤銷權，因受贈人之死亡而消滅」（§§416 Ⅱ、417但書、420）。

五、特種贈與

（一）附有負擔之贈與

1. 意　義：使受贈人負一定給付義務之贈與。
2. 性　質：附有負擔之贈與仍屬無償及單務契約。
3. 效　力：

　　（1）受贈人負擔之履行

　　①此亦屬債之清償一種，故應依負擔之本旨為之。

　　②贈與不足償其負擔者，受贈人僅於贈與之價值限度內，有履行其負擔之責（§413）。

　　③負擔以公益為目的者，於贈與人死亡後，主管機關或檢察官得請求受贈人履行其負擔（§412 Ⅱ）。

　　（2）贈與人之瑕疵擔保責任

　　贈與人於受贈人負擔之限度內，負與出賣人同一之擔保責任（§414）。

（二）定期給付贈與

定期的繼續的為財產給付之贈與（§415）。

案例1

> 　　蔣奇瑞擁有一部煞車失靈的BMW，他把該輛塵封已久的車子，贈與他的好友林楚餘，還向他保證，該輛車性能卓越，非常好開云云……。但是，受贈人小林後來才發現，該車不但煞車失靈，還問題多多，這種情況下，小蔣是否要負責任？

　　依民法第411條規定：贈與之物或權利如有瑕疵，贈與人不負擔保責任。但贈與人故意不告知其瑕疵，或保證其無瑕疵者，對於受贈人因瑕疵所生之損

害，負賠償之義務。蔣奇瑞是以該指定車子作爲贈與，故可不負瑕疵擔保責任，但是，如果小林因爲該項瑕疵受到損害，則小蔣就必須負損害賠償責任。

案例2

> 　　新北市有一對夫妻已經70多歲了，單得一子，碩士畢業，有高薪工作，並已結婚，兩老欣喜之餘搬去與子同住，並把僅有積蓄165萬元統統給他創業，不料兒子只聽媳婦的話，把他們趕了出來，目前只靠微薄退休金過日子，孤獨淒涼。請問這對夫妻可以把那165萬元要回來嗎？

　　依民法第416條：受贈人對於贈與人，有下列情事之一者，贈與人得撤銷其贈與。一、對於贈與人或其最近親屬，有故意侵害之行爲，依刑法有處罰之明文者。二、對於贈與人有扶養義務而不履行者。前項撤銷權，自贈與人知有撤銷原因之時起，一年內不行使而消滅。贈與人對於受贈人已爲宥恕之表示亦同。

　　所以兩老可以撤銷贈與，但要快，先寫存證信函，如果不行，就提起民事訴訟。另外民法第1084條：子女應孝敬父母。民法第1114條：親屬互負扶養義務，其第1款就是直系血親相互間。民法第1116條：受扶養權利者有數人，而負扶養義務者之經濟能力，不足扶養其全體者，依下列順序，定其扶養之人，第1款就是直系血親尊親屬。同係直系血親尊親屬者，以親等近者爲先，所以這對老夫妻比孫子、祖父都優先，他天經地義應受兒子扶養之人，切勿妄自菲薄，孤獨淒涼過日子。

　　另刑法第294條：對於無自救力之人，依法令或契約應扶助、養育或保護，而遺棄之，或不爲其生存所必要之扶助、養育或保護者處6月以上5年以下有期徒刑。因而致死者處無期徒刑或7年以上有期徒刑，致重傷者處3年以上10年以下有期徒刑。

第五節 租 賃

一、意 義

當事人約定，一方（即出租人）以物租與他方（即承租人）使用收益，他方支付租金之契約（§421）。茲分述之：

（一）以物租與他方使用之人為出租人，不以所有權人為限，如轉租行為是。

（二）支付租金而就租賃物為使用收益之人為承租人。

（三）租賃之客體為物，包括動產及不動產，但不包括權利，惟著作權法第29條之規定，則得準用民法租賃之規定，稱為準租賃。

（四）承租人所支付之租金乃租賃物使用收益之對價。

二、性 質

租賃乃雙務契約、有償契約、諾成契約及不要式契約。

三、期 限

（一）約定期限

期限得自由約定，未約定者，視為不定期租賃。

（二）法定期限

1. 不得逾20年，逾20年者，縮短為20年（§449 I）。但租用基地建築房屋者，不適用之（同條III）。

2. 不動產之租賃，逾1年者應立字據，否則視為不定期租賃（§422）。

3. 租期屆滿後，承租人仍為租賃物之使用收益，而出租人不即表示反對意思者，視為以不定期繼續租賃（§451），此為租賃契約之默示更新。

四、效 力

（一）對出租人之效力

1.租賃物之交付及合於用益狀態之保持（§423）

出租人應以合於所約定使用、收益之租賃物，交付承租人，並應於租賃關

係存續中保持其合於約定使用、收益之狀態（§423）。

2.租賃物之修繕（§§429、430）

（1）租賃物之修繕，除契約另有訂定或另有習慣外，由出租人負擔（§429 I）。

（2）出租人為保存租賃物所為之必要行為，承租人不得拒絕（§429 II）。

（3）出租人經承租人定相當期限催告後，仍不修繕時，依民法第430條規定：「租賃關係存續中，租賃物如有修繕之必要，應由出租人負擔者，承租人得定相當期限，催告出租人修繕，如出租人於其期限內不為修繕者，承租人得終止契約或自行修繕而請求出租人償還其費用，或於租金中扣除之。」

3.瑕疵擔保（§347）

（1）權利瑕疵擔保

①出租人應擔保第三人就租賃物，對於承租人不得主張妨害其使用收益之權利。

②若因第三人主張權利，致承租人不能為約定之使用收益者，承租人得請求減少租金或終止租約（§§435、436）。

（2）物之瑕疵擔保

租賃物為房屋或其他供居住之處所，如有瑕疵危及承租人或其同居人之安全與健康時，承租人雖於訂約時已知其瑕疵，或已拋棄其終止契約之權利，仍得終止契約（§424）。

4.負擔稅捐

就租賃物應納之一切稅捐，由出租人負擔之（§427）。

5.償還有益費用（§§431、456）

（1）承租人就租賃物支出有益費用，因而增加該物之價值者，如出租人知其情事而不為反對之表示，於租賃關係終止時，應償還其費用，但以現存之增價額為限（§431 I）。

（2）承租人之償還費用請求權，自租賃關係終止時起算，因2年間不行使而消滅（§456）。

6.不動產出租人之法定留置權

不動產之出租人就租賃契約所生之債權，對於承租人之物置於該不動產者，有留置權。但禁止扣押之物（強執§53），不在此限。上述情形，僅

於已得請求之損害賠償及本期與以前未交之租金之限度內，得就留置物取償（§445）。此項留置權因下列事由而消滅或不得行使：

（1）取去留置物：承租人將前述之留置物取去者，出租人之留置權消滅。但其取去係乘出租人之不知，或出租人曾提出異議者，不在此限。又承租人如因執行業務取去其物，或其取去適於通常之生活關係，或所留之物足以擔保租金之支付者，出租人不得提出異議（§446）。至出租人有提出異議權者，得不聲請法院，逕行阻止承租人取去其留置物，如承租人離去租賃之不動產者，並得占有其物。承租人乘出租人之不知或不顧出租人提出異議而取去其物者，出租人得終止契約（§447）。

（2）承租人另提擔保：承租人得提出擔保，以免出租人行使留置權，並得提出與各個留置物價值相當之擔保，以消滅對於該物之留置權（§448）。

（二）對於承租人之效力

1. 支付租金之義務

（1）支付之時期：「承租人應依約定日期，支付租金。無約定者，依習慣。無約定亦無習慣者，應於租賃期滿時支付之。如租金分期支付者，於每期屆滿時支付之。如租賃物之收益有季節者，於收益季節終了時支付之」（§439）。

（2）支付之遲延：「承租人支付租金有遲延者，出租人得定相當期限，催告承租人支付租金。如承租人不於其期限內支付，出租人得終止契約」（§440 I）。

（3）租金之減免：「租賃關係存續中，因不可歸責於承租人之事由，致租賃物之一部滅失者，承租人得按滅失之部分，請求減少租金」（§435 I）。如「承租人就其餘存部分不能達租賃之目的者，得終止契約」（同條 II）。承租人因第三人就租賃物主張權利，致不能為約定之使用收益者，亦同（§436）。但「承租人因自己之事由，致不能為租賃物全部或一部之使用、收益者，不得免其支付租金之義務」（§441）。

（4）租金之調整：「租賃物為不動產者，因其價值之昇降，當事人得聲請法院增減其租金」（§442前段）以期公允。如租賃定有期限者，當事人有遵守期限之義務，不得於期限內請求調整租金（同條但書）。如出租土地因重劃而增減其利用價值者，出租人或承租人得自重劃分配決定之日起2個月內，

向對方請求變更租約及增減相當之租金（平權§63-1、65）。

2. 保管租賃物之義務

（1）以善良管理人之注意保管租賃物（§432 I）。

（2）承租人應負損害賠償之情形：

①承租人違反保管義務，致租賃物毀損、滅失者（§432 II）。

②因承租人之同居人，或因承租人允許為租賃物之使用收益之第三人應負責之事由，致租賃物毀損滅失（§433）。

③租賃物因承租人之重大過失，致失火而毀損滅失（§434）。

（3）附屬義務：

①負擔飼養費義務「租賃物為動物者，其飼養費由承租人負擔」（§428）。

②對出租人保存租賃物之行為，有容忍之義務「出租人為保存租賃物所為之必要行為，承租人不得拒絕」（§429 II）。

③通知之義務「租賃關係存續中，租賃物如有修繕之必要，應由出租人負擔者，或因防止危害有設備之必要，或第三人就租賃物主張權利者，承租人應即通知出租人，但為出租人所已知者，不在此限」（§437 I）。如「承租人怠於為前項通知，致出租人不能及時救濟者，應賠償出租人因此所生之損害」（同條 II）。

3. 使用收益之方法（§438）

「承租人應依約定方法，為租賃物之使用、收益，無約定方法者，應以依租賃物之性質而定之方法為之。承租人違反前項之規定為租賃物之使用、收益，經出租人阻止而仍繼續為之者，出租人得終止契約」（§438 I、II）。

4. 租賃物之轉租及其責任

（1）轉　租

①一般租賃物。非經出租人之承諾，不得轉租於他人。

②租賃物為房屋

a.原則：得將一部分轉租於他人。

b.例外：有反對之約定者，則不得轉租。

（2）轉租之責任

①經出租人承諾而將租賃物轉租於他人者：

a.承租人與出租人之租賃關係仍為繼續（§444 I）。

b.因次承租人應負責之事由所生之損害，由承租人負賠償責任（§444Ⅱ）。

②未經出租人承諾而轉租，出租人得終止契約（§443Ⅱ）。

5. 返還租賃物之義務

「承租人於租賃關係終止後，應返還租賃物。租賃物有生產力者，並應保持其生產狀態，返還出租人」（§455）。

6. 取回工作物之權利

承租人就賃物所增設之工作物，得取回之。但應回復租賃物之原狀（§431Ⅱ）。

（三）對於第三人之效力

1. 租賃物之讓與

出租人於租賃物交付後，承租人占有中，縱將其所有權讓與第三人，其租賃契約對於受讓人，仍繼續存在（§425），此即「買賣不破租賃」原則。

「買賣不破租賃」原則：

（1）要　件

①出租人將租賃物之所有權讓與第三人。

②須其讓與在租賃物交付於承租人之後。

③原租約係有效。

（2）效　力

①動產或不動產之租賃均適用。

②承租人對受讓人得主張租約繼續存在且無須另立租約。

③未經公證之不動產租賃契約，其期限逾5年或未定期限者，不適用之（§425Ⅱ）。

④租用基地建築房屋，承租人房屋所有權移轉，基地租賃契約，對房屋受讓人，仍繼續存在（§426-1）。

2. 租賃物設定負擔

出租人就租賃物設定物權，若因此妨礙承租人之使用收益，則租賃契約對於第三人仍繼續存在，以保護承租人（§426）。

3. 土地及土地上之房屋所有人相異時

土地及其土地上之房屋同屬一人所有，而僅將土地或僅將房屋所有權讓與

他人，或將土地及房屋同時或先後讓與相異之人時，土地受讓人或房屋受讓人與讓與人間或房屋受讓人與土地受讓人間，推定在房屋得使用期限內，有租賃關係（§425-1Ⅰ）。

五、租賃關係之消滅

（一）期限屆滿

1. 租賃定有期限者，其租賃關係，於期限屆滿時消滅（§450Ⅰ）。

2. 租賃期限屆滿後，承租人仍為租賃物之使用收益，而出租人不即表示反對之意思者，視為以不定期限繼續契約（§451）。

（二）終止租約

1. 未定期限之租賃

「租賃未定期限者，各當事人得隨時終止契約。但有利於承租人之習慣者，從其習慣」（§450Ⅱ）。又「前項終止契約，應依習慣先期通知。但不動產之租金，以星期、半個月或一個月定其支付之期限者，出租人應以曆定星期、半個月或一個月之末日為契約終止期，並應至少於一星期、半個月或一個月前通知之」（同條Ⅲ）。俾承租人有所準備。

2. 定期之租賃

定期租賃終止租約，應先期通知（§453）。

3. 出租人得終止租約之情形

（1）承租人未依法為租賃物之使用收益，經出租人阻止而仍繼續為之（§438）。

（2）承租人遲延支付租金，經出租人催告，仍未於期限內支付（§440）。

（3）承租人違法轉租（§443）。

（4）承租人乘出租人不知或不顧出租人提出異議，而取去留置物（§§445～447）。

4. 承租人得終止租約之情形

（1）供居住之租賃物有瑕疵且該瑕疵危及安全或健康（§424）。

（2）出租人有修繕之義務，經催告而不為修繕（§430）。

（3）租賃物一部滅失，其存餘部分不能達租賃之目的（§435）。

（4）第三人就租賃物主張權利，致承租人不能依約使用收益（§436）。

（5）承租人死亡者：為符合民情，「承租人死亡者，租賃契約雖定有期限，其繼承人仍得終止契約。但應依第450條第3項之規定，先期通知」（§452）。

（6）承租人受破產宣告者：「承租人受破產宣告時，雖其租賃契約定有期限，破產管理人得終止契約」（破§77）。

5.「土地法」對於租賃契約之特別規定

關於基地租賃，民法未設規定，主要規定於土地法及平均地權條例中。所謂「基地」，係指供建築使用之土地，又稱為「建築基地」。法律適用順序，以平均地權條例為優先，其次土地法，而民法之規定僅為補充。

土地法第100條：「出租人非因下列情形之一，不得收回房屋：

一　出租人收回自住或重新建築時。

二　承租人違反民法第443條第1項之規定轉租於他人時。

三　承租人積欠租金額，除以擔保金抵償外，達二個月以上時。

四　承租人以房屋供違反法令之使用時。

五　承租人違反租賃契約時。

六　承租人損壞出租人之房屋或附著財物，而不為相當之賠償時。」

土地法第103條：「租用建築房屋之基地，非因下列情形之一者，出租人不得收回：

一　契約年限屆滿時。

二　承租人以基地供違反法令之使用時。

三　承租人轉租基地於他人時。

四　承租人積欠租金額，除以擔保金抵償外，達二年以上時。

五　承租人違反租賃契約時。」

土地法第114條（不定期限租用耕地契約之終止）：「依不定期租用耕地之契約，僅得於有下列情形之一時終止之：

一　承租人死亡而無繼承人時。

二　承租人放棄其耕作權利時。

三　出租人收回自耕時。

四　耕地依法變更其使用時。

五　違反民法第432條及第462條第2項之規定時。

六　違反第108條之規定時。

七　地租積欠達二年之總額時。」

（三）租賃物滅失

租賃關係存續中，租賃物全部滅失者，其租賃關係，當然消滅。僅一部滅失時，如「承租人就其餘存部分不能達租賃之目的者，得終止契約」（§435 II）。其滅失部分之租賃關係，亦歸消滅。又滅失者如爲房屋，對於重建之房屋，原承租人無租賃權（院2979）。

六、特種租賃

特種租賃，係指房屋租賃、基地租賃及耕地租賃。於土地法、耕地三七五減租條例有特別規定者而言。依特別法優於普通法之原則，應優先適用各該特別法。88年的民法修正，即參酌各該特別法之規定增修之。詳可參見民法第457-1、458、459、460-1、461-1及463-1條的規定。

案例1

　　趙先生在台北市某公家機關任職，由於老家在中部，必須賃屋居住，經由招租廣告在民生東路三段找到一間房子，地點適中，經房東錢小姐介紹屋況後，趙先生認爲環境不錯非常滿意，雙方立即談妥條件，約定每月租金2萬元，押租金5萬元。隔天趙先生馬上搬進去住，雙方也沒有訂立書面契約，結果一住兩年多，前陣子錢小姐打電話來，說想要終止租賃契約，趙先生以事出突然，不同意搬遷，並以雙方契約爲不定期租賃爲由，拒絕錢小姐之請求，詎錢小姐寄發存證信函，限期趙先生於文到一個月內搬遷，試問錢小姐之請求有理嗎？

　　「稱租賃者，謂當事人約定，一方以物租與他方使用、收益，他方支付租金之契約。」民法第421條第1項定有明文。民法第422條規定：「不動產之租賃契約，其期限逾一年者，應以字據訂立之，未以字據訂立者，視爲不定期限之租賃。」，由此可見，房屋租賃只要期限超過一年，就非立字據不可，否則就會變成不定期限的租賃，對出租人或承租的權益影響至大。

　　租賃契約在民法上可分爲「定期租賃」與「不定期租賃」，前者是有租

賃關係存續期限的，期限屆滿，租賃關係消滅，出租人當然可以請求承租人搬遷；後者各當事人雖得隨時終止契約，但出租人要終止契約的話，必須受到土地法第100條的限制。另民法第451條規定：「租賃期限屆滿後，承租人仍為租賃物之使用收益，而出租人不即表示反對之意思者，視為以不定期限繼續契約。」，租期屆滿後，如果出租人沒有立即表示反對的意思而讓承租人繼續使用收益，此時法律上會認為出租人這種不反對看作是默許，視為出租人與承租人以不定期限繼續租約。

　　案例中出租人錢小姐將房屋租給趙先生，雙方沒有訂立書面契約，承租人一住就是兩年多，依民法第422條規定，其租賃契約已變成不定期限之租賃，出租人如果要收回房屋，必須有符合土地法第100條六種情形之規定，才能終止租約收回房屋，故錢小姐要求終止租賃契約在法律上是沒有理由的。

案例2

　　王先生在公司附近承租了一間房子，環境幽雅，離上班地點又近，當初就是基於這個理由，所以與房東簽約時，租賃期限一訂就是三年，以免經常在為搬家苦惱，沒想到王先生才住了一年多，房東趙先生即因為準備移民加拿大，最近委託房屋仲介公司處理，擬將該房屋賣掉，因此，王先生非常擔心所住的房子被房東賣掉後無法再繼續住下去。如果房子真的移轉與第三人後，原來的租賃契約是否繼續生效，承租人可不可以再繼續住下去呢？

　　依民法第425條規定：「出租人於租賃物交付後，承租人占有中，縱將其所有權讓與第三人，其租賃契約，對於受讓人仍繼續存在。」，稱之為「買賣不破租賃」原則。

　　民法第425條的規定，使租賃關係也拘束到第三人（即買受房屋的人）的權利行使，使承租人在使用收益中房屋，並不因出租人有權利賣掉而受到影響，換言之，承租人與受讓人間，無須再另立租賃契約，於受讓之時當然發生租賃關係，亦即當然讓受出租人所有的權利，並承擔其義務，原出租人更不能終止契約，要求返還租賃物。

　　承租人有了法律的保護，使其租賃關係繼續存在，惟其租賃期限並非無

限期的繼續，仍須以原租賃契約所訂的期限來履行，租期屆滿，租賃關係即消滅，未定期限者，如果有土地法第100條之情形者，仍得終止租賃契約。案例中房東將房屋賣給第三人，第三人依法律之規定，要承受出租人所有的權利及義務，使租賃契約仍舊存續，故承租人王先生仍可依租賃契約繼續住下去，直至租期屆滿。

第六節　借　貸

第一款　使用借貸

一、意　義

　　當事人約定，一方（貸與人）以物交付他方（借用人），而約定他方於無償使用後，返還其物之契約（§464）。

二、性　質

　　使用借貸乃單務契約、無償契約、要物契約及不要式契約。

三、效　力

（一）使用借貸預約之效力

　　當事人間僅為物之借用之約定者，為使用借貸之預約。

　　「使用借貸預約成立後，預約貸與人得撤銷其約定」（§465-1前段）。「但預約借用人已請求履行預約，而預約貸與人未即時撤銷者」，應依預約履行（同條但書），不得再行撤銷，以免預約借用人因信賴本約可以成立而受損害。

（二）貸與人之權利義務

　　1. 借用物返還請求權。

　　2. 容許使用借用物之義務。

　　3. 瑕疵擔保義務（§466）

　　①原則：不負瑕疵擔保義務。

②例外：貸與人故意不告知借用物之瑕疵，致借用人受損害者，負賠償責任（§§466、473）。

（三）借用人之權利義務

1. **依約定方法使用借用物之義務**：「借用人應依約定方法使用借用物。無約定方法者，以依借用物之性質而定之方法使用之」（§467 I）。故「借用人非經貸與人之同意，不得允許第三人使用借用物」（同條 II）。

2. **保管借用物之義務**（§§468、473）：以善良管理人之注意，保管借用物。

3. **負擔保管費用之義務**（§469 I）。

4. **返還借用物之義務**

（1）返還時間

①定有期限。於期限屆滿時返還（§470 I 前段）。

②未定期限

a.得依使用目的認為使用完畢者：民法第470條前段。

b.經過相當時期，可推定借用人已使用完畢者：貸與人亦得請求返還（§470 I 但書）。

c.不能依借貸目的而定其期限者：貸與人得隨時請求返還借用物（§470 II）。

（2）返還客體

①原借用之物返還。

②自然增加者，一併返還。

③借用人就借用物所增加之工作物得取回之，但應回復借用物之原狀（§469 III）。

④借用人就借用物支出有益費用，因而增加該物價值準用民法第431條第1項規定（§469 II）。

5. **共同借用人之連帶責任**：「數人共借一物者，對於貸與人連帶負責」（§471）。

四、使用借貸之終止

使用借貸，「有下列各款情形之一者，貸與人得終止契約：（一）貸與

人因不可預知之情事，自己需用借用物者。（二）借用人違反約定或依物之性質而定之方法使用借用物，或未經貸與人同意，允許第三人使用者。（三）因借用人怠於注意，致借用物毀損或有毀損之虞者。（四）借用人死亡者」（§472）。

第二款　消費借貸

一、意　義

當事人約定，一方（貸與人）移轉金錢或其他代替物之所有權於他方（借用人），而約定他方以種類、品質、數量相同之物返還之契約（§474 I）。當事人之一方對他方負責金錢或其他代替物之給付義務而約定以之作為消費借貸之標的者，亦成立消費借貸（§474 II）。

二、性　質

消費借貸乃單務契約、要物契約、不要式契約；無償契約乃原則，若借用人有付利息或其他報償者，則屬有償契約。

三、效　力

（一）消費借貸預約之效力

消費借貸如為有償契約，為保護預約貸與人之返還請求權，故規定：「消費借貸之預約，其約定之消費借貸有利息或其他報償，當事人之一方於預約成立後，成為無支付能力者，預約貸與人得撤銷其預約」（§475-1 I），如消費借貸之預約，其約定之消費借貸為無報償者，則與使用借貸之情形相似，故應「準用第465-1條之規定」（同條 II）。

（二）貸與人之擔保責任

1. 消費借貸定有利息或其他報償者：為維持交易之安全，「消費借貸，約定有利息或其他報償者，如借用物有瑕疵時，貸與人應另易以無瑕疵之物。但借用人仍得請求損害賠償」（§476 I）。

2. **消費借貸無報償者：**「消費借貸為無報償者，如借用物有瑕疵時，借用人得照有瑕疵原物之價值，返還貸與人」（同條 Ⅱ）。「前項情形，貸與人如故意不告知其瑕疵者，借用人得請求賠償損害」（同條 Ⅲ）。

（三）借用人之義務

1. 標的物之返還

（1）返還時期

①定有期限。於期限屆滿返還（§478前段）。

②未定期限（§478後段）。

a.借用人得隨時返還。

b.貸與人得定1個月以上之相當期限，催告返還。

（2）返還客體

①原則：借用人應返還與借用物種類、品質、數量相同之物（§478）。

②例外：金錢以外之借貸，返還不能時：

a.應以其物在返還時、返還地所應有之價值償還。

b.未約定返還時或返還地者，以其物在訂約時或訂約地之價值償還（§479）。

（a）金錢借貸。「金錢借貸之返還，除契約另有訂定外，依下列之規定：一、以通用貨幣為借貸者，如於返還時已失其通用效力，應以返還時有通用效力之貨幣償還之。二、金錢借貸，約定折合通用貨幣計算者，不問借用人所受領貨幣價格之增減，均應以返還時有通用效力之貨幣償還之。三、金錢借貸，約定以特種貨幣為計算者，應以該特種貨幣，或按返還時返還地之市價，以通用貨幣償還之」（§480）。

（b）折價借貸。「以貨物或有價證券折算金錢而為借貸者，縱有反對之約定，仍應以該貨物或有價證券按照交付時交付地之市價所應有之價值，為其借貸金額」（§481）。

2. 支付報償

消費借貸，約定之「利息或其他報償，應於契約所定期限支付之。未定期限者，應於借貸關係終止時支付之。但其借貸期限逾一年者，應於每年終支付之」（§477）。

案例1　消費借貸

> 　　乙向甲借用稻穀1,000台斤，未約定得以新臺幣折還稻穀，或得以他物返還，今乙屆期未還，甲乃對乙起訴，其聲明曰：「乙應償甲稻穀1,000台斤，如無實物時依市價折付新臺幣」。若法院認甲之求償稻穀為有理由，關於「如無實物時依市價折付新臺幣一部分之聲明，是否應併允准許？」

　　民法第474條：稱消費借貸者，謂當事人約定，一方移轉金錢或其他代替物之所有權於他方，而他方以種類、品質、數量相同之物返還之契約。

　　雖契約未規定乙有此選擇權，而其結果，對雙方均無不利，且可能較為方便故應准甲之請求。

案例2　使用借貸

> 　　甲生前將其房屋借與乙用，乙復將之出租予丙，俟甲死亡，由丁繼承，丁即以所有人之地位，訴請乙、丙交還房屋，問乙部分之訴是否有理？

　　民法第470條：借用人應於契約所定期限屆滿時，返還借用物。未定期限者，應於依借貸之目的使用完畢時返還之。但經過相當時期可推定借用人已使用完畢者，貸與人亦得為返還之請求。借貸未定期限，亦不能依借貸之目的，而定其期限者，貸與人得隨時請求返還借用物。

　　原房屋貸與人甲之繼承人丁，如已合法終止房屋借貸關係，既可本於借用物返還請求權請求某乙退還房屋，亦可基於所有權保護之規定，請求某丙遷出房屋，該二項法律關係原非同一，本可個別進行訴訟，惟為事實上之便宜，丁可對乙丙一同起訴，以防訴訟結果之歧異，但因乙並非房屋之直接占有人，丁不得本於民法第767條物上請求權請求返還占有物，故丁若本於所有權人之地位訴請乙、丙交還房屋，其對乙之訴即無理由。

第七節　僱　傭

一、意　義

　　當事人約定，一方（受僱人）於一定或不定之期限內爲他方（僱用人）服勞務，他方給付報酬之契約（§482）。

二、性　質

　　僱傭乃雙務契約、有償契約、諾成契約、不要式契約。

三、效　力

（一）受僱人之義務

　　勞務之供給，應注意者有：

1. **受僱人應自服勞務**：僱傭契約之成立，其權利義務有專屬性。故「僱用人非經受僱人同意，不得將其勞務請求權讓與第三人。受僱人非經僱用人同意，不得使第三人代服勞務」（§484）。如「當事人一方違反前項規定時，他方得終止契約」（同條 II）。

2. **受僱人應具有保證之技能**：「受僱人曾明示或默示保證其有特種技能者，如無此種技能時，僱用人得終止契約」（§485）。

3. **勞務之免除**：「僱用人受領勞務遲延者，受僱人無補服勞務之義務，仍得請求報酬。但受僱人因不服勞務所得減省之費用，或轉向他處服勞務所取得或故意怠於取得之利益，僱用人得由報酬額內扣除之」（§487）。

（二）僱用人之義務

1. **給付報酬**：報酬之數額，如有約定者，依約定金額給付。如「未定報酬額者，按照價目表所定給付之。無價目表者，按照習慣給付」（§483 II）。又「報酬應依約定之期限給付之。無約定者依習慣，無約定亦無習慣者，依下列規定：一、報酬分期給付者，應於每期屆滿時給付之。二、報酬非分期計算者，應於勞務完畢時給付之」（§486）。

2. **預防危害**：民法此次修正，特增設規定：「受僱人服勞務，其生命、身體、健康有受危害之虞者，僱用人應按其情形爲必要之預防」（§483-1，參考德民§618，瑞士債務法§339）。

3.賠償損害：「受僱人服勞務，因非可歸責於自己之事由，致受損害者，得向僱用人請求賠償」（§487-1Ⅰ），以保護受僱人，而維公平（參考§535）。又基於造成損害者，應負最後責任之法理。特明定：「前項損害之發生，如別有應負責任之人時，僱用人對於該應負責者，有求償權」（同條Ⅱ）。

四、僱傭關係之消滅

（一）期限屆滿

「僱傭定有期限者，其僱傭關係，於期限屆滿時消滅」（§488Ⅰ）。

（二）終止契約

民法所定得終止之事由有四：（1）僱用人或受僱人違反第484條第1項規定時（§484Ⅱ）。（2）受僱人無保證之技能時（§485）。（3）「僱傭未定期限，亦不能依勞務之性質或目的定其期限者，各當事人得隨時終止契約。但有利於受僱人之習慣者，從其習慣」（§488Ⅱ）。（4）「當事人之一方遇有重大事由，其僱傭契約，縱定有期限，仍得於期限屆滿前終止之」（§489Ⅰ）。「前項事由，如因當事人一方之過失而生者，他方向其請求損害賠償」（同條Ⅱ），以兼顧雙方之利益。

案例1

　　民法的僱傭契約與勞基法的勞動契約是否相同？如果不同，不同在哪裡？

民法第482條：「稱僱傭者，謂當事人約定，一方於一定或不定之限期內為他方服勞務，他方給付報酬之契約。」而勞動基準法第2條第6款：「指約定勞雇關係而具有從屬性之契約。」從這兩條條文來看，勞動契約是僱傭契約的一種，但規定得較為周延、深入，在勞基法第二章從第9至20條均規定勞動契約的各項要點，勞基法施行細則第7條，則更規定勞動契約的內容。

勞基法施行細則第7條：「勞動契約應依本法有關規定約定下列事項：

一　工作場所及應從事之工作。

二 工作開始與終止之時間、休息時間、休假、例假、休息日、請假及輪班制之換班。

三 工資之議定、調整、計算、結算與給付之日期及方法。

四 勞動契約之訂定、終止及退休。

五 資遣費、退休金、其他津貼及獎金。

六 勞工應負擔之膳宿費及工作用具費。

七 安全衛生。

八 勞工教育及訓練。

九 福利。

十 災害補償及一般傷病補助。

十一 應遵守之規律。

十二 獎懲。

十三 其他勞資權利義務有關事項。」

案例2

我們公司在83年4月1日開始適用勞基法，以前公司給我們的業績獎金是30%，現在要改為20%，公司逼我們同意，如不同意者，視同辭職，我們不願意同意，但也不願意辭職，怎麼辦？

您與公司間之勞動契約存在，依照勞基法第21條：「工資由勞資雙方議定之。但不得低於基本工資。」因此工資的多寡（指業績獎金為多少百分比）不論是升或降，都要勞雇雙方同時同意，因此您千萬不可輕易答應，萬一同意之後，就變成是新的（實際行為的）勞動契約成立，到時候後悔就來不及了。

如果公司逼您辭職，這種行為是違法且不成立的，依照過去許許多多實際案例，雇主非法終止勞動契約之後，勞工提起「僱用人受領勞務遲延者，受僱人無補服勞務之義務，仍請求報酬。」應補給這2年的工資（假設每月為5萬元）120萬元，而且年資照計，之後您還可以依勞基法第14條第6款及第4項，依第17條請求資遣費。

第八節　承　攬

一、意　義

　　當事人約定，一方（承攬人）爲他方（定作人）完成一定之工作，他方俟工作完成，給付報酬之契約（§490 I）。所謂完成一定之工作，指施以勞務而達成一定之結果。此項結果，有爲有形者，如計程車載客至某處，木匠裝修某屋；有爲無形者，如繪畫人像、戲劇表演、鋼琴演奏等，範圍遍及各方面。

二、性　質

　　承攬乃雙務契約、有償契約及不要式契約。

三、效　力

（一）對於承攬人之效力

1. 完成工作之義務

　　如「因可歸責於承攬人之事由，致工作逾約定期限始完成，或未定期限而逾相當時期始完成者，定作人得請求減少報酬或請求賠償因遲延而生之損害」（§502 I）。「前項情形，如以工作於特定期限完成或交付爲契約之要素者，定作人得解除契約，並得請求賠償因不履行而生之損害」（同條 II）。如在工作進行中，「因可歸責於承攬人之事由，遲延工作，顯可預見其不能於期限內完成，而其遲延可爲工作完成後解除契約之原因者，定作人得依前條第2項之規定解除契約，並請求損害賠償」（§503），以保護其利益。故「工作遲延後，定作人受領工作時，不爲保留者，承攬人對於遲延之結果，不負責任」（§504）。

2. 瑕疵擔保之義務

　　承攬人完成工作，應使其具備約定之品質及無減少或滅失價值，或不適於通常或約定使用之瑕疵（§492）。

　　（1）承攬人應負瑕疵擔保責任時，定作人之權利：①瑕疵修補請求權（§493）；②減少報酬請求權或契約解除權（§§494、495 II）；③損害賠償請求權（§495）。

（2）瑕疵擔保責任之免除及其例外

不過工作之瑕疵，因定作人所供給材料之性質，或依定作人之指示而生者，定作人無前三條所規定之權利；但承攬人明知其材料之性質，或指示不適當，而不告知定作人者不在此限（§496）。

以特約免除或限制承攬人關於工作之瑕疵擔保義務者，如承攬人故意不告知其瑕疵，其特約為無效（§501-1）。

（3）瑕疵之預防

「工作進行，因承攬人之過失，顯可預見工作有瑕疵，或有其他違反契約之情事者，定作人得定相當期限，請求承攬人改善其工作或依約履行」（§497 I）。如「承攬人不於前項期限內依照改善或履行者，定作人得使第三人改善或繼續其工作，其危險及費用，均由承攬人負擔」（同條 II）。

（4）瑕疵擔保責任之存續

①瑕疵發現期間：承攬人之瑕疵擔保責任，在定作人方面則為權利，此等權利，依民法第498條規定：「第493條至第495條所規定定作人之權利，如其瑕疵自工作交付後經過一年始發見者，不得主張。工作依其性質無須交付者，前項一年之期間，自工作完成時起算。」但工作為建築物，或其他土地上之工作物，或為此等工作物之重大修繕者，前條所定之期限延為5年（§499）。若承攬人故意不告知其工作之瑕疵者，則第498條所定之期限（1年），延為5年。而第499條所定之期限（5年）延為10年（§500）。又第498條及第499條所定之期限，得以契約加長；但不得減短（§501）。

②權利行使期間：「定作人之瑕疵修補請求權、修補費用償還請求權、減少報酬請求權、損害賠償請求權或契約解除權，均因瑕疵發現後，一年間不行使而消滅」（§514 I）。

（二）對於定作人之效力

1.支付報酬之義務

定作人對於承攬人之主要義務為給付報酬。

（1）給付之時期：「報酬應於工作交付時給付之，無須交付者，應於工作完成時給付之」（§505 I），「工作係分部交付，而報酬係就各部分定之者，應於每部分交付時，給付該部分之報酬」（同條 II）。

（2）報酬之數額：報酬之數額，應依當事人之約定。「未定報酬額者，

按照價目表所定給付之。無價目表者，按照習慣給付」（§491Ⅱ）。「訂立契約時，僅估計報酬之概數者，如其報酬，因非可歸責於定作人之事由，超過概數甚鉅者，定作人得於工作進行中或完成後，解除契約」（§506Ⅰ）。但「前項情形，工作如為建築物或其他土地上之工作物，或為此等工作物之重大修繕者，定作人僅得請求相當減少報酬。如工作物尚未完成者，定作人得通知承攬人停止工作，並得解除契約」（同條Ⅱ）。「定作人依前二項規定解除契約時，對於承攬人，應賠償相當之損害」（同條Ⅲ）。

2. 協助完成工作之義務

「工作需定作人之行為始能完成者，而定作人不為其行為時，承攬人得定相當期限，催告定作人為之」（§507Ⅰ）。「定作人不於前項期限內為其行為者，承攬人得解除契約，並得請求賠償因契約解除而生之損害」（同條Ⅱ）。

（三）危險負擔

「工作毀損、滅失之危險，於定作人受領前，由承攬人負擔。如定作人受領遲延者，其危險由定作人負擔」（§508Ⅰ）。如「定作人所供給之材料，因不可抗力而毀損、滅失者，承攬人不負其責」（同條Ⅱ）。又「於定作人受領工作前，因其所供給材料之瑕疵，或其指示不適當，致工作毀損、滅失或不能完成者，承攬人如及時將材料之瑕疵，或指示不適當之情事，通知定作人時，得請求其已服勞務之報酬及墊款之償還。定作人有過失者，並得請求損害賠償」（§509）。「前二條所定之受領，如依工作之性質，無須交付者，以工作完成時視為受領」（§510）。

（四）承攬人之法定抵押權

1. 意　義

承攬之工作為建築物或其他土地上之工作物，或為此等工作物之重大修繕者，承攬人得就承攬關係報酬額，對於其工作所附之定作人之不動產，請求定作人為抵押權之登記或對於將來完成之定作人之不動產，請求預為抵押權之登記（§513Ⅰ）。

2. 要　件

（1）須承攬之工作為土地上工作物之新造或重大修繕。

（2）範圍為承攬關係之報酬額。

（3）法定抵押權之標的須為工作所附之定作人之不動產。

3. **效 力**

（1）承攬人得請求為抵押權之登記，其於工作開始前亦得為之。如承攬契約經公證者，得單獨申請之（§513Ⅱ、Ⅲ）。

（2）「法定抵押權」所擔保之債權，屆期不獲清償時，得就該不動產賣得價金，受清償之權（參考§860）。

（3）依民法第513條第1、2項就修繕報酬所登記之抵押權，於工作物因修繕所增加之價值限度內，優先於成立在先之抵押權（§513Ⅳ）。

四、承攬契約之終止

承攬工作未完成前，定作人得隨時終止契約；但應賠償承攬人因契約終止而生之損害（§511）。又承攬之工作以承攬人個人之技能為契約之要素者，如承攬人死亡，或非因其過失致不能完成其約定之工作時，其契約為終止。工作已完成之部分，於定作人為有用者，定作人有受領及給付相當報酬之義務（§512）。

案例

老王在郊區有一棟舊樓房，年久失修。因此，便包給吳維大肆翻修，講定總工程款新台幣95萬元，先付30萬元，餘款於完工後一次付清。

吳維承包後，立刻進料施工，經過兩個多月的努力，總算大功告成。沒想到老王不講信用，一直施延，不肯付清65萬元的工程餘款。吳維催促再三，不見效果，聽了友人的建議，正想一狀告到法院。沒想到訴狀沒提出，老王因在外欠第三人的債，剛修好的樓房被債權人查封了。

1. 修好的房子雖被一般債權人查封，對你的工程餘款不致有什麼影響。因為你承包的是屬於房屋的重大修繕，依民法第513條規定，承攬的工作，如果是建築物的建築或重大修繕的話，承攬人就承攬關係所生的債權，對於工作所附之定作人的不動產有抵押權。這就是所謂的「法定抵押權」，依法可以優先於一般債權而受清償。因此，你的工程餘款還是會優先受到清償，不受到查封

的影響的。

2. 老王在房屋修好之後，已經把房子押給銀行，向銀行貸款新台幣100萬元，而且辦妥了抵押權設定登記；已經辦妥設定登記的抵押權，效力總比沒登記的法定抵押權爲強吧？依最高法院63年台上字第1240號判例，參照民法第865條規定。

法定抵押權雖無須登記，但如其成立生效在設定的抵押權之前，仍應優先於設定抵押權的。依你的情形，銀行的抵押權設定是在工程完工之後，你的法定抵押權顯然在銀行抵押權設定之先就已合法成立，當然優先於銀行的抵押權。因此，你的工程餘款還是沒有問題的。

第八節之一　旅　遊

一、意　義

旅遊乃爲當事人約定，由旅遊營業人提供旅遊服務而旅客支付費用之契約（§514-1）爲使旅遊營業人與旅客間之權利義務關係明確，以減少紛爭，並保護旅客之權益，民法此次修正，特參考1970年布魯塞爾旅行契約國際公約及德國民法有關規定，增訂本節規定，以因應實際需要。

二、性　質

（一）雙務契約

旅遊營業人與旅客雙方均負有給付義務，故爲雙務契約。

（二）有償契約

旅客所接受之旅遊服務須支付一定對價，故爲有償契約。

（三）非要式契約

旅遊營業人因旅客之請求，應以書面記載第514-2條規定之事項交付旅客。本條規定乃爲使旅客知悉與旅遊有關之事項，該書面並非旅遊契約之要式文件。

三、當事人之權利義務

（一）旅遊營業人

1. 權 利

「稱旅遊營業人者，謂以提供旅客旅遊服務爲營業而收取旅遊費用之人」（§514-1 I，德民§651a）。但「前項旅遊服務，係指安排旅程及提供交通、膳宿、導遊或其他有關之服務」（同條 II）。

2. 義 務

（1）提出旅遊給付：旅遊營業人應依約定之內容、品質，提出給付。

（2）不得任意變更旅遊內容：旅遊營業人非有不得已之事由，不得變更旅遊內容。旅遊營業人依前項規定，變更旅遊內容時，其因此所減少之費用，應退還於旅客；所增加之費用，不得向旅客收取。旅遊營業人依第1項規定變更旅程時，旅客不同意者，得終止契約。終止契約時，旅客得請求旅遊營業人墊付費用將其送回原出發地。於到達後，由旅客附加利息償還之（§514-5）。

（3）瑕疵擔保責任：旅遊營業人提供旅遊服務，應使其具備通常之價值及約定之品質（§514-6）。旅遊服務不具備前條之價值或品質者，旅客得請求旅遊營業人改善之。旅遊營業人不爲改善或不能改善時，旅客得請求減少費用。其有難於達預期目的之情形者，並得終止契約。因可歸責於旅遊營業人之事由致旅遊服務不具備前條之價值或品質者，旅客除請求減少費用或並終止契約外，並得請求損害賠償。旅客依前2項之規定終止契約時，旅遊營業人應將旅客送回原出發地。其所生之費用由旅遊營業人負擔（§514-7）。

（4）時間浪費之損害賠償：因可歸責於旅遊營業人之事由，致旅遊未依約定之旅程進行者，旅客就其時間之浪費，得按日請求賠償相當之金額。但其每日賠償金額，不得超過旅遊營業人所收旅遊費用總額每日平均之數額（§514-8）。

（5）協助旅客處理意外事故：旅客在旅遊中發生身體或財產上之意外事故時，旅遊營業人應爲必要之協助及處理（§514-10）。本條規定係旅遊營業人之附隨義務，若有違反，亦應負債務不履行責任。

（6）協助旅客處理所購物品：旅遊營業人安排旅客在特定場所購物，其所購物品有瑕疵者，旅客得於受領新購物品1個月內，請求旅遊營業人協助其

處理（§514-11）。本條規定係旅遊營業人之附隨義務，若有違反，亦應負債務不履行責任。

（二）旅　客

1. 權　利

（1）接受旅遊營業人提供之旅遊服務

（2）變更權（由第三人參加旅遊）

旅遊開始前，旅客得變更由第三人參加旅遊。旅遊營業人非有正當理由，不得拒絕。第三人依前項規定為旅客時，如因而增加費用，旅遊營業人得請求其給付，如減少費用，旅客不得請求返還（§514-4）。

（3）契約終止權

旅遊未完成前，旅客得隨時終止契約，但應賠償旅遊營業人因契約終止而生之損害。第514-5條第4項之規定，於前項情形準用之（§514-9）。

2. 義　務

（1）支付旅遊費用

（2）協力義務

旅遊需旅客之行始能完成，而旅客不為其行為者，旅遊營業人得定相當期限，催告旅客為之。旅客不於前項期限內為其行為者，旅遊營業人得終止契約，並得請求賠償因契約終止而生之損害。旅遊開始後，旅遊營業人依前項規定終止契約時，旅客得請求旅遊營業人墊付費用將其送回原出發地。於到達後，由旅客附加利息償還之（§514-3）。

四、時　效

本節規定之增加、減少或退還費用請求權、損害賠償請求權及墊付費用償還請求權，均自旅遊終了或應終了時起一年間不行使而消滅（§514-12）。

案例　行程有瑕疵旅行社負起賠償責任

甲旅客等人參加由乙旅行社所舉辦日本4天旅行團，預定84年3月26出發，據甲旅客等人遊畢返臺後申訴指稱：

抵達第一天晚餐沒有車子接送至餐廳，甲旅客等扶老攜幼，團員中甚

至有個嬰孩，大家在攝氏4℃氣溫下徒步約30分鐘，有部分團員已被凍的受不了，而用完餐後，甲旅客等人不堪旅徒辛勞，只好自行坐計程車返回飯店。

第二天行程原住宿日式溫泉旅館榻榻米，晚上享用懷石餐，出發前卻通知改為王子飯店，但資料上亦寫明可享受溫泉，但事實上該飯店並沒有溫泉設備，而懷石風味餐也變成西式晚餐。

第三天行程暢遊迪士尼樂園，原預定下午1時抵達進入玩到晚上7點而後享用燒肉大餐，當天一早領隊按預定時間出發，途中遇塞車領隊向甲旅客等說明，因逢塞車且迪士尼樂園東西較貴用餐不便，故中途讓甲旅客等稍作停留購買便當，未料抵達迪士尼時導遊以門票已售完園內暫不開放向甲旅客等說明，甲旅客等人於門外苦等3小時，最後在下午4點半始進入，也因此，甲旅客等人玩至晚上10點左右才結束，原訂晚上燒肉大餐也沒吃了，另回程時機位7人候補，領隊一路上忙於訂機位，時常讓甲旅客於車上等候及疏於服務，所幸最後總算有驚無險，平安回國。

綜上所述甲旅客等具名向中華民國旅行業品質保障協會（以下簡稱品保協會）申請請求調處。

調處結果

由乙旅行社賠償甲旅客等大人每人新臺幣5,800，小孩每人新臺幣2,900，雙方達成和解。

1. 有關第一天晚餐車子安排問題，據了解甲旅客等人抵達後應先到飯店辦理住房手續，參觀免稅店，而後在附近餐廳用餐，讓團員自由活動，但當時領隊考量如先進飯店團員時間可能拖延，於是先安排入免稅店參觀而後回飯店，之後車子卻沒有再接送甲旅客等至餐廳，而讓旅客自行步行往返，按旅行社安排車子接送應是全程所有遊程，乙旅行社可能使用飯店或免稅店車子負責第一天機場至飯店接送，故乙旅行社無法指揮司機，此部分是乙旅行社違約行程有瑕疵，依民法第514-6條及第514-7條對於甲旅客等因搭乘計程車所自付車資乙旅行社應予退還。

2. 至於去程讓甲旅客等人在攝氏4℃左右約步行30分鐘，乙旅行社也應給予適當慰問。至於王子飯店沒有溫泉設備但行程表上卻寫明，乙旅行社原本安

排當天住宿日光，事後更改但OP小姐忘了刪改溫泉行程，以致讓甲旅客等人仍期待有溫泉，亦爲乙旅行社疏忽，懷石餐改爲西式雞腿餐及迪士尼燒肉大餐沒吃，依旅遊契約書第14條甲旅客等得請求賠償差額二倍違約金，而迪士尼樂園部分，既因塞車而可能無法依預定時間進入，則途中是否應再浪費時間購買便當，而使抵達時間更延遲，值得商榷，而據了解迪士尼樂園下午4點30分進入其票價較便宜，又有使人認爲乙旅行社想節省票價之嫌，有關此部分乙旅行社亦同意退還其差價並給了適當彌補，至於領隊服務品質，如確實造成甲旅客等不便及權益受損，乙旅行社亦應斟酌考量。

第九節　出　版

一、意　義

當事人約定，一方（出版權授與人）以文藝、科學、學術或其他之著作，爲出版而交付於他方（出版人），他方擔任印刷或以其他方法重製及發行之契約（§515）。

二、性　質

出版乃雙務契約、諾成契約、不要式契約、有償或無償契約。

三、效　力

（一）對「出版權授與人」之效力

1.交付著作物移轉權利

出版權授與人通常即爲著作權人，因而著作財產權人之權利，於合法授權實行之必要範圍內，由出版人行使之（§516 I）。

2.瑕疵擔保責任

出版權授與人應擔保其於契約成立時，有出版授與之權利，如著作受法律（如著作權法）上之保護者，並應擔保該著作有著作權（§516 II）。

3.告知義務

出版權授與人已將著作之全部或一部，交付第三人出版，或經第三人公開發表，爲其所明知者，應於契約成立前，將其情事告知出版人，是爲告知義務

（§516Ⅲ）。

4. 不作為義務

出版權授與人，於出版人得重製發行之出版物未賣完時，不得就其著作之全部或一部，為不利於出版人之處分，但契約另有訂定者，不在此限（§517），是為不競爭義務。

5. 保有修正權

著作人於不妨害出版人出版之利益，或增加其責任之範圍內，得訂正或修改其著作；但對於出版人因此所生不可預見之費用應負賠償責任。出版人於重製新版前應予著作人以訂正或修改著作之機會（§520）。

（二）對「出版人」之效力

1. 印刷發行

出版人應以適當之格式重製著作。並應為必要之廣告及通常之方法推銷出版物（§519Ⅱ）。

2. 尊重著作人

「出版人對於著作，不得增減或變更」（§519Ⅰ）。並應許「著作人於不妨害出版人出版之利益或增加其責任之範圍內，得訂正或修改著作」（§520Ⅰ前段）。「出版人於重製新版前，應予著作人以訂正或修改著作之機會」（同條Ⅱ）。但著作人對於出版人因訂正或修改「所生不可預見之費用，應負賠償責任」（§520Ⅰ後段）。又「同一著作人之數著作，為各別出版而付於出版人者，出版人不得將其數著作，併合出版」（§521Ⅰ）。「出版權授與人就同一著作人或數著作人之數著作為併合出版，而交付於出版人者，出版人不得將著作，各別出版」（同條Ⅱ）。

3. 再　版

出版之版數，應明白約定，版數未約定者，出版人僅得出一版。出版人依約得出數版，或永遠出版者，如於前版之出版物賣完後，怠於新版之重製時，出版權授與人得聲請法院令出版人於一定期限內，再出新版。逾期不遵行者，喪失其出版權（§518）。

4. 給付報酬

如依情形，非受報酬，即不為著作交付者，視為允與報酬。而出版人有出數版之權者，其次版之報酬及其他出版之條件，推定與其前版相同

（§523）。其次報酬之給付時期，依著作之出版情形而定，著作全部出版者，於其全部重製完畢時，分部出版者，於其各部分重製完畢時應給付報酬。報酬之全部或一部，依銷行之多寡而定者，出版人應依習慣計算，支付報酬，並應提出銷行之證明（§524）。「著作交付出版人後，因不可抗力致滅失者，出版人仍負給付報酬之義務。滅失之著作，如出版權授與人另存有稿本者，有將該稿本交付於出版人之義務；無稿本時，如出版權授與人係著作人，且不多費勞力，即可重作者，應重作之。此種重作之情形，出版權授與人得請求相當之賠償」（§525）。

5. 危險負擔

重製完畢之出版物，於發行前，因不可抗力，致全部或一部滅失者，出版人得以自己費用，就滅失之出版物，補行出版，對於出版權授與人，無須補給報酬（§526）。

四、出版關係之消滅

出版關係，除因第518條第2項、第525條第1項之情形而消滅外，因下述事由而消滅：

（一）出版完畢

即約定版數已出版完畢，或未約定版數而出一版時（§518 I），即歸消滅。

（二）著作不能完成

「著作未完成前，如著作人死亡，或喪失能力，或非因其過失致不能完成其著作者，其出版契約關係消滅」（§527 I）。但出版契約關係之全部或一部之繼續為可能且公平者，出版人營業所所在地或住所地之法院，得因出版權授與人之繼承人或法定代理人或其本人，或出版人聲請，許其繼續，並命為必要之處置（§527 II）。

案例

學生「整本」影印外文書籍是否侵犯了著作權法呢？可能會遭遇到怎麼樣的處罰？

原則上，影印他人著作屬於著作權法所規定的「重製」行為，應經著作財產權人之同意或授權，但在合理使用之情形下，著作權法也允許利用人不必經著作財產權人之同意或授權，逕行利用他人著作。著作權法第51條就規定：「供個人或家庭為非營利之目的，在合理範圍內，得利用圖書館及非供公眾使用之機器重製已公開發表之著作。」依這個條文規定，學生祇可以利用圖書館或私人的影印機，在合理範圍內，影印他人的著作。因此，下列未經著作財產權人的同意或授權而影印著作，都是侵害著作權的：

1. 利用營利的影印設備影印他著作，例如以超級商站的影印機影印，或交由影印店影印。

2. 超出合理範圍的影印，例如影印整本書籍。

對於這些侵害重製權的行為，依著作權法第91條規定，得處3年以下有期徒刑，得併科新台幣75萬元以下罰金，如有營利之意圖，得處6月以上5年以下有期徒刑，得併科新台幣20萬元以上200萬元以下罰金。

日前美國出版家協會特別提出警告，要求臺灣的大學校園不得整本影印外文書籍，就是認為有太多全本影印外文書籍之情形，已影響其權益，同學應特別小心，只能合理使用，切勿侵害他人著作權。

第十節　委　任

一、意　義

當事人約定，一方（委任人）委託他方（受任人）處理事務，他方允為處理之契約（§528）。

二、性　質

委任乃諾成契約、不要式契約。委任契約依當事人之合意而成立，合意係要約與承諾之合致，民法第530條規定：「有承受委託處理一定事務之公然表示者，如對於該事務之委託，不即為拒絕之通知時，視為允受委託。」

三、效　力

（一）對於受任人之效力

1. 事務處理權

（1）特別委任

民法第532條中段、第533條，受任人權限之範圍，依委任契約之訂定。未訂定者，依其委任事務之性質定之。委任人得指定一項或數項事務，而爲特別委任；或就一切事務，而爲概括委任（§532）。

受任人受特別委任者，就委任事務之處理，得爲委任人爲一切必要行爲（§533）。

（2）概括委任

民法第534條，受任人受概括委任者，得爲委任人爲一切行爲；但爲下列行爲時，須有特別之授權：①不動產之出賣或設定負擔；②不動產之租賃其期限逾2年者；③贈與；④和解；⑤起訴；⑥提付仲裁（§534）。

2. 處理委任事務之義務

（1）注意義務

民法第535條，受任人既已允受委託，即有處理事務之義務，處理事務時，應依委任人之指示，並與處理自己事務爲同一之注意；其受有報酬者，應以善良管理人之注意爲之（§535）。

（2）依委任人之指示

民法第535條、第536條，受任人非有急迫之情事，並可推定委任人若知有此情事亦允許變更其指示者，不得變更委任人之指示（§536）。

（3）應親自處理

民法第537條至第539條，而受任人之處理事務，原則上應自己爲之；但經委任人之同意或另有習慣，或有不得已之事由者，得使第三人代爲處理（§537），是爲複委任。受任人違反上述規定，而使第三人代爲處理委任事務者（違法的複委任），就該第三人之行爲，與就自己之行爲負同一責任。若受任人依照上述規定，而使第三人代爲處理委任事務者（合法的複委任），則僅就第三人之選任，及其對於第三人所爲之指示，負其責任（§538）。又受任人使第三人代爲處理委任事務者，委任人對於該第三人關於委任事項之履行，有直接請求權（§539），於是委任人與受任人兩者，均得對於第三人請

求，構成連帶債權（參照§283）。

3. 事務計算之義務

（1）顛末報告：受任人應將委任事務進行之狀況，報告委任人，委任關係終止時，應明確報告其顛末（§540）。

（2）收取物之交付及取得權利之移轉：受任人因處理委任事務，所收取之金錢物品及孳息，應交付於委任人，受任人以自己之名義，為委任人取得之權利，應移轉於委任人（§541）。

（3）利息支付及損害賠償：受任人為自己之利益，使用應交付於委任人之金錢或使用應為委任利益而使用之金錢者，應自使用之日起，支付利息，如有損害，並應賠償（§542）。

（二）對於委任人之效力

1. 事務處理請求權

委任人基於委任關係對於受任人有事務處理請求權。惟此委任契約係建於互相信賴之關係上，因而此種權利有專屬性，即委任人非經受任人之同意，不得將處理委任事務之請求權，讓與第三人（§543）。

2. 費用之預付或償還

委任人因受任人之請求，應預付處理委任事務之必要費用（§545）。受任人因處理委任事務，支出之必要費用，委任人應償還之，並付自支出時起之利息（§546Ⅰ）。

3. 債務之清償或提供擔保

受任人因處理委任事務，負擔必要債務者，得請求委任人代其清償；未至清償期者，得請求委任人提出相當擔保（§546Ⅱ）。

4. 損害之賠償

受任人處理委任事務，因非可歸責於自己之事由，致受損害者，得向委任人請求賠償（§546Ⅲ）。前項損害之發生如別有應負責任之人時，委任人對於該應負責者，有求償權（§546Ⅳ）。

5. 報酬之支付

委任以無償為原則，但亦得約定報酬，而為有償。又報酬雖未約定，如依習慣或依委任事務之性質，應給與報酬者，受任人得請求報酬（§547）。受任人應受報酬者，除契約另有訂定外，非於委任關係終止及為明確報告顛末

後，不得請求給付。如委任關係因非可歸責於受任人之事由，於事務處理未完畢前已終止者，受任人得就其已處理之部分，請求報酬（§548）。

四、委任關係之消滅

（一）契約之終止

委任當事人之任何一方，得隨時終止委任契約，然當事人之一方，於不利於他方之時期終止契約者，應負損害賠償責任；但因非可歸責於該當事人之事由，致不得不終止契約者，不在此限（§549）。

（二）當事人之死亡、破產或喪失行為能力

委任關係，因當事人一方死亡、破產或喪失行為能力而消滅；但契約另有訂定，或因委任事務之性質，不能消滅者，不在此限（§550）。上述情形，如委任關係之消滅，有害於委任人利益之虞時，受任人或其繼承人或其法定代理人，於委任人或其繼承人或其法定代理人，能接受委任事務前，應繼續處理其事務（§551）。又委任關係消滅之事由，係由當事人之一方發生者，於他方知其事由，或可得而知其事由前，委任關係視為存續（§552）。

案例　**屋主可否隨時終止委託銷售契約關係？**

黃某將其所有就座落員林鎮中山路二段之房地，委託某房屋仲介公司全權負責居間銷售，委託期限自88年3月1日至同年4月1日，委託售價新臺幣（以下同）950萬元，付款條件為簽約款總價15%；備證款總價15%；完稅款總價20%；交屋款總價50%；並授權仲介公司得於符合前揭必要之點時代收定金，仲介公司於接受委託後，即刊登報紙廣告，製作看板及廣告積極促銷，不久即有小劉同意前揭條件，並預付定金20萬元，仲介公司隨即通知黃先生於特定時間及地點簽訂不動產買賣契約。詎黃某竟以其父親反對出售該房地為由，欲終止（解除）前揭委託契約。試問黃某此舉是否合理？

按房地產仲介制度係指以為他方報告訂約之機會，訂約之媒介或代理不動產買賣、互易或租賃契約之成立為主要目的，目前實務上仍適用民法居間、委

任及代理之相關規定。因此委託銷售契約之委託人得否任意終止（解除）即應就前揭法律規定探討之，就理論言有三種見解：

1. 肯定說：委託契約不脫民法委任之本質，故應適用民法第549條之規定，委託人得隨時終止契約。

2. 否定說：委託契約爲有償契約，非經雙方合意，當事人之一方，不得任意終止之。

3. 限制說：委託契約爲有償契約，亦具委任性質，故得隨時任意終止之。但若致他方受有損害者，則應負賠償之責。

我國法院現採限制說，本件黃某得終止委託契約，但必須負損害賠償的責任。即房屋仲介公司因黃某終止委託契約，致須加倍賠償定金予買方及原本因契約一旦成立即可取得之佣金，皆應由黃某負責賠償。民法第549條定有明文。

第十一節　經理人及代辦商

一、經理人

（一）意　義

經理人乃由商號授權，爲商號管理事務及爲其簽名之人（§553 I）。經理人須爲自然人，係爲商號管理事務之人，所謂商號指經營商業之組織而言，其組織有爲獨資，有爲合夥，有爲公司在所不問，公司之經理人公司法有特別規定，除該特別規定外，仍應適用民法上之規定。經理人與商號之關係乃一種特別委任。在一般委任，因當事人之一方死亡、破產或喪失行爲能力而消滅；但在經理人其經理權不因商號所有人之死亡、破產或喪失行爲能力而消滅（§564）。

（二）性　質

經理人具有委任關係，爲有償契約、雙務契約、諾成契約、不要式契約。

（三）效　力

1. 經理權之發生

經理人有經理權，即前述之有爲商號管理事務，並爲其簽名之權限是也。

此項權限須經授與，授與之方法明示或默示爲之均無不可。其範圍得限於管理商號事務之一部或商號之一分號或數分號（§553 II、III）。

2.經理權之範圍

　　經理人對於第三人之關係，就商號或其分號或其事務之一部，視爲其爲管理上一切必要行爲之權。但對於不動產，除有書面之授權外，不得買賣，或設定負擔。前項關於不動產買賣之限制，於以買賣不動產爲營業之商號經理人，不適用之（§554）。又經理人就所任之事務，視爲有代理商號爲原告或被告或其他一切訴訟上行爲之權（§555）。此點與一般委任不同。一般委任，受任人非有特別授權，不得起訴（參照§534⑤），而經理人則無須如是。

　　商號得授權於數經理人，是爲共同經理。共同經理權之行使，無須全部爲之，只要經理人中有二人之簽名，對於商號，即生效力（§556）。此點與民法第168條所規定之共同代理，須共同行使代理權者，有所不同。民法第557條規定：「經理權之限制，除第553條第3項、第554條第2項及第556條所規定外，不得以之對抗善意第三人」。

3.競業之禁止

　　經理人或代辦商，非得其商號之允許，不得爲自己或第三人經營與其所辦理之同類事業，亦不得爲同類事業公司無限責任之股東（§562），是爲競業之禁止，經理人或代辦商應遵守之，倘有違反，依民法第563條規定：「經理人或代辦商，有違反前條規定之行爲時，其商號得請求因其行爲所得之利益，作爲損害賠償。前項請求權，自商號知有違反行爲時起，經過二個月，或自行爲時起，經過一年不行使而消滅。」

（四）經理權之消滅

　　代辦權，不因商號所有人之死亡、破產或喪失行爲能力而消滅（§564）。

二、代辦商

（一）意　義

　　稱代辦商，非經理人而受商號之委託，於一定處所或一定區域內，以該商號之名義，辦理其事務之全部或一部之人（§558 I）。

（二）性　質

代辦商具有委任性質，為有償契約、雙務契約、諾成契約、不要式契約。

（三）效　力

1. 代辦權之範圍

代辦商有代辦權，其對於第三人之關係，就其所代辦之事務，視為其有為一切必要行為之權限；但除有書面之授權外，不得負擔票據上之義務，或為消費借貸，或為訴訟（§558 II，III）。

2. 代辦商之權利義務

（1）報告義務

代辦商就其代辦之事務，應隨時報告其處所或區域之商業狀況於其商號，並應將其所為之交易，即時報告之（§559）。

（2）報酬或費用請求權

代辦商得依契約所定請求報酬或請求償還其費用。無約定者依習慣，無約定亦無習慣者，依其代辦事務之重要程度及多寡，定其報酬（§560）。

（四）代辦關係之消滅

代辦權未定期限者，當事人之任何一方得隨時終止契約；但應於3個月前通知他方。當事人之一方，因非可歸責自己之事由，致不得不終止契約者，得不先期通知而終止之（§561）。

第十二節　居　間

一、意　義

居間乃當事人約定，一方（居間人）為他方（委託人）報告訂約之機會，或為訂約之媒介。他方給付報酬之契約（§565）。擔任報告機會或媒介訂約之一方為居間人，他方則為委託人。居間係勞務契約，且為有償契約。

二、性　質

居間乃雙務契約、有償契約、諾成契約、不要式契約。

三、效　力

（一）居間人之義務

1. 報告或媒介

居間契約之目的既在報告訂約之機會或為訂約之媒介，則居間人自有報告或媒介之義務。居間人關於訂約事項，應就其所知，據實報告於各當事人，對於顯無履行能力之人，或知其無訂立該約能力之人，不得為其媒介（§567）。

2. 不告知義務

當事人之一方，指定居間人不得以其姓名或商號告知相對人者，居間人有不告知之義務（§575 I）。此種情形，學說稱為「隱名媒介」。此種隱名媒介之規定，於婚姻居間，不適用之。

3. 介入義務

居間人就其媒介所成立之契約，本無為當事人受領給付之權（§574），但在居間人不以當事人一方之姓名或商號告知相對人之情形，勢不能不就該方當事人由契約所生之義務，自己負履行之責；並得為其受領給付（§575 II），是為居間人之介入義務。

（二）委託人之義務

1. 給付報酬之義務

（1）報酬之約定：報酬由當事人約定，未約定者，如依居間人之身分、職業等情形，「非受報酬，即不為報告訂約機會或媒介者，視為允與報酬」（§566 I）。但「因婚姻居間而約定報酬者，就其報酬無請求權」（§573）。如已為給付，則不得請求返還。

（2）報酬之數額：當事人「未定報酬額者，按照價目表所定給付之。無價目表者，按照習慣給付」（§566 II）。如「約定之報酬，較居間人所任勞務之價值，為數過鉅，失其公平者，法院得因報酬給付義務人之請求酌減之。但報酬已給付者，不得請求返還」（§572）。

（3）報酬之給付時間：居間人，除另有約定外，「以契約因其報告或媒介而成立者為限，得請求報酬」（§568 I）。如「契約附有停止條件者，於該條件成就前，居間人不得請求報酬」（同條 II）。如有上述第571條情事

者，亦不得請求給付報酬。

（4）報酬之負擔：居間人因報告訂約機會或為訂約之媒介應得之報酬，「除契約另有訂定，或另有習慣外，由契約當事人雙方平均負擔」（§570）。

2. 償還費用之義務

無論契約是否成立，「居間人支出之費用，非經約定，不得請求償還」（§569 I）。「前項規定，於居間人已為報告或媒介而契約不成立者，適用之」（同條 II）。

案例

志雄在高雄上班，在臺北有棟房子想趁目前房地產賣價不錯時出售，委託子揚所開仲介公司代為銷售。雙方書面約定出售最低價不得低於300萬元，佣金按底價5%計算，超過底價部分，雙方對分，並約定委託銷售期間從77年3月30日至77年3月31日。

結果子揚於77年3月30日找到買主雲光，願以380萬購買，子揚並於同日通知志雄北上與買主簽約。豈料買賣雙方簽約後數天，子揚突然接獲志雄存證信函，表示已與雲光解除契約，所以要求返還已支付之佣金，並拒絕給付超價部分。原來志雄與雲光私下講好，願以350萬賣雲光。

問題

1. 子揚可否請求志雄給付超價部分及拒絕返還佣金。

2. 如果子揚於委託期間找到買主，但通知到達於志雄係在委託期間後，而志雄以另外找到買主，並已簽約，子揚可否請求佣金及超價價金。

1. 志雄委託子揚仲介公司代為找買主購買房屋，在法律上稱為「居間」（民法第565條），即當事人約定一方為他方報告訂約的機會，或為媒介，他方給付報酬之契約，因之居間在民法上有兩種情形，一為報告訂約機會之報告居間，僅以為他方報告訂約之機會為已足；另一為訂約之媒介居間，除報告訂約機會外，必須於訂約時周旋於買賣雙方為之說合成立。又居間人之報酬，於買賣雙方因居間而成立契約時，始可請求。

子揚於委託期間內，找到買主雲光，並通知志雄北上簽訂買賣契約，則買賣雙方既因居間而成立契約，子揚即可請求報酬。依子揚與志雄約定，酬金按底價300萬能的5%計算爲15萬，又賣價爲380萬，超價部分爲80萬元，雙方對分，子揚可得40萬元，合計子揚可向志雄請求55萬之報酬。

又委託人爲避免報酬之支付，故意拒絕訂立該媒介就緒之契約，或以假解除契約爲理由，而在由自已與相對人（即買主）訂定同一內容之契約，依誠實信用原則，仍應支付報酬（參見最高法院58年台上字第2929號判例）。

本案例買賣契約既因居間而成立，依誠信原則，志雄即不得事後以解除契約爲理由，拒付超價部分及要求退還佣金。

2. 本案例志雄委託銷售期限至77年3月31日，超過期限，志雄即不受契約約束，另找他人買受。因之本事例子揚雖於77年3月31日找到買主，惟係以書面通知，到達志雄時已是77年4月1日，依民法第95條規定，採達到主義，到達時已超過銷售期限，買賣契約既未因居間而成立，子揚即不得請求報酬，反之志雄既因委託期限已過，即得另行找買主出售。

第十三節　行　紀

一、意　義

「稱行紀者，謂以自己（行紀人）之名義，爲他人（委託人）之計算，爲動產之買賣或其他商業上之交易，而受報酬之營業」（§576）。行紀，乃以給付勞務而受報酬之方式爲營業。行紀，雖係受他人之委託而爲交易，但以自己名義爲之，故與代理及代辦商均不相同。惟行紀人與委託人間之關係仍爲委任，故「行紀，除本節有規定者外，適用關於委任之規定」（§577）。

二、性　質

行紀乃有償契約，適用委任之規定。

三、效　力

(一) 行紀人之義務

1. 直接履行之義務

行紀人係以自己名義與相對人成立交易，故「行紀人爲委託人之計算所爲之交易，對於交易之相對人，自得權利，並自負義務」（§578）。又委託人與相對人間不發生直接之法律關係，故「行紀人爲委託人之計算所立之契約，其契約之他方當事人不履行債務時，對於委託人，應由行紀人負直接履行契約之義務。但契約另有訂定或另有習慣者，不在此限」（§579）。

2. 遵守指定價額之義務

行紀人既受他人之委託而爲交易，自應依其所定之價額，如「行紀人以低於委託人所指定之價額賣出，或以高於委託人所指定之價額買入者，應補償其差額」（§580）。其賣出或買入對於委託人則一律生效，以期明確。但行紀人應忠於其事，爲委託人謀取利益，故「行紀人以高於委託人所指定之價額賣出，或以低於委託人所指定之價額買入者，其利益均歸屬於委託人」（§581）。

3. 保管之義務

「行紀人爲委託人之計算所買入或賣出之物，爲其占有時，適用寄託之規定」（§583 I），即應負保管之義務。但「前項占有之物，除委託人另有指示外，行紀人不負付保險之義務」（同條 II）。

4. 適當處置之義務

「委託出賣之物，於達到行紀人時有瑕疵，或依其物之性質易於敗壞者，行紀人爲保護委託人之利益，應與保護自己之利益爲同一之處置」（§584）。

(二) 行紀人之權利

1. 報酬及費用請求權

「行紀人得依約定或習慣，請求報酬、寄存費及運送費，並得請求償還其爲委託人之利益而支出之費用及其利息」（§582）。

2. 拍賣提存權

行紀人爲免除其對占有物之保管責任，於下列情形，有拍賣提存權。

（1）委託人拒絕受領：「委託人拒絕受領行紀人依其指示所買之物時，行紀人得定相當期限，催告委託人受領。逾期不受領者，行紀人得拍賣其物。並得就其對於委託人因委託關係所生債權之數額，於拍賣價金中取償之。如有賸餘，並得提存」（§585 I）。「如為易於敗壞之物，行紀人得不為前項之催告」（同條 II），逕行拍賣、提存，以免除其保管責任。

（2）委託人遲不取回或處分：「委託行紀人出賣之物，不能賣出，或委託人撤回其出賣之委託者，如委託人不於相當期間取回或處分其物時，行紀人得依前條之規定，行使其權利」（§586）。

3. 介入權

介入權亦稱自約權，即「行紀人受委託出賣或買入貨幣、股票、或其他市場定有市價之物者，除有反對之約定外，行紀人得自為買受人或出賣人。其價值以依委託人之指示而為出賣或買入時市場之市價定之」（§587 I）。前項情形，行紀人仍得行使第582條所定之報酬及費用請求權（同條 II）。又「行紀人得自為買受人或出賣人時，如僅將訂立契約之情事通知委託人，而不以他方當事人之姓名告知者，視為自己負擔該方當事人之義務」（§588）。

第十四節　寄　託

一、意　義

「稱寄託者，謂當事人一方（寄託人），以物交付他方（受寄人），他方允為保管之契約」（§589 I）。寄託之標的物得為動產或不動產，但以交付為成立要件，至所謂保管乃指占有其物，以維持現狀而言。

二、性　質

寄託乃無償契約、單務契約、要物契約、不要式契約。

三、效　力

（一）受寄人之義務

1. 保管寄託物之義務

（1）注意程度：「受寄人保管寄託物，應與處理自己事務為同一之注

意。其受有報酬者，應以善良管理人之注意爲之」（§590）。

（2）保管之方法：寄託物之保管，爲寄託人之利益，故「寄託物保管之方法經約定者，非有急迫之情事，並可推定寄託人若知有此情事，亦允許變更其約定方法時，受寄人不得變更之」（§594）。

（3）應自己保管：寄託基於信任，故「受寄人應自己保管寄託物，但經寄託人之同意，或另有習慣，或有不得已之事由者，得使第三人代爲保管」（§592）。在此種情形，受寄人「僅就第三人之選任及其對於第三人之指示，負其責任」（§593 II）。如受寄人違反前條之規定，使第三人代爲保管寄託物者，對於寄託物因此所受之損害，除能證明縱不使第三人代爲保管，仍不免發生損害者外，應負賠償責任（§593 I）。

（4）不得使用：寄託以物之管理爲目的，故「受寄人非經寄託人之同意，不得自己使用或使第三人使用寄託物」（§591 I）。「受寄人違反前項規定者，對於寄託人應給付相當報償。如有損害，並應賠償。但能證明縱不使用寄託物，仍不免發生損害者，不在此限」（§591 II）。

2. 返還寄託物之義務

受寄人有隨時返還寄託物之義務，故第三人就寄託物主張權利，對於受寄人提起訴訟或爲扣押時，受寄人應即通知寄託人（§601-1 II）。其未提起訴訟或爲扣押者，受寄人不受第三人主張之拘束，仍應返還寄託物於寄託人（同條 I）。

（1）返還之範圍：「受寄人返還寄託物時，應將該物之孳息，一併返還」（§599）。

（2）返還之時期：寄託物「未定返還期限者，受寄人得隨時返還寄託物」（§598 I）。「定有返還期限者，受寄人非有不得已之事由，不得於期限屆滿前返還寄託物」（同條 II）。但「寄託物返還之期限，雖經約定，寄託人仍得隨時請求返還」（§597）。

（3）返還之處所：「寄託物之返還，於該物應爲保管之地行之」（§600）。如「受寄人依第592條或第594條之規定，將寄託物轉置他處者，得於物之現在地返還之」（同條 II）。

3. 通知義務

第三人就寄託物提起訴訟或爲扣押時，受寄人應即通知寄託人（§601-1 II）。

（二）寄託人之義務

1. 費用償還之義務

「受寄人因保管寄託物而支出之必要費用，寄託人應償還之，並付自支出時起之利息。但契約另有訂定者，依其訂定」（§595）。

2. 損害賠償之義務

「受寄人因寄託物之性質或瑕疵所受之損害，寄託人應負賠償責任。但寄託人於寄託時，非因過失而不知寄託物有發生危險之性質或瑕疵，或為受寄人所已知者，不在此限」（§596）。

3. 給付報酬之義務

受寄人除契約另有訂定，或依受寄人之身分、職業等情形，非受報酬，即不為保管者外，不得請求報酬（§589 II）。「寄託約定報酬者，應於寄託關係終止時給付之。分期定報酬者，應於每期屆滿時給付之」（§601 I）。如「寄託物之保管，因非可歸責於受寄人之事由而終止者，除契約另有訂定外，受寄人得就其已為保管之部分，請求報酬」（同條 II）。

（三）短期消滅時效

關於寄託契約之報酬請求權、費用償還請求權或損害賠償請求權「自寄託關係終止時起，一年間不行使而消滅」（§601-2）。

四、消費寄託

（一）意　義

「寄託物為代替物時，如約定寄託物之所有權移轉於受寄人，並由受寄人以種類、品質、數量相同之物返還者，為消費寄託」（§602 I 前段）。如「寄託物為金錢時，推定其為消費寄託」（§603）。

（二）效　力

準用消費借貸之規定。消費寄託，其寄託物為代替物時，「自受寄人受領該物時起，準用關於消費借貸之規定」（§602 I 後段）。

寄託物之返還。「消費寄託，如寄託物之返還定有期限者，寄託人非有不得已之事由，不得於期限屆滿前請求返還」（§602 II）。與一般寄託得隨時請求返還不同，與消費借貸之不得於期前請求返還亦異。但「前項規定，如商

業上另有習慣者，不適用之」（同條 III）。

五、混藏寄託

混藏寄託乃寄託物為代替物，其所有權未移轉於受寄人，但受寄人得寄託人之同意，就其所受寄託之物與其自己或他寄託人同一種類、品質之寄託物混合保管，各寄託人依其所寄託之數量與混合保管數量之比例，共有混合保管物（§603-1 I）。受寄人依混藏寄託契約為混合保管者，得以同一種類、品質、數量之混合保管物返還於寄託人（§603-1 II）。例如有價證券之集中保管（證交§18）、又如多數農民將收穫之稻穀寄託農會倉庫，農會無須返還原物是。

六、營業場所主人之法定寄託關係

「法定寄託」乃依法律規定所成立之寄託。此種寄託不必經當事人之約定，乃法律之規定當然發生。民法第606條以下所定之場所主人之責任即是。所謂場所，指旅店、飲食店、浴堂而言，此等營業場所之主人，對於客人之物品，負有責任，而居於受寄人之地位，客人則居於寄託人，此種寄託，無須訂有契約，依法當然發生寄託關係，故為「法定寄託」。茲分述之：

（一）主人之責任

旅店或其他以供客人住宿為目的之場所主人，對於客人所攜帶物品之毀損、喪失，應負責任。但因不可抗力或因物之性質或因客人自己或其伴侶、隨從或來賓之故意或過失所致者，不在此限（§606）。因此主人所負者為通常事變責任，乃無過失責任。

其次飲食店、浴堂或其他相類場所之主人，對於客人所攜帶通常物品之毀損、喪失，負其責任；但有民法第606條但書規定之情形時，不在此限（§607）。所謂其他相類場所，例如提供客人為一時停留及利用之理髮店、健身房等，客人攜帶物品入此等場所而須寄託者，所在多有，如外衣、圍巾等是。主人對此應負責任也。

旅店、飲食店或浴堂等場所之主人，依民法第608條規定：「客人之金錢、有價證券、珠寶或其他貴重物品，非經報明其物之性質及數量交付保管者，主人不負責任。主人無正當理由拒絕為客人保管前項物品者，對於其毀損

喪失，應負責任。其物品因主人或其使用人之故意或過失而致毀損喪失者，亦同。」又客人知其物品毀損喪失後，應即通知主人，怠於通知者，喪失其損失賠償請求權（§610）。若以揭示限制或免除第606、607、608條所定主人之責任者，其揭示為無效（§609）。又依第606至608條之規定所生之損害賠償請求權，自發見喪失或毀損之時起，6個月間不行使而消滅，自客人離去場所後，經過6個月者，亦同（§611）。

（二）主人之權利

主人就住宿、飲食、沐浴或其他服務及墊款所生之債權，於未受清償前，對於客人所攜帶之行李、及其他物品，有留置權（§612 I）。此乃商事留置權，不以該債權之發生與留置物有牽連關係為必要，亦不以先已占有其物為必要，並準用民法第445條至第448條之規定（同條 II）。

案例1

> 甲之機車平日均置於樓下騎樓處上鎖，一日友人乙有事去南部一週，乃將機車寄存於甲處，甲乃將乙之機車與自己之機車一同置於騎樓並上鎖，翌日發現甲、乙之機車均被竊走，問乙得否請求甲賠償？

民法第590條前段規定：受寄人保管寄託物，應與處理自己事務為同一之注意。甲無償替乙保管機車，故甲保管乙機車應與保管自己之機車為同一注意。依題旨，甲已盡與處理自己事務為同一之注意，仍不免機車被竊之損失，故對乙不負賠償責任。

案例2

> 原告黃某，是在今年5月2日的晚間，開著出廠才4個月的賓士S230轎車，前往臺北市一家餐廳用餐，車子交給餐廳人員代客停車未久，卻遭人偷走，在獲保險公司理賠241萬後，黃某認為，餐廳既然有代客泊車服務，就應負起失竊後的損害賠償責任，扣除保險公司的賠償，黃某向餐廳索賠99萬多元。

案經臺北地方法院審理後，法官認為，代客泊車並不屬於民法上的寄託契約法律關係，且餐廳已盡善良管理人的注意義務，不必負賠償責任，判決駁回黃某的請求。

臺北地院民庭法官審理後認為，以現今大都會區車水馬龍，車主著實一位難求的情況，觀乎當事人真意，一般餐廳代客泊車，也僅是一方代為挪移車位予以停放，以利他方能迅速愉悅用餐而已，難謂是屬民法上的寄託契約之法律關係，至於被告在泊車後仍保管車鑰匙，僅交號碼牌給原告代替，也只是為一時方便之舉，還沒有法律上的拘束力。

另外，就過失行為部分，法官認為應負責任的標準何在，則依事件的特性而定責任的輕重，屬附帶服務性質的代客泊車，是依賴顧客默示允託所做的行為，為顧及顧客利益，泊車員自必特加注意，則其注意程度則應以受有報酬與否而不同。一般交易上通常未約定報酬，但現今社會習慣上，顧客於取車時會給予些許小費，而泊車員也有權請求報酬時，此時當應以善良管理人之注意為之，而這項注意乃是指社會一般的誠實、勤勉而有相當經驗的人所具備的注意，具備此注意，即屬無過失。

就本案來說，法官認為，餐廳泊車員確將車輛停放在附近，以便就近監看，之後為顧客用餐之便，將車鑰匙放在泊車台的抽屜內，只是後來被不詳之人竊取鑰匙開走汽車，而泊車員發現時，還趴上該車的引擎蓋阻止，但仍被開走，顯然已盡善良管理的注意義務，因此，並無過失，餐廳方面不需賠償。

第十五節　倉　庫

一、意　義

「稱倉庫營業人者，謂以受報酬而為他人堆藏及保管物品為營業之人」（§613）。故所稱倉庫契約，乃當事人約定，一方（倉庫營業人）為他方（寄託人）堆藏及保管物品而受報酬之契約。倉庫契約，須為人堆藏及保管物品，僅供人堆藏而無須保管者，則為租賃或使用借貸。又倉庫營業之標的物，須為可堆藏之物品，與寄託雖異，但二者關係相似，故「倉庫，除本節有規定者外，準用關於寄託之規定」（§614）。

二、性　質

倉庫乃雙務契約、有償契約、不要式契約、要物契約。

三、效　力

(一) 倉庫營業人之義務

1. **倉單之填發**：倉單乃用以處分或提取寄託物之一種有價證券。倉庫營業人於收受寄託物後，因寄託人之請求，應填發倉單（§615）。倉單應記載下列事項，並由倉庫營業人簽名（§616 I）：（1）寄託人之姓名及住址；（2）保管之場所；（3）受寄物之種類、品質、數量及其包皮之種類、個數及記號；（4）倉單填發地及填發之年月日；（5）定有保管期間者，其期間；（6）保管費；（7）受寄物已付保險者，其保險金額、保險期間及保險人之名號。以上係法定記載事項，當事人另有約定事項，亦得任意記載之。其次倉庫營業人並應將上列各款事項，記載於倉單簿之存根（§616 II）。而倉單持有人，得請求倉庫營業人將寄託物分割爲數部分，並填發各該部分之倉單；但持有人應將原倉單交還。此項分割，及填發新倉單之費用，由持有人負擔（§617）。至於倉單上所載之貨物，非由寄託人或倉單持有人於倉單背書，並經倉庫營業人簽名，不生所有權移轉之效力（§618）。

2. **新倉單之補發**：倉單之遺失、被盜或滅失者，倉單持有人雖可循民事訴訟法公示催告程序聲請依公示催告宣告其爲無效後，由原持有人主張倉單之權利或請求倉庫營業人補發新倉單。惟因公示催告程序需時甚久，爲維護倉單之市場機能，故本法規定，倉單持有人得於公示催告程序開始後，向倉庫營業人提供相當之擔保，請求補發新倉單（§618-1）。

3. **寄託物之堆藏及保管**：寄託物之堆藏及保管乃倉庫營業人之主要義務，因而於約定保管期間屆滿前，不得請求移去寄託物。未約定保管期間者，自爲保管時起經過6個月，倉庫營業人得隨時請求移去寄託物；但應於1個月前通知（§619）。

4. **應許檢點摘樣**：倉庫營業人，因寄託人之請求，應許其檢點寄託物或摘取樣本或爲必要之保存行爲（§620）。

（二）倉庫營業人之權利

1. 報酬請求權：倉庫營業人有報酬請求權。此項請求權，準用寄託有關之規定（§614準用§601及§605之規定）。

2. 寄託物拍賣權：倉庫契約終止後，寄託人或倉單持有人拒絕或不能移去寄託物者，倉庫營業人得定相當期限，請求於期限內移去寄託物，逾期不移去者，倉庫營業人得拍賣寄託物，由拍賣代價中扣去拍賣費用及保管費用，並應以其餘額交付於應得之人（§621）。

第十六節　運　送

第一款　通　則

一、運送人之意義

　　稱運送人者，謂以運送物品或旅客為營業，而受運費之人（§622）。運送契約有物品運送契約與旅客運送契約之分。前者其契約之相對人為託運人；後者則為旅客。

二、運送之種類

（一）物品運送、旅客運送與郵件運送

　　此係以運送之標的為區別標準，而分三種如上，民法僅就物品運送，旅客運送二者設有規定（海商法亦同）。至於郵件運送屬於郵政法之範圍。

（二）陸上運送、海上運送、空中運送

　　此係以運送所經之領域為區別標準，而分三種如上。民法所規定者為陸上運送，海商法所規定者為海上運送。空中運送則屬於民用航空法之範圍。

第二款　物品運送

一、物品運送契約之意義

　　物品運送在海商法上稱貨物運送，乃以運送物品，受取運費為標的，由運送人與託運人所訂立之契約。此契約一經當事之合意即可成立，不以具有一定

方式爲必要，故爲不要式契約，亦無須因物品之交付而生效力，故又爲不要物契約。

二、物品運送契約之效力

（一）託運人之義務

1. 填給託運單之義務

託運單乃託運人所列之物品清單，而交與運送人者。「託運人因運送人之請求，應填給託運單」（§624 I）。「託運單應記載下列事項，並由託運人簽名：一、託運人之姓名及住址。二、運送物之種類、品質、數量，及其包皮之種類、個數及記號。三、目的地。四、受貨人之名號及住址。五、託運單之填給地及填給之年月日」（同條 II）。

2. 必要文件交付及為必要說明之義務

爲使運送人順利完成運送義務，「託運人對於運送人應交付運送上及關於稅捐、警察所必要之文件，並應爲必要之說明」（§626）。

3. 告知託運物性質之義務

「運送物依其性質，對於人或財產有致損害之虞者，託運人於訂立契約前，應將其性質告知運送人。怠於告知者，對於因此所致之損害，應負賠償之責」（§631）。

（二）運送人之義務

1. 填發提單之義務

提單者，運送人交與託運人運送物品之收據。亦即提取貨物之憑證也。「運送人於收受運送物後，因託運人之請求，應填發提單」（§625 I）。

民法第625條規定：「運送人於收受運送物後，因託運人之請求，應填發提單。提單應記載下列事項，並由運送人簽名：一、前條第2項所列第1款至第4款事項。二、運費之數額及其支付人爲託運人或爲受貨人。三、提單之填發地及填發之年月日。」提單填發後，運送人與提單持有人間關於運送事項，依其提單之記載（§627）。又提單縱爲記名式，仍得以背書移轉於他人；但提單上有禁止背書之記載者，不在此限（§628）。再者交付提單於有受領物品權利之人時，其交付就物品所有權移轉之關係，與物品之交付，有同一之效力（§629），故提單具有物權之效力。又受貨人請求交付運送物時，應將提

單交還（§630）。倘提單遺失、被盜或滅失者，提單持有人亦得準用民法第618-1條之規定，請求補發新提單（§629-1）。

2. 物品之運送

託運物品應於約定期間內運送之。無約定者，依習慣。無約定亦無習慣者，應於相當期間內運送之。上述相當期間之決定，應顧及各該運送之特殊情形（§632）。其次運送人非有急迫情事，並可推定託運人若知有此情事，亦允許變更其指示者，不得變更託運人之指示（§633）。又運送人於運送物達到目的地時，應即通知受貨人（§643）。

3. 賠償責任

（1）負責之事由

①「運送人對於運送物之喪失、毀損或遲到，應負責任。但運送人能證明運送物之喪失、毀損或遲到，係因不可抗力，或因運送物之性質，或因託運人或受貨人之過失所致者，不在此限」（§634）。

②「運送物因其包皮有易見之瑕疵而喪失或毀損時，運送人如於接收該物時不為保留者，應負責任」（§635）。

③「金錢、有價證券、珠寶或其他貴重物品，除託運人於託運時報明其性質及價值者外，運送人對於其喪失或毀損，不負責任」（§639 I）。

④運送人「如有第633條、第650條、第651條之情形，或其他情形足以妨礙或遲延運送，或危害運送物之安全者，運送人應為必要之注意及處置」（§641 I），以保護運送物所有人及受貨人等之利益。「運送人怠於前項之注意及處置者，對於因此所致之損害，應負責任」（同條 II）。

（2）賠償之範圍

①運送物有喪失、毀損或遲到，係因運送人之輕過失所致者，「其損害賠償額，應依其應交付時目的地之價值（即運送物之價額）計算之」（§638 I）。「運費及其他費用，因運送物之喪失毀損而無須支付者，應由前項賠償額中扣除之」（同條 II）。

②運送物之喪失、毀損或遲到，係因運送人之故意或重大過失所致者，託運人除得請求賠償上述損害外，如有其他損害，並得請求賠償（同條 III）。

③金錢、有價證券、珠寶或其他貴重物品之喪失或毀損，運送人不負責任（§639 I）。但經託運人於託運時報明其價值者，運送人以所報價額為限，負其責任（§639 II）。

④運送物因遲到而生之「損害賠償額，不得超過因其運送物全部喪失可得請求之賠償額」（§640）。

（3）責任之免除

受貨人受領運送物，並支付運費及其他費用不為保留者，運送人之責任消滅（§648 I）。惟運送物內部有喪失或毀損而不易發見者，以受貨人於受領運送物後，10日內將其喪失或毀損通知於運送人者，運送人仍應負責（§648 II）。又運送物之喪失或毀損，如運送人以詐術隱蔽或因其故意或重大過失所致者，運送人不得主張前二項規定之利益（§648 III）。亦即受貨人於受領時縱未保留，或於受領後10日內未為通知者，運送人亦不能免責。又運送人交與託運人之提單上或其他文件上，有免除或限制運送人責任之記載者，除能證明託運人對於其責任之免除或限制明示同意外，不生效力（§649）。

（4）賠償請求權之時效

「關於物品之運送，因喪失、毀損或遲到而生之賠償請求權，自運送終了或應終了之時起，一年間不行使而消滅」（§623 I）。

（三）運送人之權利

1. 運費請求權

運送人須於運送完畢時，始得請求給付全部運費。但有下列例外規定：

（1）「運送物於運送中因不可抗力而喪失者，運送人不得請求運費。其因運送而已受領之數額，應返還之」（§645）。

（2）運送人因託運人或提單持有人請求中止運送，返還運送物或為其他處置，致不能完成運送者，「運送人得按照比例，就其已為運送之部分，請求運費及償還因中止、返還或為其他處置所支出之費用，並得請求相當之損害賠償」（§642 II）。

2. 留置權

「運送人為保全其運費及其他費用得受清償之必要，按其比例，對於運送物，有留置權」（§647 I）。如「運費及其他費用之數額有爭執時，受貨人得將有爭執之數額提存，請求運送物之交付」（§647 II）。

3. 運送物之寄存拍賣權

受貨人所在不明，或對運送物受領遲延，或有其他交付上之障礙，或對於受領權之歸屬發生訴訟，致交付遲延時，運送人應即通知託運人，並請求其指

示處理方法（§§650 I 、651）。「如託運人未即爲指示，或其指示事實上不能實行，或運送人不能繼續保管運送物時，運送人得以託運人之費用，寄存運送物於倉庫」（§§650 II 、651）。「運送物如有不能寄存於倉庫之情形，或有易於腐壞之性質，或顯見其價值不足抵償運費及其他費用時，運送人得拍賣之」（§650 III）。惟「運送人於可能範圍內，應將寄存倉庫或拍賣之事情，通知託運人及受貨人」（§650 IV）。「運送人得就拍賣代價中，扣除拍賣費用、運費及其他費用，並將其餘額交付於應得之人。如應得之人所在不明者，應爲其利益提存之」（§652）。

（四）受貨人權利之取得

受貨人並非運送契約之當事人，故受貨人非託運人或提單持有者，須「運送達到目的地，並經受貨人請求交付後，受貨人取得託運人因運送契約所生之權利」（§644）。

三、相繼運送

相繼運送亦稱「聯運」，指運送物由數運送人相繼運送於受貨人而言。
1. 相繼運送人對託運人之責任：「運送物由數運送人相繼運送者，除其中有能證明無第635條所規定之責任者外，對於運送物之喪失、毀損或遲到應連帶負責」（§637）。
2. 最後運送人對於前運送人之責任：運送物由數運送人相繼運送者，其最後之運送人，就運送人全體應得之運費及其他費用，得對於運送物行使第647條之留置權，第650條之拍賣權及第652條之費用扣除權（§653）。故最後之「運送人於受領運費及其他費用前交付運送物者，對於其所有前運送人應得之運費及其他費用，負其責任」（§646）。

第三款　旅客運送

一、旅客運送之意義

旅客運送者，謂收受運費，而爲運送旅客之營業也。此種契約之當事人爲運送人及旅客。

二、運送人之責任

（一）關於旅客之責任

「旅客運送人對於旅客因運送所受之傷害及運送之遲到，應負責任」（§654 I 前段）。以免旅客於旅途中陷於困境，而維社會公益。但因旅客之過失，或其傷害係因不可抗力所致者，旅客運送人仍可免責（同條 I 但書）。如「運送之遲到係因不可抗力所致者，旅客運送人之責任，除另有交易習慣者外，以旅客因遲到而增加支出之必要費用爲限」（同條 II）。

「關於旅客之運送，如因傷害或遲到而生之賠償請求權，自運送終了或應終了之時起，二年間不行使而消滅」（§623 II）。

（二）關於行李之責任

「運送人對於旅客所交託之行李，縱不另收運費，其權利義務，除本款另有規定外，適用關於物品運送之規定」（§657）。旅客之「行李及時交付運送人者，應於旅客到達時返還之」（§655）。「運送人對於旅客所未交託之行李，如因自己或其受僱人之過失，致有喪失或毀損者，仍負責任」（§658）。

（三）運送人責任之免除或限制

「運送人交與旅客之票、收據或其他文件上，有免除或限制運送人責任之記載者，除能證明旅客對於其責任之免除或限制明示同意者外，不生效力」（§659）。

三、運送人之行李拍賣權

「旅客於行李到達後一個月內不取回行李時，運送人得定相當期間催告旅客取回，逾期不取回者，運送人得拍賣之。旅客所在不明者，得不經催告逕予拍賣」（§656 I）。以早日免除運送人保管行李之煩累及責任，並兼顧旅客之利益。如「行李有易於腐壞之性質者，運送人得於到達後，經過二十四小時，拍賣之」（同條 II）。並得就拍賣代價中，扣除拍賣費用、運費及其他費用，而將其餘額交還旅客，如旅客所在不明者，應爲其利益提存之（同條 III）。

案例

　　學期結束，阿明欲將一些書籍及小家電運回屏東老家，故與大榮貨運訂定運送契約。其中一箱書籍因貨運司機將託運單的目的地住址弄錯而遺失了，且一組床頭音響因路途顛簸而產生跳針的現象。問：（1）大榮貨運需負如何之責任？（2）阿明欲就遺失的一箱書籍向大榮貨運請求賠償？

　　1. 就上述之情形，分兩方面說明，一為喪失，一為毀損。依民法第634條規定：「運送人對於運送物之喪失、毀損或遲到，應負責任。但運送人能證明其喪失、毀損或遲到，係因不可抗力，或因運送物之性質，或因託運人或受貨人之過失而致者，不在此限。」因床頭音響為較敏感的電器用品，若阿明在交付時無特別提醒說明，大榮貨運應不需為其跳針負責任。蓋以保護託運人之中，仍須顧及運送人之利益也。

　　但一箱書籍的遺失，是由於運送司機的疏忽，所以依民法第634條之規定：「運送人對於運送物之喪失、毀損或遲到，應負責任。」故大榮貨運須負賠償責任。

　　2. 依民法第638條第1項規定：「運送物有喪失、毀損或遲到者，其損害賠償額，應依其應交付時目的地之價值計算之。」運送人既負一種無過失責任，故法律上對於其賠償額不得不加以限制，使負有限責任，以期均衡。其只能依喪失物之大約市價要求賠償之，因是為一種有限責任——限於所受損害不包括所失利益。

第十七節　承攬運送

一、承攬運送之意義

　　「稱承攬運送人者，謂以自己之名義，為他人（委託人）之計算，使運送人運送物品而受報酬為營業之人」（§660 I）。因與行紀之性質相似，故「承攬運送，除本節有規定外，準用關於行紀之規定」（同條 II）。

二、承攬運送人之責任

「承攬運送人對於託運物品之喪失、毀損或遲到，應負責任」（§661
前段）。「但能證明其於物品之接收、保管、運送人之選定、在目的地之交
付，及其他與承攬運送有關之事項，未怠於注意者」，不負賠償責任（同
條但書）。承攬運送之性質，與物品運送有相似之處，故第631條、第635條
及第638條至第640條等關於託運人及運送人責任之規定，於承攬運送準用之
（§665）。「對於承攬運送人因運送物之喪失、毀損或遲到所生之損害賠償
請求權，自運送物交付或應交付之時起，一年間不行使而消滅」（§666）。

三、承攬運送人之權利

（一）自行運送權

「承攬運送人，除契約另有訂定外，得自行運送物品。如自行運送時，其
與委託人間之權利義務，與物品運送之運送人同」（§663）。如「就運送全
部約定價額，或承攬運送人填發提單於委託人者，視為承攬人自己運送，不得
另行請求報酬」（§664）。

（二）留置權

「承攬運送人為保全其報酬及墊款得受清償之必要，按其比例，對於運送
物，有留置權」（§662）。

案例

陳忠義承攬運送李大維的新鮮蔬菜一批，然而陳忠義由於疏忽，未經
查證即將該批新鮮蔬菜委託給設備不良的大全運送公司運送，等到該批蔬
菜運達目的地，才發現因冷藏不夠而已腐敗，請問當事人應負何責任？

在此案例中，前者屬承攬運送，後者屬運送，而陳忠義應賠償李大維的損
失。而大全公司應賠償陳忠義之損失。

根據民法第661條：承攬運送人，對於托運物品之喪失，遲到，毀損，應
負責任，但若能證明其於物品之接收保管，運送人之選定，在目的地之交付及
其他與運送有關之事項，未怠於注意者，不在此限。

民法第634條：運送人對運送物之喪失，毀損或遲到，應負責任。但運送人能證明其喪失，毀損或遲到，係因不可抗力，或因運送物之性質，或因託運人或受貨人之過失而致者，不在此限。

第十八節 合 夥

一、合夥之意義及成立

（一）合夥之意義

合夥乃二人以上互約出資，以經營共同事業之契約（§667 I）。合夥之目的，在乎經營共同事業，此共同事業之種類為何，在所不問。出資得為金錢或其他財產權（如房地產、股票），或以勞務、信用或其他利益（如物之使用、不為營業之競爭）代之。金錢以外之出資，應估定價額為其出資額。未經估定者，以他合夥人之平均出資額視為其出資額（§667 II、III）。

（二）合夥之成立

合夥之成立，不拘方式，為不要式契約，若為商業合夥時須依商業登記法之規定為商業登記始可（商登§2、3）。

二、合夥之財產

合夥財產，謂合夥因經營共同事業所具有之一切資產。

（一）合夥財產之構成

合夥人之出資，各合夥人依合夥契約而為之出資，為構成合夥財產之基礎（§667）。合夥人履行出資義務，應向執行合夥事務者為之。「合夥人除有特別訂定外，無於約定出資之外，增加出資之義務，因損失而致資本減少者，合夥人無補充之義務」（§669）。

（二）合夥財產之歸屬

各合夥人之出資及其他合夥財產，為合夥人全體之公同共有（§668）。

（三）合夥財產之保全

為保障合夥財產之存在，法律設有下列之限制：

1. 合夥財產分析

合夥人於合夥清算前，不得請求合夥財產之分析（§682 I）。

2. 合夥債務之抵銷

合夥人「對於合夥負有債務者，不得以其對於任何合夥人之債權與其所負之債務抵銷」（§682 II）。

3. 股份之轉讓

股份者，合夥人對於合夥財產之應有權利也。「合夥人非經他合夥人全體之同意，不得將自己之股份轉讓於第三人」（§683前段）。但轉讓於他合夥人，不受限制（同條但書）。

4. 合夥權利之代位行使

「合夥人之債權人於合夥存續期間內，就該合夥人對於合夥之權利，不得代位行使」。但利益分配請求權，仍得代位行使（§684）。

5. 股份之扣押

合夥財產，爲合夥人全體公同共有，不得爲一部分合夥人之債務之執行標的物。惟「合夥人之債權人，就該合夥人之股份，得聲請扣押」（§685 I）。「前項扣押實施後兩個月內，如該合夥人未對於債權人清償或提供相當之擔保者，自扣押時起，對該合夥人發生退夥之效力」（同條 II）。

三、合夥之變動

（一）合夥契約或事業之變更

合夥契約或其事業種類之變更，應以合夥人全體之同意爲之，如契約另有約定時，應限以合夥人全體三分之二以上同意，始得爲之（§670）。

（二）合夥人之變更

1. **股份之轉讓**：合夥人非經他合夥人全體之同意，不得將自己之股份轉讓於第三人；但轉讓於他合夥人者，不在此限（§683）。

2. **退　夥**：其情形有二：

（1）聲明退夥：合夥未定有存續期間，或經訂明以合夥人中一人之終身，爲其存續期間者，各合夥人得聲明退夥，但應於2個月前，通知他合夥人。前項退夥，不得於退夥有不利於合夥事務之期間爲之。合夥縱定有存續期間，如合夥人有非可歸責於自己之重大事由，仍得聲明退夥，不受前二項規

定之限制（§686）。又合夥人之債權人於其股份被實施扣押後2個月內如未對於債權人清償或提供相當之擔保者，自扣押時起，對該合夥人發生退夥之效力（§685Ⅱ）。

（2）法定退夥：依法律之規定，當然退夥，須因下列事項：一、合夥人死亡者，退夥；但契約定明其繼承人得繼承者，不在此限。二、合夥人受破產或受監護之宣告者，退夥。三、合夥人經開除者，退夥（§687）。惟合夥人之開除，以有正當理由為限，而此項開除，應以他合夥人全體之同意為之；並應通知被開除之合夥人（§688）。退夥人之股份，不問其出資之種類，得由合夥以金錢抵還之。合夥事務，於退夥時尚未了結者，於了結後計算，並分配其損益（§689）。合夥人退夥後，對於其退夥前合夥所負之債務，仍應負責（§690）。

3. 入　　夥：入夥乃合夥成立後，新加入合夥，而為合夥人之謂。合夥成立後，非經合夥人全體之同意不得允許他人加入為合夥人。加入為合夥人者，對於其加入前合夥所負之債務與他合夥人負同一之責任（§691）。

四、合夥之消滅

（一）合夥之解散

合夥因下列事項之一而解散：

1. 合夥存續期限屆滿者；

2. 合夥全體同意解散者；

3. 合夥之目的事業已完成或不能完成者（§692）。但合夥所定期限屆滿後，合夥人仍繼續其事務者，視為以不定期限繼續合夥契約（§693）。

（二）合夥之清算

合夥解散後，其清算由合夥人全體或由其所選任之清算人為之。此項清算人之選任，以合夥人全體之過半數決之（§694）。至於清算之決議，如數人為清算人時，應以過半數行之（§695）。又以合夥契約選任合夥人中之一人或數人為清算者，適用第674條規定（§696）。

（三）清算人之職務

1. 清償債務

「合夥財產，應先清償合夥之債務。其債務未至清償期或在訴訟中者，應

將其清償所必需之數額，由合夥財產中劃出保留之」（§697 I）。

2. 返還出資

「依前項清償債務或將其必需之數額劃出後，其剩餘財產，應返還各合夥人金錢或其他財產權之出資」（§697 II）。如為「金錢以外財產權之出資，應以出資時之價額返還之」（同條 III）。如「合夥財產，不足返還各合夥人之出資者，按照各合夥人出資額之比例返還之」（§698）。

3. 變賣財產

「為清償債務及返還合夥人之出資，應於必要限度內，將合夥財產變為金錢」（§697 IV）。

4. 分配利益

合夥財產，於清償合夥債務及返還各合夥人出資後，尚有賸餘者，即屬合夥之利益，應「按合夥人應受分配利益之成數分配之」（§699）。

案例1

> 甲乙丙三人共同經營卡拉OK，甲乙各出資50萬，丙出勞務，而年終虧40萬，試問該如何分配虧損？

按民法第677條第3項規定，以勞務為出資之合夥人，除契約另有訂定外，不受損失之分配。於是此案應由甲乙各負20萬之損失。

案例2

> 甲、乙、丙三人合夥經營逢甲機車行，並以逢甲機車行之名義，以500萬向丁購買店面一幢，餘款100萬元遲遲未交付時，丁能否請求甲一人清償餘款100萬元？

按民法第681條合夥財產不足清償合夥之債務時，各合夥人對於不足之額，連帶負責。故本案例丁可要求甲清償100萬。

第十九節　隱名合夥

一、意　義

當事人約定，一方（隱名合夥人）對於他方（出名營業人）所經營之事業出資，而分受其營業所生之利益及分擔其所生損失之契約（§700）。

二、隱名合夥之效力

（一）當事人間之關係（內部關係）

出資及財產。隱名合夥人有依約出資之義務，但其出資之財產權，移屬於出名營業人。

事務之執行及監察。隱名合夥之事務，專由出名營業人執行之（§704 I），隱名合夥人無執行事務之權利及義務，但隱名合夥人，縱有反對之約定，仍得於每屆事務年度終查閱合夥之賬簿，並檢查其事務及財產之狀況；如有重大事由，法院因隱名合夥人之聲請，得許其隨時為上述之查閱及檢查（§706）。

損益分配。隱名合夥人，僅於其出資之限度內，負分擔損失之責任（§703）。出名營業人，除契約另有訂定外，應於每屆事務年度終計算營業之損益，其應歸隱名合夥人之利益，應即支付之。應歸隱名合夥人之利益而未支取者，除另有約定外，不得認為出資之增加（§707）。

（二）隱名合夥人對於第三人之關係（外部關係）

隱名合夥人就出名營業人所為之行為，對於第三人不生權利義務之關係（§704 II）。然若隱名合夥人如參與合夥事務之執行，或為參與執行之表示，或知他人表示其參與執行而不否認者，縱有反對之約定，對於第三人仍應負出名營業人之責任（§705）。

三、隱名合夥之消滅

隱名合夥契約，除依第686條之規定，得聲明退夥外，因下列事項之一而終止：（一）存續期限屆滿者；（二）當事人同意者；（三）目的事業已完成或不能完成者；（四）出名營業人死亡或受監護之宣告者；（五）出名營業人或隱名合夥受破產之宣告者；（六）營業之廢止或轉讓者（§708）。隱名合

夥契約終止時，出名營業人，應返還隱名合夥人之出資及給與其應得之利益。但出資因損失而減少者，僅返還其餘存額（§709）。

第十九節之一　合　會

一、意　義

　　稱合會者，謂由會首邀集兩人以上爲會員，互約交付會款及標取合會金之契約，其僅由會首與會員爲約定者，亦成立合會（§709-1），倒會之案例層出不窮，故本次民法債編修正增列本節規定。合會契約之當事人，依前述規定，或爲會首與二人以上會員互約，或僅由會首與會員約定者。會首及會員均以自然人爲限。會首不得兼爲同一合會之會員。無行爲能力人及限制行爲能力人不得爲會首，亦不得參加其法定代理人爲會首之合會（§709-2）。所謂合會金，係指會首及會員應交付之全部會款。會款得爲金錢或其他代替物（§709-1 I、II）。

二、合會之成立

　　合會應訂立會單，記載下列事項：（一）會首之姓名、住址及電話號碼。（二）全體會員之姓名、住址及電話號碼。（三）每一會份會款之種類及基本數額。（四）起會日期。（五）標會日期。（六）標會方法。（七）出標金額有約定其最高額或最低額之限制者，其約定。前項會單，應由會首及全體會員簽名，記明年月日，由會首保存並製作繕本，簽名後交每一會員各執一份（§709-3 I、II）。是以訂立合會契約應訂立會單，故爲要式契約。同條第3項又規定：「會員已交付首期會款者，雖未依前二項規定訂立會單，其合會契約視爲已成立。」

三、合會之效力

（一）會首之權利義務

1. 主持標會

　　標會由會首主持，依約定之日期及方法爲之。其場所由會首決定並應先期通知會員。會首因故不能主持標會時，由會首指定或到場之會員推選之會員主持之（§709-4）。

2. 取得首期合會金

首期合會金不經投標，由會首取得，其餘各期由得標會員取得（§709-5）。

3. 代為收取會款、代為給付

會員應於每期標會後3日內交付會款。會首應於前項期限內，代得標會員收取會款，連同自己之會款，於期滿之翌日前交付得標會員。逾期未收取之會款，會首應代為給付（§709-7 I、II），會首代為給付後，得請求未給付之會員附加利息償還之（§709-7 IV）。會首收取會款，在未交付得標會員前，對其喪失、毀損，應負責任。但因可歸責於得標會員之事由致喪失、毀損者，不在此限（§709-7 III）。

4. 權利義務之移轉

會首非經會員全體之同意，不得將權利及義務移轉於他人（§709-8 I）。

5. 連帶責任

因會首破產、逃匿或有其他事由致合會不能繼續進行時，會首就已得標會員依民法第709-9條第1項應給付之各期會款，負連帶責任（§709-9 II）。

（二）會員之權利義務

1. 參與出標並標得合會金

每期標會，會員僅得出標一次，以出標金額最高者為得標。最高金額相同者，抽籤定之。但另有約定者，依其約定。無人出標時，除另有約定外，以抽籤定其得標人。每一會份限得標一次（§709-6）。

2. 交付會款

會員應於每期標會後3日內交付會款（§709-7 I）。

3. 退會與會分轉讓

會員非經會首及主體會員之同意，不得退會，亦不得將自己之會份轉讓於他人（§709-8 II）。

四、倒會之處理

（一）未得標會員得推選代表處理

合會因會首破產、逃匿或有其他事由致合會不能繼續進行時，即發生「倒

「會」事件，無從繼續標會。遇此情形，「得由未得標之會員共同推選一人或數人處理相關事宜」（§709-4）。

（二）已得標會員應付會款之分配

「會首及已得標會員應給付之各期會款，應於每屆標會期日平均交付於未得標之會員」（§709-9Ⅰ前段）。期能維持公平，避免紛爭。但當事人「另有約定者，依其約定」（同條Ⅰ但書）。

（三）會首對得標會員應交會款負連帶責任

「會首就已得標會員依前項規定應給付之各期會款，負連帶責任」（同條Ⅱ）。

（四）已得標會員會款應按期交付

合會不能繼續進行時，會首及已得標會員於每屆標會期日將會款平均交付於未得標會員。如「會首就已得標會員依第1項規定應平均交付於未得標會員之會款遲延給付，其遲付之數額已達兩期之總額時，該未得標會員得請求其給付全部會款」（§709-9Ⅲ）。遇此情形，會首對於已得標會員應給付之全部會款，仍負連帶責任（同條Ⅱ）。

案例

李先生去年剛結婚，為了求得一個良好的居住環境，在陽明山上找到一間合適的房子，李先生非常滿意，與太太商量後決定要把它買下來，可是因為手頭現金不夠，夫妻倆決定由先生擔任會首在公司起了一個互助會（合會），招募會員30人，每會1萬元，每月1日標會一次，惟至87年8月第19次即宣告倒會，王太太等人是還沒有得標的會員（俗稱活會），已得標的會員（俗稱死會）張先生卻不願繼續繳納其應繳之11次會款總額，王太太等人因係活會會員，沒有拿到一分半毫，心有不甘，因此決定告會首李先生及死會會員張先生侵害他們活會會員權利，請求判決其應連帶給付會款餘額。

在臺灣不管是鄉下或都市裡，民間合會（亦稱互助會）相當流行，一般人

大概都有過參加的經驗，其性質是會首與會員之間所訂立的契約，至於會員與會員之間則沒有法律關係存在，換言之，會員與會員之間並不發生債權債務關係。在成立互助會後通常會定期開標，以標金（即所謂會息）最高者為得標，會員得標時應給付標金，這項標金即是未得標的會員所應得的利益。會首倒會，就是侵害未得標會員應得利益的行為，對於未得標的會員，除了應給付原繳的會金外，還要給付標金的義務。

本案例中，李先生擔任會首而中途倒會，未得標的會員王太太等人，當然可以請求李先生單獨負責他們已繳的會金及標金一併給付，但是已得標的會員張先生因與王太太等人並不發生債權債務關係，無法請求張先生給付，亦不能請求張先生與李先生連帶給付；張先生得標後，其以後應繳的會金，是要付給李先生而不是要付給王太太等人活會會員，如同前面所言，會員間並不發生債權債務關係，沒有法律關係，就沒有請求的依據，這在訴訟上是非常重要的，欠缺此項要件，是無法獲得勝訴的。

由於會員間沒有債權債務之法律關係存在，故王太太等人不能向張先生請求連帶給付，依民法第709-7條第2項及第709-9條第2項只能向會首請求給付會款及標金。至會首如怠於向死會會員張先生請求給付應繳之會金時，活會會員為保全債權起見，可依民法第242條規定，得以自己之名義，行使屬於會首之權利，以保護其權益，此為活會會員之代位權。

第二十節　指示證券

一、意　義

指示他人（被指示人）將金錢、有價證券或其他代替物給付第三人（領取人）之證券（§710 I）。上述為指示之人，稱為指示人。

二、指示證券之效力

1. 指示人與領取人間之關係

「指示人為清償其對於領取人之債務而交付指示證券者，其債務於被指示人為給付時消滅」（§712 I）。故債權人受領指示證券後，應向被指示人領取給付，不得請求指示人就原有債務為給付（同條 II 前段）。但於指示證券所定期限內；其指示證券未定期限者，於相當期限內，不能由被指示人領取給付

者，不在此限（同條 II，但書）。如「債權人不願由其債務人受領指示證券者，應即時通知債務人」（同條 III），以免徒勞。如債權人受領指示證券，而「被指示人對於指示證券拒絕承擔或拒絕給付者，領取人應即通知指示人」（§714）。

2. 指示人與被指示人間之關係

「被指示人雖對於指示人負有債務，亦無承擔其所指示之給付或為給付之義務。已向領取人為給付者，就其給付之數額，對於指示人，免其債務」（§713）。

3. 被指示人與領取人間之關係

為維持證券之信用，「被指示人向領取人承擔所指示之給付者，有依證券內容而為給付之義務」（§711 I）。「前項情形，被指示人僅得以本於指示證券之內容，或其與領取人間之法律關係所得對抗領取人之事由，對抗領取人」（同條 II）。

三、指示證券之讓與

領取人得將指示證券以背書讓與第三人，但指示人於指示證券有禁止讓與之記載者，不得讓與（§716 I、II）。如「被指示人對於指示證券之受讓人已為承擔者，不得以自己與領取人間之法律關係所生之事由，與受讓人對抗」（§716 III）。

四、指示證券之失效

1. 指示證券之撤回

指示證券，指示人於被指示人未向領取人承擔所指示之給付或為給付前，尚未完全發生效力，得撤回其指示證券（§715 I 前段）。撤回之方法，則為向被指示人以意思表示為之（同條 I 後段）。如指示人於被指示人未承擔或給付前，受破產宣告者，領取人對於指示人之債權，應按破產程序辦理，「其指示證券，視為撤回」（§715 II）。指示證券經指示撤回後，即失其效力。

2. 消滅時效完成

「指示證券領取人或受讓人，對於被指示人因其承擔所生之請求權，自承擔之時起，三年間不行使而消滅」（§717）。

3. 宣告無效

「指示證券遺失、被盜或滅失者，法院得因持有人之聲請，依公示催告之程序，宣告無效」（§718）。

第二十一節　無記名證券

一、意　義

無記名證券乃持有人對於發行人得請求其依所記載之內容為給付之證券（§719）。無記名證券亦為有價證券，其當事人有二：

（一）發行人：即發行證券並自為給付之人。（二）持有人：即持有該券之人，此人在無記名證券上，不記載其姓名，故為不特定人。無記名證券既不記載特定權利人之姓名，又由發行人自己給付，屬於自付證券，與票據法之無記名本票相當，惟本票之給付，以金錢為限，無記名證券則無限制，即金錢以外之物（例如商品禮券以商品為給付標的），亦無不可。

無記名證券與指示證券之區別：（一）無記名證券不記載權利人為何人，持有證券者，即得請求給付；指示證券如有記載權利人，僅權利人得請求給付；（二）無記名證券係自為給付，為自付證券；指示證券係指示他人為給付，為委託證券；（三）無記名證券之標的物無限制；指示證券則以金錢、有價證券及其他代替物為限；（四）無記名證券因交付而轉讓；指示證券則須背書，始能轉讓。

二、無記名證券之發行

無記名證券發行人，對於持有人負有為給付之義務（§720）。無記名證券，不因發行在發行人死亡或喪失能力後，失其效力（§721 II）。

三、無記名證券之流通

無記名證券既為有價證券，當然可以流通。流通即由持有人讓與他人，而復輾轉讓與之謂。讓與之方法以「交付」為之。無記名證券既得流通，若因毀損或變形不適於流通，而其重要內容及識別記號仍可辨認者，持有人得請求發行人，換給新無記名證券。換給證券之費用，應由持有人負擔；但證券為銀行

兌換券，或其他金錢兌換券者，其費用應由發行人負擔（§724）。

四、無記名證券之消滅

（一）無記名證券之給付

　　無記名證券一經給付，即歸於消滅。民法第720條規定：「無記名證券發行人，於持有人提示證券時，有爲給付之義務；但知持有人就證券無處分之權利，或受有遺失、被盜或滅失之通知者，不得爲給付。發行人依前項規定，已爲給付者，雖持有人就證券無處分之權利，亦免其債務。」無記名證券持有人請求給付時，應將證券交還發行人（§723 I）。發行人依上述規定收回證券時，雖持有人就該證券無處分之權利，仍取得其證券之所有權（同條 II）。又無名證券發行人其證券雖因遺失、被盜或其他非因自己之意思，而流通者，對於善意持有人，仍應負責（§721 I），亦即仍應給付，而不得拒絕。同時無記名證券發行人，僅得以本於證券之無效，證券之內容或其與持有人間之法律關係所得對抗持有人之事由，對抗持有人。但持有人取得證券出於惡意者，發行人並得以對持有人前手間所存抗辯之事由對抗之（§722）。

（二）無記名證券之喪失

　　如喪失證券之占有，其救濟方法如下：

1. 證券宣告無效

　　一般之「無記名證券遺失、被盜或滅失者，法院得因持有人之聲請，依公示催告之程序，宣告無效」（§725 I）。「前項情形，發行人對於持有人，應告知關於實施公示催告之必要事項，並供給其證明所必要之材料」（同條 II）。

2. 利息、年金及分配利益證券應通知發行人

　　無記名證券，如爲利息、年金及分配利益之無記名證券，其消滅時效期間甚短，與通常無記名證券稍異，不得以公示催告，宣告無效。故持有人將此種證券之遺失、被盜或滅失事由通知發行人者，如於法定關於定期給付之5年時效期間（§126）屆滿前，該證券未有提示者，爲通知之持有人，得向發行人請求給付該券所記載之利息、年金、或應分配之利益（§727 I前段）。「但自時效期間屆滿後，經過一年者，其請求權消滅」（同條 I但書）。「如於時效期間屆滿前，由第三人提示該項證券者，發行人應將不爲給付之情事，告知

該第三人，並於該第三人與爲通知之人合意前，或於法院爲確定判決前，應不爲給付」（同條Ⅱ）。

3. 無記名證券之換新

「無記名證券，因毀損或變形，不適於流通，而其重要內容及識別記號，仍可辨認者，持有人得請求發行人換給新無記名證券」（§724Ⅰ），其費用「應由持有人負擔。但證券爲銀行兌換券或其他金錢兌換券者，其費用應由發行人負擔」（§724Ⅱ）。

4. 無利息見票即付之無記名證券

此種證券，除利息、年金及分配利益之證券外，多作替代現金之用，應增強其信用。故發行人明知持有人就證券無處分之權利，仍應即爲給付。持有人亦不得依公示催告程序，請求宣告爲無效（§728）。

第二十二節　終身定期金

一、意　義

當事人約定，一方（定期金債務人）於自己或他人或第三人之生存期限內，定期以金錢給付他方或第三人之契約（§729）。此一契約之債務人爲以金錢爲給付之人；債權人則爲受領該給付之他方或第三人。至給付之時期，則以給付人自己或他方或第三人之生存期爲準，亦即此人之終身爲準是也。其給付之標的物，則爲金錢。

二、性　質

終身定期金乃單務契約、諾成契約、無償契約、要式契約（須以書面爲之，§730）。

三、終身定期金之效力

1. 存續之期間

終身定期金契約，得以債權人、債務人或第三人之生存期間爲其存續期間。如未明白約定，致有疑義時，「推定其爲於債權人生存期間內，按期給付」（§731Ⅰ）。

2. 給付之金額

契約所定之金額，係每月、每季抑每年應給付之數額，如未明白約定，致有疑義時，「推定其為每年應給付之金額」（同條Ⅱ）。

3. 給付之時期

「終身定期金，除契約另有訂定外，應按季預行支付」（§732Ⅰ）。「依其生存期間而定終身定期金之人，如在定期金預付後，該期屆滿前死亡者，定期金債權人取得該期金額之全部」（同條Ⅱ）。

4. 權利之移轉

「終身定期金之權利，除契約另有訂定外，不得移轉」（§734）。

四、終身定期金契約之消滅

終身定期金契約，既以特定人之生存期間為存續期間，則於該特定人死亡時，其契約當然終止。但「因死亡而終止定期金契約者，如其死亡之事由，應歸責於定期金債務人時，法院因債權人或其繼承人之聲請，得宣告其債權在相當期限內仍為存續」（§733）。

第二十三節　和　解

一、意　義

當事人約定，互相讓步，以終止爭執或防止爭執發生之契約（§736）。

二、性　質

和解乃雙務契約、有償契約、諾成契約、不要式契約。

三、和解之效力

「和解有使當事人所拋棄之權利消滅，及使當事人取得和解契約所訂明權利之效力」（§737），故和解有創設之效力。

四、和解之撤銷

當事人因和解而受之不利益，乃其讓步之結果，為確保和解之效力，故

「和解不得以錯誤爲理由撤銷之」（§738 I 前段）。但有下列事項之一者，違反真實符合之原則，仍許撤銷（§738但書）：（一）和解所依據之文件，事後發見爲僞造或變造，而和解當事人若知其爲僞造或變造，即不爲和解者（同條①）；（二）和解事件，經法院確定判決，而爲當事人雙方或一方於和解當時所不知者（同條②）；（三）當事人之一方，對於他方當事人之資格，或對於重要之爭點有錯誤而爲和解者（同條③）。

五、訴訟上和解

訴訟上和解，爲民事訴訟法上之訴訟行爲。故和解成立者，與確定判決有同一之效力（民訴§380 I）。

案例

老鄭於某日開車因不愼撞傷阿吉，並造成阿吉多處骨折受傷，老鄭心知理虧，雖有意與阿吉和解，惟因賠償金額雙方談不攏，阿吉於是向法院提起損害賠償的訴訟，並要求老鄭賠償20萬元。開庭時，法官希望雙方以和爲貴，勸諭雙方和解，開完庭後，老鄭與阿吉私下達成以10萬元和解之協議，阿吉並同意向法院撤回損害賠償之訴訟，雙方於是簽訂和解書。此時，老鄭本想應該沒事了，沒想到後來又接到法院開庭通知，才知道阿吉後來竟然反悔沒撤回訴訟。

在訴訟實務上，尤其像是車禍損害賠償的案例，法官基於紓解訟源，大都會勸諭當事人儘量達成和解。如果開庭時當事人雙方就和解條件能達成協議，通常都會當場製作和解筆錄，成立訴訟上和解。至於訴訟上和解的效力，依民事訴訟法第380條第1、2項規定，原則上除非和解有無效或得撤銷之原因外，和解成立者與確定判決有同樣之效力，當事人雙方皆不得再爭執。

然而很多時候，訴訟當事人雙方可能就和解條件及和解金額，需要協商多次，這時極有可能私下先達成和解（簽訂和解書），被告的一方可能會要求對方須撤回訴訟。但是像案例之狀況，阿吉本來已經同意撤回訴訟，後來又未向法院撤回，老鄭或法院應該怎麼處理？

　　在法律上，訴之撤回係由原告向法院所為之單方訴訟行為，而案例所示狀況，即使阿吉私下於和解書上已載明同意撤回訴訟，因為並未向法院為之，所以還沒有發生撤回訴訟之效力，但是後來阿吉未向法院撤回時，法院應如何處理？學說有爭議，而依通說之見解，認為當事人兩方於訴訟外為撤回起訴之合意，即發生私法上效力（契約的效力），若原告不向法院為撤回起訴之表示時，經被告抗辯後，應認原告違反誠實信用原則，喪失繼續實施訴訟之權能，法院應以原告起訴程序欠缺保護必要性，而駁回原告之訴。所以案例狀況，法院應該駁回原告之訴。

第二十四節　保　證

一、意　義

　　當事人約定，一方（保證人）於他方（債權人）之債務人（主債務人）不履行債務時，由其代負履行責任之契約（§739）。

二、性　質

　　保證乃從契約、單務契約、無償契約及不要式契約。

三、保證之效力

（一）保證人與債權人間之效力

1. 保證責任之範圍

　　保證債務有從屬性，故保證債務之範圍，「除契約另有訂定外，包含主債務之利息、違約金、損害賠償及其他從屬於主債務之負擔」（§740）。如「保證人之負擔，較主債務人為重者，應減縮至主債務之限度」（§741）。

2. 保證人之抗辯權

　　（1）基於主債務之抗辯權：保證債務以主債務存在為前提，為保護保證人之利益，故就主債務之發生、消滅或履行，「主債務人所有之抗辯，保證人得主張之」（§742 I）；「主債務人拋棄其抗辯者，保證人仍得主張之」（同條 II），但「保證人對於因行為能力之欠缺而無效之債務，如知其情事而為保證者，其保證仍為有效」（§743）。即主債務人雖得主張主債務為無

效，保證人不得以主債務無效為抗辯。此乃保證債務從屬性之例外。又「主債務人就其債之發生原因之法律行為有撤銷權者，保證人對於債權人，得拒絕清償」（§744）。債權人「向主債務人請求履行及為其他中斷時效之行為，對於保證人亦生效力」（§747），保證人不得再以時效無中斷之事由為抗辯。

（2）先訴抗辯權：保證人係於主債務人不履行債務時，代負履行之責任。故「保證人於債權人未就主債務人之財產強制執行而無效果前，對於債權人得拒絕清償」（§745）。此即所謂先訴抗辯權或檢索抗辯權。但「有下列情形之一者，保證人不得主張前條之權利：一、保證人拋棄前條之權利者。二、主債務人受破產宣告者。三、主債務人之財產不足清償其債務者」（§746）。

（3）主債務效力及於保證人效力：向主債務人請求履行，及為其他中斷時效之行為，對於保證人亦生效力（§747）。

3. 保證人之抵銷權

保證人得以主債務人對於債權人之債權，主張抵銷（§742-1）。

4. 保證人之代位權

「保證人向債權人為清償後，於其清償之限度內，承受債權人對於主債務人之債權。但不得有害於債權人之利益。」（§749）。

5. 保證人權利預先拋棄之禁止

本節所規定保證人之權利，除法律另有規定外，不得預先拋棄（§739-1）。

（二）保證人與主債務人間之效力

1. 保證人之代位權

「保證人向債權人為清償後，於其清償之限度內，承受債權人對於主債務人之債權。但不得有害於債權人之利益」（§749）。

2. 保證人之除去保證責任請求權

「保證人受主債務人之委任而為保證者，有下列各款情形之一時，得向主債務人請求除去其保證責任：一、主債務人之財產顯形減少者。二、保證契約成立後，主債務人之住所、營業所或居所有變更，致向其請求清償發生困難者。三、主債務人履行債務遲延者。四、債權人依確定判決得令保證人清償者」（§750 I）。有上述情形之一時，保證人即得請求主債務人為一定之行

為，以消滅保證人對於債權人之保證責任。此即所謂保證人之免責請求權。如「主債務未屆清償期者，主債務人得提出相當擔保於保證人，以代保證責任之除去」（同條Ⅱ）。

（三）保證人與保證人間之效力

「數人保證同一債務者，除契約另有訂定外，應連帶負保證責任」（§748）。採連帶主義。

四、保證債務之消滅

（一）債權人拋棄擔保物權

為避免保證人對於主債務人之求償權喪失擔保，故「債權人拋棄為其債權擔保之物權者，保證人就債權人所拋棄權利之限度內，免其責任」（§751）。

（二）保證期間經過

「約定保證人僅於一定期間內為保證者，如債權人於其期間內，對於保證人不為審判上之請求，保證人免其責任」（§752）。

（三）債權人逾期未為審判上之請求

「保證未定期間者，保證人於主債務清償期屆滿後，得定一個月以上之相當期間，催告債權人於其期限內向主債務人為審判上之請求」（§753Ⅰ）。「債權人不於前項期限內向主債務人為審判上之請求者，保證人免其責任」（同條Ⅱ）。

（四）無期限連續保證之終止

「就連續發生之債務為保證而未定有期間者，保證人得隨時通知債權人終止保證契約」（§754Ⅰ），使債權人停止給付，保證人易於免責。「前項情形，保證人對於通知到達債權人後所發生主債務人之債務，不負保證責任」（同條Ⅱ）。

（五）債權人允許主債務人延期

「就定有期限之債務為保證者，如債權人允許主債務人延期清償時，保證人除對其延期已為同意外，不負保證責任」（§755）。

五、特種保證

（一）信用委任

委任他人以該他人之名義及其計算，供給信用於第三人者，就該第三人因受領信用所負之義務，對於受任人，負保證責任（§756）。

（二）共同保證

數人保證同一債務者。共同保證人之責任，除契約另有訂定外，應連帶負保證責任（§748）。

（三）連帶保證

保證人就主債務人所負之債務，對於債權人負連帶給付責任之保證。

案例

老王與小蔡是多年好友，老王辛苦大半輩子，最近好不容易可以趁921大地震後，買間新房子，由於需要向銀行申貸，老王便找小蔡，希望其做保證人，老王亦拍胸脯告訴小蔡，好友不會相害，加上銀行人員遊說，這只是一些貸款必要手續，小蔡只要簽一下名，就幫了老王一個忙，將來小蔡有需要，老王亦會全力幫忙，因此小蔡便與銀行簽訂保證契約，提供其所有房屋為老王之貸款擔保。未料老王遭公司資遣，玩股票又被套牢，積欠大筆債務，便避不見面，此時銀行人員找上了小蔡⋯⋯

所謂保證人，就是當事人約定，一方於他方之債務人不履行債務時，由其代為清償之責任。主要分為「物保」與「人保」兩類，通常銀行人員將滿滿一頁的法律條款交給保證人，告知這是例行程序，做保證都要簽這份契約，其實這份契約包含了兩大不利因素：（1）放棄「先訴抗辯權」文字；（2）「若債務人未為清償，保證人除擔保物，仍應負其責任」文句，這些定型化的文字，將使保證人應負的保證責任擴大。

因此小蔡一旦「放棄」抗辯權，銀行此時可同時對老王、小蔡追討，或擇一追討；抑或將小蔡原提供擔保物之部分，擴張為人保、物保兼具。吾人如無法避免為人作保，要詳細閱讀保證契約內之條款，儘量更改上述條款，陳明不

放棄先訴抗辯權及只提供物保。本例，小蔡之救濟機會，可向法院陳明，因銀行未盡告知契約內容之義務，而使小蔡爲錯誤意思表示，請求撤銷保證契約。另外新修正民法第739-1條規定，保證人之權利，除法律規定外，不得預先拋棄，可惜銀行皆以連帶保證之規定（連帶保證性質與純保證不同），規避民法保證之條文適用，否則新修正規定，保證人是不能拋棄先訴抗辯權。

第二十四節之一　人事保證

一、意　義

　　稱人事保證者，謂當事人約定，一方於他方之受僱人將來因職務上行爲而應對他方爲損害賠償時，由其代負賠償責任之契約（§756-1Ⅰ）。

二、性　質

　　（一）要式契約：人事保證契約應以書面爲之（§756-1Ⅱ）。
　　（二）專屬契約：人事保證因保證人或受僱人死亡而消滅，故爲具有專屬性之契約。
　　（三）單務及無償契約。
　　（四）繼續性契約。

三、保證人責任

（一）責任內容

　　於他方受僱人因執行職務之行爲應對他方負損害賠償責任時，代負賠償責任。
1. 受僱人：凡客觀上被他人使用爲之服務而受其監督者均屬之，不限於僱傭契約所稱之受僱人。
2. 執行職務之行爲：爲免人事保證之保證人負過重之責任，爰明定其責任範圍限於他方受僱人因執行職務之行爲而應負之損害賠償責任，不及於與受僱人職務無關之行爲。

（二）補償性

　　人事保證之保證人，以僱用人不能依他項方法受賠償者爲限，負賠償責任

（§756-2）。

　　人事保證為無償單務契約，對於保證人至為不利，故要求僱用人先依其他方法求償，其不能受償或不足受償，始令保證人負其責任，俾減輕保證人之責任。

（三）範　圍

　　1. 原則：除法律另有規定或契約另有約定外，以賠償事故發生時，受僱人當年可得報酬總額為限。

　　2. 例外：法院得減輕保證人之賠償金額或免除之（§756-6）：

　　（1）有下列情形，僱用人不為通知者（§756-5）：

①僱用人依法得終止僱傭契約，而其終止事由有發生保證人責任之虞者。

②受僱人因職務上之行為而對僱用人負損害賠償責任，並經僱用人或受僱人行使權利者。

③僱用人變更受僱人之職務或任職地點，致加重保證人責任或使其難於注意者。

　　（2）僱用人對受僱人之監督有疏懈者（§756-6②）。

四、保證契約期間（§§756-3、756-4）

　　人事保證契常係以將來內容不確定之損害賠償債務為保證對象，對於保證人極為不利，為免保證人負擔無限期之責任，不可不設期間之限制。

　　（一）約定期間：不得逾3年，逾3年者縮短為3年。

　　（二）未約定期間者：自成立之日起有效期間為3年。

五、消滅時效（§756-8）

　　（一）期間：2年。

　　（二）起算點：自僱用人受有損害而得請求賠償時起算，惟如僱用人尚有他項方法可受賠償時，應自不能依他項方法受賠償時起算。

六、保證契約之消滅（§756-7）

　　（一）保證契約終止：

　　1. 保證期間屆滿。

2. 保證契約未定期間者，保證人得隨時終止契約（§756-4）。

第756條之6之情形時得終止契約。

（二）保證人死亡、破產或喪失行為能力。

（三）受僱人死亡、破產或喪失行為能力。

（四）受僱人之僱傭關係消滅。

七、準用關於保證之規定

人事保證，除本節有規定者外，準用關於保證之規定（§756-9）。

案例1

> A為甲公司員工，年薪60萬，B為其保證人。A因故虧空公司200萬，甲公司除對A為損害賠償之請求外，對保證人B只能就60萬之額度內為請求？

依新施行之民法人事保證篇規定，保證人僅就被保證人年薪範圍內，負保證責任。故甲公司對保證人B只能就60萬之額度內為請求。

案例2

> 這起人事保證損害賠償，係已亡故的前退輔會花蓮榮民服務處書記葉某，生前辦理榮民、榮眷請領、發放、總務、採購時，侵占公款，榮民服務處計算達499萬9,000餘元，由於葉某於89年7月間亡故，榮民服務處向當年為葉某提供鋪保的盛馨文具店求償。

文具店負責人饒某以商號店鋪擔保應以資本額計30萬元為限，不應擴張保證範圍。

法官審理調查葉某侵占公款數目發現，榮民服務處與審計室有出入，以審計室462萬餘元為主。對鋪保之意，該文具店未辦理營利事業登記，又不屬股份有限公司，不得以資本額為限。

法官判定鋪保的保證人應負保證責任，但是考量全案中榮民服務處在監

督上亦有責任，因此減輕保證責任三分之一，鋪保的文具店應給付308萬900餘元。

歷屆高普特考試題

3. 何謂準無因管理？請舉例以明之。

4. 甲見乙後院雜草茂盛，爲其拔除，豈知該「雜草」實係名貴藥草。問甲乙間法律關係如何？

5. 何謂無因管理？其法律上之性質如何？試一併說明之。

第四款　不當得利

1. 不當得利受領人之返還範圍爲何？

2. 甲銀行職員乙，誤將丙領取之款交與丁，其間之法律關係爲何？

3. 某甲之母雞飛至某乙之庭院，連生7個蛋，某乙先誤以爲自家母雞所生，送3個給某丙；其後某乙知悉該蛋爲某甲之母雞所生，但某乙爲趕時間，拿其中2個做蛋餅當早餐，剩餘2個爲野貓所吃掉。試問：甲對乙與丙有如何權利？

4. 試述不當得利之意義，並明其成立要件。

5. 甲與乙以撲克牌撿紅點方式對賭，結果甲輸乙新台幣20萬元，甲當即交付其身上僅有之8萬元於乙，餘款迭經乙催討，甲均設詞拖延。乙訴請甲清償12萬元，甲則反訴請乙返還8萬元。問二者之結果如何？

第五款　侵權行爲

1. 何謂特殊侵權行爲？民法中規定之類型有幾？

2. 何謂共同侵權行爲？爲態樣有幾？

3. 工作物生損害於他人時，其所有人之民事責任爲何？

4. 無行爲能力或限制行爲能力人不法侵害他人之權利，該行爲人及其法定代理人之責任各爲何？

5. 公務員之行爲侵害他人權利時，其責任爲何？

6. 何謂一般侵權行爲？其成立要件爲何？

7. 試說明侵權行爲損害賠償之方法與範圍？

8. 甲駕車不愼撞傷乙，致乙受有損害。請附理由回答下列問題：

（一）乙於知悉事故發生且甲爲肇事者後經過3年，始基於侵權行爲請求甲損害賠償，甲得否拒絕乙之請求？（二）如乙之損害賠償請求權已罹於時效，乙得否主張因甲尚未賠償而獲有利益，請求甲返還該利益？

第二節　債之標的

1. 何謂種類之債？何謂限制種類之債？試舉例以明之。
2. 何謂複利之債？我民法對複利之債有何規定？
3. 何謂過失相抵？何謂損益相抵？試舉例以明之。
4. 何謂讓與請求權？試舉例以明之。
5. 何謂約定利息、法定利息、遲延利息？民法上對於利率有何限制規定？
6. 損害賠償之方法與範圍為何？
7. 甲向乙借錢，雙方約定月利率2%，甲將本利還清後，始知民法上有關法定周年利率20%的規定。欲向乙請求返還超過部分，問乙可否拒絕？
8. 未成年人甲外出途中，擅自闖越紅燈，遭乙違規超速駕駛之機車撞擊，送醫後不治死亡。甲之母親丙嗣後對乙起訴，請求乙賠償其將來所受扶養權利之損害。針對丙之請求，乙提出二項抗辯：（一）甲擅自闖越紅燈肇致車禍，應減輕其賠償責任；（二）甲生前仍賴丙之扶養，故丙所得請求賠償之金額，應扣除其至甲有謀生能力時止因而得免支出之扶養費。問：乙之抗辯，有無理由？

第三節　債之效力

1. 債務人履行債務，應負何種責任？試述之。
2. 契約解除之效力為何？其具有何種特性？
3. 何謂定金？何謂違約金？
4. 試說明違約金之意義、種類及效力為何？
5. 何謂違約金？何謂準違約金？
6. 試說明何謂雙務契約？其在民法上有何特性？
7. 試說明第三人利益契約之效力為何？
8. 試區別契約之解除與契約之終止，並說明契約解除之原因。
9. 關於債之保全，我民法設有如何之規定？
10. 同時履行抗辯之意義與要件為何？
11. 何謂第三人利益契約？何謂第三人負擔契約？試分別舉例說明之。
12. 試說明何謂給付遲延？何謂受領遲延？其法律效力為何？
13. 何謂給付不能？何謂不完全給付？試分別舉例以明之。

14. 甲向乙購買房屋一間，並約定由甲之好友丙向乙請求辦理移轉登記。丙表示受領意思後，乙未辦妥移轉登記前，甲、丙感情交惡，且乙又已遲延給付，甲乃未經丙之同意解除房屋買賣契約。甲之解除是否有效？丙得尋求如何之救濟？

15. 甲出售並交付土地於乙，乙已支付部分價金。其後甲再出售該地於丙，並移轉所有權登記給丙。問：

   （一）甲乙、甲丙之土地買賣契約效力各如何？

   （二）本案土地之所有權屬於何人？

16. 甲出賣A屋於乙，契約成立後不久，A屋因地震滅失，甲因此無法將A屋交付予乙，然而甲因A屋滅失而同時自保險公司處取得新臺幣80萬元之保險金。試問：此時甲與乙間之法律關係如何？

第四節　多數債務人及債權人

1. 何謂連帶債務？其成立要件爲何？
2. 試說明何謂連帶債務？何謂不真正連帶債務？
3. 何謂可分之債？何謂不可分之債？
4. 試說明何謂連帶債務？何謂連帶債權？何謂連帶之債？

第五節　債之移轉

1. 何謂債權讓與？債權讓與對債務人之效力如何？
2. 試說明債權讓與第三人利益契約之不同？
3. 試說明何謂債權讓與？何謂債務承擔？其性質爲何？
4. 試述債務承擔之方法，並舉例加以說明。

第六節　債之消滅

1. 試明混同之原因及效力爲何？
2. 債務得由第三人清償，但於例外場合，亦有不得由第三人清償者，試說明之。
3. 民法規定債之消滅有幾種原因？請簡述其意義。
4. 何謂抵銷？抵銷之限制爲何？

5. 何謂代物清償、間接給付與債務更新？

6. 何謂代位權？何謂代位清償？請舉例以明之。

第二章　各種之債

第一節　買　賣

1. 試述物之瑕疵擔保與權利瑕疵擔保之區別？

2. 買賣契約中，出賣人所負瑕疵擔保責任爲何？何種情形下，出賣人不必負物之瑕疵擔保責任？

3. 甲向乙購買房屋一棟，在房屋還沒有交付以前，已先付價金。不久，該房屋因地震倒塌，此項損失應由何人負擔？

4. 試述拍賣之意義。又拍賣之買受人如不按時支付價金，出賣人得行使何權利，與一般買賣有何不同？

5. 何謂買賣？在買賣契約中，出賣人之主要義務爲何？試分別述之。

6. 關於物之瑕疵擔保責任，贈與人之責任與出賣人之責任有何不同？

第二節　互　易

1. 何謂互易？其效力如何？

2. 甲以A屋與乙之B屋互易，甲將A屋交付與乙，尚未辦理所有權移轉登記前，A屋遭丙焚燬，則乙是否仍應給付B屋？

3. 互易與買賣契約有何區別？

4. 甲乙約定以AB物互易，乙遲不履行給付對務，問甲是否得拒絕自己之給付？

5. 甲受乙之詐欺而同意以其價值較高之A物與乙之B物互易，並已交付之。問甲得如何救濟？

第三節　交互計算

1. 何謂交互計算？試舉例以明之？

2. 交互計算之方法及效力各如何？

第四節　贈　與

1. 試述贈與撤銷之原因及方法、效果。

2. 何謂窮困抗辯？請舉例以釋明之。

3. 何謂附負擔贈與？其效力如何？

4. 甲明知其所有摩托車煞車不良，仍將之贈與某乙，並故意不告知此狀況，嗣後乙騎該車因煞車不良衝入水溝受傷，甲對乙應否負責？

5. 贈與人為贈與之約定後，經濟情況顯有變更，如因贈與以致其生計有重大之影響，或妨礙其扶養義務之履行，應如何辦理？

6. 何謂贈與？其效力如何？試舉例說明之。

7. 甲將其所有一棟房屋贈送與乙，約定乙將該房屋出租，並以該房屋租金收入之一半在某大學設置獎學金，乙皆依約履行。然2年後，乙死亡，乙之繼承人丙自己使用該房屋，不再出租亦未繼續設置獎學金，問甲能否對丙撤銷贈與？

第五節　租　賃

1. 試述租賃契約成立之要件？又契約成立後，出租人、承租人之主要給付義務各如何？試說明之。

2. 甲將其房屋租與乙居住，租期1年，因乙使用不當，致馬桶阻塞不通，使乙生活頗感不便。乙要求甲修繕，甲置之不理，問乙能否因此終止租約？

3. 試說明租賃關係中出租人之留置權及承租人之租賃權物權化。

4. 試就民法之規定，說明出租人是否有修繕租賃物之義務？出租人不履行修繕義務之效果為何？

5. 何謂「買賣不破租賃」？我國民法如何規定？試說明之。

6. 甲出租房屋於乙，月租1萬元，約定租期1年，書面契約成立當場乙繳交3萬元之押租金於甲，甲即將房屋交付於乙使用。租約未辦理公證。租賃關係存續中甲將房屋出售丙，在租期屆滿前兩天，完成移轉登記。租期屆滿後，乙並未立即返還租賃物，而仍為房屋之繼續使用。試問何人在何種情形下對乙得依何種法律關係請求返還房屋？乙應向何人請求押租金之返還？

7. 甲將其所有之A屋出租給乙，兩人約定租期3年，租金每月2萬，乙遂遷入居住。半年後，甲將該屋贈與給丙，並且辦理所有權移轉登記。問：

（一）乙是否能繼續以承租人之身分居住於A屋？

（二）若甲與乙所約定之租賃期限為6年，並做成書面，在甲將房屋贈與丙之後，乙是否能繼續以承租人之身分居住於A屋？

第六節　借　貸

1. 使用借貸之意義及性質各如何？試說明之。
2. 使用借貸之效力如何，請舉例明之。
3. 借貸之類型有幾？試比較其異同。
4. 何謂消費借貸，試述其意義及效力。

第七節　僱　傭

1. 試說明僱傭契約與承攬契約及委任契約之區別？
2. 何謂僱傭？其效力如何？
3. 比較僱傭與承攬之不同？

第八節　承　攬

1. 試說明僱傭契約與承攬契約及委任契約之區別？
2. 何謂承攬人之法定抵押權？其與意定抵押權有何不同？
3. 承攬工作毀損滅失之危險由誰負擔？請依我民法規定說明之。
4. 何謂承攬？在承攬關係中，承攬人有何權利義務？試說明有關規定。
5. 甲承攬乙之房屋新建工程，而乙於交屋半年後，發現屋頂漏水。試問乙依民法承攬之規定，對甲得主張何種權利？

第八節之一　旅　遊

1. 試述旅遊營業人之瑕疵擔保責任。
2. 旅遊中買到瑕疵物品，領隊是否要負責？
3. 旅遊契約中載明住五星級飯店但卻住進三星級飯店，旅客有何權利主張？

第九節　出　版

1. 甲將著作物交付出版人乙後，著作物因地震引起之火災而滅失。試問甲乙間

　　各得爲如何之主張？

2. 試述出版之意義及其效力。

3. 出版權授與人與出版人應負之義務爲何？試說明之。

第十節　委　任

1. 委任契約中，受任人之義務爲何？如委任人死亡，委任關係是否當然消滅？有無例外？

2. 委任與代理有何不同？試詳述之。

3. 試說明委任契約與僱傭契約之區別。

第十一節　經理人及代辦商

1. 試說明何謂經理人、經理權？

2. 經理人與代辦商有何區別？

3. 何謂代辦商？其權利義務如何？試詳述之。

第十二節　居　間

1. 何謂居間？居間人得否請求報酬？有無例外？試就民法規定擇要說明之。

2. 何謂居間？其效力如何？

第十三節　行　紀

1. 試述行紀之意義及其效力。

2. 居間與行紀有何區別？試述之。

3. 何謂行紀人之介入權？

第十四節　寄　託

1. 何謂消費寄託？何謂混藏寄託？此兩者與一般寄託彼此有何不同？

2. 試述法定寄託之意義？

3. 何謂寄託？何謂消費寄託？與消費借貸有何不同？

4. 甲投宿於旅館乙。當晚，甲睡覺時，其置放於沙發上之西裝上衣及一些食物被老鼠咬破，問甲對乙能否請求損害賠償？

5. 甲買票進入乙開設之游泳池游泳，不料其存放於衣帽間之衣物被其他泳客所竊走。問甲對乙能否主張賠償損害？

第十五節　倉　庫

1. 何謂倉單？倉單之性質如何？又倉單如何移轉？請併同說明之。
2. 請指出倉單與提單之主要區別？
3. 試述倉庫營業人之權利義務。

第十六節　運　送

1. 試比較相繼運送（聯運）與一般運送之不同。
2. 何謂運送契約？物品運送與旅客運送有何不同？
3. 提單之性質及效力如何？試述之。
4. 何謂運送營業？何謂託運單及提單？我民法對運送人之責任有何規定？

第十七節　承攬運送

1. 何謂承攬運送，其效力如何？
2. 承攬運送人之法定留置權之要件及效力各如何？
3. 承攬運送人得否兼為運送？自為運送時，其與委託人間之權利義務關係如何？

第十八節　合　夥

1. 合夥之內部關係與外部關係各如何？試就民法規定申述之。
2. 何謂合夥？何謂合夥財產？民法對合夥財產之出資有何限制規定？對合夥財產有何保護規定。

第十九節　隱名合夥

1. 何謂隱名合夥？隱名合夥人之出資如何歸屬？
2. 隱名合夥人對內之權利義務及對外之責任如何？
3. 隱名合夥與合夥有何不同？

第十九節之一　合　會

1. 試述合會契約中，會首與會員各有何權利義務？
2. 會首可否兼會員？
3. 倒會時如何處理？
4. 試說明合會不能繼續進行時，會首的義務為何？

第二十節　指示證券

1. 何謂指示證券？其意義及效力如何？
2. 試述指示證券與倉單、提單之異同？
3. 指示證券讓與之方法及效力如何？

第二十一節　無記名證券

1. 何謂無記名證券？發行人之義務如何？
2. 無記名證券如因遺失或被盜而流通或發行人發行後喪失行為能力時，其證券之效力如何？

第二十二節　終身定期金

1. 何謂終身定期金？其效力如何？
2. 終身定期金之消滅及例外，民法上設何規定？試述之。

第二十三節　和　解

1. 試述和解之意義及其效力。
2. 和解如有錯誤得否撤銷？民法對此有何例外規定，試析述之。
3. 何謂和解之創設效力與認定效力？試舉例釋明之。

第二十四節　保　證

1. 民法之保證其意若何？與票據法上之保證有何不同？
2. 保證契約成立後，保證人得對債權人與主債務人主張之權利各為何？試分述之。

3. 連帶保證與保證連帶有何不同？
4. 普通保證人可以主張先訴抗辯權，但在什麼情形下就不可以主張呢？
5. 保證契約之當事人爲誰？其締結是否需要債務人之參與？其與債務承擔有何不同？
6. 何謂「共同保證」？何謂「連帶保證」？兩者有無區別？
7. 甲向銀行乙貸款新臺幣300萬元，由丙作爲連帶保證人，甲屆清償期無力清償，乙即對丙主張保證人代負履行責任而獲全部清償。請問依我國民法規定，丙得對乙主張何種權利？

第二十四節之一　人事保證

1. 何謂人事保證？人事保證與一般保證有何異同？

第三編

物　權

第一章 通 則

第一節 物權之意義及種類

一、物權之意義

物權乃直接支配其標的物，而可以對任何人主張之一種財產權。物權爲財產權，此點與債權相同。但物權則可以直接支配其標的物，例如所有權人得自由使用、收益、處分其所有物是（§765上段）；而債權人則須透過債務人之行爲，始能支配其標的物，亦即必須向債務人請求始可（§199），此點則物權與債權不同。又物權可以逕行排除任何他人之干涉（§765下段），而債權則祇能向特定人（債務人）請求，此點物權與債權亦有不同。又物權有排他性，採「一物一權」主義，債權則無排他性，此點兩者亦不相同。

二、物權之種類

（一）物權法定主義

民法上對於契約，採「契約自由原則」，對於物權，則採「物權法定主義」。所謂物權法定主義，主要指物權之種類或內容，須依法律之所定，而當事人不得自由創設而言。民法第757條[1]規定：「物權除依法律或習慣外，不得創設。」即明示斯旨。所謂本法，指民法而言，所謂其他法律，指土地法，動產擔保交易法等特別法而言。民法物權編所定之物權，共有八種

1. 所有權：民法第765條以下，尚分爲不動產所有權與動產所有權兩類。
2. 地上權：民法第832條以下。
3. 農育權：民法第850條之1以下。

---

[1] 爲確保交易安全及以所有權之完全性爲基礎所建立之物權體系及其特性，物權法定主義仍有維持之必要，然爲免過於僵化，妨礙社會之發展，若新物權秩序法律未及補充時，自應許習慣予以填補，故習慣形成之新物權，若明確合理，無違物權法定主義存立之旨趣，能依一定之公示方法予以公示者，法律應予承認，以促進社會之經濟發展，並維護法秩序之安定。

4. 不動產役權：民法第851條以下。

5. 抵押權：民法第860條以下。

6. 質權：民法第884條以下，分爲動產質權與權利質權兩類。

7. 典權：民法第911條以下。

8. 留置權：民法第928條以下。

此外尚有「占有」之一事實（§940）。至於其他法律所定之物權如動產擔保交易法上之「動產抵押」（§15以下）是。

（二）物權之分類

物權在學理之分類主要者如下：

1. **不動產物權與動產物權**：此係以物權之標的物之種類爲區別標準而分。前者如不動產所有權、典權等是；後者如動產所有權、動產質權等是。此外以標的物爲準者尚有權利物權，如權利抵押（§883）、權利質權（§900）是。以上區別之實益，於設定、移轉程序上見之。

2. **用益物權與擔保物權**：此係以物權之作用爲區別標準而分。前者如所有權、典權，其作用在乎使用、收益；後者，如抵押權、質權，其作爲債權之擔保，結果僅取得處分權。亦即前者注重其使用價值，後者注重其交換價值。以上兩者區別之實益，於其效力上見之。

3. **主物權與從物權**：此係以物權能否獨立存在爲區別標準而分。前者如所有權、地上權是；後者，如不動產役權與抵押權是。以上兩者區別之實益，於其成立、消滅上見之。

4. **所有權與限制物權**：此乃以物權效力範圍爲準。所有權者，得完全支配標的物之物權也。亦稱完全物權。限制物權者，僅得於特定範圍內支配標的物之物權也。此種物權，以所有權之一定權能爲內容，使所有人對於物之所有權，受其限制，故稱限制物權。且係於他人之物上所設定之權利，故又稱爲他物權。民法所定八種物權中，所有權以外之物權均屬之。

5. **有期物權與無期物權**：此乃以物權有無存續期間爲準。有期物權，即有一定存續期限之物權也。例如典權是。無期物權，即得永久存續之物權也。例如所有權是。

6. **應登記物權與不登記物權**：此乃以物權之取得應否登記爲準。應登記物權，謂權利之取得，須經登記之物權。例如所有權、礦業權等是。反之，則爲

不登記物權。例如留置權是。

第二節　物權之取得、移轉及消滅

一、物權之取得

　　物權之取得，乃物權與特定主體（物權人）相結合之謂，其程序不動產物權與動產物權不同，分述如下：

（一）不動產物權

1. **依法律行為而取得**：不動產物權之設定，應以書面為之（§758 Ⅱ）[2]。同時，不動產物權依法律行為而取得設定者，非經登記，不生效力（§758 Ⅰ）。係以登記為生效要件。此種登記，學說上稱為「設權登記」。所謂登記乃將法定事項，登載於主管機關所備簿冊之上，以公示於眾（公示主義）者是也。例如設定典權，向地政機關為設立登記屬之。

2. **依法律行為以外之原因而取得**：因繼承、強制執行、公用徵收或法院之判決（指形成判決而言，如共有物分割之判決是），於登記前已取得不動產物權者，非經登記，不得處分其物權（§759）[3]。此種取得物權後，所為之登記，學說上稱為「宣示登記」。修正前民法第759條雖僅列舉四種原因，但通說認為不屬於民法第758條適用範圍，不待登記即可發生不動產物權變動者，均應

---

[2] 不動產物權之得、喪、變更之物權行為，攸關當事人之權益至鉅，為示慎重，並便於實務上作業，自應依當事人之書面為之，現行條文第760條之「書面」，究為債權行為，或為物權行為，適用上有不同見解，爰增訂第2項，並將上述第760條刪除。又此所謂「書面」，係指具備足以表示有取得、設定、喪失或變更某特定不動產物權之物權行為之書面而言。如為契約行為，須載明雙方當事人合意之意思表示，如為單獨行為，則僅須明示當事人一方之意思表示。至以不動產物權變動為目的之債權行為者，固亦宜以書面為之，以昭慎重；惟核其性質則以於債編中規定為宜，第166條之1第1項已明定「契約以負擔不動產物權之移轉、設定或變更之義務為標的者，應由公證人作成公證書。」併此敘明。

[3] 第759條：因繼承、強制執行、徵收、法院之判決或其他非因法律行為，於登記前已取得不動產物權者，應經登記，始得處分其物權。
　　增訂第759-1條
　　第1項：不動產物權經登記者，推定登記權利人適法有此權利。
　　第2項：因信賴不動產登記之善意第三人，已依法律行為為物權變動之登記者，其變動之效力，不因原登記物權之不實而受影響。

類推適用本條。例如自己出資建築房屋，於建築完成時，雖取得房屋所有權，惟須待登記後始得處分之。此外不動產物權尚得依時效而取得，詳後述之。

（二）動產物權

1. **原始取得**：動產物權之原始取得，如善意受讓、無主物之先占、埋藏物之發現等，均屬動產所有權之取得原因，詳於動產所有權節述之。

2. **設　定**：如質權之設定，則為取得之質權之原因，詳於動產質權節述之。又動產物權亦得因時效而取得，當一併於取得時效中說明之。

二、物權之移轉

物權之移轉，有廣義與狹義之分，狹義的移轉指讓與而言，廣義則包括繼承、強制執行等在內。於此採用狹義，即權利人甲，將其權利轉讓於乙是也。分不動產物權與動產物權述之：

（一）不動產物權

不動產物權之移轉，應以書面為之（§758Ⅱ）。此種移轉指依法律行為（物權行為）所為者而言，申言之不動產物權，依法律行為而變更者，非經登記，不生效力（§758Ⅰ）。

（二）動產物權

動產物權之讓與，非將動產交付（現實交付），不生效力；但受讓人已占有動產者，於讓與合意時（先占後讓，乃觀念交付之一），即生效力（§761Ⅰ）。其次讓與動產物權，而讓與人仍繼續占有動產者，讓與人與受讓人間，得訂立契約，使受讓人因此取得間接占有（讓後仍占，亦觀念交付之一），以代交付（同條Ⅱ）。又讓與動產物權，如其動產由第三人占有時，讓與人得以對於第三人之返還請求權，讓與於受讓人（指示交付或稱返還代位，亦觀念交付之一），以代交付（同條Ⅲ）。由於上述，可知動產物權之讓與係以交付為公示。所謂交付，乃移轉占有之謂，結果動產物權係以占有為公示，與不動產物權係以登記為公示者，有所不同。

三、物權之消滅

（一）混　同

　　同一物之所有權及其他物權，歸屬於一人者，其他物權因混同而消滅；但其他物權之存續，於所有人或第三人有法律上之利益者，不在此限（§762）。例如同一土地上，甲有所有權，乙有典權，若乙死亡，甲爲其繼承人而繼承其典權（其他物權），致所有權與典權歸屬甲一人時，即屬混同，於是典權消滅。但如乙曾以其典權爲第三人丙設定抵押權者，則該典權之存續，對於丙即有法律上之利益，此時該典權不因混同而消滅。又所有權以外之物權，及以該物權爲標的物之權利，歸屬於一人者，其權利因混同而消滅（§763 I）；但其權利之存續，於權利人或第三人有法律上之利益者，不在此限（§763 II 準用§762但書之規定）。

（二）拋　棄

　　物權除法律另有規定外，因拋棄而消滅（§764）[4]。拋棄乃權利人表示放棄其權利之謂。係單獨行爲，屬於法律行爲之一種，其效力得使所拋棄之權利消滅。物權人得自由拋棄其物權，但法律另有規定，不得自由拋棄其權利者，例如民法第835條（地上權有支付地租之約定者不得隨時拋棄）及第903條（爲質權標的物之權利，非經質權人之同意，出質人不得以法律行爲使其消滅）所定者均是。然若無特別規定時，原則上物權得自由拋棄之。拋棄之方法，在不動產物權應爲塗銷登記；在動產物權則拋棄占有即可。

---

[4]　增訂第764條第2項：前項拋棄，第三人有以該物權爲標的物之其他物權或於該物權有其他法律上之利益者，非經該第三人同意，不得爲之。
　　增訂第3項：拋棄動產物權者，並應拋棄動產之占有。

第二章　所有權

第一節　通　則

一、所有權之意義及種類

（一）所有權之意義

　　所有權乃一般的全面的支配其客體，而具有彈性及永久性之完全物權也。所謂完全物權，係對定限物權而言。定限物權如地上權、抵押權等對其客體之支配皆有一定的限度，而所有權則爲一般的全面的支配其客體，並無一定限度，故爲完全物權。又所有權具有彈性，得因其他物權之設定，致其內容成爲空虛，所謂空虛所有權是，例如所有權上設定典權，則原所有權人之所有權，即徒具其名而已，然一旦典權因回贖而消滅，則所有權即因典權之除去，而恢復圓滿，此之謂所有權之彈性。又所有權具有永久性，不可預定存續期間，與地上權、典權等得定有存續期間者，亦不相同。

（二）所有權之種類

　　所有權以其主體爲單一或複數爲區別標準，可分爲單獨所有權與共同所有權兩種。前者單稱所有權即是；後者則簡稱共有，民法就此特設規定。其次，所有權以其客體（標的物）之不同爲區別標準，可分爲不動產所有權與動產所有權兩種，民法就此分別設有規定。

二、所有權之效力

　　民法第765條規定：「所有人，於法令限制之範圍內，得自由使用、收益、處分其所有物；並排除他人之干涉。」所謂使用，例如穿衣，彈琴是；所謂收益，例如就所有物收取其天然孳息或法定孳息是。民法第766條規定：「物之成分及其天然孳息，於分離後，除法律另有規定外，仍屬於其物之所有人。」故所有人有收取天然孳息之權利。所謂處分，例如拆除房屋（事實上之處分），或就自己之不動產爲他人設定抵押權（法律上之處分）均是。至於排除他人之干涉，詳言之，則有：

（一）所有物返還請求權

即所有人對於無權占有，或侵奪其所有物者，得請求返還之（§767 I 前段）[1]是。

（二）所有權妨害排除請求權

即所有人對於妨害其所有權者，得請求除去之（同條中段）是。

（三）所有權妨害預防請求權

即所有人對於有妨害其所有權之虞者，得請求防止之（同條後段）是也。

綜據上述，吾人可將所有權之效力，分列為九大權能如下：

1. 占有：法無規定，事屬當然；
2. 使用：民法第765條；
3. 收益：民法第765條；
4. 處分：民法第765條；
5. 保存：民法第820條；
6. 改良：民法第820條；
7. 所有物返還請求權：民法第767條；
8. 所有權妨害排除請求權：民法第767條；
9. 所有權妨害預防請求權：民法第767條。

以上之權能，均須受法令之限制，例如排除他人之干涉之權能，若法令限制其排除者（如§773），則不得排除之。斯乃顧及社會公益而然，故今日之所有權有社會化之傾向。

三、所有權之取得時效

（一）動產所有權之取得時效

取得時效，乃因占有他人之動產或不動產，繼續達一定期間，即因之而取得其權利之謂。茲先就動產所有權之取得時效言之。民法第768[2]條規定：「以

---

[1] 增訂第767條第2項：前項規定，於所有權以外之物權，準用之。

[2] 增訂第768-1條：以所有之意思，五年間和平、公然、繼續占有他人之動產，而其占有之始為善意並無過失者，取得其所有權。

所有之意思，十年間和平、公然、繼續占有他人之動產者，取得其所有權。」其要件爲

　　1. 占有他人之動產；

　　2. 須爲以所有之意思（自主占有）而和平、公然、繼續占有；

　　3. 須繼續占有十年。

　　具備以上要件，則取得該動產之所有權。

（二）不動產所有權之取得時效

　　不動產所有權之取得時效有兩種情形：

1. 須占有二十年者

　　民法第769條規定：「以所有之意思，二十年間，和平、公然、繼續占有他人未登記之不動產者，得請求登記爲所有人。」可見在不動產取得時效雖已完成，仍不能逕行取得其所有權，必須請求登記爲所有人後，始取得所有權，此點與上述動產之情形不同。

2. 須占有十年者

　　民法第770條規定：「以所有之意思，十年間，和平、公然、繼續占有他人未登記之不動產，而其占有之始爲善意並無過失者，得請求登記爲所有人。」可見增加一「占有之始爲善意並無過失」之要件，在期間上即較前者縮短10年。

　　上述之取得時效，即以占有爲其基礎，如其占有上有變動，則時效即中斷，民法第771條第1項規定：「占有人有下列情形之一者，其所有權之取得時效中斷：

　　一、變爲不以所有之意思而占有。

　　二、變爲非和平或非公然占有。

　　三、自行中止占有。

　　四、非基於自己之意思而喪失其占有。但依第949條或第962條規定，回復其占有者，不在此限。

　　第2項規定：依第767條規定起訴請求占有人返還占有物者，占有人之所有權取得時效亦因而中斷。」

　　以上所有權取得時效要件及中斷之規定，於所有權以外財產權（例如地上權）之取得，準用之。於已登記之不動產，亦同（§772）。

案例1

> 甲在其所有土地上建築房屋,於建築完畢後,鄰地所有人乙發現甲之房屋及圍牆部分越界占用其土地,乙可否訴請甲拆除占用其地上之房屋及圍牆,返還其土地?

民法第796條規定:「土地所有人建築房屋非因故意或重大過失逾越地界者,鄰地所有人如知其越界而不即提出異議,不得請求移去或變更其房屋。但土地所有人對於鄰地因此所受之損害,應支付償金。」甲越界部分包括建築物(房屋)及圍牆二部分:建築物部,依民法第796條規定,甲建築房屋非因故意或重大過失逾越地界者,若乙於其越界時,未即提出異議,則不能請甲拆屋還地,但甲對於乙因此所受之損害,應支付償金。若乙立即提出異議,可請求拆屋還地,然有時難免對社會經濟及當事人之利益造成重大損害,應依第796-1條之規定為之。另圍牆部分,因非民法第976條所指之建築物,故乙應可依民法第767條請求拆除並還地。

案例2

> 甲在乙的土地上擅自建築房屋已達20年之久。問所有權變動是否已發生。

視乙之土地有無登記,及甲係以所有或行使地上權意思而定,如該等土地未登記,則甲可主張時效取得,請求登記為所有權人或地上權人。如已登記,則甲祇可主張地上權之時效取得,而不可主張所有權之時效取得。惟無論何者,在未辦理時效取得之登記前,尚不發生物權之變動效果,此與動產不同。

第二節　不動產所有權

一、土地所有權之範圍

土地所有權之範圍,以登記之面積及疆界為準。惟土地可分為地面、地上及地下三部分,土地所有權之支配力,雖及於地面、地上及地下,但為兼顧

社會公益，僅於其行使有利益之範圍內，始得排除他人之干涉。故「土地所有權，除法令有限制外，於其行使有利益之範圍內，及於土地之上、下，如他人之干涉，無礙其所有權之行使者，不得排除之」（§773）。至所謂法令之限制，在公法方面，例如土地法第14條至第24條關於土地權利之限制是。在私法方面，例如下述土地相鄰關係之限制是。

二、不動產之相鄰關係

相鄰關係，謂相鄰接之不動產所有人相互間之權利義務關係也。相鄰接之不動產，相互關係，至為密切，其權利之行使，易生牴觸，為謀公益，自須予以調和，故所有權有為相鄰不動產之利益而受限制之義務。如就他方觀察，則為所有權之擴張，為一種權利，通稱相鄰權。但基於相鄰關係而受之限制，係所有權內容所受之法律上限制，並非受限制者之相對人因此而取得一種獨立之限制物權（63台上2117）。

相鄰關係，以調和相鄰接不動產之利用為目的，雖就其所有人而為規定，然準用於地上權、永佃權及典權，於其他用益物權及因租賃或借貸而取得不動產利用權人相互間，亦準用之。

（一）損害之防免

土地所有人，不得就自己所有之土地，加損害於相鄰之土地。故「土地所有人經營事業或行使其所有權，應注意防免鄰地之損害。」（§774）。「土地所有人開掘土地或為建築時，不得因此使鄰地之地基動搖或發生危險，或使鄰地之建築物或其他工作物受其損害。」（§794）。如「建築物或其他工作物之全部或一部有傾倒之危險，致鄰地有受損害之虞者，鄰地所有人，得請求為必要之預防」（§795）。所有人違反上述義務，致鄰地發生損害者，應負賠償之責。

（二）關於水之相鄰關係

1. 自然流水：民法第775條[3]、第778條[4]。
2. 排水：民法第779條[5]、第780條[6]。
3. 用水：民法第781條至第783條[7]。
4. 水流變更：民法第784條[8]。
5. 設堰與用堰：民法第785條[9]。

---

[3] 第775條第1項：土地所有人不得妨阻由鄰地自然流至之水。
第2項：自然流至之水為鄰地所必需者，土地所有人縱因其土地利用之必要，不得妨阻其全部。

[4] 第778條第1項：水流如因事變在鄰地阻塞，土地所有人得以自己之費用，為必要疏通之工事。但鄰地所有人受有利益者，應按其受益之程度，負擔相當之費用。
增訂第2項：前項費用之負擔，另有習慣者，從其習慣。

[5] 第779條第1項：土地所有人因使浸水之地乾涸，或排泄家用或其他用水，以至河渠或溝道，得使其水通過鄰地。但應擇於鄰地損害最少之處所及方法為之。
第2項：前項情形，有通過權之人對於鄰地所受之損害，應支付償金。
增訂第3項：前二項情形，法令另有規定或另有習慣者，從其規定或習慣。
增訂第4項：第一項但書之情形，鄰地所有人有異議時，有通過權之人或異議人得請求法院以判決定之。

[6] 第780條：土地所有人因使其土地之水通過，得使用鄰地所有人所設置之工作物。但應按其受益之程度，負擔該工作物設置及保存之費用。

[7] 第781條：水源地、井、溝渠及其他水流地之所有人得自由使用其水。但法令另有規定或另有習慣者，不在此限。
第782條第1項：水源地或井之所有人對於他人因工事杜絕、減少或污染其水者，得請求損害賠償。如其水為飲用或利用土地所必要者，並得請求回復原狀；其不能為全部回復者，仍應於可能範圍內回復之。
增訂第2項：前項情形，損害非因故意或過失所致，或被害人有過失者，法院得減輕賠償金額或免除之。

[8] 第784條第1項：水流地對岸之土地屬於他人時，水流地所有人不得變更其水流或寬度。
第2項：兩岸之土地均屬於水流地所有人者，其所有人得變更其水流或寬度。但應留下游自然之水路。
第3項：前二項情形，法令另有規定或另有習慣者，從其規定或習慣。

[9] 第785條第1項：水流地所有人有設堰之必要者，得使其堰附著於對岸。但對於因此所生之損害，應支付償金。
第2項：對岸地所有人於水流地之一部屬於其所有者，得使用前項之堰。但應按其受益之程度，負擔該堰設置及保存之費用。
第3項：前二項情形，法令另有規定或另有習慣者，從其規定或習慣。

（三）鄰地之使用

1. 線管安設：民法第786條[10]。
2. 必要通行：民法第787條至第789條[11]。
3. 禁止侵入：
   （1）土地所有人原則上得禁止他人侵入其地內（§790前段）。
   （2）例外：容許他人進入或使用，其情形有
   　①他人有通行權（§790①）。
   　②容許他人樵牧（§790②）。
   　③他人進入搜尋遺失物（§791）。
   　④氣灰聲振之輕微侵入（§793）[12]。
   　⑤必要之使用（§792）[13]。

---

[10] 第786條第1項：土地所有人非通過他人之土地，不能設置電線、水管、瓦斯管或其他管線，或雖能設置而需費過鉅者，得通過他人土地之上下而設置之。但應擇其損害最少之處所及方法為之，並應支付償金。
第2項：依前項之規定，設置電線、水管、瓦斯管或其他管線後，如情事有變更時，他土地所有人得請求變更其設置。
第3項：前項變更設置之費用，由土地所有人負擔。但法令另有規定或另有習慣者，從其規定或習慣。
增訂第4項：第779條第4項規定，於第1項但書之情形準用之。

[11] 第787條第1項：土地因與公路無適宜之聯絡，致不能為通常使用時，除因土地所有人之任意行為所生者外，土地所有人得通行周圍地以至公路。
第2項：前項情形，有通行權人應於通行必要之範圍內，擇其周圍地損害最少之處所及方法為之；對於通行地因此所受之損害，並應支付償金。
增訂第3項：第779條第4項規定，於前項情形準用之。
增訂第788條第2項：前項情形，如致通行地損害過鉅者，通行地所有人得請求有通行權人以相當之價額購買通行地及因此形成之畸零地，其價額由當事人協議定之；不能協議者，得請求法院以判決定之。
第789條第1項：因土地一部之讓與或分割，而與公路無適宜之聯絡，致不能為通常使用者，土地所有人因至公路，僅得通行受讓人或讓與人或他分割人之所有地。數宗土地同屬於一人所有，讓與其一部或同時分別讓與數人，而與公路無適宜之聯絡，致不能為通常使用者，亦同。

[12] 第793條：土地所有人於他人之土地、建築物或其他工作物有瓦斯、蒸氣、臭氣、煙氣、熱氣、灰屑、喧囂、振動及其他與此相類者侵入時，得禁止之。但其侵入輕微，或按土地形狀、地方習慣，認為相當者，不在此限。

[13] 第792條：土地所有人因鄰地所有人在其地界或近旁，營造或修繕建築物或其他工

（四）逾越疆界

1. 越界建築（§796）

「土地所有人建築房屋非因故意或重大過失逾越地界者，鄰地所有人如知其越界而不即提出異議，不得請求移去或變更其房屋。」（§796前段），以免土地所有人損失過鉅，影響社會經濟。但土地所有人對於鄰地因此所受之損害，應支付償金（同條但書）。茲分述之：

（1）建屋越界之意義：建屋越界，指土地所有人在其自己之土地建築房屋，僅其一部分逾越土地之疆界者而言。至越界占用之土地，為鄰地之一部或全部，在所不問。

（2）建築之範圍：本條所稱越界建築，其建築物須為正式房屋，不包括非房屋構成部分之牆垣、豬欄、狗舍或屋外之簡陋廚、廁在內。土地所有人之房屋全部建築於他人之土地、或於所建房屋整體之外，越界加建之房屋、活動房屋及其他臨時房屋，亦不包括在內。

（3）越界建築人須非因故意或重大過失逾越地界者：土地所有人建築房屋非因故意或重大過失逾越地界者，鄰地所有人如知其越界而不即提出異議，不得請求移去或變更其房屋。修正前條文規定對越界建築者，主觀上不區分其有無故意或重大過失，一律加以保護，有欠公允，爰仿德國民法第912條、瑞士民法第674條之立法體例，於第1項增列「非因故意或重大過失」越界建築者，始加以保障，以示平允。

（4）鄰地所有人之救濟：非因故意或重大過失越界建築，如鄰地所有人知情而不即提出異議，雖不得請求移去或變更其建築物，惟土地所有人對於鄰地因此所受之損害，應支付償金（§796但書）。

98年1月增訂第796條第2項：前項情形，鄰地所有人得請求土地所有人，以相當之價額購買越界部分之土地及因此形成之畸零地，其價額由當事人協議定之，不能協議者，得請求法院以判決定之。

增訂第796-1條第1項[14]：土地所有人建築房屋逾越地界，鄰地所有人請求

作物有使用其土地之必要，應許鄰地所有人使用其土地。但因而受損害者，得請求償金。

[14] 對於不符合第796條規定者，鄰地所有人得請求移去或變更逾越地界之房屋。然有時難免對社會經濟及當事人之利益造成重大損害。為示平允，宜賦予法院裁量

移去或變更時，法院得斟酌公共利益及當事人利益，免為全部或一部之移去或變更。但土地所有人故意逾越地界者，不適用之。

第2項：前條第1項但書及第2項規定，於前項情形準用之。

2. 植物枝根之越界

（1）土地所有人得向植物所有人，請求於相當期間內刈除（§797 I）。

（2）植物所有人不於相當期間內刈除，土地所有人有下列權利：

①妨害除去請求權（§767）。

②自行刈取之並得請求償還因此所生之費用（§797 II）。

（3）如其越界，於土地之利用無妨害者，不得排除之（§797 III）。

3. 果實自落於鄰地（§798）

（1）視為鄰地所有人所有，以維相鄰人間之和平。

（2）鄰地為公用地者，仍視為果樹所有人所有。

三、建築物之區分所有

（一）區分所有之意義

區分所有，指數人區分一建築物，而各有其一部者而言。其區分之各部分，為獨立之權利客體，成立單獨之所有權。區分之方法，不以分幢所有為限，分層所有及同一階層分套、分間所有（公寓），亦包括在內。惟必須在構造上及使用上均具有獨立性方可（80台上804）。

（二）共同部分推定為共有（§799）

「稱區分所有建築物者，謂數人區分一建築物而各專有其一部，就專有部分有單獨所有權，並就該建築物及其附屬物之共同部分共有之建築物。」（I）。此種建築物之共同部分，例如走道、屋頂、公用廁所等，性質上無從區分故也。

權，爰參酌最高法院67年台上字第800號判例，由法院斟酌公共利益及當事人之利益，例如參酌都市計畫法第39條規定，考慮逾越地界與鄰地法定空地之比率、容積率等情形，免為全部或一部之移去或變更，以顧及社會整體經濟利益，並兼顧雙方當事人之權益。但土地所有人故意逾越地界者，不適用上開規定，始為公平。

1. 專有部分：指區分所有建築物在構造上及使用上可獨立，且得單獨爲所有權之標的者。

2. 共有部分：指區分所有建築物專有部分以外之其他部分及不屬於專有部分之附屬物（Ⅱ）。

3. 區分建築物使用上之權利義務關係：專有部分得經其所有人之同意，依規約之約定供區分所有建築物之所有人共同使用；共有部分除法律另有規定外，得經規約之約定供區分所有建築物之特定所有人使用（Ⅲ）。

4. 區分所有人就區分所有建築物共有部分及基地之應有部分比例：區分所有人就區分所有建築物共有部分及基地之應有部分，依其專有部分面積與專有部分總面積之比例定之。但另有約定者，從其約定（Ⅳ）。

5. 區分所有物處分時之限制：專有部分與其所屬之共有部分及其基地之權利，不得分離而爲移轉或設定負擔（Ⅴ）。

（三）區分所有建築物共有部分之修繕費及負擔（§799-1）

1. 區分所有建築物共有部分之修繕費及其他負擔，由各所有人按其應有部分分擔之。但規約另有約定者，不在此限（Ⅰ）。

2. 前項規定，於專有部分經依前條第三項之約定供區分所有建築物之所有人共同使用者，準用之（Ⅱ）。

（四）區分所有建築物之規約（§799-1）

1. 規約之內容依區分所有建築物之專有部分、共有部分及其基地之位置、面積、使用目的、利用狀況、區分所有人已否支付對價及其他情事，按其情形顯失公平者，不同意之區分所有人得於規約成立後3個月內，請求法院撤銷之（Ⅲ）。

2. 區分所有人間依規約所生之權利義務，繼受人應受拘束。其依其他約定所生之權利義務，特定繼受人對於約定之內容明知或可得而知者，亦同（Ⅳ）。

（五）他人正中宅門之使用權（§800）

正中宅門，謂一座房屋之正門。區分所有之建築物之正門，雖非共有，而建築物之「專有部分之所有人，有使用他專有部分所有人正中宅門之必要者，得使用之。但另有特約或另有習慣者，從其特約或習慣。」（Ⅰ）。所謂有使

用他人正中宅門之必要，指依客觀事實有使用之必要者而言。例如非予使用，即無從通行或有婚、喪、喜慶是。但「因前項使用，致他專有部分之所有人受損害者，應支付償金」（Ⅱ）。

（六）公寓大廈管理條例

於民國84年6月28日公布施行，爲民法之特別法，就公寓大廈區分所有權人間之權利義務關作明確規範，亦值注意。茲將相關概念說明如下（公寓§3）：

1. **公寓大廈**：指構造上或使用上或在建築執照設計圖樣標有明確界線得區分爲數部分之建築物及其基地。

2. **區分所有**：指數人區分一建築物而各有其專有部分，並就其共用部分按其應有部分有所有權。

3. **專有部分**：指公寓大廈之全部或一部分，具有使用上之獨立性，且爲區分所有之標的者。

4. **共用部分**：指公寓大廈專有部分以外之其他部分及不屬專有之附屬建築物，而供共同使用者。

5. **區分所有權人會議**：指區分所有權人爲共同事務及涉及權利義務之有關事項，召集全體區分所有權人所舉行之會議。

案例1

> 購買違章建築之房屋，是否受交付在先者，取得所有權？

所謂違章建築，係指建築法適用地區內，未經當地主管建築機關審查許可並發給執照而擅自建造之建築物（建築法§§3、4、35）違章建築雖爲地政機關所不許登記，但非不得以之爲交易標的，出賣人仍負交付其物於買受人之義務（48台上1812）又購買違建房屋，以受交付在先者，取得所有權（53台上3573）。

　　甲有別墅一棟預售，為吸引買者，乃將奇花異樹種於園中並配以假山噴泉。買主乙見此景乃以高價購買並訂有書面契約。甲交屋並辦理所有權移轉登記後，然甲竟將奇花異樹取走。乙乃訴請交還上開物件，問應如何處理？

　　甲已經辦理所有權轉移登記，此時別墅及土地均為乙所有；由於甲之前將奇花異樹種上即為不動產，所以此物為乙所有；乙可向甲請求損害賠償。

第三節　動產所有權

一、善意受讓

　　善意受讓亦稱善意取得或即時取得，乃動產之受讓人占有動產，而受關於占有規定之保護者，縱讓與人無移轉所有權之權利，受讓人仍取得其所有權之謂（§801）。所謂受關於占有規定之保護，係指受民法第948條規定之保護而言。按該條第1項規定為：「以動產所有權或其他物權之移轉或設定為目的，而善意受讓該動產之占有者，縱其讓與人無讓與之權利，其占有仍受法律之保護。但受讓人明知或因重大過失而不知讓與人無讓與之權利者，不在此限。」亦即善意受讓動產之占有，如其讓與之目的係在乎移轉該動產之所有權時，受讓人亦能取得其所有權，縱原占有該動產之讓與人並無所有權亦無影響。所以如此者保護交易之安全也。

二、無主物之先占

　　無主物之先占亦為動產所有權取得原因之一。乃以所有之意思，占有無主之動產者，除法令另有規定外，取得其所有權之謂（§802）。此種因先占而取得所有權之方法，不僅民法上有之，國際公法上亦有之，乃一古老的取得所有權之方法也。

三、遺失物之拾得

（一）遺失物拾得之意義

遺失物之拾得乃發見他人遺失之動產，而占有之一種法律事實。所謂遺失，乃不本於占有人之意思，而脫離其占有，致現已無人占有之謂。所謂物於此限於動產，所謂拾得，屬於事實行為，並非法律行為，故拾得人有無行為能力，在所不問。

（二）遺失物拾得之效果

遺失物之拾得，亦為動產所有權取得原因之一，但非即時取得，尚須經一定之程序始可。易言之，拾得須先盡義務，然後始能取得權利。

1. 拾得人之義務

（1）通知、揭示、報官

拾得遺失物者應從速通知遺失人、所有人、其他有受領權之人或報告警察、自治機關。報告時，應將其物一併交存。但於機關、學校、團體或其他公共場所拾得者，亦得報告於各該場所之管理機關、團體或其負責人、管理人，並將其物交存（§803 I）。

前項受報告者，應從速於遺失物拾得地或其他適當處所，以公告、廣播或其他適當方法招領之（同條 II）。拾得物易於腐壞或其保管需費過鉅者，招領人、警察或自治機關得為拍賣或逕以市價變賣之，保管其價金（§806）。

（2）保管及返還

遺失物自通知或最後招領之日起6個月內，有受領權之人認領時，拾得人、招領人、警察或自治機關，於通知、招領及保管之費用受償後，應將其物返還之（§805 I）。

2. 拾得人之權利

（1）費用償還請求權

有受領權之人認領遺失物時，拾得人得請求報酬。但不得超過其物財產上價值十分之一。其不具有財產上價值者，拾得人亦得請求相當之報酬（§805 II）。

（2）報酬請求權

拾得人於遺失物之所有人認領時，得請求其物價值十分之一之報酬（同條

Ⅱ）[15]。按拾得人與認領人之間，應屬於一種無因管理關係。無因管理關係本不許請求報酬，但於此法律上特許之。

有受領權人依前項規定給付報酬顯失公平者，得請求法院減少或免除其報酬（同條 Ⅲ）[16]。

（3）遺失物所有權之取得

遺失物自通知或最後招領之日起逾6個月，未經有受領權之人認領者，由拾得人取得其所有權。警察或自治機關並應通知其領取遺失物或賣得之價金。其不能通知者，應公告之（§807Ⅰ）。

3. 限制拾得人之請求報酬

第805條之1有下列情形之一者，不得請求前條第2項之報酬：

（1）在公眾得出入之場所或供公眾往來之交通設備內，由其管理人或受僱人拾得遺失物。

（2）拾得人未於7日內通知、報告或交存拾得物，或經查詢仍隱匿其拾得遺失物之事實[17]。

（3）有受領權之人為特殊境遇家庭、低收入戶、中低收入戶、依法接受急難救助、災害救助，或有其他急迫情事者[18]。

（三）財產價值輕微遺失物之拾得（§807-1）[19]

1. 遺失物價值在新臺幣500元以下者，拾得人應從速通知遺失人、所有人

---

[15] 現行規定拾得人得向遺失人索取之三成報酬之規定偏高，爰將第2項規定請求報酬上限十分之三修正為十分之一。

[16] 為符合公平原則，若有受領權人依規定給付報酬顯失公平者，得請求法院減少或免除報酬，爰增訂第3項文字。

[17] 為規範拾得人請求報酬之限制條件，爰將第2款修正為「拾得人未於七日內通知、報告或交存拾得物，或經查詢仍隱匿其拾得遺失物之事實。」以作更明確之規定。

[18] 為避免社會救助法所稱對象及特殊境遇家庭等弱勢民眾，因拾得人主張報酬請求權及留置權，而造成生活之困境，爰增訂第3款，以限制拾得人之請求報酬。

[19] 財產價值輕微之遺失物，考量招領成本與遺失物價值成本效益，並求與社會脈動一致，爰參考德國民法965條之立法意旨，增訂簡易招領程序規定。遺失物價值在新臺幣500元以下者，拾得人如知遺失人、所有人或其他有受領權之人時，始負通知義務。其若於機關、學校、團體或其他公共場所拾得者，亦得向各該場所之管理機關、團體或其負責人、管理人報告並交存其物，由其招領較為便捷，爰增訂第1項，以簡化程序，達成迅速及節省招領成本之目的。又本條僅適用於具財產價值之遺失物價值在新臺幣500元以下者，不具財產價值之遺失物不適用之。

或其他有受領權之人。其有第803條第1項但書之情形者，亦得依該條第1項但書及第2項規定辦理。

2. 前項遺失物於下列期間未經有受領權之人認領者，由拾得人取得其所有權或變賣之價金：

　　（1）自通知或招領之日起逾15日。

　　（2）不能依前項規定辦理，自拾得日起逾1個月。

3. 第805條至前條規定，於前二項情形準用之。

四、漂流物或沈沒品之拾得

拾得漂流物、沈沒物或其他因自然力而脫離他人占有之物者，準用關於拾得遺失物之規定（§810），即須經通知招領等程序，於6個月內無人認領時，始取得其所有權。

五、埋藏物之發見

埋藏物之發見，指發見埋藏物而占有之一種法律事實。此種法律事實亦為動產所有權取得原因之一。所謂埋藏物乃被埋藏於土地或其他物（包藏物）之中，而不易辨別其屬於何人之動產是也。所謂發見乃開始認知該物所在之意。發見並非法律行為，因而發見人有無行為能力，在所不問。惟發見，後必須占有，否則仍不能取得其所有權。民法第808條規定：「發見埋藏物而占有者，取得其所有權；但埋藏物係在他人所有之動產或不動產中發見者，該動產或不動產之所有人與發見人，各取得埋藏物之半。」埋藏物之發見，雖可取得其所有權，但有例外，即發見之埋藏物足供學術、藝術、考古或歷史之資料者（如北京人骨），其所有權之歸屬，依特別法之規定（§809）。所謂特別法，例如文化資產保存法是。

六、添　附

添附係指因增添附加，致物之質量擴張之法律事實。包括附合、混合、加工等三種情形，均為民法上取得動產所有權之原因。

（一）附　合

附合乃所有人不同之二物，結合成為一物之謂，有不動產上附合與動產上

附合之別：

1. **不動產上附合**：動產因附合而為不動產之重要成分者（如甲之白灰，粉刷於乙之牆壁上），不動產所有人（乙）取得動產（白灰）之所有權（§811）。於是甲之所有權消滅。

2. **動產上附合**：動產與他人之動產附合，非毀損不能分離或分離需費過鉅者，各動產所有人，按其動產附合時之價值，共有合成物；不過此項附合之動產有可視為主物者，該主物所有人，取得合成物之所有權（§812）。於是非主物所有人之所有權消滅。

（二）混　合

動產與他人之動產混合（如甲之酒與乙之酒混合）不能識別，或識別需費過鉅者，準用動產附合之規定（§813）。即原則上共有混合物，如有可視為主物者，則由主物之所有人取得混合物之所有權，而另一人之所有權消滅。

（三）加　工

加工於他人之動產者（如以他人之木材製成桌椅），其加工物之所有權屬於材料所有人。但因加工所增之價值顯逾材料之價值者，其加工物之所有權屬於加工人（§814）。於此情形，該材料所有人之所有權消滅。

依上述附合、混合、加工之規定，動產之所有權消滅者，該動產上之其他權利（如動產質權），亦同消滅（§815）。但其因而受損害者，得依關於不當得利之規定，請求償還價額（§816）。

案例1

> 甲是一位雕刻家，見乙有檜木乃取一段，雕成價值很高的雕像，問所有權歸誰？

甲加工於乙之檜木，因加工所增加之價值顯逾材料之價值，其加工物之所有權屬於甲，但乙得向甲請求償還檜木之價值。

案例2

甲在馬路旁拾獲一只金錶，查問路人不知係何人所有，遂送往附近的警察局招領，但遺失物公告招領經6個月之後，均無人前往警察局認領。問其能否取得該手錶的所有權？

遺失物，係指非出於本人之意思，而脫離本人之占有，不知物置於何處。拾得遺失物，應立即將拾得物送往警政機關公告招領，依民法第807條第1項規定，遺失物自通知或最後招領之日起逾六個月，未經有受領權之人認領者，由拾得人取得其所有權。警察或自治機關並應通知其領取遺失物或賣得之價金。其不能通知者，應公告之。因此，甲拾得手錶而送往警察局公告招領之後，已經過6個月的時間，且又無人出面認領，甲自可取得該物的所有權。

案例3

甲於閒逛時，突然發現一顆鑽戒，甲應如何處理，才可合法取得該鑽戒之所有權？

要取得遺失物所有權，必須具備下列兩個要件：

1. 法定期間之經過：拾得遺失物要取得合法所有權，必須經過6個月的期間，至於何時算起，解釋上應自拾得人通知遺失人、或最後招領之日起算。

2. 須經過報告及交存遺失物之程序。

第四節　共　有

共有乃數人同時就一物之所有權，共同享有之謂。共有乃別於單獨所有而言，在一般情形，多為單獨所有（一人一物一權），故單稱所有時，通常即指單獨所有而言。共有（數人一物一權）必須特別標明，故民法上就共有另設規定。

共有分三類，即分別共有、公同共有及準共有是也，以下分述之。

一、分別共有

（一）分別共有之意義及成立

分別共有乃數人按其應有部分，共同享有一物之所有權是也。其權利人稱爲共有人，其權利之比例，稱爲應有部分。此種共有屬於常態，故單稱共有時，即指此種共有而言。民法第817條規定：「數人按其應有部分，對於一物有所有權者，爲共有人。各共有人之應有部分不明者，推定其爲均等。」此種共有如何成立，不外基於法律行爲及法律規定（如§§812、813）而已。

（二）分別共有之效力

此可分共有人與共有人間之對內關係，及共有人對於第三人之對外關係兩點述之。

1. 對內關係

（1）應有部分之處分：各共有人，得自由處分其應有部分（§819 I）。

（2）共有物之使用收益：各共有人，除契約另有約定外，按其應有部分，對於共有物之全部，有使用收益之權（§818）。

（3）共有物之處分：共有物之處分、變更及設定負擔，應得共有人全體之同意（§819 II）。若共有之標的物爲土地或建築改良物者，其處分、變更及設定地上權、地役權或典權，土地法第34-1條設有特別規定，應優先適用之。

（4）共有物之管理

①原則：共有物之管理，除契約另有約定外，應以共有人過半數及其應有部分合計過半數之同意行之。但其應有部分合計逾三分之二者，其人數不予計算（§820 I）[20]。

②例外：

a.依前項規定之管理顯失公平者，不同意之共有人得聲請法院以裁定變更之（同條 II）。

---

[20] 為促使共有物有效利用，立法例上就共有物之管理，已傾向依多數決為之（如瑞士民法第647-1條、第647-2條、日本民法第252條、義大利民法第1105條、第1106條、第1108條、奧國民法第833條、德國民法第745條），爰仿多數立法例，修正第1項。

　　b.前2項所定之管理，因情事變更難以繼續時，法院得因任何共有人之聲請，以裁定變更之（同條Ⅲ）。

　　c.共有人依第1項規定爲管理之決定，有故意或重大過失，致共有人受損害者，對不同意之共有人連帶負賠償責任（同條Ⅳ）。

　　d.共有物之簡易修繕及其他保存行爲，得由各共有人單獨爲之（同條Ⅴ）。

　　（5）共有物之擔負：共有物之管理費及其他負擔，除契約另有約定外，應由各共有人按其應有部分分擔之。共有人中之一人，就共有物之負擔爲支付，而逾其所應分擔之部分者，對於其他共有人得按其各應分擔之部分請求償還（§822）。

2. 對外關係

　　（1）對於第三人之權利：各共有人對於第三人，得就共有物之全部爲本於所有權之請求；但回復共有物之請求，僅得爲共有人全體之利益爲之（§821）。

　　（2）對於第三人之義務：因共有物所生對於第三人之義務，各共有人如何負其責任？法律上有不同之規定。應連帶負責者有之，如民法第185條是；按應有部分比例負責者有之，如海商法第14條（船舶共有）是。

（三）分別共有物之分割

　　共有物之分割乃依應有部分之比例，將共有物分別劃歸各共有人單獨所有之謂。共有物之分割，屬於一種處分行爲，詳述如下

1. 分割之自由

　　①原則：各共有人，除法令另有規定外，得隨時請求分割共有物。

　　②例外：

　　a.因物之使用目的不能分割（如區分所有之共同部分，參照§799）。

　　b.契約訂有不分割之期限者，不在此限（§823Ⅰ）。不過此項不分割之期限，不得逾5年；逾5年者縮短爲5年。但共有之不動產，其契約訂有管理之約定時，約定不分割之期限，不得逾30年；逾30年者，縮短爲30年（同條Ⅱ）。前項情形，如有重大事由，共有人仍得隨時請求分割（同條Ⅲ）。

2. 分割之方法

　　（1）協議分割（§824Ⅰ）

　　共有物之分割，依共有人協議之方法行之。前述最高法院48年台上1065判

例及釋字349解釋，於共有物分割特約，亦有適用。

（2）裁判分割（§824 Ⅱ）

分割之方法不能協議決定，或於協議決定後因消滅時效完成經共有人拒絕履行者，法院得因任何共有人之請求，命為下列之分配：

①原物分配：以原物分配於各共有人。但各共有人均受原物之分配顯有困難者，得將原物分配於部分共有人。

原物分配之補充規定：

a.以原物為分配時，如共有人中有未受分配，或不能按其應有部分受分配者，得以金錢補償之。

b.以原物為分配時，因共有人之利益或其他必要情形，得就共有物之一部分仍維持共有（同條 Ⅳ）。

c.共有人相同之數不動產，除法令另有規定外，共有人得請求合併分割（同條 Ⅴ）[21]。

d.共有人部分相同之相鄰數不動產，各該不動產均具應有部分之共有人，經各不動產應有部分過半數共有人之同意，得適用前項規定，請求合併分割。但法院認合併分割為不適當者，仍分別分割之（同條 Ⅵ）[22]。

②變價分配：原物分配顯有困難時，得變賣共有物，以價金分配於各共有人；或以原物之一部分分配於各共有人，他部分變賣，以價金分配於各共有人（同條 Ⅱ）。以原物為分配時，如共有人中未受分配，或不能按其應有部分受分配者，得以金錢補償之（同條 Ⅲ）。

變價分配之補充規定：變賣共有物時，除買受人為共有人外，共有人有依相同條件優先承買之權，有二人以上願優先承買者，以抽籤定之（同條 Ⅶ）。

---

[21] 共有人相同之數筆土地常因不能合併分割，致分割方法採酌上甚為困難，且因而產生土地細分，有礙社會經濟之發展，爰增訂第5項，以資解決。但法令有不得合併分割之限制者，如土地使用分區不同，則不在此限。

[22] 為促進土地利用，避免土地過分細分，爰於第6項增訂相鄰各不動產應有部分過半數共有人之同意，即得請求法院合併分割。此時，各該不動產均具應有部分之共有人始享有訴訟權能。其於起訴後請求合併分割者，原告可依訴之追加，被告可依反訴之程序行之。共有物分割方法如何適當，法院本有斟酌之權，故法院為裁判時，得斟酌具體情形，認為合併分割不適當者，則不為合併分割而仍分別分割之。

3. 分割之效力

（1）單獨所有權之取得、分割物上擔保物權之效力

①共有人自共有物分割之效力發生時起，取得分得部分之所有權（§824-1Ⅰ）[23]。

②應有部分有抵押權或質權者，其權利不因共有物之分割而受影響。但有下列情形之一者，其權利移存於抵押人或出質人所分得之部分[24]：

一、權利人同意分割。

二、權利人已參加共有物分割訴訟。

三、權利人經共有人告知訴訟而未參加。

（2）瑕疵擔保之負擔

各共有人對於他共有人因分割而得之物，按其應有部分，負與出賣人同一之擔保責任（§825）。該項責任爲瑕疵擔保（參照§§349、354）。

（3）證書之保存及使用

共有物分割後，各分割人應保存其所得物之證書。關於共有物之證書，歸取得最大部分之人保存之。無取得最大部分者，由分割人協議定之。不能協議決定者，得聲請法院指定之。各分割人得請求使用他分割人所保存之證書（§826）。

---

[23] 共有物分割之效力，究採認定主義或移轉主義，學者間每有爭論，基於第825條之立法精神，爰增訂第1項，本法採移轉主義，即共有物分割後，共有人取得分得部分單獨所有權，其效力係向後發生而非溯及既往。又本條所謂「效力發生時」，在協議分割，如分割者為不動產，係指於辦畢分割登記時；如為動產，係指於交付時。至於裁判分割，則指在分割之形成判決確定時。

[24] 分割共有物之效力，因採移轉主義，故應有部分原有抵押權或質權者，於分割時，其權利仍存在於原應有部分上，爰增訂第2項。但為避免法律關係轉趨複雜，並保護其他共有人之權益，另增訂但書3款規定，明定於有但書情形時，其抵押權或質權僅移存於抵押人或出質人所分得之部分。第1款明定於協議分割時，權利人同意分割之情形。此所謂同意係指同意其分割方法而言，但當事人仍得另行約定其權利移存方法，要屬當然，不待明文。第2款、第3款係指於裁判分割時，權利人已參加共有物分割訴訟或已受告知訴訟之情形。權利人於該訴訟中，有法律上之利害關係，故適用民事訴訟法有關訴訟參加之規定，權利人於訴訟參加後，就分割方法陳述之意見，法院於為裁判分割時，應予斟酌，乃屬當然。若權利人未自行參加者，於訴訟繫屬中，任何一共有人均可請求法院告知權利人參加訴訟。如其已參加訴訟，則應受該裁判之拘束。至若經訴訟告知而未參加者，亦不得主張本訴訟之裁判不當。

4. 共有物之管理或協議分割契約之效力（§826-1）

（1）不動產共有人間關於共有物使用、管理、分割或禁止分割之約定或依第820條第1項規定所為之決定，於登記後，對於應有部分之受讓人或取得物權之人，具有效力。其由法院裁定所定之管理，經登記後，亦同。

（2）動產共有人間就共有物為前項之約定、決定或法院所為之裁定，對於應有部分之受讓人或取得物權之人，以受讓或取得時知悉其情事或可得而知者為限，亦具有效力。

（3）共有物應有部分讓與時，受讓人對讓與人就共有物因使用、管理或其他情形所生之負擔連帶負清償責任。

二、公同共有

（一）公同共有之意義及成立

公同共有乃數人基於公同關係，而共有一物之謂。民法第827條第1項規定：「依法律規定、習慣或法律行為，成一公同關係之數人，基於其公同關係，而共有一物者，為公同共有人。」則公同共有之成立，須先依法律規定或契約形成一個公同關係始可。依法律規定而形成之者，如共同繼承，在分割遺產前對於遺產全部為公同共有是（§1151）。依契約而形成之者，為合夥契約，各合夥人之出資及其他合夥財產，為合夥人全體之公同共有是（§668）。

（二）公同共有之效力

1. **對內關係**：各公同共有人之權利，及於公同共有物之全部（§827 Ⅲ），而公同共有人之權利義務，依其公同關係所由成立之法律、法律行為或習慣定之。除上項之法律或契約另有規定外，公同共有物之處分，及其他之權利行使，應得公同共有人全體之同意（§828）。

2. **對外關係**：各公同共有人對於第三人之關係，亦應依公同關係所由規定之法律或契約定之。例如共同繼承人對於被繼承人之債務，負連帶責任（§1153 Ⅰ）；而合夥人對合夥之債務，亦負連帶責任是（§681）。

（三）公同共有之消滅

公同共有之關係，自公同關係之終止，或因公同共有物之讓與而消滅

（§830Ⅰ）。在公同關係存續中，各公同共有人雖不得請求分割其公同共有物（§829），但公同關係終止時，自得為公同共有物之分割。其分割之方法，除法律另有規定外（如§697以下），準用關於共有物分割之規定（同條Ⅱ）。

三、準共有

關於共有之規定，於所有權以外之財產權（如典權、地上權、股份），由數人共有或公同共有者，準用之（§831）。

第三章　地上權

第一節　普通地上權

一、普通地上權之意義及種類

稱普通地上權者，謂以在他人土地之上下有建築物或其他工作物為目的而使用其土地之權（§832）[1]。地上權有兩大類：一、定期地上權與未定期地上權：前者定有存續期間，後者未定有存續期間。二者區別之實益於地上權之消滅上見之。二、設定地上權與法定地上權：前者係由當事人所設定，後者則由於法律之規定（如§876）。二者之區別實益，在乎地租之有無，及地租如何決定。此外租用基地建築房屋者，應由出租人與承租人於契約成立後2個月內，聲請該管直轄市或縣（市）地政機關為地上權之登記（土§102），學說上稱之為「準地上權」。

二、地上權人之權利

（一）使用收益權

稱普通地上權者，謂以在他人土地之上下有建築物或其他工作物為目的而使用其土地之權（§832）[2]。權利人在其設定之目的範圍內，對於該土地，自有使用收益之權。

（二）處分權

地上權人得將其權利讓與他人或設定抵押權。但契約另有約定或另有習

---

[1] 按區分地上權雖屬地上權之一種，惟區分地上權性質及效力仍有其特殊性，故為求體系完整，爰仿質權章，分設二節規範普通地上權及區分地上權，並於修正條文第841條之1增訂區分地上權之定義性規定，以示其不同之特性。

[2] 本編已增訂第四章之一「農育權」，其內容包括以種植竹木為目的，在他人之土地為使用、收益之情形。為避免地上權與農育權之內容重複，爰將本條「或竹木」三字刪除，俾地上權之使用土地目的僅限於有建築物或其他工作物。又當事人間為上開目的之約定已構成地上權之內容，地政機關於辦理登記時，宜將該設定目的予以配合登記。

慣者，不在此限（§838 I）。前項約定，非經登記，不得對抗第三人（同條 II）。地上權與其建築物或其他工作物，不得分離而爲讓與或設定其他權利（同條 III）。地上權、農育權及典權，均得爲抵押權之標的物（§882）。

（三）取回權

地上權消滅時，地上權人得取回其工作物。但應回復土地原狀（§839 I）。

地上權人不於地上權消滅後1個月內取回其工作物者，工作物歸屬於土地所有人。其有礙於土地之利用者，土地所有人得請求回復原狀（同條 II）。

地上權人取回其工作物前，應通知土地所有人。土地所有人願以時價購買者，地上權人非有正當理由，不得拒絕（同條 III）。

（四）受補償權

地上權人之工作物爲建築物者，如地上權因存續期間屆滿而消滅，地上權人得於期間屆滿前，定1個月以上之期間，請求土地所有人按該建築物之時價爲補償。但契約另有約定者，從其約定（§840 I）。

土地所有人拒絕地上權人前項補償之請求或於期間內不爲確答者，地上權之期間應酌量延長之。地上權人不願延長者，不得請求前項之補償（同條 II）。

第1項之時價不能協議者，地上權人或土地所有人得聲請法院裁定之。土地所有人不願依裁定之時價補償者，適用前項規定（同條 III）[3]。

依第2項規定延長期間者，其期間由土地所有人與地上權人協議定之；不能協議者，得請求法院斟酌建築物與土地使用之利益，以判決定之（同條 IV）[4]。

---

[3] 如土地所有人願按該建築物之時價補償，由地上權人與土地所有人協議定之；於不能協議時，地上權人或土地所有人得聲請法院爲時價之裁定。如土地所有人不願依裁定之時價補償時，適用第2項規定酌量延長地上權之期間，爰增訂第3項。至於上述聲請法院爲時價之裁定，性質上係非訟事件（如同非訟事件法第182條第1項有關收買股份價格之裁定）。

[4] 依第2項規定地上權應延長期間者，其延長之期間爲何，亦由土地所有人與地上權人協議定之；於不能協議時，土地所有人或地上權人得請求法院斟酌建築物與土地使用之利益，以判決酌定延長期間，爰增訂第4項。又此項請求，應依民事訴訟程序行之，性質上係形成之訴，法院酌定期間之判決，爲形成判決。

前項期間屆滿後，除經土地所有人與地上權人協議者外，不適用第1項及第2項規定（同條 V）。

（五）相鄰權

第774條規定，於地上權人、農育權人、不動產役權人、典權人、承租人、其他土地、建築物或其他工作物利用人準用之（§800-1）。

（六）優先購買權

地上權係以建築房屋為其使用之目的者，於基地出賣時，地上權人有依同樣條件優先購買之權（土§104 I）。前項優先購買權人，於接到出賣通知後10日內不表示者，其優先權視為放棄（同條 II）。「出賣人未通知優先購買權人而與第三人訂立買賣契約者，其契約不得對抗優先購買權人」（同條 III）。

三、地上權人之義務

地上權人有下列之義務：

（一）地租支付

地上權付租者有之；不付租者亦有之。其付租者，地上權人即有支付地租之義務，並應依約支付。否則構成土地所有人撤銷地上權之理由（詳後述）。地上權人縱因不可抗力，妨礙其土地之使用，亦不得請求免除或減少租金（§837）。

（二）土地返還

地上權消滅時，地上權人有返還土地於土地所有人之義務（參照§839）。

四、地上權之消滅

（一）地上權之拋棄

地上權無支付地租之約定者，地上權人得隨時拋棄其權利（§834）。地上權一經拋棄，則歸於消滅（§764）。地上權定有期限，而有支付地租之約定者，地上權人得支付未到期之3年分地租後，拋棄其權利（§835 I）。

地上權未定有期限，而有支付地租之約定者，地上權人拋棄權利時，應於1年前通知土地所有人，或支付未到期之1年分地租（同條 Ⅱ）。因不可歸責於地上權人之事由，致土地不能達原來使用之目的時，地上權人於支付前2項地租二分之一後，得拋棄其權利；其因可歸責於土地所有人之事由，致土地不能達原來使用之目的時，地上權人亦得拋棄其權利，並免支付地租（同條 Ⅲ）。

（二）地上權之終止

地上權人積欠地租達2年之總額，除另有習慣外，土地所有人得定相當期限催告地上權人支付地租，如地上權人於期限內不為支付，土地所有人得終止地上權。地上權經設定抵押權者，並應同時將該催告之事實通知抵押權人（§836 Ⅰ）。地租之約定經登記者，地上權讓與時，前地上權人積欠之地租應併同計算。受讓人就前地上權人積欠之地租，應與讓與人連帶負清償責任（同條 Ⅱ）。第1項終止，應向地上權人以意思表示為之（同條 Ⅲ）。

（三）存續期間之屆滿

地上權定有存續期間者，於期間屆滿時，地上權消滅。但地上權不因建築物或其他工作物之滅失而消滅（§841）。

第二節　區分地上權

一、區分地上權之意義

稱區分地上權者，謂以在他人土地上下之一定空間範圍內設定之地上權（§841-1）[5]。

二、區分地上權人之約定相鄰關係

區分地上權人得與其設定之土地上下有使用、收益權利之人，約定相互間使用收益之限制。其約定未經土地所有人同意者，於使用收益權消滅時，土地

5　由於人類文明之進步，科技與建築技術日新月異，土地之利用已不再局限於地面，而逐漸向空中與地下發展，由平面化而趨於立體化，遂產生土地分層利用之結果，有承認土地上下一定空間範圍內設定地上權之必要。爰仿日本民法第269條之2第1項之立法例，增訂「區分地上權」之定義性規定。

所有人不受該約定之拘束（§841-2 I）。前項約定，非經登記，不得對抗第三人（同條 II）[6]。

三、法院依判決延長區分地上權期間應並斟酌第三人利益

法院依第840條第4項定區分地上權之期間，足以影響第三人之權利者，應併斟酌該第三人之利益（§841-3）[7]。

四、區分地上權人對第三人之補償

區分地上權依第840條規定，以時價補償或延長期間，足以影響第三人之權利時，應對該第三人為相當之補償。補償之數額以協議定之；不能協議時，得聲請法院裁定之（§841-4）[8]。

五、同一土地有區分地上權與其他用益物權同時存在者其效力

同一土地有區分地上權與以使用收益為目的之物權同時存在者，其後設定

---

6 區分地上權呈現垂直鄰接狀態，具有垂直重力作用之特性，與平面相鄰關係不同。為解決區分地上權人與就其設定範圍外上下四周之該土地享有使用、收益權利之人相互間之權利義務關係，爰於第1項前段明定得約定相互間使用收益之限制。此項限制，包括限制土地所有人對土地之使用收益，例如約定土地所有人於地面上不得設置若干噸以上重量之工作物或區分地上權人工作物之重量範圍等是。又與土地所有人約定時，土地所有權人自應受該約定之拘束，僅於與其他使用權人約定時，始發生該約定是否須經土地所有人同意及對其發生效力與否之問題，爰增訂後段規定。至所謂使用收益權，包括區分地上權與普通地上權均屬之。
又前項約定經登記者，方能發生物權效力，足以對抗第三人，故土地及地上權之受讓人或其他第三人（例如抵押權人），當受其拘束，爰增訂第2項。
7 區分地上權如為第三人之權利標的或第三人有使用收益權者，法院依修正條文第840條第4項定該地上權延長之期間時，勢必影響該第三人之權利，為兼顧該第三人之權益，法院應併斟酌其利益，以期允當。
8 區分地上權之工作物為建築物，依修正條文第840條規定以時價補償或延長期間，足以影響第三人之權利時，例如同意設定區分地上權之第三人或相鄰之區分地上權人，其權利原處於睡眠狀態或受限制之情況下，將因上開情形而受影響等是，基於公平原則，應由土地所有人或區分地上權人對該第三人為相當之補償。補償之數額宜由當事人以協議方式行之；如不能協議時，始聲請法院裁定，此裁定性質上屬非訟事件。

物權之權利行使，不得妨害先設定之物權（§841-5）[9]。

六、普通地上權規定之準用

區分地上權，除本節另有規定外，準用關於普通地上權之規定（§841-6）。

---

[9] 基於區分地上權係就土地分層立體使用之特質，自不宜拘泥於用益物權之排他效力，是土地所有人於同一土地設定區分地上權後，宜許其得再設定用益物權（包括區分地上權），反之，亦然，以達土地充分利用之目的。此際，同一不動產上用益物權與區分地上權同時存在，自應依設定時間之先後，定其優先效力，亦即後設定之區分地上權或其他用益物權不得妨害先設定之其他用益物權或區分地上權之權利行使。又區分地上權（或用益物權）若係獲得先存在之用益物權（或區分地上權）人之同意而設定者，後設定之區分地上權（或用益物權）則得優先於先物權行使權利，蓋先物權人既已同意後物權之設定，先物權應因此而受限制。再所謂同一土地，乃指同一範圍內之土地，要屬當然，併予敘明。

第四章　農育權[1]

一、農育權之意義及期限

　　稱農育權者，謂在他人土地爲農作、森林、養殖、畜牧、種植竹木或保育之權（§850-1 I）[2]。農育權之期限，不得逾20年；逾20年者，縮短爲20年。但以造林、保育爲目的或法令另有規定者，不在此限（同條 II）[3]。

二、農育權之讓與

　　農育權人得將其權利讓與他人或設定抵押權。但契約另有約定或另有習慣者，不在此限（§850-3 I）[4]。

　　前項約定，非經登記不得對抗第三人（同條 II）[5]。

1　本法修正條文已將永佃權章刪除，另地上權章修正條文第832條亦已刪除「或竹木」，俾地上權之使用目的僅限於有建築物或其他工作物，是民法就用益物權有以建築物或其他工作物爲目的之地上權，而對於以農業之使用收益爲內容之用益物權則付諸闕如，參酌我國農業政策、資源永續利用及物盡其用之本法物權編修正主軸，增訂本章，以建立完整之用益物權體系，並符實際需要。又此項新設物權係以農業使用及土地保育爲其重要內容，且單純之種植竹木，未達森林之程度，亦非農業使用所能涵蓋，爰名爲「農育權」，俾求名實相符。

2　本條規定農育權之意義。其內容參考農業發展條例第3條第12款規定爲（一）農育權係存在於他人土地之用益物權。（二）農育權係以農作、森林、養殖、畜牧、種植竹木或保育爲目的之物權，使用上並包括爲達成上開目的所設置、維持之相關農業設施。所謂「森林」，依森林法第3條第1項規定，指林地及其群生竹、木之總稱，與「種植竹木」二者程度容有差異，爰併列爲農育權設定目的之一。又當事人間爲上開目的之約定，已構成農育權之內容，地政機關於辦理農育權登記時，宜將該農育權之設定目的予以配合登記。

3　農育權之期限如過於長久，將有害於公益，經斟酌農業發展、經濟利益及實務狀況等因素，認以20年爲當。如訂定期間超過20年者，亦縮短爲20年。但以造林、保育爲目的，實務上須逾20年始能達其目的者，事所恆有，或法令另有規定之情形時，爲期顧及事實，爰增訂第2項但書。

4　農育權爲財產權之一種，依其性質，農育權人原則上得自由處分其權利，亦得以其權利設定抵押權，以供擔保債務之履行。惟契約另有約定或另有習慣者，則應從其約定或習慣，以示限制，爰增訂第1項。

5　前項約定經登記者，方能構成農育權之內容，發生物權效力，始足以對抗第三

農育權與其農育工作物不得分離而為讓與或設定其他權利（同條 Ⅲ）[6]。

三、農育權之終止

農育權未定有期限時，除以造林、保育為目的者外，當事人得隨時終止之（§850-2 Ⅰ）[7]。

前項終止，應於6個月前通知他方當事人（同條 Ⅱ）。

第833條之1規定，於農育權以造林、保育為目的而未定有期限者準用之（同條 Ⅱ）[8]。

農育權有支付地租之約定者，農育權人因不可抗力致收益減少或全無時，得請求減免其地租或變更原約定土地使用之目的（§850-4 Ⅰ）[9]。

人，故土地及農育權之受讓人或其他第三人（例如抵押權人），當受其拘束，爰增訂第2項。

[6] 因農育權而設置於土地上之農育工作物例如水塔、倉庫等，應與農育權相互結合，始能發揮其經濟作用。為避免該權利與其農育工作物之使用割裂，於第3項明定二者不得分離而為讓與或設定其他權利，例如農育工作物不得單獨設定典權是。

[7] 按農育權未定有期限者，除以造林、保育為目的之農育權外，當事人自得隨時終止，惟為兼顧土地所有人與農育權人利益，參考農業發展條例第21條第3項規定，應於6個月前通知他方當事人，爰增訂第1項及第2項。又依第1項規定得使農育權消滅者，包括土地所有人及農育權人，故明定當事人均有此項終止權。

[8] 至於農育權以造林、保育為目的而未定有期限者，非有相當之存續期間，難達土地利用之目的，爰明定準用修正條文第833條之1規定，土地所有人或農育權人得請求法院斟酌造林或保育之各種狀況而定農育權之存續期間；或於造林、保育之目的不存在時，法院得終止其農育權。又此項請求係變更原物權之內容，性質上為形成之訴，應以形成判決為之，併予敘明。

[9] 農育權人在他人之土地為農作、森林、養殖、畜牧或種植竹木等收益，通常情形雖可預期，然若遭遇不可抗力，致其原約定目的之收益減少或全無者，事所恆有。例如耕作因天旱水災，皆屬不可抗力，此種收益減少或全無之事實，既非農育權人故意或過失所致，於有支付地租約定之農育權，若仍令其依原約定給付全額地租，有失公平。又土地設定農育權之用途不止一端，雖因不可抗力致其原約定目的之收益減少或全無，惟農育權人如變更原約定土地使用之目的仍可繼續使用該土地回復原來之收益者，如原約定之目的為養殖，嗣因缺水而不能養殖，惟仍可作為畜牧使用而回復原來之收益是。此種情形，宜許其有請求變更之權，俾求地盡其利。爰增訂第1項，明定農育權人得向土地所有人請求減免其地租或請求變更原約定土地使用之目的，以昭公允。又本項所定農育權人之減免地租請求權，一經行使，即生減免地租之效果，應屬形成權之性質（最高法院71年台上字第2996號判例意旨參照），併予指明。

　　前項情形，農育權人不能依原約定目的使用者，當事人得終止之（同條Ⅱ）[10]。

　　前項關於土地所有人得行使終止權之規定，於農育權無支付地租之約定者，準用之（同條Ⅲ）[11]。

四、農育權之土地或農育工作物出租之限制

　　農育權人不得將土地或農育工作物出租於他人。但農育工作物之出租另有習慣者，從其習慣（§850-5Ⅰ）[12]。

　　農育權人違反前項規定者，土地所有人得終止農育權（同條Ⅱ）[13]。

五、農育權人使用土地方法之限制

　　農育權人應依設定之目的及約定之方法，為土地之使用收益；未約定使用方法者，應依土地之性質為之，並均應保持其生產力或得永續利用（§850-6Ⅰ）[14]。

---

[10] 至農育權人如因不可抗力致不能依原約定之目的使用時，有違農育權設定之目的，為兼顧農育權人及土地所有人雙方之利益，爰於第2項增訂，此種情形農育權人及土地所有人均得終止農育權，俾使土地資源得另作合理之規劃。

[11] 惟於無約定支付地租之農育權者，如因不可抗力致不能依原約定之目的使用時，農育權人可依修正條文第850條之9準用修正條文第834條規定，隨時使其權利消滅。此際另應賦予土地所有人亦得終止農育權，始為公允，爰增訂第3項，以兼顧土地所有人之利益。

[12] 土地所有人設定農育權於農育權人，多置重於農育權人能有效使用其土地。如農育權人不自行使用土地或設置於土地上之農育工作物，而以之出租於他人，使農地利用關係複雜化，並與土地所有人同意設定農育權之原意不符，爰增訂第1項，明定禁止出租之限制。但關於農育工作物之出租另有習慣者，例如倉庫之短期出租等是，自宜從其習慣。

[13] 第2項明定農育權人違反前項規定之效果，土地所有人得終止農育權。

[14] 土地是人類生存之重要自然資源，農育權本即以土地之農業生產或土地保育為其內容，故一方面應物盡其用，他方面則應維護土地之本質，保持其生產力，俾得永續利用，為謀兩者間之平衡，爰增訂第1項（瑞士民法第768條、第769條、日本民法第271條、魁北克民法第1120條、義大利民法第972條第1項第1款、荷蘭民法第五編第七章第89條第2項參照）。農育權人使用土地不僅應依其設定之目的及約定之方法為之，且應保持土地之生產力；土地之使用不得為使其不能回復原狀之變更、過度利用或戕害其自我更新能力，以避免自然資源之枯竭，例如某種殺

農育權人違反前項規定，經土地所有人阻止而仍繼續爲之者，土地所有人得終止農育權。農育權經設定抵押權者，並應同時將該阻止之事實通知抵押權人（同條 II）[15]。

六、農育權消滅時出產物及農育工作物之取回

農育權消滅時，農育權人得取回其土地上之出產物及農育工作物（§850-7 I）[16]。

第839條規定，於前項情形準用之（同條 II）[17]。

第1項之出產物未及收穫而土地所有人又不願以時價購買者，農育權人得請求延長農育權期間至出產物可收穫時爲止，土地所有人不得拒絕。但延長之期限，不得逾6個月（同條 III）[18]。

七、特別改良費用之返還

農育權人得爲增加土地生產力或使用便利之特別改良（§850-8 I）[19]。

蟲劑或除草劑之過度、連年使用，有害土地之自我更新能力時，即不得任意施用等，方符農育權以農業使用或保育爲內容之本質。至所謂設定之目的，係指修正條文第850條之1第1項所定農作、森林、養殖、畜牧、種植竹木或保育等目的而言，併予敘明。

[15] 農育權人違反前項義務，經土地所有人阻止而仍繼續者，爲達地盡其利之目的，並兼顧農育權人與土地所有人間利益之平衡，爰增訂第2項前段，明定土地所有人得終止農育權。若農育權經設定抵押權者，爲保障抵押權人之權益，爰參酌修正條文第836條之3規定，增訂第2項後段。

[16] 依現行條文第66條第2項規定，不動產之出產物，尚未分離者，爲該不動產之部分。惟土地上之出產物，爲農育權人花費勞力或資金之所得；農育工作物，如係農育權人因實現農育權而設置，皆宜於農育權消滅時由農育權人收回，始合乎情理。爰增訂第1項。

[17] 農育權人於取回前項之出產物及工作物時應盡之義務，及不取回時該物之歸屬等，宜準用修正條文第839條有關地上權之規定，爰增訂第2項。

[18] 農育權消滅時，土地上之出產物因尚未成熟而未及收穫，土地所有人又不願以時價購買者，應許農育權人得請求延長農育權期間至該出產物可收穫時爲止，土地所有人不得拒絕，俾保障農育權人之權益，惟爲兼顧土地所有人之權益，其期間最長不得逾6個月，以期平允，爰增訂第3項。

[19] 農育權人於保持土地原有性質及效能外，其因增加勞力、資本，致增加土地生產力或使用上之便利，爲土地特別改良，可增進土地利用及土地生產之增加，爰增訂第1項。

　　農育權人將前項特別改良事項及費用數額，以書面通知土地所有人，土地所有人於收受通知後不即爲反對之表示者，農育權人於農育權消滅時，得請求土地所有人返還特別改良費用。但以其現存之增價額爲限（同條 II）[20]。

　　前項請求權，因2年間不行使而消滅（同條 III）[21]。

八、地上權規定之準用

　　第834條、第835條第1項、第2項、第835-1條至第836-1條、第836-2條第2項規定，於農育權準用之（§850-9）[22]。

---

[20] 為調整農育權人與土地所有人財產損益變動，農育權人自得向土地所有人請求返還特別改良事項費用，但其費用之返還，須農育權人曾以書面將特別改良事項及費用數額通知土地所有人，土地所有人於收受通知後不即為反對之表示，且農育權消滅時現存之增價額為限，始得請求返還，以兼顧雙方當事人權益之保障，爰增訂第2項。

[21] 為使法律關係得以從速確定，參考現行條文第456條規定費用返還請求權時效為2年，爰增訂第3項。

[22] 農育權與地上權均為使用他人土地之物權，性質近似，爰增訂本條。

第五章　不動產役權[1]

一、不動產役權之意義及種類

　　稱不動產役權者，謂以他人不動產供自己不動產通行、汲水、採光、眺望、電信或其他以特定便宜之用為目的之權（§851）[2]。

　　同一不動產上有不動產役權與以使用收益為目的之物權同時存在者，其後設定物權之權利行使，不得妨害先設定之物權（§851-1）[3]。

1　本章需役及供役客體已從土地擴張至其他不動產，為使章名名實相符，爰將本章章名由地役權修正為不動產役權，其他相關條文併配合調整之。

2　地役權之現行規定係以供役地供需役地便宜之用為內容。惟隨社會之進步，不動產役權之內容變化多端，具有多樣性，現行規定僅限於土地之利用關係已難滿足實際需要。為發揮不動產役權之功能，促進土地及其定著物之利用價值，爰將「土地」修正為「不動產」。
　　不動產役權係以他人之不動產承受一定負擔以提高自己不動產利用價值之物權，具有以有限成本實現提升不動產資源利用效率之重要社會功能，然因原規定「便宜」一詞過於抽象及概括，不僅致社會未能充分利用，且登記上又僅以「地役權」登記之，而無便宜之具體內容，無從發揮公示之目的，爰明文例示不動產役權之便宜類型，以利社會之運用，並便於地政機關為便宜具體內容之登記。又法文所稱「通行、汲水」係積極不動產役權便宜類型之例示，凡不動產役權人得於供役不動產為一定行為者，均屬之；至「採光、眺望」則為消極不動產役權便宜類型之例示，凡供役不動產所有人對需役不動產負有一定不作為之義務，均屬之。至「其他以特定便宜之用為目的」，則除上述二種類型以外之其他類型，例如「電信」依其態樣可能是積極或消極，或二者兼具，均依其特定之目的定其便宜之具體內容。不動產役權便宜之具體內容屬不動產役權之核心部分，基於物權之公示原則以及為保護交易之安全，地政機關自應配合辦理登記，併予指明。

3　不動產役權多不具獨占性，宜不拘泥於用益物權之排他效力，俾使物盡其用，爰增訂本條。準此，不動產所有人於其不動產先設定不動產役權後，無須得其同意，得再設定用益物權（包括不動產役權），反之，亦然。此際，同一不動產上用益物權與不動產役權同時存在，自應依設定時間之先後，定其優先效力，亦即後設定之不動產役權或其他用益物權不得妨害先設定之其他用益物權或不動產役權之權利行使。又不動產役權（或用益物權）若係獲得先存在之用益物權（或不動產役權）人之同意而設定者，後設定之不動產役權（或用益物權）則得優先於先物權行使權利，蓋先物權既已同意後物權之設定，先物權應因此而受限制。再所謂同一不動產，乃指同一範圍內之不動產，要屬當然，併予敘明。

二、不動產役權之特性

（一）從屬性

不動產役權不得由需役不動產分離而爲讓與，或爲其他權利之標的物（§853）。

（二）不可分性

1. **需役之不動產分割者**：需役不動產經分割者，其不動產役權爲各部分之利益仍爲存續。但不動產役權之行使，依其性質只關於需役不動產之一部分者，僅就該部分仍爲存續（§856）。

2. **供役之不動產分割者**：供役不動產經分割者，不動產役權就其各部分仍爲存續。但不動產役權之行使，依其性質只關於供役不動產之一部分者，僅對於該部分仍爲存續（§857）。

三、不動產役權之取得

（一）因法律行爲而取得

不動產役權係不動產物權之一種，依法律行爲而設定不動產役權，例如以契約方式設定是。

（二）因時效而取得

不動產役權因時效而取得者，以繼續並表見者爲限（§852）。

前項情形，需役不動產爲共有者，共有人中一人之行爲，或對於共有人中一人之行爲，爲他共有人之利益，亦生效力（同條 II）[4]。

向行使不動產役權取得時效之各共有人爲中斷時效之行爲者，對全體共有人發生效力（同條 III）[5]。

---

[4] 需役不動產爲共有者，可否因時效而取得不動產役權？再者，如數人共有需役不動產，其中部分需役不動產所有人終止通行，其餘需役不動產所有人是否因此而受影響？現行法尚無明文規定，易滋疑義。鑑於共有人間利害攸關，權利與共，爰仿日本民法第284條規定，增訂第2項，明定「共有人中一人之行爲，或對於共有人中一人之行爲，爲他共有人之利益，亦生效力」。又本項中之「行爲」係包括「作爲」及「不作爲」，亦屬當然。

[5] 爲對供役不動產所有人之衡平保護，如部分需役不動產共有人因行使不動產役權

四、不動產役權之效力

（一）不動產役權人之權利

1. **供役不動產使用權**：不動產役權人得依其權利之內容，對供役不動產有優先爲一定利用之權。

2. **必要行爲權**：不動產役權人因行使或維持其權利，得爲必要之附隨行爲。但應擇於供役不動產損害最少之處所及方法爲之（§854）[6]。

3. **物上請求權**：不動產役權人，於其權利範圍內，對於供役不動產，有直接支配之權，與不動產所有人無異，故第767條關於保護所有權之規定，於不動產役權準用之（§767 II）。

（二）不動產役權人之義務

1. **維持設置義務**：不動產役權人因行使權利而爲設置者，有維持其設置之義務。其設置由供役不動產所有人提供者，亦同（§855 I）[7]。

2. **容許供役不動產所有人使用設置之義務**：供役不動產所有人於無礙不動產役權行使之範圍內，得使用前項之設置，並應按其受益之程度，分擔維持其設置之費用（§855 II）。

時效取得進行中者，則供役不動產所有人為時效中斷之行為時，僅需對行使不動產役權時效取得進行中之各共有人為之，不需擴及未行使之其他共有人，即對全體共有人發生效力；準此，中斷時效若非對行使不動產役權時效取得之共有人為之，自不能對他共有人發生效力，爰參照前開日本民法第284條第2項規定，增訂第3項。

6　不動產役權人為遂行其權利之目的，於行使其不動產役權或維持其不動產役權起見，有另須為必要行為之時，學者有稱此必要行為為「附隨不動產役權」，並認為其與「主不動產役權」同其命運。故此必要行為非指行使不動產役權之行為，乃行使不動產役權以外之另一概念，如汲水不動產役權於必要時，得為埋設涵管或通行之附隨行為，即其適例。因此，為期立法之明確，並杜爭端，爰於「必要行為」增列「附隨」二字。

7　為行使不動產役權而須使用工作物者，該工作物有由不動產役權人設置者；亦有由供役不動產所有人提供者。在該設置如由供役不動產所有人提供之情形，因其係為不動產役權人之利益，自應由不動產役權人負維持其設置之義務，始為平允，爰增訂第1項後段。又不動產役權人既有維持其設置之義務，自係以自己費用為之，自屬當然。

3. 回復不動產原狀之義務：不動產役權消滅時，不動產役權人所為之設置，準用第839條規定（§859-1）。

五、不動產役權之消滅

不動產役權之全部或一部無存續之必要時，法院因供役不動產所有人之請求，得就其無存續必要之部分，宣告不動產役權消滅[8]。

不動產役權因需役不動產滅失或不堪使用而消滅（§859）[9]。

---

[8] 不動產役權因情事變更致一部無存續必要之情形，得否依本條規定請求法院宣告不動產役權消滅，法無明文，易滋疑義，為期明確，爰於本條增列不動產役權之一部無存續必要時，供役不動產所有人亦得請求法院就其無存續必要之部分，宣告不動產役權消滅，俾彈性運用，以符實際，並改列為第1項。又不動產役權原已支付對價者，不動產役權消滅時，不動產役權人得依不當得利之規定，向供役不動產所有人請求返還超過部分之對價，乃屬當然，不待明定。

[9] 不動產役權於需役不動產滅失或不堪使用時，是否仍須依本條第1項向法院請求宣告不動產役權消滅，學說上有不同意見。為免爭議，爰增訂第2項，明定上開情形其不動產役權當然消滅，毋待法院為形成判決之宣告。

第六章　抵押權

一、擔保物權之概說

（一）擔保物權之意義

確保債權履行為目的，而直接支配他人財產之物權。

（二）擔保物權之種類

擔保物權依民法之規定，可分為下列三種：

1. 抵押權

（1）普通抵押權：稱普通抵押權者，謂債權人對於債務人或第三人不移轉占有而供其債權擔保之不動產，得就該不動產賣得價金優先受償之權（§860）[1]。

（2）最高限額抵押權：稱最高限額抵押權者，謂債務人或第三人提供其不動產為擔保，就債權人對債務人一定範圍內之不特定債權，在最高限額內設定之抵押權（§881-1 I）。

（3）其他抵押權：地上權、農育權及典權，均得為抵押權之標的物（§882）。

2. 質　　權

稱動產質權者，謂債權人對於債務人或第三人移轉占有而供其債權擔保之動產，得就該動產賣得價金優先受償之權（§884）。

3. 留置權

稱留置權者，謂債權人占有他人之動產，而其債權之發生與該動產有牽連

---

[*] 96年3月6日民法物權編有關擔保物權部分共修正43條條文、增訂36條條文、刪除2條條文，其中抵押權部分共修正15條條文、增訂28條條文；質權部分共修正20條條文、增訂7條條文；留置權部分共修正8條條文、增訂1條條文、刪除2條條文。另外，民法物權編施行法除條次修正者外，共修正4條條文，增訂8條條文。故本次民法物權編修正與擔保物權有關之增修條文計93條。

[1] 第860條：稱普通抵押權者，謂債權人對於債務人或第三人不移轉占有而供其債權擔保之不動產，得就該不動產賣得價金優先受償之權。

關係，於債權已屆清償期未受清償時，得留置該動產之權（§928 I）。

（三）法律設擔保物權制度之原因

1. 債務人之一切財產為其債務之總擔保。債務人不履行其債務時，各債權人均得聲請就債務人所有之財產為執行。基於債權平等原則，不問債權成立先後，一律平均分配。

2. 債權成立時，債務人雖有充分之財產足供清償，但其後債務人財產減少或債務增加時，因債權無追及效力，足使債權人之債權，不能受清償或不能受完全之清償。

3. 債權擔保制度中，雖有人的擔保及物的擔保二種，但人的擔保易於浮動，完全依賴信用，而對物擔保則較穩固有效。

（四）擔保物權之特性

1. 從屬性：擔保物權從屬於債權而存在。

2. 不可分性：擔保物權之債權人，於其債權未受全部清償前，得就擔保標的物之全部行使其權利。

3. 物上代位性：擔保物權之標的物滅失、毀損，因而得受賠償金者，權利人得就該項賠償金行使其權利。

二、普通抵押權之意義

稱普通抵押權者，謂債權人對於債務人或第三人不移轉占有而供其債權擔保之不動產，得就該不動產賣得價金優先受償之權（§860）。設定抵押權之債務人或第三人，謂之抵押人。抵押人須就標的物有處分權，享有抵押權之債權人，謂之抵押權人。抵押權人及債務人，均應以設定登記為準（72台上2432）。抵押權不移轉標的物之占有，係以直接支配標的物之交換價值及擔保債務之清償為目的，不能離債權而單獨存在，為擔保物權及從權利之一種。

三、抵押權之特性

（一）從屬性

1. 抵押權乃就抵押物賣得價金優先受清償之權利（§860），必從屬於債權而存在。

2. 將來實行抵押權拍賣抵押物時，以被擔保之債權合法存在爲前提。

3. 我國民法關於抵押權從屬性之規定（§870）[2]

（1）抵押權不得由債權分離而讓與。

（2）抵押權不得由債權分離而爲其他債權之擔保。

4. 強調抵押權之從屬性，將阻礙企業金融之靈活運用，不能發生抵押權之現代機能，因此乃有「最高限額抵押權」之產生。茲分述其意義及特色如下：

（1）意義：所謂最高限額抵押，指對於債權人一定範圍內之不特定債權，預定一最高額，由債務人或第三人提供抵押物予以擔保之特殊抵押權。此種抵押權，常見於商人間之繼續經貿往來，或與銀行間之長期多次融資。

（2）特色：

①爲債權不特定，設定抵押權時，也不以債權已存在爲必要，在最高限額及期限內，各筆債權的發生移轉或消滅，並不影響抵押權之存在。

②最高限額抵押權乃從屬於當事人間之基礎關係，而非該基礎關係所生之債權。此種抵押權，嚴格言之，不無牴觸民法物權法定主義，但因其已爲社會所慣行，故司法實務採之，解釋上應認爲最高限額抵押權係從屬於基本法律關係，而非從屬於主債權。若基本關係無效，最高限額抵押權亦無從發生（86台上3114判決、86台上2496判決）。

2　增訂870-1條

　　第1項：同一抵押物有多數抵押權者，抵押權人得以下列方法調整其可優先受償之分配額。但他抵押權人之利益不受影響：

　　一、爲特定抵押權人之利益，讓與其抵押權之次序。

　　二、爲特定後次序抵押權人之利益，拋棄其抵押權之次序。

　　三、爲全體後次序抵押權人之利益，拋棄其抵押權之次序。

　　第2項：前項抵押權次序之讓與或拋棄，非經登記，不生效力。並應於登記前，通知債務人、抵押人及共同抵押人。

　　第3項：第1項調整而受利益之抵押權人，亦得實行調整前次序在先之抵押權。

　　第4項：調整優先受償分配額時，其次序在先之抵押權所擔保之債權，如有第三人之不動產爲同一債權之擔保者，在因調整後增加負擔之限度內，以該不動產爲標的物之抵押權消滅。但經該第三人同意者，不在此限。

　　增訂870-2條：調整可優先受償分配額時，其次序在先之抵押權所擔保之債權有保證人者，於因調整後所失優先受償之利益限度內，保證人免其責任。但經該保證人同意調整者，不在此限。

（二）不可分性

1. 抵押權人，於其債權未受全部清償前，得就抵押物之全部行使其權利，此即抵押權之不可分性。

2. 我國民法之有關規定

（1）抵押之不動產如經分割，或讓與其一部，或擔保一債權之數不動產，而以其一讓與他人者，其抵押權不因此而受影響（§868）。

（2）以抵押權擔保之債權，如經分割或讓與其一部者，其抵押權不因此而受影響（§869 I）。

（3）民法第869條第1項之規定，於債務分割時或承擔其一部時適用之（同條 II）。

（三）物上代位性（§881）

1. 抵押權除法律另有規定外，因抵押物滅失而消滅。但抵押人因滅失得受賠償或其他利益者，不在此限。

2. 抵押權人對於前項抵押人所得行使之賠償或其他請求權有權利質權，其次序與原抵押權同。

3. 給付義務人因故意或重大過失向抵押人爲給付者，對於抵押權人不生效力。

4. 抵押物因毀損而得受之賠償或其他利益，準用前三項之規定。

四、抵押權之效力

（一）抵押權所擔保債權之範圍

除契約另有訂定外，爲原債權、利息、遲延利息、違約金及實行抵押權之費用（§861）[3]。

3　第861條第1項：抵押權所擔保者為原債權、利息、遲延利息、違約金及實行抵押權之費用。但契約另有約定者，不在此限。
　增訂第2項：得優先受償之利息、遲延利息、1年或不及1年定期給付之違約金債權，以於抵押權人實行抵押權聲請強制執行前5年內發生及於強制執行程序中發生者為限。

（二）抵押權標的物之範圍

1. 原供擔保之不動產（抵押物本身）。

2. 抵押物之從物與從權利。但第三人於抵押權設定前，就從物取得之權利，不受影響（§862 I、II）[4]。

3. 以建築物為抵押者，其附加於該建築物而不具獨立性之部分，亦為抵押權效力所及。但其附加部分為獨立之物，如係於抵押權設定後附加者，準用第877條之規定（§862 III）。

4. 抵押物滅失之殘餘物，仍為抵押權效力所及。抵押物之成分非依物之通常用法而分離成為獨立之動產者，亦同（§862-1）[5]。

5. 天然孳息：抵押權之效力，及於抵押物扣押後由抵押物分離，而得由抵押人收取之天然孳息（§863）。

6. 法定孳息：但抵押權人非以扣押抵押物之事情，通知應清償法定孳息之義務人，不得與之對抗（§864）。

7. 因抵押物滅失得受之賠償金（§881 I但書）。

---

[4]　增訂第862條第3項：以建築物為抵押者，其附加於該建築物而不具獨立性之部分，亦為抵押權效力所及。但其附加部分為獨立之物，如係於抵押權設定後附加者，準用第877條之規定。

增訂第862-1條

第1項：抵押物滅失之殘餘物，仍為抵押權效力所及。抵押物之成分非依物之通常用法而分離成為獨立之動產者，亦同。

第2項：前項情形，抵押權人得請求占有該殘餘物或動產，並依質權之規定，行使其權利。

[5]　新增立法理由：

（1）抵押物滅失致有殘餘物時，例如抵押之建築物因倒塌而成為動產是，從經濟上言，其應屬抵押物之變形物。又抵押物之成分，非依物之通常用法，因分離而獨立成為動產者，例如自抵押建築物拆取之「交趾陶」是，其較諸因抵押物滅失而得受之賠償，更屬抵押物之變形物，學者通說以為仍應為抵押權效力所及，始得鞏固抵押權之效用。因現行法尚無明文規定，易滋疑義，為期明確，爰予增訂。

（2）為期充分保障抵押權人之權益，爰增訂第2項，明定前項情形，抵押權人得請求占有該殘餘物或動產，並依質權之規定，行使其權利。惟如抵押權人不請求占有該殘餘物或動產者，其抵押權自不受影響，併予敘明。

（三）抵押人之權利

1. 抵押人仍可使用收益該不動產。

2. 得再設定抵押權：不動產所有人，因擔保數債權，就同一不動產，設定數抵押權者，其次序依登記之先後定之（§865）。

3. 得設定地上權及其他權利：

(1) 其他權利包括典權（釋119）。

(2) 該權利如於抵押權有所影響者，對於抵押權人不生效力。

(3) 該權利對抵押權無影響時，該權利仍繼續存於抵押物上。

4. 得將不動產讓與他人：不動產所有人設定抵押權後，得將不動產讓與他人。但其抵押權不因此而受影響（§867）。

（四）抵押權人之權利

1. 得將抵押權連同債權而讓與（§870）。

2. 得將抵押權連同債權而為其他債權之擔保（§870）。

3. 得調整可優先受償分配額（§870-1）[6]。

6　新增立法理由：

一、抵押權人依其次序所能支配者係抵押物之交換價值，即抵押權人依其次序所得優先受償之分配額。為使抵押權人對此交換價值之利用更具彈性，俾使其投下之金融資本在多數債權人間仍有靈活週轉之餘地，並有相互調整其複雜之利害關係之手段，日本民法第375條及德國民法第880條均設有抵押權次序讓與之規定，日本民法並及於抵押權次序之拋棄。我國民法就此尚無明文規定，鑑於此項制度具有上述經濟機能，且與抵押人、第三人之權益無影響，而在學說及土地登記實務（參考土地登記規則第116條規定）上均承認之。為符實際並期明確，爰增訂第1項規定，明定抵押權人得以讓與抵押權之次序，或拋棄抵押權之次序之方法，調整其可優先受償之分配額。但他抵押權人之利益不受影響。所謂「特定抵押權人」，係指因調整可優先受償分配額而受利益之該抵押權人而言，不包括其他抵押權人在內。又其得調整之可優先受償之分配額，包括全部及一部。其內容包括學說上所稱抵押權次序之讓與及拋棄。詳述之：

（一）次序之讓與
次序之讓與係指抵押權人為特定抵押權人之利益，讓與其抵押權之次序之謂，亦即指同一抵押物之先次序或同次序抵押權人，為特定後次序或同次序抵押權人之利益，將其可優先受償之分配額讓與該後次序或同次序抵押權人之謂。此時讓與人與受讓人仍保有原抵押權及次序，讓與人與受讓人仍依其原次序受分配，惟依其次序所能獲得分配之合計金額，由受讓人優先受償，

如有剩餘，始由讓與人受償。例如債務人甲在其抵押物上分別有乙、丙、丁第一、二、三次序依次為新臺幣（以下同）180萬元、120萬元、60萬元之抵押權，乙將第一優先次序讓與丁，甲之抵押物拍賣所得價金為300萬元，則丁先分得60萬元，乙分得120萬元，丙仍為120萬元。又如甲之抵押物拍賣所得價金為280萬元，則丁先分得60萬元，乙分得120萬元，丙分得100萬元。

（二）次序之拋棄：有相對拋棄及絕對拋棄兩種，分述如下：

1.相對拋棄

相對拋棄係指抵押權人為特定後次序抵押權人之利益，拋棄其抵押權之次序之謂，亦即指同一抵押物之先次序抵押權人，為特定後次序抵押權人之利益，拋棄其優先受償利益之謂。此時各抵押權人之抵押權歸屬與次序並無變動，僅係拋棄抵押權次序之人，因拋棄次序之結果，與受拋棄利益之抵押權人成為同一次序，將其所得受分配之金額共同合計後，按各人債權額之比例分配之。例如前例，甲之抵押物拍賣所得價金為300萬元，乙將其第一次序之優先受償利益拋棄予丁，則乙、丁同列於第一、三次序，乙分得135萬元，丁分得45萬元，至丙則仍分得120萬元，不受影響。又如甲之抵押物拍賣所得價金為280萬元，則乙、丁所得分配之債權總額為180萬元（如乙未為拋棄，則乙之應受分配額為180萬元，丁之應受分配額為零），乙拋棄後，依乙、丁之債權額比例分配（三比一），乙分得135萬元，丁分得45萬元，丙仍分得100萬元不受影響。

2.絕對拋棄

絕對拋棄係指抵押權人為全體後次序抵押權人之利益，拋棄其抵押權之次序之謂，亦即指先次序抵押權人並非專為某一特定後次序抵押權人之利益，拋棄優先受償利益之謂。此時後次序抵押權人之次序各依次序昇進，而拋棄人退處於最後之地位，但於拋棄後新設定之抵押權，其次序仍列於拋棄者之後。如為普通債權，不論其發生在抵押權次序拋棄前或後，其次序本列於拋棄者之後，乃屬當然。例如前例，甲之抵押物拍賣所得價金為300萬元，乙絕對拋棄其抵押權之第一次序，則丙分得120萬元，丁分得60萬元、乙僅得120萬元。又如甲之抵押物拍賣所得價金為480萬元，戊之抵押權200萬元成立於乙絕對拋棄其抵押權次序之後，則丙分得120萬元，丁分得60萬元，乙可分得180萬元，戊分得120萬元。

二、我國民法關於不動產物權行為採登記生效要件主義（第758條），前項可優先受償分配額之調整，已涉及抵押權內容之變更，自須辦理登記，始生效力。又抵押權之債務人或抵押人，於提供抵押物擔保之情形，債務人仍得為債務之任意清償；抵押人為有利害關係之人，亦得向抵押權人為清償。於抵押權人調整可優先受償分配額時，如債務人或抵押人不知有調整情形仍向原次序在先之抵押權人清償，自足影響其權益，爰增訂第2項，規定前項可優先受償分配額之調整，非經登記，不生效力。並以通知債務人、抵押人及共同抵押人為其登記要件，以期周延。至於登記時，應檢具已為通知之證明文件，乃屬當然。

（1）同一抵押物有多數抵押權者，抵押權人得以下列方法調整其可優先受償之分配額。但他抵押權人之利益不受影響：

①為特定抵押權人之利益，讓與其抵押權之次序。

②為特定後次序抵押權人之利益，拋棄其抵押權之次序。

③為全體後次序抵押權人之利益，拋棄其抵押權之次序（§870-1 I）。

前項抵押權次序之讓與或拋棄，非經登記，不生效力。並應於登記前，通知債務人、抵押人及共同抵押人（同條 II）。

因第1項調整而受利益之抵押權人，亦得實行調整前次序在先之抵押權（同條 III）。

調整優先受償分配額時，其次序在先之抵押權所擔保之債權，如有第三人之不動產為同一債權之擔保者，在因調整後增加負擔之限度內，以該不動產為標的物之抵押權消滅。但經該第三人同意者，不在此限（同條 IV）。

（2）調整後保證人之責任（§870-2）

調整可優先受償分配額時，其次序在先之抵押權所擔保之債權有保證人者，於因調整後所失優先受償之利益限度內，保證人免其責任。但經該保證人同意調整者，不在此限。

4. 保全抵押物價值請求權

（1）抵押人之行為，足使抵押物價值減少者，抵押權人得請求停止其行為。

三、抵押權間可優先受償分配額之調整，對各抵押權人之抵押權歸屬並無變動，僅係使因調整而受利益之抵押權人獲得優先分配利益而已。故該受利益之後次序抵押權人亦得實行調整前次序在先之抵押權。惟其相互間之抵押權均須具備實行要件，始得實行抵押權，乃屬當然。例如債務人甲在其抵押物上分別有乙、丙、丁第一、二、三次序之抵押權，乙將第一優先次序讓與丁，如乙、丁之抵押權均具備實行要件時，丁得實行乙之抵押權，聲請拍賣抵押物，爰增訂第3項規定。

四、為同一債權之擔保，於數不動產上設定抵押權者，抵押權人本可就各個不動產賣得之價金，受債權全部或一部之清償。如先次序或同次序之抵押權人，因調整可優先受償分配額而喪失其優先受償利益，則必使其他共同抵押人增加負擔，為示公平，除經該第三人即共同抵押人同意外，殊無令其增加負擔之理，爰於第4項明定，在因調整後增加負擔之限度內，以該不動產為標的物之抵押權消滅。

（2）如有急迫之情事，抵押權人得自為必要之處分，費用由抵押人負擔（§871）[7]。

5. 回復抵押物原狀請求權（§872）[8]

（1）因可歸責於抵押人之事由，致抵押物價值減少時，抵押權人得請求抵押人回復抵押物之原狀，或提出與減少價額相當之擔保。

（2）因不可歸責於抵押人之事由，致抵押物價值減少時，抵押權人僅於抵押人得受損害賠償之限度內，請求提出擔保。

五、抵押權之實行

（一）聲請法院拍賣抵押物

1. 拍賣之聲請向拍賣物所在地之法院聲請拍賣抵押物。

2. 拍賣之標的物。

（1）原則：及於抵押物及其從物、從權利、天然孳息等。

（2）其他：

①土地所有人於設定抵押權後，在抵押之土地上營造建築物者，抵押權人於必要時，得於強制執行程序中聲請法院將其建築物與土地併付拍賣。但對於建築物之價金，無優先受清償之權（§877）[9]。

---

[7]　第871條第2項：因前項請求或處分所生之費用，由抵押人負擔。其受償次序優先於各抵押權所擔保之債權。

[8]　第872條第1項：抵押物之價值因可歸責於抵押人之事由致減少時，抵押權人得定相當期限，請求抵押人回復抵押物之原狀，或提出與減少額相當之擔保。

增訂第2項：抵押人不於前項所定期限內，履行抵押權人之請求時，抵押權人得定相當期限請求債務人提出與減少價額相當之擔保。屆期不提出者，抵押權人得請求清償其債權。

增訂第3項：抵押人為債務人時，抵押權人得不再為前項請求，逕行請求清償其債權。

現行條文第2項移列為第4項。

第4項：抵押物之價值因不可歸責於抵押人之事由致減少者，抵押權人僅於抵押人因此所受利益之限度內，請求提出擔保。

[9]　第877條：土地所有人於設定抵押權後，在抵押之土地上營造建築物者，抵押權人於必要時，得於強制執行程序中聲請法院將其建築物與土地併付拍賣。但對於建築物之價金，無優先受清償之權。

增訂第2項：前項規定，於第866條第2項第3項之情形，如抵押之不動產上，有該

②以建築物設定抵押權者，於法院拍賣抵押物時，其抵押物存在所必要之權利得讓與者，應併付拍賣。但抵押權人對於該權利賣得之價金，無優先受清償之權（§877-1）[10]。

③設定抵押權時，土地及其土地上之建築物，同屬於一人所有，而僅以土地或僅以建築物為抵押者，於抵押物拍賣時，視為已有地上權之設定，其地租、期間及範圍由當事人協議定之。不能協議者，得聲請法院以判決定之（§876）[11]。

3. 賣得價金之分配：除法律另有規定外，按各抵押權成立之次序分配之。其次序相同者，依債權額比例分配之（§874）[12]。

4. 聲請拍賣為抵押權人之權利，非其義務。

（二）訂立契約取得抵押物所有權

民法第873條、第873-1條[13]（流押契約之相對禁止）、第878條。

（三）以其他方法處分抵押物

1. 得訂立契約以其他方法處分抵押物（§878）。

權利人或經其同意使用之人之建築物者，準用之。

[10] 增訂第877-1條：以建築物設定抵押權者，於法院拍賣抵押物時，其抵押物存在所必要之權利得讓與者，應併付拍賣。但抵押權人對於該權利賣得之價金，無優先受清償之權。

[11] 第876條第1項：設定抵押權時，土地及其土地上之建築物，同屬於一人所有，而僅以土地或僅以建築物為抵押者，於抵押物拍賣時，視為已有地上權之設定，其地租、期間及範圍由當事人協議定之。不能協議者，得聲請法院以判決定之。
第2項：設定抵押權時，土地及其土地上之建築物，同屬於一人所有，而以土地及建築物為抵押者，如經拍賣，其土地與建築物之拍定人各異時，適用前項之規定。

[12] 第874條：抵押物賣得之價金，除法律另有規定外，按各抵押權成立之次序分配之。其次序相同者，依債權額比例分配之。

[13] 第873-1條：約定於債權已屆清償期而未為清償時，抵押物之所有權移屬於抵押權人者，非經登記，不得對抗第三人。
抵押權人請求抵押人為抵押物所有權之移轉時，抵押物價值超過擔保債權部分，應返還抵押人；不足清償擔保債權者，仍得請求債務人清償。
抵押人在抵押物所有權移轉於抵押權人前，得清償抵押權擔保之債權，以消滅該抵押權。

2. 設定抵押權之第三人之求償權（§879）[14]：為債務人設定抵押權之第三人，代為清償債務，或因抵押權人實行抵押權致失抵押物之所有權時，該第三人於其清償之限度內，承受債權人對於債務人之債權。但不得有害於債權人之利益。

3. 第三人為債務人設定抵押權時，如債權人免除保證人之保證責任者，於前條第2項保證人應分擔部分之限度內，該部分抵押權消滅（§879-1）。

六、抵押權之消滅

除物權一般消滅原因外，尚有：

（一）主債權消滅。

（二）除斥期間經過。於債權消滅時效完成後5年內不實行抵押權（§880）。

（三）抵押物滅失，民法第881條[15]。

（四）抵押權之實行（§873-2）。

1. 抵押權人實行抵押權者，該不動產上之抵押權，因抵押物之拍賣而消滅。

---

[14] 第879條第1項：為債務人設定抵押權之第三人，代為清償債務，或因抵押權人實行抵押權致失抵押物之所有權時，該第三人於其清償之限度內，承受債權人對於債務人之債權。但不得有害於債權人之利益。

增訂第2項：債務人如有保證人時，保證人應分擔之部分，依保證人應負之履行責任與抵押物之價值或限定之金額比例定之。抵押物之擔保債權額少於抵押物之價值者，應以該債權額為準。

增訂第3項：前項情形，抵押人就超過其分擔額之範圍，得請求保證人償還其應分擔部分。

增訂第879-1條：第三人為債務人設定抵押權時，如債權人免除保證人之保證責任者，於前條第2項保證人應分擔部分之限度內，該部分抵押權消滅。

[15] 第881條第1項：抵押權除法律另有規定外，因抵押物滅失而消滅。但抵押人因滅失得受賠償或其他利益者，不在此限。

增訂第2項：抵押權人對於前項抵押人所得行使之賠償或其他請求權有權利質權，其次序與原抵押權同。

增訂第3項：給付義務人因故意或重大過失向抵押人為給付者，對於抵押權人不生效力。

增訂第4項：抵押物因毀損而得受之賠償或其他利益，準用前三項之規定。

2. 前項情形，抵押權所擔保之債權有未屆清償期者，於抵押物拍賣得受清償之範圍內，視為到期。

3. 抵押權所擔保之債權未定清償期或清償期尚未屆至，而拍定人或承受抵押物之債權人聲明願在拍定或承受之抵押物價額範圍內清償債務，經抵押權人同意者，不適用前二項之規定。

七、特種抵押權

(一) 共同抵押權

1. 意　義

共同抵押權，指「為同一債權之擔保，於數不動產上設定抵押權，而未限定各個不動產所負擔之金額者」（§875前段）而言。共同抵押權，其「抵押權人得就各個不動產賣得之價金，受債權全部或一部之清償」（同條後段）。即每筆不動產，均須擔保債權之全部，在債權未全部受清償前，仍得對未拍賣之不動產行使抵押權（52台上1693）。

2. 共同抵押權之實行

（1）為同一債權之擔保，於數不動產上設定抵押權，而未限定各個不動產所負擔之金額者，抵押權人得就各個不動產賣得價金，受債權全部或一部之清償（§875）。

（2）為同一債權之擔保，於數不動產上設定抵押權，抵押物全部或部分同時拍賣時，拍賣之抵押物中有為債務人所有者，抵押權人應先就該抵押物賣得之價金受償（§875-1）。

3. 各抵押物對債權之分擔額

（1）為同一債權之擔保，於數不動產上設定抵押權者，各抵押物對債權分擔之金額，依下列規定計算之：

①未限定各個不動產所負擔之金額時，依各抵押物價值之比例。

②已限定各個不動產所負擔之金額時，依各抵押物所限定負擔金額之比例。

③僅限定部分不動產所負擔之金額時，依各抵押物所限定負擔金額與未限定負擔金額之各抵押物價值之比例（§875-2）[16]。

（2）為同一債權之擔保，於數不動產上設定抵押權者，在抵押物全部或部分同時拍賣，而其賣得價金超過所擔保之債權額時，經拍賣之各抵押物對債權分擔金額之計算，準用前條之規定（§875-3）[17]。

4. 求償權人、承受權人行使權利之範圍與方式

為同一債權之擔保，於數不動產上設定抵押權者，在各抵押物分別拍賣時，適用下列規定：

一、經拍賣之抵押物為債務人以外之第三人所有，而抵押權人就該抵押物賣得價金受償之債權額超過其分擔額時，該抵押物所有人就超過分擔額之範圍

---

[16] 新增立法理由：

共同抵押權之抵押物不屬同一人所有或抵押物上有後次序抵押權存在時，為期平衡物上保證人與抵押物後次序抵押權人之權益，並利求償權或承受權之行使，宜就各抵押物內部對債權分擔金額之計算方式予以明定，爰增訂第1項規定。如各不動產限定負擔金額之總額超過所擔保之債權總額者，當然依各抵押物所限定負擔金額之比例定之，若未超過總額時，亦應依各抵押物所限定負擔金額計算。

[17] 新增立法理由：

共同抵押權之抵押權人請求就二以上（包括全部或部分）之抵押物同時拍賣，如其賣得之價金總額超過所擔保之債權總額時，於不影響抵押權人之受償利益下，各抵押物賣得之價金，應如何分配，以清償抵押權人之債權，攸關共同抵押人等之權益。為期減少求償或承受問題並利實務運作，宜就該等經拍賣之各抵押物對債權分擔金額之計算方法，予以明定，爰增訂本條準用之規定。例如甲對乙負有600萬元之債務，由丙、丁、戊分別提供其所有之A、B、C三筆土地設定抵押權於乙，共同擔保上開債權，而均未限定各個不動產所負擔之金額。嗣甲逾期未能清償，乙遂聲請對A、B二地同時拍賣，A地拍賣所得價金為500萬元，B地拍賣所得價金為300萬元，於此情形，A地、B地對債權分擔之金額，應準用第875-2條第1項第1款之規定計算之，故A地對債權之分擔金額為375萬元（600×500÷（500＋300）=375），B地對債權之分擔金額則為225萬元（600×300÷（500＋300）=225）。拍賣抵押物之執行法院，自應按此金額清償擔保債權。又上例中，如分別限定A、B、C三筆土地所負擔之金額為300萬元、200萬元、100萬元，乙聲請對A、B二地同時拍賣，A地拍賣所得價金為500萬元，B地拍賣所得金為300萬元，於此情形，A地、B地對債權分擔之金額，則應準用第875-2條第1項第2款前段之規定計算之，故A地對債權之分擔金額為300萬元，B地對債權之分擔金額為200萬元。又上述第一例中，A、B抵押物賣得價金清償債權額均已逾其分擔額（第875-2條第1項第1款參照），此際丙、丁對C抵押物可行使第875條之4第1款所定之權利，自屬當然。

內，得請求其餘未拍賣之其他第三人償還其供擔保抵押物應分擔之部分，並對該第三人之抵押物，以其分擔額爲限，承受抵押權人之權利。但不得有害於該抵押權人之利益。

二、經拍賣之抵押物爲同一人所有，而抵押權人就該抵押物賣得價金受償之債權額超過其分擔額時，該抵押物之後次序抵押權人就超過分擔額之範圍內，對其餘未拍賣之同一人供擔保之抵押物，承受實行抵押權人之權利。但不得有害於該抵押權人之利益（§875-4）[18]。

（二）法定抵押權

法定抵押權爲依法律規定而發生之抵押權。例如承攬人之法定抵押權（§513）。此等法定抵押權，不以登記爲生效要件，其性質及效用則與一般抵押權相同，故普通抵押權及最高限額抵押權之規定，於法定抵押權準用之（§883）。如法定抵押權與普通抵押權併存時，其優先次序，依成立生效之先後定之（63台上1240）。

（三）權利抵押權

權利抵押權，即以所有權以外之不動產物權爲標的物之抵押權。「地上權、農育權及典權，均得爲抵押權之標的物」（§882）[19]。此外，依特別法規定，準物權亦有得爲抵押權之標的物者，例如採礦權（礦§§14 Ⅱ、41、

18　新增立法理由：

按共同抵押權之各抵押物內部分擔擔保債權金額之計算方式已於第875-2條明定。是以，於抵押物異時拍賣時，如抵押權人就其中某抵押物賣得價金受償之債權額超過其分擔額時，即生求償或承受問題，爲期公允明確，宜就求償權人或承受權人行使權利之範圍與方式予以明定，爰增訂本條規定，並仿民法第281條第2項、第312條、第749條之立法意旨，於各款設但書之規定。又本條第1款雖規定物上保證人間之求償權及承受權，惟基於私法自治原則，當事人仍可以契約爲不同約定而排除本款規定之適用。另第2款係規定同一人所有而供擔保之抵押物經拍賣後，該抵押物後次序抵押權人就超過分擔額之範圍內有承受權；本款所稱之「同一人」所有，除債務人所有之抵押物經拍賣之情形外，亦包括物上保證人所有之抵押物經拍賣之情形。至於物上保證人對債務人或對保證人之求償權或承受權，則另規定於第879條，併此敘明。

19　抵押權種類繁多，除第一節及第二節所列抵押權外，尚有權利抵押、法定抵押權及特別法上所定之抵押權（例如礦業權抵押權、漁業權抵押權），爲期周延，爰增訂第三節其他抵押權之節名。又本節包括第882條及第883條，併予指明。

42）、漁業權（漁§§20、25）是。此種抵押權，除標的物與一般抵押權不同外，其成立及效力，除法律有特別規定外，均準用普通抵押權及最高限額抵押權之規定（§883）[20]。

（四）最高限額抵押權

1. 意　義

　　稱最高限額抵押權者，謂債務人或第三人提供其不動產為擔保，就債權人對債務人一定範圍內之不特定債權，在最高限額內設定之抵押權（§881-1 I）。最高限額抵押權，指抵押人提供抵押物，與債權人訂立在一定額之限度內，擔保現已發生及將來可能發生之債權而設定之抵押權。最高限額抵押權定有存續期間者，在該期間內已發生之債權，因清償等事由而減少或消滅時，抵押權仍不消滅。於其原有債權消滅後，在存續期間內陸續發生之債權，而在約定限額範圍內者，亦得對抵押物行使權利。如未定存續期間者，抵押人得隨時終止契約（66台上1097）。最高限額抵押權，其債權額在結算前並不確定，實際發生之債權額不及最高額時，應以實際發生者為準（62台上776）。又此種抵押權成立時，可能尚無債權發生，如抵押權人行使抵押權時，債務人或抵押人否認已先有債權存在或曾有債權發生，而從抵押權人提出之文件為形式上之審查，亦不能明瞭是否有債權存在時，法院即不能准許拍賣抵押物（71台抗306）。如形式上有債務人名義之借據，足以證明抵押權存在，法院即應准許拍賣抵押物。

2. 最高限額抵押權之成立

　　最高限額抵押權所擔保之債權，以由一定法律關係所生之債權或基於票據所生之權利為限（§881-1 II）。

3. 最高限額抵押權之效力

　　（1）最高限額抵押權效力之範圍（§881-2）[21]

---

[20] 第883條：普通抵押權及最高限額抵押權之規定，於前條抵押權及其他抵押權準用之。

[21] 關於最高限額之約定額度，有債權最高限額及本金最高限額二說，目前實務上採債權最高限額說（最高法院75年11月25日第22次民事庭會議決議參照），觀諸外國立法例日本民法第398-3條第1項、德國民法第1190條第2項、我國動產擔保交易法第16條第2項亦作相同之規定，本條爰仿之。於第2項規定前項債權之利息、遲延利息或違約金，與前項債權合計不逾最高限額範圍者，始得行使抵押權。又此

　　①最高限額抵押權人就已確定之原債權，僅得於其約定之最高限額範圍內，行使其權利。

　　②前項債權之利息、遲延利息、違約金，與前項債權合計不逾最高限額範圍者，亦同。

　　（2）最高限額抵押權之處分

　　①讓與：

　　A.最高限額抵押權所擔保之債權，於原債權確定前讓與他人者，其最高限額抵押權不隨同移轉。第三人為債務人清償債務者，亦同（§881-6Ⅰ）。

　　B.原債權確定前，抵押權人經抵押人之同意，得將最高限額抵押權之全部或分割其一部讓與他人（§881-8Ⅰ）。

　　②共有：原債權確定前，抵押權人經抵押人之同意，得使他人成為最高限額抵押權之共有人（§881-8Ⅱ）。

　　（3）最高限額抵押權之實行（§873-2）

　　①抵押權人實行抵押權者，該不動產上之抵押權，因抵押物之拍賣而消滅。

　　②前項情形，抵押權所擔保之債權有未屆清償期者，於抵押物拍賣得受清償之範圍內，視為到期。

　　③抵押權所擔保之債權未定清償期或清償期尚未屆至，而拍定人或承受抵押物之債權人聲明願在拍定或承受之抵押物價額範圍內清償債務，經抵押權人同意者，不適用前二項之規定。

項利息、遲延利息或違約金，不以前項債權已確定時所發生者為限。其於前項債權確定後始發生，但在最高限額範圍內者，亦包括在內，仍為抵押權效力所及。詳言之，於當事人依第881-1條第2項規定限定一定法律關係後，凡由該法律關係所生債權，均為擔保債權之範圍。直接所生，或與約定之法律關係有相當關連之債權，或是該法律關係交易過程中，通常所生之債權，亦足當之。例如約定擔保範圍係買賣關係所生債權，買賣價金乃直接自買賣關係所生，固屬擔保債權，其他如買賣標的物之登記費用、因價金而收受債務人所簽發或背書之票據所生之票款債權、買受人不履行債務所生之損害賠償請求權亦屬擔保債權，亦包括在內。準此觀之，自約定法律關係所生債權之利息、遲延利息與違約金，自當然在擔保債權範圍之內，因此等債權均屬法律關係過程中，通常所生之債權。惟其均應受最高限額之限制，此即為本條規範意旨所在。

4. 原債權之確定（§881-12）

最高限額抵押權，於抵押權設定時，僅約定於一定金額之限度內擔保已發生及將來可能發生之債權而已，至於實際擔保之範圍如何，非待所擔保之原債權確定後不能判斷。惟原債權何時確定？除本節第881-4條、第881-5條、第881-7條第1項至第3項、第881-10條及第881-11條但書等法律另有規定者外，尚有諸多確定事由，允宜明文規定，俾杜爭議。爰參酌日本民法第398-3條、同條之20、最高法院76年2月10日民事庭會議決議、83年台上字第1055號判例、75年度台上字第2091號判決、司法院70年10月14日（70）秘台廳（一）字第01707號函意旨，增訂七款原債權確定之事由。

最高限額抵押權所擔保之原債權，除本節另有規定外，因下列事由之一而確定：

一　約定之原債權確定期日屆至者。

二　擔保債權之範圍變更或因其他事由，致原債權不繼續發生者。

三　擔保債權所由發生之法律關係經終止或因其他事由而消滅者。

四　債權人拒絕繼續發生債權，債務人請求確定者。

五　最高限額抵押權人聲請裁定拍賣抵押物，或依第873條之1之規定為清算，或第878條規定訂立契約者。

六　抵押物因他債權人聲請強制執行經法院查封，而為最高限額抵押權人所知悉，或經執行法院通知最高限額抵押權人者。但抵押物之查封經撤銷時，不在此限。

七　債務人或抵押人經裁定宣告破產者。但其裁定經廢棄確定時，不在此限（§881-12 I）。

第881條之5第2項之規定，於前項第4款之情形，準用之（同條 II）。

第1項第6款但書及第7款但書之規定，於原債權確定後，已有第三人受讓擔保債權，或以該債權為標的物設定權利者，不適用之（同條 III）。

5. 最高限額抵押權之消滅（§§881-15、881-16）

（1）除斥期間之經過

最高限額抵押權所擔保之債權，其請求權已因時效而消滅，如抵押權人於消滅時效完成後，5年間不實行其抵押權者，該債權不再屬於最高限額抵押權擔保之範圍（§881-15）。

（2）請求塗銷抵押權

最高限額抵押權所擔保之原債權確定後，於實際債權額超過最高限額時，為債務人設定抵押權之第三人，或其他對該抵押權之存在有法律上利害關係之人，於清償最高限額為度之金額後，得請求塗銷其抵押權（§881-16）。

（五）動產抵押權

民法上之抵押權乃是以不動產為標的物，惟於民法的特別法中，抵押權有以動產為標的者，稱之為「動產抵押權」，亦為特種抵押權之一種。依我國現行法，動產抵押權有下列三種：

1. **動產擔保交易法中之動產抵押權**：此即通稱之動產抵押權，該法第15條規定：「稱動產抵押者，謂抵押權人對債務人或第三人不移轉占有而就供擔保債權人之動產設定動產抵押權，於債務人不履行契約時，抵押權人得占有抵押物，並得出賣，就其賣得價金優先於其他債權，而受清償之交易。」

2. **船舶抵押權**：係指依海商法就船舶所設定之抵押權而言（參照海§§33～37）。

3. **航空器抵押權**：係指依民用航空法就航空器所設定之抵押權而言（參照民航§§18、19）。

第七章 質 權

第一節 動產質權

一、動產質權之意義

「稱動產質權者，謂債權人對於債務人或第三人移轉占有而供其債權擔保之動產，得就該動產賣得價金優先受償之權」（§884）。以動產供擔保之人，得為債務人或第三人，謂之出質人。享有質權之人為債權人，謂之質權人。動產質權之標的物須為動產，並須為具有讓與性之特定物，其質權人必須占有動產，始得就其賣得價金而優先受清償。

動產質權與動產抵押權雖均以動產為標的，但有下述不同：

1. 質權之標的物無限制；動產抵押權之標的物則以法令規定之動產為限。

2. 質權之設定須移轉占有；動產抵押權之設定則否。

3. 質權之設定，無須訂立書面契約及辦理登記；動產抵押權之設定，必須訂立書面契約，非經登記，不得對抗善意第三人。

動產質權，以擔保債權之清償為目的，為擔保物權之一種。具有擔保物權之通性，即從屬性、不可分性及代物擔保性，與抵押權同。

二、動產質權之效力

（一）質權所擔保債權之範圍

「質權所擔保者為原債權、利息、遲延利息、違約金、保存質物之費用、實行質權之費用及因質物隱有瑕疵而生之損害賠償。但契約另有約定者，不在此限」（§887）。

（二）質權標的物之範圍

為增強質權之功效，質權之效力，除契約另有訂定外，及於質物本身及其所生之孳息（§889）。

（三）質權人之權利

1. 收取孳息權

「質權人得收取質物所生之孳息。但契約另有約定者，不在此限」
（§889）。「質權人有收取質物所生孳息之權利者，應以對於自己財產同
一之注意收取孳息，並爲計算」（§890 I）。如有具體過失者，應負賠償
責任。「前項孳息，先抵充費用，次抵原債權之利息，次抵原債權」（同條
II）。而不屬於質權人所有。又孳息如須變價始得抵充者，其變價方法準用實
行質權之規定（同條 III）。

2. 轉質權

轉質者，質權人將質物交付於其債權人，以供債權之擔保之謂也。轉質
爲新質權之設定。質權爲附隨於債權之權利，本不能與所擔保債權分別讓與，
但爲便利資金之融通，並尊重我國固有習慣，允許「質權人於質權存續中，得
以自己之責任，將質物轉質於第三人。其因轉質所受不可抗力之損失，亦應負
責」（§891）。轉質無須得出質人之同意，爲兼顧出質人之利益，轉質所擔
保之債權，其數額及清償期均不能超過原質權所擔保之債權。轉質權人得就質
物實行質權或向轉質人收取債權，而不能向原出質人收取債權。但轉質權人對
於質物，有優先於質權人而受清償之權利。故質物賣得價金，清償轉質權人債
權之餘額，質權人始得用以清償自己之債權。出質人如欲收回質物，則應先代
質權人清債轉質權人之債權，再對質權人清償債權之餘額。

3. 變價權

在質權關係存續中，「因質物有腐壞之虞，或其價值顯有減少，足
以害及質權人之權利者，質權人得拍賣質物，以其賣得價金，代充質物」
（§892 I），以保全雙方之利益；前項情形，如經出質人之請求，質權人應
將價金提存於法院。質權人屆債權清償期而未受清償者，得就提存物實行其質
權（同條 II）。但除不能通知外，質權人應於拍賣前通知出質人（§894）。

（四）質權之實行

質權人於債權已屆清償期，而未受清償者，得拍賣質物，就其賣得價
金，而受清償（§893 I）。此項拍賣，質權人亦應於拍賣前，通知出質人；
但不能通知者，不在此限（§894）。又質權之實行方法，除上述之拍賣質物
外，質權人亦得於債權清償期屆滿後，爲受清償，得訂立契約取得質物之所有

權，或用拍賣以外之方法處分質物；但有害於其他質權人之利益者，不在此限（§895準用§878）。惟應注意者，約定於債權已屆清償期而未爲清償時，質物之所有權移屬於質權人者，準用第873-1條之規定（§893 II）。

（五）質權人之義務

1. 保管質物

質權人占有質物，應以善良管理人之注意，保管質物，且非經出質人之同意，不得使用或出租其質物。但爲保存其物之必要而使用者，不在此限（§888）。

2. 返還質物

「動產質權所擔保之債權消滅時，質權人應將質物返還於有受領權之人」（§896）。所謂有受領權人，係指出質人或其所指定之人而言（37上6843）。

（六）出質人之權利

出質人於出質後，雖不占有質物，但其所有權並不喪失，故仍得就質物爲買賣、贈與等行爲。至於能否再設定質權，亦即同一動產上可否有多數質權之併存，我民法無規定，但解釋上應採肯定說爲妥（參照§895準用§878規定之結果）。

（七）最高限額質權之成立（§899-1）

1. 債務人或第三人得提供其動產爲擔保，就債權人對債務人一定範圍內之不特定債權，在最高限額內，設定最高限額質權。

2. 前項質權之設定，除移轉動產之占有外，並應以書面爲之。

3. 關於最高限額抵押權及第884條至前條之規定，於最高限額質權準用之。

（八）營業質權（§899-2）

1. 質權人係經許可以受質爲營業者，僅得就質物行使其權利。出質人未於取贖期間屆滿後5日內取贖其質物時，質權人取得質物之所有權，其所擔保之債權同時消滅。

2. 前項質權，不適用第889條至第895條、第899條、第899-1條之規定。

三、動產質權之消滅

（一）質物之返還

動產質權，因質權人將質物返還於出質人或交付於債務人而消滅。返還或交付質物時，為質權繼續存在之保留者，其保留無效（§897）。

（二）占有之喪失

質權人喪失其質物之占有，於2年內未請求返還者，其動產質權消滅（§898）。

（三）質物之滅失

動產質權，因質物滅失而消滅。但出質人因滅失得受賠償或其他利益者，不在此限（§899 I）。

第二節　權利質權

一、權利質權之意義

稱權利質權者，謂以可讓與之債權或其他權利為標的物之質權（§900）。其與動產質權所不同者，於標的物上見之。動產質權乃以動產（其實係以動產之所有權為主）為標的物，而此則以可讓與之債權及其他權利為標的物。除此之外，二者均為債權之擔保，故權利質權除其本節有規定外，準用關於動產質權之規定（§901）。

二、權利質權之設定方法

「權利質權之設定方法，除本節另有規定外，並應依關於其權利讓與之規定為之」（§902）。例如以合夥股份為質權設定之標的，依合夥股份讓與之規定，須得其他合夥人全體之同意（22上235）。又如以記名股票設定質權，出質人須將股票交付質權人，並依背書方法為之，同時將質權人之姓名記載於股票，並記載於公司股東名簿，始得以其設質對抗公司（60台上4335）。

三、債權質權

（一）債權質權之意義

債權質權者，以債權爲標的之質權也（§904）。

（二）債權質權之設定

爲免日後證明困難，「以債權爲標的之質權，其設定應以書面爲之。前項債權有證書者，出質人有交付之義務」（§904）。故債權質權之設定，爲要式行爲，未以書面爲之者，不生效力。但此項書面，僅須載明出質人與質權人同意就特定債權設定權利質權之意旨，並無一定之格式，亦無須移轉權利標的物之占有。

（三）債權質權之實行

1. 以金錢給付爲內容

（1）標的物債權之清償期在先者

爲質權標的物之債權，以金錢給付爲內容，而其清償期先於其所擔保債權之清償期者，質權人得請求債務人提存之，並對提存物行使其質權（§905 I）。

（2）標的物債權之清償期在後者

爲質權標的物之債權，以金錢給付爲內容，而其清償期後於其所擔保債權之清償期者，質權人於其清償期屆至時，得就擔保之債權額，爲給付之請求（§905 II）。

2. 以金錢以外之動產給付爲內容

爲質權標的物之債權，以金錢以外之動產給付爲內容者，於其清償期屆至時，質權人得請求債務人給付之，並對該給付物有質權（§906）。

3. 以不動產物權之設定或移轉爲給付內容

爲質權標的物之債權，以不動產物權之設定或移轉爲給付內容者，於其清償期屆至時，質權人得請求債務人將該不動產物權設定或移轉於出質人，並對該不動產物權有抵押權。

前項抵押權應於不動產物權設定或移轉於出質人時，一併登記（§906-1）。

4. 其他實行方法

質權人於所擔保債權清償期屆至而未受清償時，除依前三條之規定外，亦得依第893條第1項或第895條之規定實行其質權。易言之，質權人不但得依前三條之規定行使權利，亦得拍賣質權標的物之債權或訂立契約、用拍賣以外之方法實行質權，均由質權人自行斟酌選擇之。

四、有價證券質權

（一）有價證券質權之意義

有價證券質權者，以有價證券為標的之質權也。

（二）有價證券質權之設定

有價證券質權之設定，無須訂立書面。「質權以無記名證券為標的物者，因交付其證券於質權人而生設定質權之效力；以其他之有價證券為標的物者，並應依背書方法為之」（§908）。又「質權以有價證券為標的物者，其附屬於該證券之利息證券、定期金證券或其他附屬證券，以已交付於質權人者為限，亦為質權效力所及」（§910）。

（三）有價證券質權之實行

1. 「質權以未記載權利人之有價證券、票據、或其他依背書而讓與之有價證券為標的物者，其所擔保之債權，縱未屆清償期，質權人仍得收取證券上應受之給付」（§909Ⅰ）。此係考量票據等有價證券，必須在特定期間內為收取，以保全證券權利，故賦予質權人於其債權屆清償期前得單獨預先收取證券上之給付。至有價證券清償期後於質權所擔保之債權，得待有價證券清償期屆至，依民法第909條實行其質權。

2. 附屬證券：質權以有價證券為標的物者，其附屬於該證券之利息證券、定期金證券或其他附屬證券，以已交付於質權人者為限，亦為質權效力所及（§910Ⅰ）。

第八章 典 權

一、典權之意義

　　稱典權者，謂支付典價在他人之不動產為使用、收益，於他人不回贖時，取得該不動產所有權之權（§911）[1]。典權係一種不動產物權，亦為一種用益物權（亦有認為擔保物權者）。其標的物不僅為土地，且為房屋亦可。惟出典房屋時，如無特別約定，當然包括基地在內（37年院409）。典權之成立以支付典價為要件，又因係不動產物權，其設定須經登記，始生效力。以不動產出典者為出典人，取得典權者為典權人。

　　典權為我國固有之制度，出典人能取得急需之款項，而同時保留所有之產業，典權人則僅用找貼之方法，即可取得典物之所有權。既具擔保之效用，又有買賣之實益。故俗稱出典為典賣，買賣為絕賣。

二、取 得

（一）基於法律行為而取得

　　1. 典權之設定。
　　2. 轉典（§915）。
　　3. 典權之讓與（§917 I）。

（二）基於法律行為以外之事實而取得

　　僅有繼承一種原因（§1148）。

---

[1]　典權之成立究否以占有他人之不動產為要件，學說與實務（最高法院38年台上字第163號判例參照）尚有爭議。惟查占有僅係用益物權以標的物為使用收益之當然結果，乃為典權之效力，而非成立要件，現行條文在定義規定內列入「占有」二字，易滋疑義，為期明確，爰將前段「占有」二字，修正為「在他人之不動產」，並酌為文字調整。
　　典權特質之一，乃出典人未行使回贖權時，典權人取得典物所有權（現行條文第923條、第924條參照），爰於後段增列「於他人不回贖時，取得該不動產所有權」，俾使定義更為周全，以活化典權之社會功能。

三、典權之期限

（一）約定期限，不得逾30年，逾30年者，縮短為30年（§912）。

（二）未定期限時，出典人得隨時以原典價回贖典物。但出典人經30年不回贖，則典權人取得典物所有權（§924）。

（三）典權約定期限不滿15年者，不得附有到期不贖即作絕賣之條款（§913）。

四、典權人之權利

（一）相鄰權（§800-1）。

（二）轉典權（§§915、916）。

（三）出租權（§§915、916）。

（四）讓與權（§917）。

（五）留買權（§919）[2]。

（六）重建修繕權（§921、922-1）[3]。

（七）找貼權（§926）。

（八）求償權（§927）。

（九）優先購買權（土§104）。

---

[2] 現行條文規定之留買權僅具債權之效力，其效力過於薄弱。為期產生物權之效力，該留買權必具有優先於任何人而購買之效果，出典人不得以任何理由拒絕出賣。又為兼顧出典人之利益，典權人聲明留買不宜僅限於同一之價額，必條件完全相同，始生留買問題，爰仿土地法第104條第1項規定修正，改列為第1項，並作文字調整。

為期留買權之行使與否早日確定，爰仿土地法第104條第2項規定，增訂第2項，明定出典人應踐行通知典權人之義務及典權人於收受通知後10日內不為表示之失權效果，期使法律關係早日確定。為使留買權具有物權之效力，爰增訂第3項，明定出典人違反通知義務而將所有權移轉者，不得對抗典權人。

[3] 物權因標的物滅失而消滅，固係物權法之原則。惟為保護典權人之權益，典物因不可抗力致全部或一部滅失者，特賦予重建或修繕之權，是以典權人依本條規定為重建時，原典權仍應視為繼續存在於重建之標的物上，以釐清典權人與出典人間之權利義務關係，爰予修正。

物權通常因標的物之滅失而消滅，標的物於其後回復者，非有物權發生之原因或法律之規定，要不能當然回復。典權人因受賠償所重建滅失之典物，學者通說認為在重建範圍內原典權視為繼續存在，為期明確，爰將其明文化。

五、典權人之義務

（一）損害賠償（§§916、922）。
（二）保管典物使其得永續利用（§917-1）[4]。
（三）危險分擔（§920）。
（四）繳納稅捐（土§§172、186）。

六、出典人之權利

（一）典物所有權之讓與（§918）。
（二）於典物上設定抵押權（§882）。
（三）回贖典物（§§917-1、923、924、924-1）。[5]

---

[4] 不動產是人類生存之重要資源，固應物盡其用，發揮其最大經濟效益，然為免自然資源之枯竭，與不動產本質之維護，使其得永續利用，仍應力求其平衡，爰增設第1項（瑞士民法第768條、第769條、日本民法第271條、魁北克民法第1120條、義大利民法第972條第1項第1款、第1067條第1項、德國民法第1020條第1項參照）。典權人對典物之使用收益應依其性質為之，不得為性質之變更，就建築物之用益不得有不能回復其原狀之變更，土地尤不得過度利用，戕害其自我更新之能力，以保持典物得永續利用。

倘典權人違反上開義務，為維護出典人權益及不動產資源之永續性，應使出典人有阻止之權。如經阻止而仍繼續為之者，並使其有回贖典物之權，以保護出典人，爰仿修正條文第836條之3，增訂第2項前段。若典權經設定抵押權者，為保障抵押權人之權益，爰參酌修正條文第836條第1項規定，增訂出典人於阻止典權人時，應同時將該阻止之事實通知抵押權人之規定。

[5] 轉典後，出典人回贖時究應向典權人抑轉典權人為之，現行法尚無明文規定，易滋疑義。按行使回贖權時原應提出原典價為之，然轉典後，可能有多數轉典權存在，為避免增加出典人行使回贖權之負擔，及向典權人回贖，而其未能塗銷轉典權時，出典人若向最後轉典權人回贖，須再次提出典價，恐遭受資金風險之不利益，爰於第1項明定，出典人回贖時，僅須先向典權人為回贖之意思表示，典權人即須於相當期間內，向其他轉典權人回贖，並塗銷轉典權，嗣出典人提出原典價回贖時，典權人始塗銷其典權。如典權人不於相當期間向轉典權人回贖並塗銷轉典權登記者，為保障出典人之利益，特賦予出典人得提出原典價範圍內之最後轉典價逕向最後轉典權人回贖之權利。

出典人依前項規定向最後轉典權人回贖時，原典權及全部轉典權均歸消滅。惟轉典價低於原典價或後轉典價低於前轉典價者，應許典權人及各轉典權人分別向出典人請求相當於自己與後手間典價之差額，出典人並得為各該請求權人提存該差額，俾能保護典權人與轉典權人之權益，而符公平。例如：甲將土地一宗以1000

七、出典人之義務

(一) 擔保義務 (§347)。

(二) 費用償還義務 (§927)[6]。

八、在典權存續中推定有租賃關係存在 (§924-2)[7]。

---

[6] 萬元出典於乙，乙以900萬元轉典於丙，丙復以800萬元轉典於丁。乙、丙、丁如
仍有回贖權時，甲依前項規定以最後轉典價即800萬元向丁回贖者，乙之典權及
丙、丁之轉典權均歸消滅，乙、丙就自己與後手間各100萬元之典價差額，均得向
甲請求返還。出典人甲並得分別為乙、丙提存典價之差額各100萬元。爰增訂第2
項。

典物為土地，出典人同意典權人在其上營造建築物者，除另有約定外，於典物回
贖時，應按該建築物之時價補償之，以維護典權人之利益。出典人不願以時價補
償者，於回贖時視為已有地上權之設定，俾顧及社會整體經濟利益，並解決建築
基地使用權源之問題，爰增訂第3項。至如出典人未曾同意典權人營造建築物者，
除另有約定外，於典物回贖時，出典人得請求典權人拆除並交還土地，乃屬當然。
出典人願依前項規定為補償而補償時價不能協議時，為兼顧雙方之權益，宜聲請
法院裁定之。如經裁定後，出典人仍不願依裁定之時價補償，為保障典權人之利
益及解決基地使用權問題，於典物回贖時，亦視為已有地上權之設定，爰增訂第4項。

[7] 同屬於一人所有之土地及其建築物，可否僅以土地或建築物出典或將土地及其建
築物分別出典於二人？實務上認為所有人設定典權之書面，雖僅記載出典者為建
築物，並無基地字樣，但使用建築物必須使用該土地，除有特別情事，可解為
當事人之真意，僅以建築物為典權之標的物外，應解為該土地亦在出典之列（司
法院院解字第3701號、第4094號（五）解釋、最高法院33年上字第1299號判例參
照）。惟查土地與建築物為各別獨立之不動產（現行條文第66條第1項），原得獨
立處分，而法律又未限制典權人用益典物之方法，典權人不自為用益亦無不可，
僅以土地或建築物設定典權或分別設定，亦有可能，是上開見解非無斟酌餘地。
而同一人所有之土地及建築物單獨或分別設定典權時，建築物所有人與土地典權
人、建築物典權人與土地所有人、建築物典權人與土地典權人間，關於土地之利
用關係如何，倘當事人間有特別約定，自應依其特別約定，如無特別約定，應擬
制當事人真意為建築物得繼續利用其基地，爰參考現行條文第425條之1，增訂第1
項，明定於典權存續中，推定有租賃關係，以維護當事人及社會之經濟利益。例
如：建築物與土地之所有人只出典土地，於典權存續中推定土地典權人與建築物
所有人間有租賃關係，但若建築物先滅失時，租賃關係應歸於消滅；倘所有人只
出典建築物，於典權存續中，推定建築物典權人與土地所有人間有租賃關係，若
因建築物滅失而未重建致典權消滅者，租賃關係應歸於消滅；倘所有人將土地及
建築物出典給不同人，於典權均存續中，建築物典權人與土地典權人間推定有租
賃關係，如土地及建築物典權之一先消滅，則回歸適用本項前段或中段規定，至
若建築物及土地均未經回贖者，則屬本條第3項之適用問題，併予敘明。
租金數額本應由當事人自行協議定之；如不能協議時，始得請求法院定之，爰增
訂第2項。

第九章　留置權

一、留置權之意義

　　稱留置權者，謂債權人占有他人之動產，而其債權之發生與該動產有牽連關係，於債權已屆清償期未受清償時，得留置該動產之權（§928）。留置權為擔保物權，因具備法定要件而成立，勿須當事人之設定，故屬於法定擔保物權。其標的物為動產，且不以屬於債務人者為限。其效力在乎留置，然有時亦得變價受償。留置權除上述之一般留置權外，民法或其他法律所定之特殊留置權亦為數不少，如民法第445條之出租人之留置權、民法第612條之營業主人之留置權、民法第647條之運送人之留置權、民法第662條之承攬運送人之留置權以及海商法第122條所定之海上運送人或船長之留置權均是。此等法定留置權除法律另有規定外，準用一般留置權之規定。

二、留置權之取得要件

　　（一）須占有他人之動產。
　　（二）須債權已至清償期。
　　（三）須債權之發生與該動產有牽連關係。
　　（四）須其動產非因侵權行為或其他不法之原因而占有。
　　（五）須其留置不違背公序良俗。
　　（六）須不牴觸債權人應負擔之義務或債權人與債務人間之約定（§930）。

三、留置權之效力

（一）留置權人之權利

　　1. 留置占有之動產（§928）。
　　2. 必要費用償還請求權（§934）。
　　3. 收取留置物所生之孳息（§933）。

（二）留置權之實行（§936）

1. 清償通知

債權人於其債權已屆清償期而未受清償者，得定1個月以上之相當期限，通知債務人，聲明如不於其期限內為清償時，即就其留置物取償；留置物為第三人所有或存有其他物權而為債權人所知者，應併通知之（§936Ⅰ）。

2. 拍　賣

（1）不於期限內為清償者，債權人得準用關於實行質權之規定，就留置物賣得之價金優先受償，或取得其所有權（同條Ⅱ）。

（2）不能為通知者，6個月後得依實行質權之規定為之（同條Ⅲ）。

（三）留置權人之義務

1. 留置物之保管義務

第933條準用第888條。留置權與質權同為擔保物權，均以占有動產促使債務人清償其債務為目的。故質權存續中質權人對質物之保管義務、使用或出租之限制、孳息收取權及有腐敗之虞時之變價權，在留置權本應準用。

2. 留置物之返還義務

債務人或留置物所有人為債務之清償，或已提出相當之擔保者，債權人之留置權消滅，留置權人應將留置物返還於受領權人。

四、留置權之消滅

債務人或留置物所有人為債務之清償，已提出相當之擔保者，債權人之留置權消滅（§937Ⅰ）。

五、法定留置權（特殊留置權）

本章留置權之規定，於其他留置權準用之。但其他留置權另有規定者，從其規定（§939）。如民法第445條、第612條、第647條第1項、第662條、第791條第2項。

第十章 占 有

一、占有之意義

　　占有乃對於物有管領力之事實。民法對占有雖未設定義之規定，但就民法第940條規定：「對於物有事實上管領之力者，爲占有人。」觀之，當然應作如上之解釋。占有之標的爲物，物指動產及不動產而言；若占有之標的爲權利時，則稱爲準占有（如§966所定），而非此之占有。至於所謂管領乃事實上支配之意，例如房屋之居住或加鎖，衣服之穿著或收箱均是。又支配不以占有人親自爲之爲限，即以他人爲輔助人而占有之亦可，民法第942條規定：「受僱人、學徒、家屬或基於其他類似之關係，受他人之指示，而對於物有管領之力者，僅該他人爲占有人。」則此等受他人指示而管領之人，學說上稱爲占有輔助人。

二、占有之種類

　　占有以種種不同之區別標準，可分爲下列各類：

（一）有權占有與無權占有

　　前者係基於某種權利（例如所有權、質權）而占有，後者則不基於任何權利而占有。占有之有權或無權，本應由占有人舉證，但民法第943條則推定占有係有權占有。

（二）直接占有與間接占有

　　地上權人、農育權人、典權人、質權人、承租人、受寄人或基於其他類似之法律關係，對於他人之物爲占有者，該他人爲間接占有人（§941）；於是此等占有他人之物之人爲直接占有人。

（三）自主占有與他主占有

　　以所有之意思而占有者，謂之自主占有，否則謂之他主占有。所有之意思之有無，本應由占有人舉證，但民法第944條則推定占有人以所有之意思而占有。亦即推定爲自主占有。又民法第945條第1項規定：「占有，依其所由發

生之事實之性質,無所有之意思者,其占有人對於使其占有之人表示所有之意思時起,爲以所有之意思而占有。其因新事實變爲以所有之意思占有者,亦同。」如是則他主占有,變爲自主占有矣。

(四) 善意占有與惡意占有

占有人不自知其爲無權占有者爲善意占有,明知其爲無權占有者爲惡意占有。民法第944條推定占有人爲善意占有者,於是主張善意占有者,則勿庸舉證。又善意占有可分爲無過失之善意占有及有過失之善意占有兩者,前者如民法第770條所定者。

(五) 和平占有與強暴占有

和平占有乃不藉暴力以維持其占有之謂,強暴占有即以強暴手段維持其占有者而言。民法第944條推定占有人爲和平占有者,於是主張其係強暴占有者,應負舉證責任。

(六) 公然占有與隱祕占有

前者乃不用隱祕之方法之占有;後者乃對於特定人用隱祕之方法,以避免該人發見之占有,民法第944條推定占有人爲公然占有者。

(七) 繼續占有與不繼續占有

前者乃在一定時間內繼續不斷的占有,而後者則否。民法第944條第2項規定:「經證明前後兩時爲占有者,推定前後兩時之間,繼續占有。」例如占有人證明民國80年占有該物,而現在(民國108年)仍占有該物,則法律上即推定由民國80年至現在繼續占有。不必就年年占有,一一舉證也。

(八) 單獨占有與共同占有

一人單獨占有一物,謂之單獨占有,數人共同占有一物,謂之共同占有。共同占有有基於某權利(如基於所有權或典權)者,亦有不基於任何權利(無權占有)者,均不失爲共同占有。

三、占有之效力

(一) 權利之推定

占有人於占有物上行使之權利,推定其適法有此權利。前項推定,於下列

情形不適用之：

　　一、占有已登記之不動產而行使物權。

　　二、行使所有權以外之權利者，對使其占有之人（§943）。例如占有人於占有物上行使所有權時，則推定其有所有權；行使租賃權時，即推定其有租賃權，因而如有爭執，占有人就其有此權利，不負舉證責任（民訴§281）。

（二）權利之取得

　　占有人憑占有而取得權利之情形如下：

1.取得時效

　　取得時效即以占有為要件，亦即占有達法定期間，則取得所有權，故占有為取得權利之一種方法。其詳已見前述，茲不復贅。

2.善意受讓

　　善意受讓亦稱即時取得，依民法第948條規定：「以動產所有權或其他物權之移轉或設定為目的，而善意受讓該動產之占有者，縱其讓與人無讓與之權利，其占有仍受法律之保護。但受讓人明知或因重大過失而不知讓與人無讓與之權利者，不在此限。動產占有之受讓，係依第七百六十一條第二項規定為之者，以受讓人受現實交付且交付時善意為限，始受前項規定之保護。」本條限於動產適用，因不動產須經登記始能移轉或設定權利，與動產權利之移轉或設定，僅依占有為之者，有所不同。本條原係無權處分問題之一種，無權處分依民法第118條規定，須經有權利人之承認，始生效力，但具備本條所定條件時，則無須有權利人之承認，其占有即受保護矣。其占有一受保護，於是以移轉所有權為目的者，則其受讓人即取得該動產之所有權（§801）；以設定質權為目的者，則受質之人即取得該動產之質權（§886）。

　　以上所述因善意受讓而取得動產之權利，是為原則，尚有例外，即占有物如係盜贓或遺失物或其他非基於原占有人之意思而喪失其占有者，原占有人自喪失占有之時起2年以內，得向善意受讓之現占有人請求回復其物。依前項規定回復其物者，自喪失其占有時起，回復其原來之權利（§949）[1]。惟盜贓或

1　善意取得，原占有人得請求返還者，現行條文僅限於盜贓及遺失物，惟德國民法第935條、瑞士民法第934條第1項等外國立法例，尚及於其他非因權利人之意思而脫離占有之物，例如遺忘物、誤取物等是，為更周延保障原權利人靜的安全，爰擴張適用範圍及於其他非基於原占有人之意思而喪失物之占有者。為配合修正，

遺失物或其他非基於原占有人之意思而喪失其占有之物，如現占有人由公開交易場所，或由販賣與其物同種之物之商人，以善意買得者，非償還其支出之價金，不得回復其物（§950）。但盜贓、遺失物或其他非基於原占有人之意思而喪失其占有之物，如係金錢或未記載權利人之有價證券，不得向其善意受讓之現占有人請求回復（§951），以免有礙於流通也。又第949條及第950條規定，於原占有人爲惡意占有者，不適用之（§951-1）[2]。

四、占有之變更

占有存續中，占有之狀態如有變更，即影響其效力。其有客觀事實者，可依該事實決之。如係占有人主觀之意思變更者，宜有認定之標準，以免爭議，故有下述規定：

（一）他主占有變為自主占有

他主占有得變爲自主占有。「占有，依其所由發生之事實之性質（例如受託或借用），無所有之意思者，其占有人對於使其占有之人（例如寄託人或出借人）表示所有之意思時起，爲以所有之意思而占有」（§945前段）。「其因新事實變爲以所有之意思占有者，亦同」（同條後段）。例如借用人買受借用物是。故他主占有人不能僅因主觀之意思變更而變爲自主占有，須對使其占有之人表示其意思之變更或有新事實發生，始生變更之效力。

請求回復之人修正爲「原占有人」。又請求回復之相對人，現行規定「占有人」之真意係指已符合動產物權善意取得要件之「現占有人」（最高法院29年台上字第1061號判例參照），爲期明確，爰將「占有人」修正爲「善意受讓之現占有人」，並藉以明示本條之適用須符合前條保護規定之意旨。本條爰予修正，並改列爲第1項。

原占有人行使前項之回復請求權後，回復其物之效果如何，學者間雖有不同見解，惟善意取得占有喪失物之回復乃善意取得之例外，原即重在財產權靜之安全之保障，故以自喪失其占有時起，溯及回復其原來之權利爲宜，爰增訂第2項，俾杜爭議。

2 依通說所示，現行條文第949條及第950條規定之回復請求權人，本不以占有物之所有人爲限，尚及於其他具有占有權源之人，例如物之承租人、借用人、受寄人或質權人等是（黃右昌：民法物權詮解，第460頁；史尚寬：物權法論，第519頁等參照）。此外，原占有人縱無占有本權，除係惡意占有之情形外，善意占有人所受之保護，依占有章之規定幾與有權占有人同，爰增訂本條。

（二）善意占有變爲惡意占有

　　善意占有得變爲惡意占有。善意占有人，自知其無占有之權利時起，變爲惡意占有人。善意占有人，因真正所有人向其請求返還訴訟，「於本權訴訟敗訴時，自訴狀送達之日起，視爲惡意占有人」（§959）。

五、占有之取得

（一）原始取得

　　非基於他人之占有而爲新的創設的占有，如無主物先占等。

（二）繼受取得

　　如占有讓與或繼承，則受讓人或繼承人之取得占有，即爲繼受取得是。占有讓與即爲占有之移轉，其移轉之方法，準用民法第761條之規定，即或現實交付，或觀念交付，均無不可。又占有由繼受而取得者，該繼承人或受讓人得就自己之占有或將自己之占有與其前占有人之占有合併，而爲主張；合併前占有人之占有而爲主張者，並應承繼其瑕疵（§947）。所謂瑕疵即指惡意、強暴、隱祕，不繼續占有之謂。占有有此等瑕疵，則影響因占有而取得權利。

六、對善意占有人之效力

（一）善意受讓（§§ 801，948）[3]

---

[3]　現行規定在於保障動產交易之安全，故只要受讓人為善意（不知讓與人無讓與之權利），即應保護之。惟受讓人不知讓與人無讓與之權利係因重大過失所致者，因其本身具有疏失，應明文排除於保護範圍之外，以維護原所有權靜的安全，此不但為學者通說，德國民法第932條第2項亦作相同規定，爰仿之增列但書規定，並移列為第1項。
　　善意取得，讓與人及受讓人除須有移轉占有之合意外，讓與人並應將動產交付於受讓人。現行條文第761條第1項但書規定之簡易交付，第3項指示交付均得生善意取得之效力，且讓與人均立即喪失占有。惟如依同條第2項之占有改定交付者，因受讓人使讓與人仍繼續占有動產，此與原權利人信賴讓與人而使之占有動產完全相同，實難謂受讓人之利益有較諸原權利人者更應保護之理由，故不宜使之立即發生善意取得效力，參考德國民法第933條規定，於受讓人受現實交付且交付時善意者為限，始受善意取得之保護，以保障當事人權益及維護交易安全，爰增訂第2項。

（二）用益權（§952）

善意占有人於推定其為適法所有之權利範圍內，得為占有物之使用、收益。

（三）過失賠償責任（§953）

善意占有人就占有物之滅失或毀損，如係因可歸責於自己之事由所致者，對於回復請求人僅以滅失或毀損所受之利益為限，負賠償之責。

（四）費用求償權

1. 因保存占有物所支出之必要費用（§954）

善意占有人因保存占有物所支出之必要費用，得向回復請求人請求償還。但已就占有物取得孳息者，不得請求償還通常必要費用。

2. 因改良占有物所支出之有益費用（§955）

善意占有人，因改良占有物所支出之有益費用，於其占有物現存之增加價值限度內，得向回復請求人，請求償還。

七、對惡意占有人之效力

（一）過失賠償責任（§956）。

（二）必要費用求償之限制，依關於無因管理之規定請求返還（§957）。

（三）孳息返還或賠償之責任（§958）。

（四）善意占有人變惡意占有人（§959）[4]

善意占有人，於本權訴訟敗訴時，自訴狀送達之日起，視為惡意占有人。

---

[4] 按善意占有人就其占有是否具有本權，本無查證之義務，惟若依客觀事實足認善意占有人嗣後已確知其係無占有本權者，例如所有人已向占有人提出權利證明文件或國家機關對其發出返還占有物之通知，此際，善意占有人應轉變為惡意占有人（德國民法第990條第1項參照），爰增訂第1項，以求公允。至如不能證明善意占有人已有上開情事者，則其僅於本條第2項之情形，始轉變為惡意占有人，自屬當然。

又「訴訟拘束」一詞非民事訴訟法上之用語，其真意係指訴訟繫屬之時。惟通說均認為應以訴狀送達於占有人之日，視為惡意占有人，較符合本條規定之趣旨，爰將「訴訟拘束發生」修正為「訴狀送達」。又所謂「本權訴訟敗訴」，係指實體上判決確定而言，乃屬當然。

八、占有保護

占有人之自力救濟（§§960、961）

（一）自力防禦權

占有人對於侵奪成妨害其占有之行爲，得以己力防禦之（§960 I）

（二）自力取回權

占有物被侵奪者，如係不動產，占有人得於侵奪後，即時排除加害人而取回之；如係動產，占有人得就地或追蹤向加害人取回之（§960 II）。以上兩種權利，占有輔助人亦得行使之（§961）。

（三）占有人之物上請求權（§§962、963、963-1）

占有人，其占有被侵奪者，得請求返還其占有物；占有被妨害者，得請求除去其妨害；占有有被妨害之虞者，得請求防止其妨害（§962），是爲占有人之物上請求權。此等請求權，自侵奪或妨害占有或危險發生後1年間不行使而消滅（§963）。數人共同占有一物時，各占有人得就占有物之全部，行使第960條或第962條之權利。依前項規定，取回或返還之占有物，仍爲占有人全體占有（§963-1）。又數人共同占有一物時（即共同占有），各占有人就其占有物使用之範圍，不得互相請求占有之保護（§965）。即占有人相互間，對於占有物之使用範圍，不得行使物上請求權。

九、占有之消滅

占有因下列事由而消滅：

（一）占有物之滅失；占有物滅失，占有當然消滅。

（二）管領力之喪失

占有，因占有人喪失其對於物之事實上管領力而消滅；但其管領力僅一時不能實行者，不在此限（§964）。

十、準占有

準占有亦稱權利占有，乃以不因物之占有而成立之財產權爲標的之占有是也。所謂不因物之占有而成立之財產權，如債權是。民法第966條第1項規定：「財產權不因物之占有而成立者，行使其財產權之人，爲準占有人。」

如債權準占有人即是（參照§310Ⅰ②）。關於占有之規定，於準占有準用之（§966Ⅱ）。

歷屆高普特考試題

第一章　通　則

1. 何謂動產物權與不動產物權？
2. 何謂用益物權與擔保物權？
3. 試比較債權與物權之異同。
4. 動產物權之移轉須以交付為之，交付方式依民法規定有幾？試分別說明之。
5. 物權有何效力？試申述之。
6. 何謂公示原則？何謂公信原則？試申其義。
7. 何謂物權法定主義？試申其義。
8. 物權因法律行為而變動者，應具備何種要件？請就不動產及動產分別說明之。
9. 何謂物權法定主義？又何謂法定物權？在何種債之關係發生時，會有法定之不動產擔保物權之發生？此外，我國民法中尚有哪些法定物權？
10. 請說明下列法律概念占有改定。

第二章　所有權

1. 所有權之權能有哪些？
2. 何謂所有人的物上請求權？是否有消滅時效的適用？試申述之。
3. 試說明越界建築之法律效果。
4. 遺失物拾得人有何權利義務？試說明之。
5. 請分別舉例說明附合、混合及加工之意義及法律效果。
6. 試述土地所有權之範圍。
7. 所有權之權能是否受有限制？其理由為何？試說明之。
8. 試說明所有權取得時效的要件。
9. 共有物應如何分割？分割後之法律效果如何？
10. 何謂應有部分？分別共有與公同共有有何不同？試說明之。
11. 試述動產善意受讓之意義及要件。

12. 甲將其機車交乙修理。乙僱用學徒丙協助修繕。修畢之後，暫放於店鋪前側。茲有丁佯裝試騎，騎該機車遠颺，爲丙查覺。試問
    （一）甲乙丙對該機車之法律地位如何？（二）甲乙丙對丁各得行使何種請求權？

13. 甲有一筆土地被乙無權占用，亟思向乙要回該筆土地，試問在民法上甲可以引爲主張依據之規範有哪些？

14. 甲、乙、丙共有土地一筆，該土地爲丁所竊占。請問：甲應如何行使所有物返還請求權？

15. 甲、乙、丙共有土地一筆，已訂定契約，爲協議分割。茲因丙事後反悔，拒絕辦理分割登記。請問：甲、乙得否請求裁判分割？

16. 試列舉五例說明不動產所有權人於登記前已取得不動產物權之情形？

17. 甲在垃圾堆發現A石，並占有之。甲回家途中不慎遺失，被乙拾得。半年後，乙死亡，由丙子繼承。丙不知市價5萬元之A石不屬其父所有，將A石雕刻成市價15萬元之B石雕。試問：B石雕所有權歸何人所有？甲對丙得主張何權利？

18. 甲、乙、丙三人共同出資購買一筆A建地，應有部分登記各三分之一；甲未經乙、丙之同意，逕自在A地上興建一幢B別墅居住。試問：
    （一）乙、丙得否依物權請求權或占有請求權請求甲拆屋還地？
    （二）甲在B屋住滿20年，得否依時效取得請求登記爲A地之地上權人？

19. 甲所有的A車與B車都是新款上市的跑車，甲將A車與B車分別出借給好友乙與丙使用。乙使用A車後，對A車的造型及性能甚爲喜愛，乙隨即向甲購買A車。至於丙使用中的B車，則由甲另一好友丁所購買。試問：乙與丁如何取得A車與B車所有權？

20. 甲、乙二人共有一筆土地已歷經3年，應有部分各二分之一。惟實際上，由於乙沒有使用土地的需要或計畫，以致該筆土地3年來一直由甲占有使用。嗣後，甲、乙二人因細故發生爭吵，乙不甘土地3年來由甲占有使用，乃請求甲支付一筆使用土地的費用或賠償金。針對乙的請求，甲提出二項抗辯：第一，乙明知其占有使用該筆土地，均未提出異議，顯見乙默認甲有權占有使用土地；第二，其占有使用土地，既未破壞土地原狀，亦不影響土地使用或交易價值，而且乙自己沒有使用土地的需要或計畫，根本無所謂損害可言。試問：乙的請求，有無理由？

21. 甲乙共有A地，各有應有部分二分之一，二人共同將A地出租與丙，丙建有B

屋一棟，之後，甲出賣其應有部分。試問乙及丙得向甲主張何種權利？

第三章 地上權

1. 何謂地上權？
2. 地上權之設定，與土地之租賃有何區別？
3. 地上權設立後，地上權人及土地所有權人各有何權利？試說明之。
4. 甲將其土地租與乙，由乙在該地上蓋建房屋，房屋建成後，且在租賃存續期間，甲又將該地爲丙設定地上權，問丙能否以地上權人之地位，要求乙拆屋交地？

第五章 不動產役權

1. 何謂不動產役權？其與地上權有何不同？
2. 不動產役權有何特性？試分別說明之。

第六章 抵押權

1. 抵押權有何特性？試說明之。
2. 抵押權所擔保的債權範圍如何？試說明之。
3. 何謂法定抵押權？試說明之。
4. 何謂最高限額抵押權？試說明之。
5. 抵押權效力所及的標的物的範圍如何？試說明之。
6. 銀行答應貸款予客戶，並就客戶之不動產設定抵押權以供擔保之後，若竟拒絕履行貸款之承諾，客戶應如何確保自己之權益？
7. 法定抵押權應如何實行？其與普通抵押權併存時，如何決定其優先位次？
8. 試述抵押物被第三人無權占有時，抵押物所有人，抵押權人對該第三人各得行使何種請求權？
9. 甲向乙借款新臺幣（下同）500萬元，提供甲所有土地，設定普通抵押權，以供擔保。債務清償期限屆至，甲卻無力清償債務。此時債權仍有300萬元，利息5萬元，遲延利息有3萬元，違約金10萬元。利息、遲延利息及違約金均未經登記或特別約定。試問：乙之抵押權效力，是否及於前述債權、利息、遲延利息及違約金？

10. 抵押權人於清償期屆至時，未受清償而實行抵押權，有幾種方法可供選擇？試各舉一例說明之。

11. 甲將其A地先後設定一、二、三次序普通抵押權於乙、丙、丁，分別擔保自己之新臺幣（下同）100萬元、300萬元、200萬元債務。試問：下列各項之效力如何？（一）乙拋棄其抵押權。（二）乙拋棄其債權。

第七章　質　權

1. 動產質權應如何設定？試說明之。

2. 我民法所規定之質權有幾？有何區別？

3. 試述抵押權與質權之區別。

4. 甲因事出國，臨行前將名貴音響一組交付其友人乙保管。乙未經甲同意，以該音響為標的物設定質權予善意第三人丙，向丙借錢，並已完成音響之交付。請問：（一）丙是否善意取得質權？（二）甲乙之法律關係如何？

5. 下列行為之效力如何？試說明之。

　　（一）永佃權人之轉租。

　　（二）典權人之轉典。

　　（三）質權人之轉質。

　　（四）抵押權人之轉抵押。

6. 甲於民國（下同）99年2月1日向乙借款新臺幣（下同）200萬元，約定於同年3月31日清償，並將甲對丙、丁之兩筆貨款債權設定權利質權於乙，以供借款之擔保。其中一筆對丙之100萬元債權，其清償期為同年3月1日，另一筆對丁之300萬元債權，其清償期為同年5月1日，甲屆期未清償債務。試問：乙應如何行使其質權？

第八章　典　權

1. 何謂典權？何謂轉典權？試說明之。

2. 何謂典物回贖權？回贖及不回贖之法律效果為何？試說明之。

3. 何謂留置權？何謂找貼權？試說明之。

第九章　留置權

1. 留置權之特性如何？有何社會作用？
2. 何謂留置權？留置權與質權有何區別？
3. 留置權之成立要件如何？試說明之。
4. 申述留置權之特性。

第十章　占　有

1. 試述占有之效力。
2. 何謂占有人、間接占有人、輔助占有人？試說明之。
3. 試解釋下列名詞，並說明其區別之實益
   （一）自主占有與他主占有。
   （二）有權占有與無權占有。
   （三）善意占有與惡意占有。
4. 占有應如何取得？試說明之。
5. 所有人請求回復其物時，對善意占有人得主張何種權利？試說明之。
6. 丙侵占丁之珍珠一顆，經戊向銀樓買得，問丁向戊請求返還，有無理由？
7. 所有人與占有人有何不同？占有人與占有輔助人又有何不同？下列三種情
   形，各有何實例？請說明之。
   （一）所有人同時為占有人。
   （二）所有人但非占有人。
   （三）占有人但非所有人。

親　屬

第一章　通　則

一、親屬之意義及種類

（一）親屬之意義

親屬？法無定義。解釋上基於血統或婚姻關係所發生一定身分之人，其相互間謂之親屬。故親屬法為身分法。

（二）親屬之種類

1. 配　偶

彼此間互為配偶。配偶是否為親屬？我民法並無明文，因而說者不一。本書則認為應係親屬。蓋夫妻乃人倫之始，有夫妻而後有父母子女，故夫妻應為最基本的親屬也（並請參照刑§324）。

2. 血　親

乃依血統關係所生之親屬，有下列兩類

（1）自然血親：自然血親乃出於同一祖先，而有血統連繫之血親。如父母、子女、兄弟、姊妹等。

（2）擬制血親：擬制血親乃無血統連繫，而由法律上所擬制之血親，故亦稱法定血親，如養父母之與養子，以至養子女與婚生子女相互間。

3. 姻　親

乃因婚姻關係產生之親屬，依民法第969條規定，有下列三類

（1）血親之配偶：如兒媳、女婿、兄弟之妻、姊妹之夫、伯母、嬸母、姑父、姨父。

（2）配偶之血親：如夫之父母（翁姑），妻之父母（岳父岳母），夫之前妻之子。

（3）配偶之血親之配偶：如夫之兄弟之妻（妯娌）或妻之姊妹之夫（連襟）是。至血親之配偶之血親，不在本條所定姻親範圍之內，故甲之女嫁與乙之子為妻，甲乙之間（兒女親家）無姻親關係（院2209）。

二、親屬之親系

親系乃親屬間彼此連繫之系別，除配偶外，可分為血親之親系及姻親之親系如下：

（一）血親之親系

1. 直系血親

直系血親乃己身之所從出，或從己身所出之血親（§967 I）。前者，如父母、祖父母，稱為直系血親尊親屬。後者，如子女、孫子女，稱為直系血親卑親屬。

2. 旁系血親

旁系血親乃非直系血親，而與己身出於同源之血親（§967 II）。如叔伯祖父、叔父伯父、兄弟姊妹、姪子女、姪子孫女。

（二）姻親之親系

1. 血親之配偶

血親之配偶，從其配偶之親系（§970 I），如子為血親，則媳為直系姻親；兄為旁系血親，則嫂為旁系姻親。

2. 配偶之血親

配偶之血親從其與配偶之親系（同條），如妻之父母為妻之直系血親，則己身與妻之父母即為直系姻親。妻之兄弟為妻之旁系血親，則己身與妻之兄弟即為旁系姻親。

3. 配偶之血親之配偶

配偶之血親之配偶，從其與配偶之親系（同條），如妻之兄弟之妻為妻之旁系姻親，亦為夫之旁系姻親；夫之姪媳為夫之旁系姻親，亦為妻之旁系姻親。

三、親屬之親等

親等乃表示親屬關係遠近親疏之尺度，其計算有羅馬法計算法與教會法計算法兩種，我民法採取前者，分血親親等之計算，與姻親親等之計算如下：

（一）血親親等之計算

民法第968條規定，血親親等之計算為：

　　1. 直系血親，從己身上下數，以一世爲一親等，如父與子爲一親等，祖與孫爲二親等。

　　2. 旁系血親，從己身數至同源之直系血親，再由同源之直系血親，數至與之計算親等之血親，以其總世數爲親等之數。如己身與兄計算親等時，則數至同源之父（一世），再由父數至兄（一世），共計爲二世，則己身與兄爲二親等。

（二）姻親親等之計算

　　民法第970條規定姻親親等之計算方法如下：

　　1. 血親之配偶，從其配偶之親等，如子爲一親等直系血親，則媳爲一親等直系姻親。

　　2. 配偶之血親，從其與配偶之親等，如夫之父爲夫之一親等直系血親，則爲妻之一親等直系姻親。

　　3. 配偶之血親之配偶，從其與配偶之親等，如妻之兄弟之妻，爲妻之二親等旁系姻親，即爲夫之二親等旁系姻親。

四、親屬關係之發生與消滅

（一）血　親

　　自然血親因出生、準正（§1064）、認領（§1065）而發生，因死亡而消滅。擬制血親則因收養（§1072）而發生。因死亡、終止收養關係而消滅（§§1080、1081）。

（二）姻　親

　　姻親關係因結婚而發生，因離婚而消滅（§971）。

第二章　婚　姻

第一節　婚　約

一、婚約之意義

　　婚約乃男女雙方預定將來結婚之契約，習慣上稱爲訂婚。婚約爲結婚之預約，但結婚不以先有預約爲必要。故婚約之有無，與結婚之效力，並無影響。

二、婚約之要件

（一）訂婚能力

　　須當事人有訂婚能力，訂婚能力以有意思能力爲已足。

（二）自行訂定（§972）

　　須當事人自行訂定，即不許由代理人代爲訂定婚約。

（三）年　齡（§973）

　　須達訂定婚約之年齡，男未滿17歲、女未滿15歲者，不得訂定婚約。

（四）未成年人訂婚應得法定代理人之同意（§974）

三、婚約之效力

（一）身分上效力

　　婚約雖亦爲契約，但其拘束力不大，不僅解約較易，而且不得請求強迫履行（§975）。

（二）違背婚約之損害賠償

　　民法第978條規定：「婚約當事人之一方，無第976條之理由而違反婚約者，對於他方因此所受之損害，應負賠償之責。」此種情形，雖非財產上之損害，受害人亦得請求賠償相當之金額，但以受害人無過失者爲限。上述之請求權，不得讓與或繼承；但已依契約承諾，或已起訴者，不在此限（§979）。

四、婚約之解除

(一) 原　因（§976 I）

1. 婚約訂定後，再與他人訂定婚約，或結婚者。
2. 故違結婚期約者。
3. 生死不明已滿1年者。
4. 有重大不治之病者。
5. 有花柳病或其他惡疾者。
6. 婚約訂定後成為殘廢者。
7. 婚約訂定後與人通姦者。
8. 婚約訂定後受徒刑之宣告者。
9. 有其他重大事由者。

(二) 解除方式（§976 II）

1. 原則：應向他方為解除婚約之意思表示（§258）。
2. 例外：如事實上不能向他方為解除之意思表示時，無須為意思表示，自得為解除時起，不受婚約之拘束。

(三) 解除之效力

1. 婚約失效

　　雙方當事人不受婚約之拘束。

2. 損害賠償

　　依民法第976條之規定解除婚約時，無過失之一方得向有過失之他方請求損害賠償（§977 I）。當事人之一方無第976條之原因而違反婚約者，對於他方因此所受之損害，應負賠償之責（§978）。

3. 非財產上之損害賠償

　　依民法第976條解除婚約時，無過失之一方，雖非財產上之損害，受害人亦得請求賠償相當之金額。但此請求權，不得讓與或繼承。但已依契約承諾，或已起訴者，不在此限（§977 II、III）。

4. 贈與物之返還

因訂定婚約而為贈與者，婚約無效、解除或撤銷時，當事人之一方，得請求他方返還贈與物（§979-1）。

5. 消滅時效

民法第977條至第979-1條所規定之請求權，因2年間不行使而消滅（§979-2）。

案例

> 甲乙相戀多年，經雙方父母同意，依隆重儀式訂婚，但訂婚後卻常因細故爭吵，甲認為個性不合，所以仍不想和乙結婚，然而又不表明是否解除婚約，致婚禮遲遲未舉行。請問乙可否請求法院判甲履行婚約？

民法第975條規定，婚姻不得請求強迫履行。婚姻既然不能強迫履行，訂婚後可一方不願意結婚，他方自無法請求法院判令對方強制履行婚約。但如甲故意違背結婚期約，依民法第976條的規定，乙得以甲「故違結婚期約」為由，以解除雙方的婚約。之後乙為無過失之一方，依民法第977條第1項、第2項規定可向有過失之一方請求財產上的損害賠償，也可請求非財產上的損害賠償。

第二節　結　婚

一、結婚之要件

（一）實質要件

1. 須有結婚能力

即當事人能理解結婚之意義及其效果之能力，以有意思能力為已足。

2. 須當事人有合意

不得由法定代理人代為訂定。

3. 須達法定年齡（§§980、989）

男未滿18歲，女未滿16歲，不得結婚。

未成年人結婚，須得法定代理人之同意。民法第981條、第990條。

4. 須不違反結婚之限制

（1）近親結婚之限制（§§983、988）

①直系血親及直系姻親。

②旁系血親在六親等以內者。但因收養而成立之四親等及六親等旁系血親，輩分相同者，不在此限。

③旁系姻親在五親等以內，輩分不相同者。

④直系姻親結婚之限制，於姻親關係消滅亦適用之。

⑤直系血親及直系姻親結婚之限制，於因收養而成立之直系親屬間，在收養關係終止後，亦適用之。

（2）監護關係之限制監護人與受監護人，於監護關係存續中，不得結婚。但經受監護人父母之同意者，不在此限（§§984、991）。

（3）重婚之禁止（§§985、988）有配偶者不得重婚，一人不得同時與二人以上結婚。

（二）形式要件（§§982、988）

民國96年5月4日立法院三讀通過修正將第982條之儀式婚制度改為登記婚制度，在於儀式婚有諸多缺失，如儀式的公示效果薄弱，無法防止重婚及保護善意第三人，而且儀式婚欠缺明確的認定標準，易生爭執，再加上結婚採儀式主義，但離婚卻採登記主義，兩者無法配合。故將第982條修正為：「結婚，應以書面為之，有二人以上證人之簽名，並應由雙方當事人向戶政機關為結婚之登記」。又該修正規定，自公布後1年施行（民親施§4-1 I）。

二、結婚之無效

民法第988條規定：「結婚有下列情形之一者，無效：1.不具備第982條之方式；2.違反第983條規定；3.違反第985條規定。但重婚之雙方當事人因善意且無過失信賴一方前婚姻消滅之兩願離婚登記或離婚確定判決而結婚者，不在此限。」

三、前婚姻視為消滅之效力（§988-1）

（一）前條第3款但書之情形，前婚姻自後婚姻成立之日起視為消滅。

（二）前婚姻視爲消滅之效力，除法律另有規定外，準用離婚之效力。但剩餘財產已爲分配或協議者，仍依原分配或協議定之，不得另行主張。

（三）依第1項規定前婚姻視爲消滅者，其剩餘財產差額之分配請求權，自請求權人知有剩餘財產之差額時起，2年間不行使而消滅。自撤銷兩願離婚登記或廢棄離婚判決確定時起，逾5年者，亦同。

（四）前婚姻依第1項規定視爲消滅者，無過失之前婚配偶得向他方請求賠償。

（五）前項情形，雖非財產上之損害，前婚配偶亦得請求賠償相當之金額。

（六）前項請求權，不得讓與或繼承。但已依契約承諾或已起訴者，不在此限。

四、結婚之撤銷

（一）撤銷之原因

1. 未達結婚年齡（§989）：當事人或其法定代理人，得向法院請求撤銷之。但當事人已達結婚年齡或已懷胎者，不得請求撤銷。

2. 未得法定代理人之同意（§990）：法定代理人得向法院請求撤銷之。但自知悉事實之日起，已逾6個月，或結婚後已逾1年，或已懷胎者不得請求撤銷。

3. 監護人與受監護人之結婚（§991）：受監護人或其最近親屬得向法院請求撤銷之。但結婚已逾1年者，不得請求撤銷。

4. 不能人道（§995）：當事人之一方於結婚時不能人道而不能治者，他方得於知悉其不能治之時起3年內，向法院請求撤銷之。

5. 無意識或精神錯亂中所爲之結婚（§996）：得於常態回復後，6個月內向法院請求撤銷之。

6. 被詐欺或被脅迫而結婚（§997）：得於發現詐欺或脅迫終止後，6個月內向法院請求撤銷之。

（二）撤銷之效力

撤銷之效力，不溯及既往（§998）。

五、婚姻無效或撤銷之損害賠償

（一）財產上之損害賠償（§999 I）

當事人之一方因結婚無效或被撤銷而受有損害者，得向他方請求賠償。但他方無過失者，不在此限。

（二）精神上之損害賠償（§999 II、III）

前項情形，受害人無過失時亦得請求精神上之損害賠償。

六、婚姻無效或撤銷時關於離婚規定之準用

1. 結婚無效時

結婚無效（不論曾否判決確認）時，關於贍養費之給與及雙方財產之處理，與離婚理應相同，故「第1057條及第1058條之規定，於結婚無效時準用之」（§999-1，85年修）。關於子女之監護，亦應準用離婚之規定（家事§§104、105、106）。

2. 結婚撤銷時

結婚經判決撤銷時，關於子女之監護，贍養費之給與及雙方財產之取回，與離婚理應相同，故「第1055條、第1055-1條、第1055-2條、第1057條及第1058條之規定，於結婚經撤銷時準用之」（同條 II，85年增，家事§§104～107）。

案例1

> 兄死亡後，弟與兄嫂結婚，其婚姻是否有效？

兄與弟為「二親等旁系血親」，而兄嫂為「血親之配偶」，依民法第969條之規定，弟因「兄與兄嫂結婚」而與兄嫂發生姻親關係。又按民法第970條之規定，姻親之親系及親等之計算，從其配偶之親系及親等，故弟與兄嫂為二

親等旁系姻親。兄死亡後，弟與兄嫂之姻親關係並不消滅，此由民法第971條反面推論可知。民法第983條規定，與下列親屬不得結婚，否則按民法第988條之規定為無效婚，

　　1. 直系血親及直系姻親。

　　2. 旁系血親在六親等以內者。但因收養而成立之四親等及六親等旁系血親，輩分相同者，不在此限。

　　3. 旁系姻親在五親等以內，輩分不相同者。

　　故弟與兄嫂為二親等旁系姻親，其輩分相同故不在禁婚親範圍之列。故兄死亡後，弟與兄嫂結婚，其婚姻仍屬有效。

案例2

> 何種情況下之結婚為無效的婚姻？

　　依我國民法親屬編第988條之規定，男女婚姻有下列三種情形時，其為無效之婚姻：

　　1. 男女之婚姻不具備民法第982條第1項之方式者。

　　（即男女結婚須以書面為之，有二以上證人之簽名，並應由雙方當事人向戶政機關為結婚之登記）

　　2. 男女之婚姻違反民法第983條之規定者。

　　（即近親相互間而結婚者。）

　　3. 男女之婚姻違反民法第985條之規定者。

　　（即為有配偶者再為重婚者。）

案例3

> 甲男乙女為夫妻，離婚後，甲與乙之寡母丙結婚，其婚姻是否有效？

　　姻親關係因離婚而消滅，民法第971條定有明文。惟依民法第983條第2項規定：「姻親結婚之限制，於姻親關係消滅後，亦適用之。」故甲、丙仍受同

條第1項之限制。丙間姻親關係雖已消滅，惟仍受民法第983條拘束，故甲、丙間婚姻依民法第988條之規定，無效。

案例4

> 甲於婚後不久發現乙患有中度糖尿病，必須每日以藥物控制，遂於結婚後3個月，向法院提起撤銷婚姻之訴。問其能否撤銷該婚姻？

夫妻係以永久共同生活為目的，如夫妻之一方因身體健康情形不佳，勢必影響夫妻間之共同生活，故健康情形，是一般人選擇對象的重要條件，在一般社會觀念上，健康狀況應負有告知的義務。乙患有中度糖尿病，顯然健康情形不佳，且其病情已算嚴重，勢必影響日後之夫妻生活，於結婚前乙未據實告知，致使甲沒有衡量是否允婚的機會，應已構成詐欺結婚之行為，得於知悉後，6個月內向法院請求撤銷該婚姻。

案例5

> 甲男乙女雙方於79年12月兩願離婚，惟75年6月二人結婚後並未為結婚登記，故亦未辦理離婚登記，試問其結婚及離婚之效力為何？

舊親屬法有關結婚之登記僅具推定之效力，故如符合公開儀式、二個以上證人，縱未登記不影響其結婚效力。反之，離婚登記為成立要件，如未登記其離婚不成立，故須先行補辦結婚登記再為離婚登記始為合法。

案例6

> 甲乙通姦，被其甲妻丙發現而報警處理，並移送地檢署偵辦，雙方亦因而協議離婚。嗣後甲因通姦而被判處有期徒刑6個月，經易科罰金後，又繼續與乙來往。甲心想既已與原配偶離婚，遂又與乙結婚。但前妻得知後，極感不平。問前妻丙對於前夫的婚姻可做何主張？

舊民法第986條規定，因通姦經判決離婚，或受刑之宣告者，不得與相姦者結婚，如違反本條規定而與相姦者結婚時，前配偶可向法院提起撤銷婚姻之訴，請求法院撤銷該婚姻，使該婚姻無效，但新修法已將此規定刪除。

第三節　婚姻之效力

一、身分上之效力

（一）夫妻之稱姓（§1000）

1. 夫妻各保有其本姓。
2. 夫妻得書面約定以其本姓冠以配偶之姓，並向戶政機關登記。
3. 冠姓之一方得隨時回復其本姓，但於同一婚姻關係存續中以一次為限。

（二）夫妻之同居

婚姻以永久共同生活為目的，故「夫妻互負同居之義務。但有不能同居之正當理由者，不在此限」（§1001）。夫妻一方請求同居之訴判決確定或在訴訟上和解成立後，他方仍無故不履行同居義務者，不得請求強制執行（強執§128Ⅱ），僅得以他方惡意遺棄在繼續狀態中為理由請求離婚（49台上880、49台上1233）。

（三）夫妻之住所（§1002）

1. 夫妻之住所，由雙方共同協議之
2. 未為協議或協議不成時，聲請法院定之。
3. 法院為前項裁定前，以夫妻共同戶籍地推定為其住所。

二、財產上之效力

（一）日常家務之代理（§1003）

夫妻於日常家務，互為代理人。家務以外的法律行為彼此無代理權。惟夫妻之一方濫用代理權時，他方得限制之，但不得對抗善意第三人。

（二）生活費用之負擔（§1003-1）

「家庭生活費用，除法律或契約另有約定外，由夫妻各依其經濟能力、家事勞動或其他情事分擔之。

因前項費用所生之債務，由夫妻負連帶責任。」（§1003-1）。

夫妻基於獨立、平等之人格，對於婚姻共同生活體之維持，均有責任。惟家庭生活費用之負擔不以金錢為限，得以家事勞動或對他方配偶營業上或職業上之協助代之。

（三）扶養之義務（§§1116-1、1117）

夫妻間互負扶養之義務。

第四節　夫妻財產制

第一款　通　則

一、夫妻財產制之意義

夫妻相互間之財產關係之規定。

夫妻財產制，在我民法上應分兩類：

（一）約定財產制

夫妻財產屬於私人問題，自應由夫妻自由約定，但其內容，民法規定二種類型，即

1. 共同財產制。
2. 分別財產制。

（二）法定財產制

夫妻間如無約定上述之財產制時，則適用法定財產制。

二、夫妻財產制之訂立、變更及廢止

（一）夫妻得於結婚前或結婚後，以契約就本法所定之約定財產制中，選擇其一，為其夫妻財產制（§1004）。若未以契約約定者，除本法另有規定外（§§1009～1011），以法定財產制為夫妻財產制（§1005）。

（二）若以契約訂立、變更及廢止者，其要件為

1. 應以書面為之（§1007）。
2. 非經登記，不得以之對抗第三人（§1008）。

三、非常法定財產制（亦稱夫妻財產制之轉換）（§§1009-1011）

夫妻原有財產制，有下列情形之一時，依法律規定或法院宣告，改用分別財產制：

（一）民國101年12月26日刪除（§1009）

（二）夫妻之一方請求（§1010）

「夫妻之一方有下列各款情形之一時，法院因他方之請求，得宣告改用分別財產制：

1. 依法應給付家庭生活費用而不給付時。
2. 夫或妻之財產不足清償其債務時。
3. 依法應得他方同意所為之財產處分，他方無正當理由拒絕同意時。
4. 有管理權之一方對於共同財產之管理顯有不當，經他方請求改善而不改善時。
5. 因不當減少其婚後財產，而對他方剩餘財產分配請求權有侵害之虞時。
6. 有其他重大事由時。

夫妻之總財產不足清償總債務或夫妻難於維持共同生活，不同居已達六個月以上時，前項規定於夫妻均適用之」（§1010）。

第六款所稱重大事由，例如臺商將財產移轉至大陸，致臺灣之配偶或其子女權益受影響時，即屬上開所稱重大事由之一。

（三）民國101年12月26日刪除（§1011）

立法院於民國101年12月7日三讀通過刪除民法第1011條，同年月26日經總統公布施行。又民法親屬編施行法第6-3條規定：本法中華民國101年12月7日修正施行前，經債權人向法院聲請宣告債務人改用分別財產制或已代位債務人起訴請求分配剩餘財產而尚未確定之事件，適用修正後之規定（家事§97，非訟§21 Ⅱ）[1]。

1　臺北地院102年家婚聲字4號裁定。

第二款　法定財產制

一、法定財產制之意義

　　民國91年6月4日立法院三讀通過之法定財產新制，要注意的是財產種類發生的變化，留下必要的證明；財產的管理，由夫或妻獨當一面，改爲各管各的；家庭生活費用怎麼分擔，要好好協商；離婚時的剩餘財產分配，有減少被侵害的配套措施，可以善加利用。至於新增加的自由處分金，最好以書面詳細約定，列入未來可以增減的彈性，免得日後再費唇舌爭執。

二、法定財產制之財產種類及所有權之歸屬

（一）財產種類

　　「夫或妻之財產分爲婚前財產與婚後財產；不能證明爲婚前或婚後財產者，推定爲婚後財產。

　　夫或妻婚前財產，於婚姻關係存續中所生之孳息，視爲婚後財產。

　　夫妻以契約訂立夫妻財產制後，於婚姻關係存續中改用法定財產制者，其改用前之財產視爲婚前財產」（§1017）。

　　法定財產制的種類區分爲婚前財產與婚後財產，不動產可以登記之時點認定，動產則以取得時間認定，如不能證明爲婚前財產與婚後財產時，法律先推定爲婚後財產；又婚前財產在婚後所生之孳息，應算入婚後財產，例如婚前擁有之股票於婚後產生之紅利，納入婚後財產範圍。

（二）所有權之歸屬

　　夫或妻之財產分爲婚前財產與婚後財產，由夫妻各自所有；不能證明爲夫所有或妻所有時，例如家中電視機沒有發票或任何支出證明時，法律先推定爲夫妻共有，如有反證時可以推翻之（§1017Ⅰ）。

三、財產之管理、使用、收益、處分權及報告義務

（一）管理、使用、收益、處分權

　　夫或妻各自管理、使用、收益及處分其財產（§1018）。

（二）報告義務

夫妻就其婚後財產，互負報告之義務（§1022）。

四、自由處分金

夫妻於家庭生活費用外，得協議一定數額之金錢，供夫或妻自由處分（§1018-1）。本於夫妻類似合夥關係之精神，以及家務有價之觀念，特仿瑞士民法第164條第1項規定，增訂本條。至於自由處分金數額之多寡，宜由夫妻依其收入扣除家庭生活費用後，協議定之。協議不成時，由法院視實際情況酌定。

五、債務之清償責任

夫妻各自對其債務負清償之責。

夫妻之一方以自己財產清償他方之債務時，雖於婚姻關係存續中，亦得請求償還（§1023）。

六、剩餘財產之分配

（一）剩餘財產分配請求權

民法第1030-1條係民國74年6月3日民法親屬編修正時增訂，為修正與補強現行剩餘財產分配請求權規定，使更合理，並落實對婚姻弱勢一方之保障，於民國91年6月4日為配合法定財產制之修正，乃修正第1030-1條，並增訂第1030-2條至第1030-4條之規定。96年5月修法後，已讓修法之前原初的夫妻剩餘財產差額分配請求權之立法美意，淪為銀行強勢討債的手段。這些銀行暴衝的聲請案量背後，更代表許多家庭的辛酸與無奈。因此，律師代表、卡債自救會及婦女團體站出來共同疾呼，民法相關規定應立即修正，務求杜絕讓銀行可以為了滿足債權就任意透過法院將手伸進家門的事情再繼續發生。交易安全固然重要，但現行民法對於夫妻惡意脫產來逃避債務的情況已經另有法律足以保障債權人（銀行）的權利，不應再讓家庭人倫的和諧成為銀行強勢討債的犧牲品，因此會將96年5月修法被刪除的一身專屬權規定再放回民法第1030-1條，

同時一併刪除民法第1009條及1011條，為101年12月修法的方向[2]、[3]。

---

2 立法理由：

1. 剩餘財產分配請求權制度目的原在保護婚姻中經濟弱勢之一方，使其對婚姻之協力、貢獻，得以彰顯，並於財產制關係消滅時，使弱勢一方具有最低限度之保障。參酌司法院大法官釋字第620號解釋，夫妻剩餘財產分配請求權，乃立法者就夫或妻對家務、教養子女、婚姻共同生活貢獻之法律上評價，是以，剩餘財產分配請求權既係因夫妻身分關係而生，所彰顯者亦係「夫妻對於婚姻共同生活之貢獻」，故所考量者除夫妻對婚姻關係中經濟上之給予，更包含情感上之付出，且尚可因夫妻關係之協力程度予以調整或免除，顯見該等權利與夫妻「本身」密切相關而有屬人性，故其性質上具一身專屬性，要非一般得任意讓與他人之財產權。

2. 或有論者主張剩餘財產分配請求權之性質屬財產權，若賦予其專屬權，對債務人及繼承人保障不足，並有害交易安全云云。惟此見解不僅對剩餘財產分配請求權之性質似有違誤，蓋剩餘財產分配請求權本質上就是夫妻對婚姻貢獻及協力果實的分享，不應由與婚姻經營貢獻無關的債權人享有，自與一般債權不同；更違反債之關係相對性原則，尤其是自2007年將剩餘財產分配請求權修法改為非一身專屬權後，配合民法第1011條及民法第242條之規定，實際上造成原本財產各自獨立之他方配偶，婚後努力工作累積財產，反因配偶之債務人代位行使剩餘財產分配請求權而導致事實上夫（妻）債妻（夫）還之結果。更有甚者，由於民法第1011條之「債權人」並未設有限制，造成實務上亦發生婚前債務之債權人向聲請法院宣告改用分別財產制並代位求償之事，造成債務人之配偶須以婚後財產償還他方婚前債務之現象，如此種種均已違背現行法定財產制下，夫妻於婚姻關係存續中各自保有所有權權能並各自獨立負擔自己債務之精神。

3. 現行民法第244條已對詐害債權訂有得撤銷之規範，債權人對於惡意脫產之夫妻所為之無償或有償行為本即可依法行使撤銷權，法律設計實已可保障債權人，若於親屬編中，再使第三人可代位行使本質上出於「夫妻共同協力」而生之剩餘財產分配請求權，不但對該債權人之保護太過，更有疊床架屋之疑。

4. 再者，近代法律變遷從權利絕對主義，演變至權利相對化、社會化的觀念，法律對權利之保障並非絕對，倘衡平雙方法益，權利人行使權利所能取得之利益，與該等權利之行使對他人及整個社會國家可能之損失相較，明顯不成比例時，當可謂權利之濫用。本條自2007年修法改為非一身專屬權後至今已逾5年，目前司法實務之統計資料顯示，近兩年債權銀行或資產管理公司利用本條規定配合民法第1011條及民法第242條之規定追討夫或妻一方之債務的案件量暴增並占所有案件九成以上，僅為了要滿足其債權，已讓數千件的家庭失和或破裂，夫妻離異、子女分離等情況亦不斷發生，產生更多的社會問題，使國家需花費更多資源與社會成本以彌補。2007年之修法，顯然為前述債權人權利濫用大開方便之門，為滿足少數債權人，而犧牲家庭和諧並讓全民共同承擔龐大社會成本，修法後所欲維護之權益與所付出之代價顯有失當。

5. 又參酌日本夫妻財產制立法例，法定財產制僅於離婚時由夫妻協議或訴請法院分

民法第1030-1條規定：法定財產制關係消滅時，夫或妻現存之婚後財產，扣除婚姻關係存續所負債務後，如有剩餘，其雙方剩餘財產之差額，應平均分配。但下列財產不在此限：

一、因繼承或其他無償取得之財產。

二、慰撫金。

依前項規定，平均分配顯失公平者，法院得調整或免除其分配額。

第1項請求權，不得讓與或繼承。但已依契約承諾，或已起訴者，不在此限。

第1項剩餘財產差額之分配請求權，自請求權人知有剩餘財產之差額時起，2年間不行使而消滅。自法定財產制關係消滅時起，逾5年者，亦同。

（二）時效期間

1. 自請求權人知有剩餘財產之差額時起，2年間不行使而消滅。

2. 自法定財產制關係消滅時起，5年間不行使，請求權消滅（§1030-1 IV）。

（三）保全措施

1. 撤銷權

夫或妻於婚姻關係存續中就其婚後財產所為之無償行為，有害及法定財產制關係消滅後他方之剩餘財產分配請求權者，他方得聲請法院撤銷之。但為履行道德上義務所為之相當贈與，不在此限。

配財產，並無類似臺灣債權人得聲請宣告改用分別財產制後再代位請求剩餘財產差額分配之規定，甚至縱使夫妻之一方聲請個人破產，因非離婚，故亦無財產分配之問題。

6. 是以，仿民法第195條第2項之規定，修正剩餘財產分配請求權為專屬於配偶一方之權利，增訂第3項，僅夫或妻之一方始得行使剩餘財產分配請求權，但若已取得他方同意之承諾或已經向法院提起訴訟請求者，則可讓與或繼承。

3　關於民法剩餘財產分配請求權於家事事件法之實務：

相對人林碧蓮間請求分配夫婦剩餘財產上訴事件，依家事事件法第51條（102台抗3）；本件原係再抗告人因魏明春主張其夫白文正於民國97年7月2日死亡時，其得主張夫妻剩餘財產分配請求權，而對魏明春起訴，請求魏明春提出白文正死亡時之財產資料，本件應屬家事事件法第3條第3項第3款所定其他因夫妻財產關係所生請求之事件，屬家事訴訟事件（101台抗1076）。

夫或妻於婚姻關係存續中就其婚後財產所爲之有償行爲，於行爲時明知有損於法定財產制關係消滅後他方之剩餘財產分配請求權者，以受益人受益時亦知其情事者爲限，他方得聲請法院撤銷之（§1020-1）。

2. 斥期間

前條撤銷權，自夫或妻之一方知有撤銷原因時起，6個月間不行使，或自行爲時起經過1年而消滅（§1020-2）。

第三款　約定財產制

第一目　共同財產制

一、共同財產制之意義

共同財產制乃夫妻之財產及所得，除特有財產外，合併爲共同財產，而屬於夫妻公同共有之謂（§1031）。

共同財產制之成立，須夫妻間以書面契約爲之（§1007），並須經登記，始能對抗第三人（§1008）。

二、共同財產之組成及所有權之歸屬

（一）組　成

夫妻得以契約訂定僅以勞力所得爲限爲共同財產。

前項勞力所得，指夫或妻於婚姻關係存續中取得之薪資、工資、紅利、獎金及其他與勞力所得有關之財產收入。勞力所得之孳息及代替利益，亦同。

不能證明爲勞力所得或勞力所得以外財產者，推定爲勞力所得。

夫或妻勞力所得以外之財產，適用關於分別財產制之規定（§1041）。

（二）所有權之歸屬

夫妻之財產及所得，除特有財產外，合併爲共同財產，屬於夫妻公同共有（§1031）。

三、共同財產之管理、使用、收益及處分權

（一）管理權

共同財產由夫妻共同管理。但約定由一方管理者，從其約定。

共同財產之管理費用，由共同財產負責（§1032）。

（二）使用、收益權

夫妻均有權利共同使用共同財產，收益歸屬共同財產，屬於夫妻公同共有。

（三）處分權

夫妻之一方，對於共同財產為處分時，應得他方之同意。

前項同意之欠缺，不得對抗第三人。但第三人已知或可得而知其欠缺，或依情形，可認為該財產屬於共同財產者，不在此限（§1033）。

四、債務之清償責任

夫或妻結婚前或婚姻關係存續中所負之債務，應由共同財產，並各就其特有財產負清償責任（§1034）。

補償請求權

共同財產所負之債務，而以共同財產清償者，不生補償請求權問題。惟共同財產所負之債務，而以特有財產清償，或特有財產之債務，而以共同財產清償者，有補償請求權，雖於婚姻關係存續中，亦得請求（§1038）。

五、共同財產之分割

（一）法定原因

共同財產制關係消滅時，除法律另有規定外，夫妻各取回其訂立共同財產制契約時之財產。共同財產制關係存續中取得之共同財產，由夫妻各得其半數。但另有約定者，從其約定（§1040）。

（二）夫妻之一方死亡

「夫妻之一方死亡時，共同財產之半數，歸屬於死亡者之繼承人，其他半數，歸屬於生存之他方」（§1039Ⅰ）。「前項財產之分割，其數額另有約定

者,從其約定」(同條II)。如該生存之他方,依法不得為繼承人(§1145)時,其對於共同財產得請求之數額,不得超過於離婚時所應得之數額(同條III)。即取回其結婚或變更夫妻財產制時之財產(§1058)。

第二目 分別財產制

一、分別財產制之意義

分別財產制,乃夫妻各保有其財產之所有權,各自管理、使用、收益及處分之財產制(§1044)。在此種財產制之下,無須有特有財產,因夫妻一切財產,皆各保有權利故也。

二、分別財產之債務

分別財產制有關夫妻債務之清償,適用第1023條之規定(§1046)。即與採用法定財產制者同。

第五節 離 婚

一、離婚之意義

離婚者,謂夫妻於婚姻關係存續中,協議或經法院判決,消滅其婚姻關係之謂也。其經雙方協議者,曰協議離婚或兩願離婚。其經法院判決者,曰判決離婚。

二、離婚之型態

離婚之成立有兩種方式,即兩願離婚與判決離婚是也。茲分述之:

(一)兩願離婚

夫妻雙方得訂立契約而離婚,是為兩願離婚。民法第1049條規定:「夫妻兩願離婚者,得自行離婚。但未成年人應得法定代理人之同意。」又民法第1050條規定:「兩願離婚,應以書面為之,有二人以上證人之簽名,並應向戶政機關為離婚之登記。」

兩願離婚,乃為要式行為。夫妻間雖有離婚之合意,如未依此方式為之,

仍屬無效。證人之簽名，不須於書據作成同時爲之，亦不限於協議離婚時在場之人，但須爲親見或親聞雙方當事人確有離婚真意之人。又離婚雖已作成書面或經法院和解、調解成立，仍須經戶政機關辦理離婚登記後，始成立生效。

（二）判決離婚

1. 判決離婚

判決離婚乃經法院判決之離婚。此種離婚係於當事人未能爲兩願離婚，而一方訴請法院判決其離婚，故必須有法定理由始可。依民法第1052條第1項規定，夫妻之一方，有下列情形之一者，他方得向法院請求離婚：

（1）重婚者

「重婚」，指有配偶而重爲婚姻或同時與二人以上結婚（§985）者而言。在准許離婚或宣告死亡之判決確定前再婚者，亦爲重婚（院1338）。一方重婚，他方有請求離婚之權；但有請求權之一方，於事前同意，或事後宥恕或知悉後已逾6個月，或自其情事發生後已逾2年者，不得請求離婚（§1053）。

（2）與配偶以外之人合意性交者

通姦乃與配偶以外之異性性交之謂，修正爲合意性交係包括同性戀在內。

夫妻應互負貞操義務（釋147），有配偶者自不得再與他異性通姦，否則構成離婚之理由。惟此項離婚之行使，依民法第1053條規定，有請求權之一方，事前同意，或事後宥恕，或知悉後已逾6個月，或自其情事發生後已逾2年者，則不得請求離婚矣。

（3）夫妻之一方對他方爲不堪同居之虐待者

所謂「不堪同居之虐待」，應就具體事件，衡量夫妻之一方受他方虐待所受侵害之嚴重性，斟酌當事人之教育程度、社會地位及其他情事，是否已危及婚姻關係之維繫以爲斷。若受他方虐待已逾越夫妻通常所能忍受之程度而有侵害人格尊嚴與人身安全者，即不得謂非受不堪同居之虐待。最高法院23上字4554判謂：

「夫妻之一方受他方不堪同居之虐待，固得請求離婚，惟因一方之行爲不檢而他方一時忿激，致有過當之行爲，不得即謂不堪同居之虐待」（釋372）。

（4）夫妻之一方對他方之直系親屬爲虐待，或夫妻一方之直系親屬對他方爲虐待，致不堪爲共同生活者

所謂「直系尊親屬」，包括血親及姻親在內。例如妻因細故傷及夫之母或贅夫傷其岳父是。

（5）夫妻之一方以惡意遺棄他方在繼續狀態中者

所謂「惡意遺棄」，包括無正當理由而不履行同居義務（釋18）、不支付家庭生活費用（39台上415）及不履行扶養義務（§1116-1）。

（6）夫妻之一方意圖殺害他方者

所謂「意圖殺害」，只須證明有殺害之故意即可，不以有著手殺害爲必要。惟有請求權之一方，自知悉後，已逾1年，或自其情事（指意圖殺害）發生後已逾5年者，不得請求離婚（§1054）。

（7）有不治之惡疾者

惡疾者係指對於人之身體機能有礙，而爲一般人所厭惡之疾病而言，如梅毒、花柳病、麻瘋病。

（8）有重大不治之精神病者

精神病係指精神失常而言，不包括聾、盲、啞。

（9）生死不明已逾3年者

生死不明乃指其人業已失蹤，而生死不明之情形而言。失蹤滿10年得爲死亡宣告，失蹤逾3年，即得請求離婚。

（10）因故意犯罪，經判處有期徒刑逾6個月確定者

但有請求權之一方自知悉後已逾1年，或自其情事發生後已逾5年者，不得請求離婚（§1054），以示限制。

有前項以外之重大事由，難以維持婚姻者，夫妻之一方得請求離婚。但其事由應由夫妻之一方負責者，僅他方得請求離婚（同條Ⅱ）。

所謂「重大事由」，指本條第1項所列10款以外可歸責於夫或妻之事由，且其事由甚爲重大，已達難以維持婚姻之程度者而言（79台上1053）。至是否難以維持婚姻之重大事由，由法院就具體情事，依客觀標準決之。

2. 離婚經法院調解或法院和解成立者

離婚經法院調解或法院和解成立者，婚姻關係消滅。法院應依職權通知該

管戶政機關（§1052-1）[3]。

三、離婚之效力

（一）身分上之效力

夫妻離婚後，婚姻關係消滅，因婚姻關係所生之身分關係如夫妻關係、姻親關係亦隨離婚而消滅。

（二）子女之監護

不論兩願離婚或裁判離婚，對於未成年子女權利義務之行使或負擔，依協議由一方或雙方共同任之，若協議不利於子女者，法院得依主管機關、社會福利機構或其他利害關係人之請求或依職權為子女之利益改定之。未為協議或協議不成者，法院得依夫妻之一方、主管機關、社會福利機構或其他利害關係人之請求或依職權酌定之。行使、負擔權利義務之一方未盡保護教養之義務或對未成年子女有不利之情事者，他方、未成年子女、主管機關、社會福利機關或其他利害關係人得為子女之利益請求法院改定之。對於上述情形法院得依請求或依職權，為子女之利益酌定權利義務行使負擔之內容及方法。又法院得依請求或依職權，為未行使或負擔權利義務之一方酌定其與未成年子女會面交往之方式及期間。但其會面交往有妨害子女之利益者，法院得依請求或依職權變更之（§1055）。另法院為民法第1055條之裁判時，應依子女之最佳利益，審酌一切情狀，參考社工人員之訪視報告，尤應注意下列事項：

1. 子女之年齡、性別、人數、健康情形、意願及人格發展之需要；

2. 父母之年齡、職業、品行、健康情形、經濟能力、生活狀況及其保護教養子女之意願與態度；

3. 父母子女間或未成年子女與其他共同生活之人間之感情狀況（§1055-1）。當父母均不適合行使權利時，法院應依子女之最佳利益並審酌前條各款事項，選定適當之人為子女之監護人，並指定監護之方法，命其父母負擔扶養費用及其方式（§1055-2）。

3　為使調解離婚具有形成力而非屬於協議離婚之性質，本條明訂當事人經法院調解離婚成立者即與形成判決具有同一之效力，使離婚登記僅屬報告性質。又為使身分關係與戶籍登記一致，爰明訂法院應即通知戶政機關為離婚之登記。

（三）財產上之效力

1. 損害賠償（§1056）

（1）財產上之損害（§1056 I）：有損害之一方得向有過失之他方請求賠償。

（2）非財產上之損害（§1056 II、III）：限於受害人無過失時才可請求。

2. 贍養費之給與（§1057）

夫妻無過失之一方，因判決離婚而陷於生活困難者，他方縱無過失，亦應給與相當之贍養費。

3. 財產分割（§1058）

夫妻離婚時，除採用分別財產制者外，各自取回其結婚或變更夫妻財產制時之財產。如有剩餘，各依其夫妻財產制之規定分配之（§1058）。

第三章　父母子女

一、概　說

　　有男女然後有夫妻，有夫妻然後有父母與子女之關係，父母與子女之關係，亦稱親子關係。親子關係可分為二：

（一）自然親子關係

1. 婚生子女。
2. 非婚生子女。

（二）擬制親子關係養子女

二、婚生子女

（一）意　義

　　婚生子女乃由婚姻關係受胎而生之子女（§1061）。

（二）婚生子女之受胎期間

　　從子女出生日回溯第181日起至第302日止為受胎期間。

　　能證明受胎回溯在前項第181日以內或第302日以前者，以其期間為受胎期間（§1062，德§1591 I ）。

（三）婚生子女之推定

　　妻之受胎，係在婚姻關係存續中者，推定其所生子女為婚生子女（§1063 I ）。

（四）婚生子女之否認

　　前項推定，夫妻之一方或子女能證明子女非為婚生子女者，得提起否認之訴（§1063 II ）[1]。

1　修正立法理由：
　　鑑於現行各國親屬法立法趨勢，已將「未成年子女最佳利益」作為最高指導原

前項否認之訴，夫妻之一方自知悉該子女非爲婚生子女，或子女自知悉其非爲婚生子女之時起二年內爲之。但子女於未成年時知悉者，仍得於成年後二年內爲之（同條 Ⅲ）。

(五)視爲婚生子女（96年3月7日立法院三讀通過制定人工生殖法 §§23、24、25）

人工生殖法第23條[2]：

妻於婚姻關係存續中，經夫同意後，與他人捐贈之精子受胎所生子女，視爲婚生子女。

前項情形，夫能證明其同意係受詐欺或脅迫者，得於發見被詐欺或被脅迫終止後六個月內提起否認之訴。但受詐欺者，自子女出生之日起滿三年，不得爲之。

民法第1067條規定，於本條情形不適用之。

人工生殖法第24條[3]：

則，又聯合國大會於1989年11月20日修正通過之「兒童權利公約」第7條第1項，亦明定兒童有儘可能知道誰是其父母之權利。復參酌德國於1998年修正之民法第1600條，明文規定子女爲否認之訴撤銷權人，爰於本條第2項增列子女亦得提起否認之訴。

2 立法理由：

一、依現行民法規定，妻之受胎係在婚姻關係存續中所生之子女，即受婚生推定，但夫妻之一方能證明非自夫受胎時，得於知悉子女出生後1年內提起婚生否認之訴（民法第1061條、1063條），係採血統真實主義。惟於人工生殖子女情形，可能係由他人捐贈之精子與受術妻之卵子受胎而來，此一方式既爲本法所許，有關其人工生殖子女之地位及權益即應有所安排。爲兼顧人工生殖子女之利益，並維護婚姻之安定及和諧，爰參考各國立法例，對於精子捐贈之人工生殖子女之身分認定，以實施該人工授精是否經受術夫之同意爲婚生子女之判斷依據：如受術夫同意使用第三人捐贈之精子實施人工授精時，依誠信原則及禁反言之法理，所生之子女應視爲婚生子女；惟如未經受術夫之同意或該同意係受詐欺或脅迫者，則應予受術夫否認之權利，爰爲第1項規定。

二、於受術夫得提起否認之訴之情形，爲免法律關係久懸未決，此一權利之行使亦宜有所期限規定，爰於第2項規定否認之訴之提起期限。

3 立法理由：

傳統上卵子與子宮有其不可分離性，故基於「分娩者爲母」之原則，凡女性懷孕且分娩子女，即被視爲所生子女之母親。惟於人工生殖子女情形，可能係由他人捐贈之卵子與受術夫之精子受胎而來，此一方式將使卵子與子宮分離，惟既爲本

　　妻於婚姻關係存續中，同意以夫之精子與他人捐贈之卵子受胎所生子女，視爲婚生子女。

　　前項情形，妻能證明其同意係受詐欺或脅迫者，得於發見被詐欺或被脅迫終止後6個月內提起否認之訴。但受詐欺者，自子女出生之日起滿3年，不得爲之。

　　人工生殖法第25條：妻受胎後，如發見有婚姻撤銷、無效之情形，其分娩所生子女，視爲受術夫妻之婚生子女。

三、非婚生子女

　　非婚生子女，俗稱私生子，即非由於婚姻關係受胎而生之子女是也。此種子女，與其母之關係，可由分娩而確定。其父爲何人，則須經過準正或認領之程序。

（一）準　正

　　所謂「準正」，指「非婚生子女，其生父與生母結婚者，視爲婚生子女」（§1064）而言。此之所謂「非婚生子女」，包括父母結婚前所生之子女及結婚前受胎而於結婚181日以內所生之子女在內。非婚生子女經準正者，毋庸再由生父認領。

（二）認　領

1. 認領之種類

　　（1）任意認領：生父承認非婚生子女爲自己之親生子女（§1065）。

　　（2）強制認領：非婚生子女或其生母或其他法定代理人，對於應認領而不認領之生父，向法院請求確認生父子女關係之存在（§1067）。

2. 認領之否認

　　非婚生子女或其生母，對於生父之認領，得否認之（§1066）。

法所許，有關其人工生殖子女之地位及權益即應有所安排。故於受術妻同意實施此種人工生殖方式之前提下，爲保護所生子女及本於誠信原則，其所生之子女，應視爲婚生子女。惟此一人工生殖方式既將使卵子與子宮分離，上開民法有關規定，於受術妻之同意係受詐欺或脅迫時，即不得不酌作調整，許其得例外提起否認之訴，爰爲第1項規定。

3. 認領之請求 （§1067）[4]

有事實足認其為非婚生子女之生父者，非婚生子女或其生母或其他法定代理人，得向生父提起認領之訴。

前項認領之訴，於生父死亡後，得向生父之繼承人為之。生父無繼承人者，得向社會福利主管機關為之。

4. 認領之效力

（1）非婚生子女經生父認領者，視為婚生子女，其經生父撫育者，視為認領（§1065）。

（2）非婚生子女認領之效力，溯及於出生時。但第三人已得之權利，不因此而受影響（§1069）。

（3）非婚生子女經認領者，關於未成年子女權益之行使或負擔，準用離婚有關之規定（§1069-1）。

（4）生父認領非婚生子女後，不得撤銷其認領。但有事實足認其非生父者，不在此限（民§1070）[5]。

4　修正立法理由：

一、現行條文第1項規定所設有關強制認領原因之規定，係採取列舉主義，即須具有列舉原因之一者，始有認領請求權存在始得請求認領。惟按諸外國立法例，認領已趨向客觀事實主義，故認領請求，悉任法院發現事實，以判斷有無親子關係之存在，不宜再予期間限制，爰修正本條第1項規定，由法院依事實認定親子關係之存在，並刪除第2項期間限制規定。

二、現行條文第1項有關得請求其生父認領為生父之子女之規定，為避免誤認為有認領請求權存在始得請求認領，故參酌本條修正條文之意旨及民事訴訟法第589條及第596條第1項但書等規定，修正為得向生父提起認領之訴之規定。

三、有關生父死後強制認領子女之問題，現行法未有規定，爰參酌外國立法例，明列該規定，以保護子女之權益及血統之真實，並配合我國國情及生父之繼承人較能了解及辨別相關書證之真實性，爰增訂生父死亡時，得向生父之繼承人提起認領之訴；無繼承人者，得向社會福利主管機關為之。

又第1068條現行條文以生母之不貞，剝奪非婚生子女請求生父認領之權利，且只強調女性之倫理道德，不但與保護非婚生子女利益之意旨不符，亦違反男女平等原則。為保護非婚生子女之權益及符合男女平等原則，應以科學方法確定生父，故本條無規定必要，爰予刪除。

5　本條規定「生父認領非婚生子女後，不得撤銷其認領。」但民訴第589條卻有撤銷認領之訴的規定。依民訴規定認為沒有真實血統之認領可訴請撤銷，造成實體法與程序法的規定相互衝突。本條立法目的基於保護非婚生子女及符合自然倫常之

四、養子女

（一）養子女之意義

養子女者被人收養之子女也。民法第1072條規定：「收養他人之子女爲子女時，其收養者爲養父或養母；被收養者爲養子或養女。」

（二）收養之要件

收養子女原則上須以契約爲之，並須具備：

1. 形式要件

爲杜絕販賣嬰兒或假收養真出國等層出不窮之問題，民國74年6月3日民法第1079條修正改採國家監督主義，收養須經法院認可，期使法院對家族關係之監督，能導正收養制度；有關收養之相關規定，雖於民國74年間曾加以修正，惟至今已逾20年，國內社會型態已有重大變遷，現行收養規定已不符所需，洵有加以檢討修正之必要，茲將民國96年5月4日修正說明如次：

（1）須作成書面：收養應以書面爲之[6]（§1079Ⅰ）。

（2）應聲請法院認可：收養子女除有上述之書面外，應聲請法院認可（§1079Ⅰ）；法院爲未成年人被收養之認可時，應依養子女最佳利益爲之（§1079-1）。

有下列情形之一者，法院應不予認可：①收養有無效或得撤銷之原因者；②依民法第1079-1條之規定：「法院爲未成年人被收養之認可時，應依養子女最佳利益爲之」。有事實足認收養於未成年養子女不利者；③被收養者爲成年人而有下列各款情形之一者，法院應不予收養之認可：

一　意圖以收養免除法定義務。

二　依其情形，足認收養於其本生父母不利。

三　有其他重大事由，足認違反收養目的（§1079-2）。

關係，對於因認領錯誤或經詐欺、脅迫等意思表示瑕疵之情形，亦不得撤銷其認領。爰增設但書規定，准許有事實足認其非生父時，可撤銷認領；以兼顧血統真實原則及人倫親情之維護。

[6] 收養係建立擬制親子關係之制度，爲昭慎重，自應以書面爲之。惟現今藉收養名義達成其他之目的者，亦時有所聞，爲保護被收養者之權益，爰將現行條文第1項但書所定：「但被收養者未滿七歲而無法定代理人時，不在此限」之例外規定，予以刪除。

2. 實質要件

（1）收養者方面：收養者之年齡須長於被收養者20歲以上。但夫妻共同收養時，夫妻之一方長於被收養者20歲以上，而他方僅長於被收養者16歲以上，亦得收養（§1073 I）。

夫妻之一方收養他方之子女時，應長於被收養者16歲以上（同條 II）[7]。

夫妻收養子女時，應共同為之。但有下列各款情形之一者，得單獨收養：

一　夫妻之一方收養他方之子女。

二　夫妻之一方不能為意思表示或生死不明已逾3年（§1074）[8]。

（2）被收養者方面：

①除夫妻共同收養外，一人不得同時為二人之養子女（§1075）。

②夫妻之一方被收養時，應得他方之同意。但他方不能為意思表示或生死不明已逾三年者，不在此限（§1076）。

③子女被收養時，應得其父母之同意。但有下列各款情形之一者，不在此限：

一、父母之一方或雙方對子女未盡保護教養義務或有其他顯然不利子女之情事而拒絕同意。

二、父母之一方或雙方事實上不能為意思表示。

前項同意應作成書面並經公證。但已向法院聲請收養認可者，得以言詞向法院表示並記明筆錄代之。

7　現行條文規定收養者之年齡應長於被收養者20歲以上，其目的固在考量養父母應有成熟之人格、經濟能力等足以擔負為人父母保護教養子女之義務。惟為考慮夫妻共同收養或夫妻之一方收養他方子女時，應有彈性，以符實際需要，爰增訂第1項但書及第2項規定。又參酌我國民法規定結婚最低年齡為16歲，故滿16歲之人始得結婚並有養育子女之能力，且臺灣地區習俗亦係於16歲舉行成年禮，爰規定上開情形夫妻之一方與被收養者之年齡差距至少為16歲，併此敘明。

8　依現行條文規定，夫妻收養子女時，固應共同為之，以維持家庭之和諧。但在夫妻之一方不能為意思表示或生死不明已逾3年時，影響他方收養子女之權益，亦非公允，宜有例外之規定，爰將現行條文但書改列為但書第1款並增訂第2款例外情形，以符實際需要。另本條序文部分酌作文字修正，以資明確。

第1項之同意，不得附條件或期限（§1076-1）[9]。

①被收養者未滿7歲時，應由其法定代理人代為並代受意思表示。

滿7歲以上之未成年人被收養時，應得其法定代理人之同意。

被收養者之父母已依前二項規定以法定代理人之身分代為並代受意思表示或為同意時，得免依前條規定為同意（§1076-2）[10]。

②下列親屬不得收養為養子女：A.直系血親，B.直系姻親；但夫妻之一方收養他方之子女者，不在此限；C.旁系血親在六親等以內及旁系姻親在五親等以內，輩分不相當者（§1073-1）。

---

[9] 新增立法理由：

一、按收養關係成立後，養子女與本生父母之權利義務於收養關係存續中停止之，影響當事人權益甚鉅，故應經父母之同意，爰參酌德國民法第1747條、瑞士民法第265-1條及奧地利民法第181條增訂第1項規定。又本條所定父母同意係基於父母子女身分關係之本質使然，此與第1076-2條規定有關法定代理人所為代為、代受意思表示或同意，係對於未成年人能力之補充，有所不同。因此，如未成年子女之父母離婚、父母之一方或雙方被停止親權時，法定代理人可能僅為父母之一方或監護人，此時法定代理人將子女出養，因將影響未任法定代理人之父或母與該子女間之權利義務，故仍應經未任未成年子女權利義務之行使或負擔之父母之同意，此即本條之所由設。至成年子女出養時亦應經其父母之同意，自不待言。

二、本條同意雖屬父母固有之權利，但在父母一方或雙方對子女未盡保護教養義務而濫用同意權、或有其他顯然不利子女之情事而拒絕同意、或事實上不能為意思表示之情形時，得例外免除其同意，以保護被收養者之權利，爰明定第1項但書規定。又第1項第2款所定「事實上不能」，例如父母不詳、父母死亡、失蹤或無同意能力，不包括停止親權等法律上不能之情形。

[10] 新增立法理由：

一、未成年人被收養時，應由其法定代理人代為、代受意思表示或得其同意，固無疑義，而依現行第1079條第2項及第3項但書規定，如無法定代理人時，則毋須由其法定代理人代為、代受意思表示或得其同意，造成被收養者無法定代理人時，其收養程序過於簡略，對未成年人之保護恐有未周。為保護未成年人之利益，在未成年人無法定代理人之情形，應先依民法親屬編或其他法律之規定定其監護人為法定代理人，以杜弊端，爰刪除第2項及第3項但書規定。

二、本條法定代理人所為、所受意思表示或同意，係對於未成年人能力之補充，因此，未成年人被收養時，除應依前二項規定，由其法定代理人代為、代受意思表示或得其同意外，並應依前條規定經未成年人父母之同意。惟於父母與法定代理人相同時，其父母已依前二項規定以法定代理人之身分代為並代受意思表示或為同意時，自不必行使第1076-1條父母固有之同意權，爰增列第3項規定。

（三）效　力

　　收養關係成立後，養子女與養父母間發生何種法律效果，又養子女與本生父母間之法律關係是否消滅，茲分述如次：

1. 養子女與養父母間

　　（1）婚生子女身分之取得：

　　養子女與養父母及其親屬間之關係，除法律另有規定外，與婚生子女同（§1077 I）。

　　（2）養子女之姓氏：

　　養子女從收養者之姓或維持原來之姓。

　　夫妻共同收養子女時，於收養登記前，應以書面約定養子女從養父姓、養母姓或維持原來之姓。

　　第1059條第2項至第5項之規定，於收養之情形準用之（§1078）。

　　（3）扶養義務：直系血親相互間互負扶養之義務（§1114 I ①），故養子女與養父母間互負扶養之義務。

　　（4）繼承權：養子女與養父母互有繼承權（§1138 I ①）；

　　與本生父母則無繼承權（21上451）。至代位繼承，養子女亦得行使之（釋70）。

2. 養子女與本生父母間

　　（1）養子女與本生父母及其親屬間之權利義務，於收養關係存續中停止之。但夫妻之一方收養他方之子女時，他方與其子女之權利義務，不因收養而受影響（§1077 II）。例如養子女對本生父母不負扶養義務是（30院2120）。

　　（2）收養者收養子女後，與養子女之本生父或母結婚時，養子女回復與本生父或母及其親屬間之權利義務。但第三人已取得之權利，不受影響（同條 III）。

　　（3）養子女於收養認可時已有直系血親卑親屬者，收養之效力僅及於其未成年且未結婚之直系血親卑親屬。但收養認可前，其已成年或已結婚之直系血親卑親屬表示同意者，不在此限（同條 IV）。前項同意，準用第1076條之1第2項及第3項之規定（同條 V）。

（四）收養之無效與撤銷

何種收養爲無效，何種收養爲得撤銷，學說及判例見解紛紜，茲將民國96年5月4日之修正說明如次：

1. 收養之無效（§1079-4）

（1）違反收養人應長於被收養人20歲以上（§1073）。

（2）違反近親收養之禁止者（§1073-1）。蓋因近親及輩分不相當之收養有違我國倫理道德，故爲無效。

（3）違反一人不得同時爲二人之養子女（§1075）。至「轉收養」是否許可，通說否定之，蓋因我國過去陋習有所謂買斷養子，由養親轉養於第三人，易造成販賣人口，故依民法第1075條之規定，於轉收養前，應先廢止現存之收養關係，回復其本生親子關係，再由本生父母決定是否轉養於第三人。

（4）違反子女被收養時，應得其父母之同意（§1076-1）。

（5）違反被收養者未滿7歲時，應由其法定代理人代爲並代受意思表示（§1076-2Ⅰ）。

（6）違反收養應以書面爲之，並向法院聲請認可（§1079Ⅰ）。

2. 收養之撤銷（§1079-5）

（1）違反與配偶共同收養之規定者。有配偶者收養子女時，應與其配偶共同爲之（§1074）。

（2）違反有配偶者被收養時，應得配偶之同意之規定者。但他方不能爲意思表示或生死不明已逾3年者，不在此限（§1076）。

（3）違反應得法定代理人之同意之規定者。滿7歲以上之未成年人被收養時，應得法定代理人之同意（§1076-2Ⅱ）。

（五）收養之終止

收養關係因收養之終止而完全消滅，收養之終止其方式有二：

1. 合意終止

（1）須養父母與養子女雙方合意終止（§1080Ⅰ）

①養子女未滿7歲者，其終止收養關係之意思表示，由收養終止後爲其法定代理人之人代爲之（同條Ⅴ）。

②養子女爲滿7歲以上之未成年人者，其終止收養關係，應得收養終止後爲其法定代理人之人之同意（同條Ⅵ）。

（2）終止收養須以書面爲之。養子女爲未成年人者，並應向法院聲請認可。法院依前項規定爲認可時，應依養子女最佳利益爲之（同條Ⅰ、Ⅱ、Ⅲ）。

終止收養應爲終止收養之登記（戶§8Ⅱ）。又終止收養登記以收養人或被收養人爲申請人（戶§32）。

（3）夫妻共同收養子女者，其合意終止收養應共同爲之。但有下列情形之一者，得單獨終止：

一　夫妻之一方不能爲意思表示或生死不明已逾3年。

二　夫妻之一方於收養後死亡。

三　夫妻離婚。

夫妻之一方依前項但書規定單獨終止收養者，其效力不及於他方（同條Ⅶ、Ⅷ）。

2. 裁判終止

（1）許可終止（§1080-1）[11]：

養父母死亡後，養子女得聲請法院許可終止收養。

養子女未滿7歲者，由收養終止後爲其法定代理人之人向法院聲請許可。

養子女爲滿7歲以上之未成年人者，其終止收養之聲請，應得收養終止後爲其法定代理人之人之同意。

法院認終止收養顯失公平者，得不許可之。

（2）判決終止（§1081，家事§23）：養父母、養子女之一方，有下列各款情形之一者，法院得依他方、主管機關或利害關係人之請求，宣告終止其收養關係：

①對於他方爲虐待或重大侮辱。例如養子無故將其養父母鎖在門內1日（29上2027）；被上訴人爲上訴人之養母，上訴人動輒與之爭吵，並惡言相

---

11 新增立法理由：

　　在養父母死亡後，現行條文第1080條第5項規定僅限於養子女不能維持生活而無謀生能力時，始得聲請法院許可終止收養，失之過嚴。養父母死亡後，爲保護養子女利益，應使其有聲請法院許可終止收養之機會，爰明定於本條第1項。至於單獨收養而收養者死亡後，或夫妻共同收養時，夫或妻死亡，而生存之一方與養子女已終止收養關係後，養子女亦可適用本項聲請法院許可終止其與已死亡之養父母之收養關係，併予敘明。

加，肆意辱罵，有背倫常之道是（50台上88）。

②遺棄他方。例如被上訴人於收養上訴人為養子時，既以上訴人應與被上訴人同居一家為條件，而上訴人竟不履行諾言，終年在學校服務，雖在假期亦不返家對被上訴人為必要之扶助保養（33上5296）。

③因故意犯罪，受2年有期徒刑以上之刑之裁判確定而未受緩刑宣告。

舊條文第3款規定，經審酌過失犯之非難性低，以及受緩刑宣告者尚不致因罪刑之執行而影響收養關係之生活照顧義務，爰修正限縮第3款所定要件範圍。

又養子女被處2年以上之徒刑時，為終止收養之原因，有學者認為此規定較偏重養親之利益，況且養親對養子女本負有管教之責，不得以終止收養卸責。

④有其他重大事由難以維持收養關係。例如嗣子意圖使嗣父受刑事處分而為虛偽之告訴，經檢察官為不起訴處分後復聲請再議（28上843）；養子吸食鴉片煙（31上1369）；養父母對於所收養之未成年女子，乘其年輕識淺誘使暗操淫業是（48台上1669）。又司法院大法官會議釋字第58號解釋：「查民法第1080條，終止收養關係須雙方同意，並應以書面為之者，原係以昭鄭重。如養女既經養親主持與其婚生子正式結婚，則收養關係人之雙方同意變更身分，已具同條第1項終止收養關係之實質要件。縱其養親未踐行同條第2項之形式要件，旋即死亡，以致踐行該項程式陷於不能，則該養女之一方，自得依同法第1081條第6款，聲請法院為終止收養關係之裁定，以資救濟。」

⑤養子女為未成年人者，法院宣告終止收養關係時，應依養子女最佳利益為之（同條Ⅱ）。又法院為裁判應審酌之事由，準用第1055-1條之規定（§1083-1）。

3. 終止之效力

收養終止時，因收養所擬制之一切親屬關係及相互間之權利義務消滅。

（1）養子女與養父母間

①身分上之效力：收養關係一經終止，在身分上與養家即不再有親屬關係，但直系血親及直系姻親結婚禁止之限制，在收養關係終止後仍適用之（§983）。

②財產上之效力：收養關係終止時，因而陷於生活困難者，得請求他方給與相當之金額（§1082）；又養子女自收養關係終止時起，回復其與本生父母

之關係，該子女尚未成年者，並應由其本生父母負擔教養之義務，苟其本生父母有負擔扶養費用之資力，即不得謂因判決終止收養關係而陷於生活困難（33上6097）。

（2）養子女與本生父母間：養子女自收養關係終止時起，回復其本姓，並回復其與本生父母之關係（釋28）。但第三人已取得之權利不因此而受影響（§1083）。

（六）終止收養無效、撤銷事由

1. 無效事由

終止收養，違反第1080條第2項、第5項或第1080-1條第2項規定者，無效（§1080-2）。亦即合意終止收養未以書面為之、養子女為未成年人未經法院認可終止、養子女未滿7歲，其合意終止或聲請法院許可終止收養未經由終止收養後為其法定代理人之人代為、代受意思表示或聲請者，均屬無效之規定。

2. 撤銷事由

終止收養，違反第1080條第7項之規定者，終止收養者之配偶得請求法院撤銷之。但自知悉其事實之日起，已逾6個月，或自法院認可之日起已逾1年者，不得請求撤銷。

終止收養，違反第1080條第6項或第1080-1條第3項之規定者，終止收養後被收養者之法定代理人得請求法院撤銷之。但自知悉其事實之日起，已逾6個月，或自法院許可之日起已逾1年者，不得請求撤銷（§1080-3）。

五、親子關係之效力

父母對於未成年子女之權利義務關係即為親權，可分為身分上之權利義務與財產上之權利義務兩種。

（一）子女方面

1. 子女之姓氏

（1）婚生子女

父母於子女出生登記前，應以書面約定子女從父姓或母姓。未約定或約定不成者，於戶政事務所抽籤決定之。

子女經出生登記後，於未成年前，得由父母以書面約定變更為父姓或母姓。

子女已成年者，得變更爲父姓或母姓。

前二項之變更，各以一次爲限。

有下列各款情形之一，法院得依父母之一方或子女之請求，爲子女之利益，宣告變更子女之姓氏爲父姓或母姓：

一、父母離婚者。

二、父母之一方或雙方死亡者。

三、父母之一方或雙方生死不明滿3年者。

四、父母之一方顯有未盡保護或教養義務之情事者（民§1059）[12]。

（2）非婚生子女

非婚生子女從母姓。經生父認領者，適用前條第2項至第4項之規定。

非婚生子女經生父認領，而有下列各款情形之一，法院得依父母之一方或子女之請求，爲子女之利益，宣告變更子女之姓氏爲父姓或母姓：

一、父母之一方或雙方死亡者。

二、父母之一方或雙方生死不明滿3年者。

三、子女之姓氏與任權利義務行使或負擔之父或母不一致者。

四、父母之一方顯有未盡保護或教養義務之情事者（民§1059-1）[13]。

---

[12] 聯合國於1989年11月20日修正通過之兒童權利公約第7條第1項前段規定：「兒童於出生後應立即被登記，兒童出生時就應有取得姓名及國籍之權利。」現行條文第1項僅規定子女姓氏應由父母約定，對於未約定或約定不成時，究應如何處理，並無明文。查97年5月28日修正公布施行之戶籍法第49條第1項前段規定「出生登記當事人之姓氏，依相關法律規定未能確定時，婚生子女，由申請人於戶政事務所抽籤決定依父姓或母姓登記」，惟子女姓氏之決定方式屬實體事項，仍宜於民法規定，爰於現行條文第1項增訂未約定或約定不成之處理方式。

請求法院宣告變更子女姓氏，必須符合第5項規定各款情形之一，方得爲之，如父母之一方對子女有性侵害或家暴等，對子女之身心發展及人格養成，均有不利影響，於此情形，該父母顯有未盡保護或教養義務之情事，惟依現行規定，上開情形並不得請求法院宣告變更姓氏，誠有不足，爰參酌本法第1084條第2項規定「父母對於未成年之子女，有保護及教養之權利義務。」之意旨，將現行條文第5項第4款規定之「扶養義務」修正爲「保護或教養義務」。又修正後之「顯有未盡保護或教養義務之情事」，旨在使法院審酌具體個案事實之情節輕重、期間長短等情形，以決定是否裁判變更姓氏，故亦包含現行同項第4款規定之「曾有或現有未盡扶養義務」情形，併此指明。

[13] 查非婚生子女經認領後，可能從父姓或母姓，而現行條文第2項第3款規定，以生母任權利義務之行使或負擔作爲聲請法院宣告變更子女姓氏之事由，惟生父任權

2. 子女之住所（§1060）：未成年之子女，以其父母之住所爲住所。

3. 子女應孝敬父母（§1084 I）：民國74年增訂。

（二）父母方面

1. 保護及教養之權利義務

「父母對於未成年之子女，有保護及教養之權利義務」（§1084 II）。父母此項權利，乃因身分關係所生而與義務併存，不可分離，含有禁止拋棄之性質，自不得拋棄。

2. 懲戒權

父母對於未成年之子女，既有保護及教養之權利義務，故「父母得於必要範圍內，懲戒其子女」（§1085）。

3. 法定代理權

爲保護子女利益，「父母爲其未成年子女之法定代理人」。父母之行爲與未成年子女之利益相反，依法不得代理時，法院得依父母、未成年子女、主管機關、社會福利機構或其他利害關係人之聲請或依職權，爲子女選任特別代理人（§1086）[14]。

利義務之行使或負擔時，卻不得以之作爲聲請法院宣告變更姓氏之事由，有違男女平等原則，爰將第2項第3款規定修正爲「子女之姓氏與任權利義務行使或負擔之父或母不一致者」。

請求法院宣告變更非婚生子女姓氏，必須符合第2項規定各款情形之一，方得爲之，如父母之一方對子女有性侵害或家暴等，對子女之身心發展及人格養成，均有不利影響，於此情形，該父母顯有未盡保護或教養或義務之情事，惟依現行規定，上開情形並不得請求法院宣告變更姓氏，誠有不足，爰參酌本法第1084條第2項規定「父母對於未成年之子女，有保護及教養之權利義務。」之意旨，將現行條文第2項第4款規定之「扶養義務」修正爲「保護或教養義務」。又修正後之「顯有未盡保護或教養義務之情事」，旨在使法院審酌具體個案事實之情節輕重、期間長短等情形，以決定是否裁判變更姓氏，故亦包含現行同項第4款規定之「曾有或現有未盡扶養義務」情形，併此指明。

[14] 修正立法理由：

一、按父母之行爲與未成年子女之利益相反，依法不得代理時，應如何解決，現行民法未設規定，導致實務上見解分歧，爭議不斷，爰參考日本民法第826條第1項立法例，增訂本條第2項規定，以杜爭議。

二、本條第2項所定「依法不得代理」係採廣義，包括民法第106條禁止自己代理或雙方代理之情形，以及其他一切因利益衝突，法律上禁止代理之情形。又所定「主管機關」，或爲社會福利主管機關、戶政機關、地政機關或其他機關，應依

4. 子女財產之管理使用收益處分權

「未成年子女因繼承、贈與或其他無償取得之財產，為其特有財產」（§1087）。「未成年子女之特有財產，由父母共同管理」（§1088 I）。為補助財產之管理及保護教養之費用，並減輕父母之負擔，「父母對於未成年子女之特有財產，有使用、收益之權。但非為子女之利益，不得處分之」（同條 II）。

5. 權利義務之行使及負擔

「對於未成年子女之權利義務，除法律另有規定外，由父母共同行使或負擔之。父母之一方不能行使權利時，由他方行使之，父母不能共同負擔義務時，由有能力者負擔之。」父母對於未成年子女重大事項權利之行使意思不一致時，得請求法院依子女之最佳利益酌定之。法院為裁判前，應聽取未成年子女、主管機關或社會福利機構之意見（§1089）。

父母不繼續共同生活達6個月以上時，關於未成年子女權利義務之行使或負擔，準用第1055條、第1055-1條及第1055-2條之規定。但父母有不能同居之正當理由或法律另有規定者，不在此限（§1089-1）[15]。

6. 權利濫用之糾正及停止

父母之一方濫用其對於子女之權利時，法院得依他方、未成年子女、主管機關、社會福利機構或其他利害關係人之請求或依職權，為子女之利益，宣告停止其權利之全部或一部（§1090[16]，釋171）。所謂「濫用」，指行使權利逾

該利益相反事件所涉業務機關而定，如遺產分割登記時，地政機關為主管機關。

[15] 新增立法理由：

父母未離婚又不繼續共同生活已達一定期間以上者，其對於未成年子女權利義務之行使或負擔，現行法則未有規定。為維護子女之最佳利益，爰以父母不繼續共同生活達一定期間之客觀事實，並參酌離婚效果之相關規定，增訂關於未成年子女權利義務之行使或負擔，準用離婚效果之相關規定。惟如父母有不能同居之正當理由或法律另有規定，例如父母已由法院依家庭暴力防治法第13條第2項第3款命遷出住居所而未能同居、或依同條項第6款定暫時親權行使或負擔之人，或依本法或兒童及少年福利法第48條等規定停止親權一部或全部者等，自不得再依本條準用第1055條、第1055-1條及第1055-2條之規定，爰於本條但書將上開情形予以排除。

[16] 修正立法理由：

為維護子女之權益，於父母之一方濫用其對子女之權利時（例如積極的施以虐待或消極的不盡其為父母之義務等），參酌本法第1055條第1項規定，明定父母之另

越正常之範圍或不盡其應盡之義務，致不合子女之利益而言。例如利用懲戒權虐待子女或聽任子女流浪街頭等。

案例1

> 甲年16歲，課餘時打工，2年來共賺新臺幣5萬元，計畫以此成為畢業後出國旅行之費用。
>
> 甲父A以反對甲出國旅遊而要求甲交出5萬元由其管理，問A依法是否有權要求甲交出該5萬元？

實務見解：子孫以勞力或其他法律關係所得，非已奉歸父母者，自可認為子孫所得（19上67）。

依論理解釋：繼承及無償取得之財產，未成年子女尚能保有所有權，則勞力或其他有償取得之財產，更應屬於未成年子女。本題實例，甲年16歲，係未成年人，其打工以勞力所賺5萬元，係一般財產而非特有財產，依實務見解，所有權歸甲。

案例2

> 甲女有一兄乙。乙男被戊女招贅後，未加冠妻姓，仍保留其本姓。後甲女丙男，二人相戀而依法結婚。結婚一年後，甲女與丙男生下C子，問甲女與丙男可否約定C子從甲女之姓？

乙招贅戊家，通常是繼承戊家香火，故本題宜解釋為甲無兄弟，故：甲、丙可約定C子從甲之姓。

一方、未成年子女、主管機關、社會福利機構或其他利害關係人均得向法院請求宣告停止其權利之全部或一部。而法院處理具體家事事件時，如認有必要，亦得依職權宣告，以保護未成年子女之利益。

第四章　監　護

　　監護乃對於行為能力欠缺之人，為監督、保護之謂。監護之機關有二，一為監護執行機關，即監護人是也；一為監護監督機關，即親屬會議是也。監護因受監護人之不同，可分未成年人之監護與成年人之監護，茲分述如下：

第一節　未成年人之監護

一、監護人之設置

　　未成年人無父母，或父母均不能行使、負擔對於未成年子女之權利義務時，應置監護人；但未成年人已結婚者，不在此限（§1091）。

二、監護人之種類

（一）指定監護人

　　最後行使、負擔對於未成年子女之權利、義務之父或母，得以遺囑指定監護人（民§1093 I）[1]。前項遺囑指定之監護人，應於知悉其為監護人後15日內，將姓名、住所報告法院；其遺囑未指定會同開具財產清冊之人者，並應申請當地直轄市、縣（市）政府指派人員會同開具財產清冊（同條 II）。於前

---

*　以下註解為97年5月「民法總則編部分條文修正草案」、「民法總則施行法部分條文修正草案」、「民法親屬編部分條文修正草案」及「民法親屬編施行法部分條文修正草案」修正通過之內容。

1　現行條文移列為第1項。以遺囑指定監護人時，必指定者本身得行使親權；如指定者受親權停止之宣告而不能行使親權時，則不得指定。再者，雖非後死之父或母，但生存之另一方有不能行使親權之情形（包括法律上之不能，例如受監護之宣告、受停止親權之宣告等；以及事實上之不能，例如失蹤等情形），亦有以遺囑指定監護人之實益。爰將第1項「後死」修正為「最後行使、負擔對於未成年子女之權利、義務」，俾符實際。
　　依第1項指定之監護人，於知悉其為監護人後15日內，應向法院報告；其遺囑未指定會同開具財產清冊之人者，並應申請當地直轄市、縣（市）政府指派人員會同開具財產清冊。如逾期未向法院報告，則視為拒絕就職，爰增訂第2項及第3項。

項期限內,監護人未向法院報告者,視為拒絕就職(同條 Ⅲ)。

(二)法定監護人

父母均不能行使負擔對於未成年子女之權利義務或父母死亡而無遺囑指定監護人,或遺囑指定之監護人拒絕就職時,依下列順序,定其監護人:1.與未成年人同居之祖父母。2.與未成年人同居之兄姊。3.不與未成年人同居之祖父母(民§1094Ⅰ)。前項監護人,應於知悉其為監護人後15日內,將姓名、住所報告法院,並應申請當地直轄市、縣(市)政府指派人員會同開具財產清冊(同條 Ⅱ)。未能依第1項之順序定其監護人時,法院得依未成年子女、四親等內之親屬、檢察官、主管機關或其他利害關係人之聲請,為未成年子女之最佳利益,就其三親等內旁系血親尊親屬、主管機關、社會福利機構或其他適當之人選定為監護人,並得指定監護之方法(同條 Ⅲ)。法院依前項選定監護人或依第1106條及第1106-1條另行選定或改定監護人時,應同時指定會同開具財產清冊之人(同條 Ⅳ)。未成年人無第1項之監護人,於法院依第3項為其選定確定前,由當地社會福利主管機關為其監護人(同條 Ⅴ)。

民法第1094條第1項第1款、第3款所稱之「祖父母」,不僅指父之父母而言,母之父母亦包含在內,蓋因民法認父系與母系之直系血親尊親屬有同一之地位(27上69、28上1179)。

(三)委託監護人

父母對於未成年之子女得因特定事項(如在外求學或就醫),於一定期限內,以書面委託他人行使監護之職務(§1092),是為委託監護人。

三、監護人之資格及人數

監護既為保護未成年人及受監護宣告之人而設,故監護人須具有能力,始能勝任。民法第1096條規定:有下列情形之一者,不得為監護人:

一、未成年。

二、受監護或輔助宣告尚未撤銷。

三、受破產宣告尚未復權。

四、失蹤。

外國立法例對於監護人尚有消極資格之限制,例如褫奪公權人、破產人不得為之(德民§§1781、1782、1784)。

四、監護人之職務

（一）保護教養

　　「除另有規定外，監護人於保護、增進受監護人利益之範圍內，行使、負擔父母對於未成年子女之權利義務。但由父母暫時委託者，以所委託之職務爲限」（民§1097 I）。監護人有數人，對於受監護人重大事項權利之行使意思不一致時，得聲請法院依受監護人之最佳利益，酌定由其中一監護人行使之（同條 II）。法院爲前項裁判前，應聽取受監護人、主管機關或社會福利機構之意見（同條 III）。

（二）法定代理人

　　監護人於監護權限內，爲受監護人之法定代理人（民§1098 I）。監護人之行爲與受監護人之利益相反或依法不得代理時，法院得因監護人、受監護人、主管機關、社會福利機構或其他利害關係人之聲請或依職權，爲受監護人選任特別代理人（同條 II）。關於身分行爲之同意及代理，原則上以法律有明文規定爲限（民§§974、981、1067）。

（三）管理財產

　　受監護人之財產，由監護人管理（§1103 I）。茲分述之：

1. 注意程度

　　監護人應以善良管理人之注意，執行監護職務（民§1100）。亦即監護人應負善良管理人之注意義務。監護人於執行監護職務時，因故意或過失，致生損害於受監護人者，應負賠償之責（民§1109 I）。

2. 管理費用

　　執行監護職務之必要費用，由受監護人之財產負擔（民§1103 I）。

3. 開具財產清冊

　　監護開始時，監護人對於受監護人之財產，應依規定會同遺囑指定、當地直轄市、縣（市）政府指派或法院指定之人，於2個月內開具財產清冊，並陳報法院（民§1099 I）。前項期間，法院得依監護人之聲請，於必要時延長之（同條 II）。又爲保護受監護人之財產權益，於第1099條之財產清冊開具完成並陳報法院前，監護人對於受監護人之財產，僅得爲管理上必要之行爲（民§1099-1）。民法上之監護係採社會公益之義務制，監護人對受監護人之財產

無使用、收益權，此與民法第1088條之規定不同；又依民法第1107條監護終止時辦理財產之清算與移交，為確保受監護人之財產，自有開具財產清冊之必要。

4. 財產之使用或處分

監護人對於受監護人之財產，非為受監護人之利益，不得使用、代為或同意處分（民§1101 I）。監護人為下列行為，非經法院許可，不生效力：

一、代理受監護人購置或處分不動產。

二、代理受監護人，就供其居住之建築物或其基地出租、供他人使用或終止租賃（同條 II）。

監護人不得以受監護人之財產為投資。但購買公債、國庫券、中央銀行儲蓄券、金融債券、可轉讓定期存單、金融機構承兌匯票或保證商業本票，不在此限（同條 III）。

5. 受讓財產之禁止

「監護人不得受讓受監護人之財產」（民§1102）。受讓不論有償或無償皆屬之。違反本條規定之受讓財產，可依民法第106條規定處理。

6. 財產狀況之報告

法院於必要時，得命監護人提出監護事務之報告、財產清冊或結算書，檢查監護事務或受監護人之財產狀況（民§1103 II）。

7. 財產之結算

監護人變更時，原監護人應即將受監護人之財產移交於新監護人（民§1107 I）。受監護之原因消滅時，原監護人應即將受監護人之財產交還於受監護人；如受監護人死亡時，交還於其繼承人（同條 II）。監護人死亡時，前條移交及結算，由其繼承人為之；其無繼承人或繼承人有無不明者，由新監護人逕行辦理結算，連同依第1099條規定開具之財產清冊陳報法院（民§1108）。

8. 損害之賠償

監護人於執行監護職務時，因故意或過失，致生損害於受監護人者，應負賠償之責（民§1109 I）。

前項賠償請求權，自監護關係消滅之日起，5年間不行使而消滅；如有新監護人者，其期間自新監護人就職之日起算（同條 II）。

五、監護人之報酬

監護人得請求報酬，其數額由法院按其勞力及受監護人之資力酌定之（民§1104）。

六、監護關係之終止

（一）終止之原因

1.監護人之另行選定

監護人有下列情形之一，且受監護人無第1094條第1項之監護人者，法院得依受監護人、第1094條第3項聲請權人之聲請或依職權，另行選定適當之監護人：

（1）死　亡

監護人死亡，監護關係當然終止。至於受監護人死亡或成年或已結婚，監護關係亦當然終止。

（2）經法院許可辭任

監護人有正當理由，經法院許可者，得辭任其職務（民§1095）。

（3）有第1096條各款情形之一者

2.監護人之改定

有事實足認為監護人不符受監護人之最佳利益，或有顯不適任之情事者，法院得依前條第1項聲請權人之聲請，改定適當之監護人，不受第1094條第1項規定之限制（民§1106-1 I）。法院於改定監護人確定前，得先行宣告停止原監護人之監護權，並由當地社會福利主管機關為其監護人（同條 II）。

（二）終止之效果

監護人變更時，原監護人應即將受監護人之財產移交於新監護人（民§1107 I）。

受監護之原因消滅時，原監護人應即將受監護人之財產交還於受監護人；如受監護人死亡時，交還於其繼承人（同條 II）。前2項情形，原監護人應於監護關係終止時起2個月內，為受監護人財產之結算，作成結算書，送交新監護人、受監護人或其繼承人（同條 III）。

新監護人、受監護人或其繼承人對於前項結算書未為承認前，原監護人

不得免其責任（同條 IV）。監護人死亡時，前條移交及結算，由其繼承人為之；其無繼承人或繼承人有無不明者，由新監護人逕行辦理結算，連同依第1099條規定開具之財產清冊陳報法院（民§1108）。監護人於執行監護職務時，因故意或過失，致生損害於受監護人者，應負賠償之責（民§1109 I）。

前項賠償請求權，自監護關係消滅之日起，五年間不行使而消滅；如有新監護人者，其期間自新監護人就職之日起算（同條 II）。

七、囑託登記

法院於選定監護人、許可監護人辭任及另行選定或改定監護人時，應依職權囑託該管戶政機關登記（民§1109-1）[2]。

八、未成年人適用成年人監護之規定

未成年人依第14條受監護之宣告者，適用本章第二節成年人監護之規定（民§1109-2）[3]。

第二節　成年人之監護及輔助

一、成年人之監護宣告

（一）監護人之設置

對於因精神障礙或其他心智缺陷，致不能為意思表示或受意思表示，或不能辨識其意思表示之效果者，法院得因本人、配偶、四親等內之親屬、最近一年有同居事實之其他親屬、檢察官、主管機關或社會福利機構之聲請，為監護之宣告（民§14 I）。民法第1110條規定：「受監護宣告之人應置監護人。」受監護宣告之人之監護，需護養療治其身體（民§1112），此與未成年人之監

---

2 依戶籍法第18條、第23條之規定，監護，應為監護之登記；戶籍登記事項有變更時，應為變更之登記。為使監護登記之資料完整，保護交易安全，爰增訂法院就有關監護事件，應依職權囑託該管戶政機關登記。

3 本條所稱「依第14條受監護之宣告」，係指與本修正條文同步修正之民法總則編部分條文修正草案第14條之監護宣告而言。按未成年人亦有可能受監護宣告，於受監護宣告時，即應適用本章第二節成年人監護之規定，爰增訂本條，以資明確。

護不同。

（二）監護人之選定

法院為監護之宣告時，應依職權就配偶、四親等內之親屬、最近一年有同居事實之其他親屬、主管機關、社會福利機構或其他適當之人選定一人或數人為監護人，並同時指定會同開具財產清冊之人（民§1111Ⅰ）。

法院為前項選定及指定前，得命主管機關或社會福利機構進行訪視，提出調查報告及建議。監護之聲請人或利害關係人亦得提出相關資料或證據，供法院斟酌（民同條Ⅱ）。

（三）法院為選定監護人時應注意之事項

法院選定監護人時，應依受監護宣告之人之最佳利益，優先考量受監護宣告之人之意見，審酌一切情狀，並注意下列事項：

一、受監護宣告之人之身心狀態與生活及財產狀況。

二、受監護宣告之人與其配偶、子女或其他共同生活之人間之情感狀況。

三、監護人之職業、經歷、意見及其與受監護宣告之人之利害關係。

四、法人為監護人時，其事業之種類與內容，法人及其代表人與受監護宣告之人之利害關係（民§1111-1）。

又監護人須為受監護人管理事務，允宜委由與受監護人無任何利益衝突者任之，故照護受監護宣告之人之法人或機構及其代表人、負責人，或與該法人或機構有僱傭、委任或其他類似關係之人，不得為該受監護宣告之人之監護人。但為該受監護宣告之人之配偶、四親等內之血親或二親等內之姻親者，不在此限（民§1111-2）[4]。

（四）監護人之職務

監護人於執行有關受監護人之生活、護養療治及財產管理之職務時，應尊

---

[4] 現行條文之規定固係為避免提供照顧者與擔任監護人同一人時之利益衝突。惟實務上容有可能受監護人之配偶、父母、兒女、手足、女婿、媳婦或岳父母為提供照顧機構之代表人、負責人，或與該法人或機構有僱傭、委任或其他類似關係之人，以利就近提供照顧之情況，現行條文一律排除適用，恐不符事實上之需要。爰增列「為該受監護宣告之人之配偶、四親等內之血親或二親等內之姻親」於但書予以排除。另尚若此類型監護人就特定監護事務之處理，有利益衝突之情事，得依民法第1113條之1準用第1098條第2項規定，選任特別代理人可資因應。

重受監護人之意思，並考量其身心狀態與生活狀況（民§1112）。

法院選定數人爲監護人時，得依職權指定其共同或分別執行職務之範圍（民§1112-1 I）。法院得因監護人、受監護人、第14條第1項聲請權人之聲請，撤銷或變更前項之指定（同條 II）。

（五）職權囑託登記

法院爲監護之宣告、撤銷監護之宣告、選定監護人、許可監護人辭任及另行選定或改定監護人時，應依職權囑託該管戶政機關登記（民§1112-2）。

（六）未成年人監護規定之準用

成年人之監護，除本節有規定者外，準用關於未成年人監護之規定（民§1113）。

二、輔助宣告

（一）輔助宣告之意義

對於因精神障礙或其他心智缺陷，致其爲意思表示或受意思表示，或辨識其意思表示效果之能力，顯有不足者，法院得因本人、配偶、四親等內之親屬、最近一年有同居事實之其他親屬、檢察官、主管機關或社會福利機構之聲請，爲輔助之宣告（民§15-1）。

（二）輔助宣告之原因

1. 因本人、配偶、四親等內之親屬、最近一年有同居事實之其他親屬、檢察官、主管機關或社會福利機構之聲請（民§15-1 I）。

2. 法院對於監護之聲請，認爲未達第1項之程度者，得依第15條之1第1規定，爲輔助之宣告（民§14 III）。

3. 受監護之原因消滅，而仍有輔助之必要者，法院得依第15條之1第1項規定，變更爲輔助之宣告（同條 IV）。

（三）輔助宣告之撤銷、變更

受輔助之原因消滅時，法院應依前項聲請權人之聲請，撤銷其宣告（民§15-1 II）。

受輔助宣告之人有受監護之必要者，法院得依第14條第1項規定，變更爲

監護之宣告（同條 III）。

（四）輔助宣告之效力

1. 受輔助宣告之人除經輔助人同意外，不得爲不動產或其他重要財產之處分行爲受輔助宣告之人爲下列行爲時，應經輔助人同意。但純獲法律上利益，或依其年齡及身分、日常生活所必需者，不在此限：

一、爲獨資、合夥營業或爲法人之負責人。

二、爲消費借貸、消費寄託、保證、贈與或信託。

三、爲訴訟行爲。

四、爲和解、調解、調處或簽訂仲裁契約。

五、爲不動產、船舶、航空器、汽車或其他重要財產之處分、設定負擔、買賣、租賃或借貸。

六、爲遺產分割、遺贈、拋棄繼承權或其他相關權利。

七、法院依前條聲請權人或輔助人之聲請，所指定之其他行爲（民§15-2 I）。

第78條至第83條規定，於未依前項規定得輔助人同意之情形，準用之（同條 II）。

第85條規定，於輔助人同意受輔助宣告之人爲第1項第1款行爲時，準用之（同條 III）。

第1項所列應經同意之行爲，無損害受輔助宣告之人利益之虞，而輔助人仍不爲同意時，受輔助宣告之人得逕行聲請法院許可後爲之（同條 IV）。

2. 應置輔助人

受輔助宣告之人，應置輔助人（民§1113-1 I）。

輔助人及有關輔助之職務，準用第1095條、第1096條、第1098條第2項、第1100條、第1102條、第1103條第2項、第1104條、第1106條、第1106條之1、第1109條、第1111條至第1111條之2、第1112條之1及第1112條之2之規定（同條 II）。

第三節　成年人之意定監護[5]

　　中華民國108年5月24日立法院第9屆第7會期第15次會議修正民法部分條文新增有關意定監護制度之規定。鑑於我國於107年3月已進入高齡社會（即65歲以上人口數占總人口數比率為14%以上），隨著高齡人口的增加，須有更完善的成年監護制度，現行成年人監護制度係於本人喪失意思能力始啟動之機制，法院於法定監護人之範圍中選任之法定監護人，無法充分符合受監護人意願，也未必符合受監護宣告人財產管理及人身護養療治之需求；而意定監護制度，是在本人之意思能力尚健全時，本人與受任人約定，於本人受監護宣告時，受任人允為擔任監護人，以替代法院依職權選定監護人，使本人於意思能力喪失後，可依其先前之意思自行決定未來的監護人，較符合人性尊嚴及本人利益。

一、明定意定監護契約之定義

　　稱意定監護者，謂本人與受任人約定，於本人受監護宣告時，受任人允為擔任監護人之契約。

　　前項受任人得為一人或數人；其為數人者，除約定為分別執行職務外，應共同執行職務。（民§1113-2）[6]

5　現行民法成年監護制度係於本人喪失意思能力時，經聲請權人聲請後，由法院為監護之宣告，並依職權就一定範圍內之人選定為監護人（第14條、第1111條規定參照），惟上開方式無法充分尊重本人之意思自主決定，爰參酌日本、英國、德國之立法例及我國國情，於親屬編第四章「監護」新增本節規範成年人之意定監護制度。

6　第1項明定「意定監護」係於本人（委任人）意思能力尚健全時，本人與受任人約定，於本人受監護宣告時，受任人允為擔任監護人之契約，以替代法院依職權選定監護人。
　依當事人意思自主原則，意定監護之本人得約定由一人或數人為受任人，惟受任人為數人時，該數人應如何執行職務恐生疑義。參酌第168條「代理人有數人者，其代理行為應共同為之。但法律另有規定或本人另有意思表示者，不在此限。」規定之立法意旨，應認受任人為數人者，原則上受任人應共同執行職務，亦即須經全體受任人同意，方得為之；但意定監護契約另有約定數人各就受監護人之生活、護養療治及財產管理等事項分別執行職務者，自應從其約定，爰將上開意旨明定於第2項，以資明確。
　現行成年監護制度，並未排除法人得擔任監護人，依修正條文第1113條之10準用第1111條之1第4款規定，法人亦得為意定監護之受任人。另關於第1113條之2監護人資格限制之規定，既未經明文排除準用，自仍在修正條文第1113條之10所定準

二、意定監護契約之訂立、變更採要式方式，須經由公證人作成公證書始為成立

意定監護契約之訂立或變更，應由公證人作成公證書始為成立。公證人作成公證書後七日內，以書面通知本人住所地之法院。

前項公證，應有本人及受任人在場，向公證人表明其合意，始得為之。

意定監護契約於本人受監護宣告時，發生效力。（民§1113-3）[7]

三、意定監護優先為原則

法院為監護之宣告時，受監護宣告之人已訂有意定監護契約者，應以意定監護契約所定之受任人為監護人，同時指定會同開具財產清冊之人。其意定監護契約已載明會同開具財產清冊之人者，法院應依契約所定者指定之，但意定監護契約未載明會同開具財產清冊之人或所載明之人顯不利本人利益者，法院得依職權指定之。

法院為前項監護之宣告時，有事實足認意定監護受任人不利於本人或有顯不適任之情事者，法院得依職權就第1111條第1項所列之人選定為監護人。

用範圍中，從而，意定監護受任人資格，仍受第1111條之2規定之限制，自不待言，附此敘明。

[7] 意定監護契約涉及本人喪失意思能力後之監護事務，影響本人權益至為重大，故於第1項明定契約之訂立、變更採要式方式，除當事人意思表示合致外，須經由公證人作成公證書始為成立，以加強對當事人之保障，並可避免日後爭議。另為避免法院不知意定監護契約存在，而於監護宣告事件誤行法定監護程序，故有使法院查詢意定監護契約存在與否之必要。又公證人屬法院之人員，民間公證人則由地方法院監督，法院應可就公證資料加以查詢，為期明確，爰明定由公證人作成公證書後七日內，以書面通知本人住所地之法院（依法院及行政機關之通例，通常均以戶籍登記住址推定為住所地），至於本人若住所無可考，或在我國無住所者，則得依第22條規定，將其居所視為其住所。又通知法院之目的，在使法院知悉意定監護契約之存在，此項通知及期間之規定，乃為訓示示規定，倘公證人漏未或遲誤七日期間始通知法院，並不影響意定監護契約有效成立，附此敘明。

公證人依第1項規定為公證時，應有本人及受任人在場，向公證人表明雙方訂立或變更意定監護契約之合意，俾公證人得以確認本人及受任人意思表示合致之任意性及真實性，爰為第2項規定。

意定監護契約依第1項規定成立後，須待本人發生受監護之需求時，始有由受任人履行監護職務之必要，乃明定意定監護契約於本人受監護宣告時，始發生效力，以資明確，爰為第3項規定。

（民§1113-4）[8]

四、意定監護契約之撤回或終止

法院為監護之宣告前，意定監護契約之本人或受任人得隨時撤回之。

意定監護契約之撤回，應以書面先向他方為之，並由公證人作成公證書後，始生撤回之效力。公證人作成公證書後七日內，以書面通知本人住所地之法院。契約經一部撤回者，視為全部撤回。

法院為監護之宣告後，本人有正當理由者，得聲請法院許可終止意定監護契約。受任人有正當理由者，得聲請法院許可辭任其職務。

法院依前項許可終止意定監護契約時，應依職權就第1111條第1項所列之人選定為監護人。（民§1113-5）[9]

五、監護宣告後監護人之另行選定或改定

法院為監護之宣告後，監護人共同執行職務時，監護人全體有第1106條第

8　照委員尤美女等3人所提修正動議再修正通過：
　　「第1113條之4法院為監護之宣告時，受監護宣告之人已訂有意定監護契約者，應以意定監護契約所定之受任人為監護人，同時指定會同開具財產清冊之人。
　　法院為前項監護之宣告時，有事實足認意定監護受任人不利於本人或有顯不適任之情事者，法院得依職權就第1111條第1項所列之人選定為監護人。」
　　修正動議第1項再修正為「法院為監護之宣告時，受監護宣告之人已訂有意定監護契約者，應以意定監護契約所定之受任人為監護人，同時指定會同開具財產清冊之人。其意定監護契約已載明會同開具財產清冊之人者，法院應依契約所定者指定之，但意定監護契約未載明會同開具財產清冊之人或所載明之人顯不利本人利益者，法院得依職權指定之。
9　照委員周春米等4人所提修正動議通過：
　　「第1113條之5法院為監護之宣告前，意定監護契約之本人或受任人得隨時撤回之。
　　意定監護契約之撤回，應以書面先向他方為之，並由公證人作成公證書後，始生撤回之效力。公證人作成公證書後7日內，以書面通知本人住所地之法院。契約經一部撤回者，視為全部撤回。
　　法院為監護之宣告後，本人有正當理由者，得聲請法院許可終止意定監護契約。受任人有正當理由者，得聲請法院許可辭任其職務。
　　法院依前項許可終止意定監護契約時，應依職權就第1111條第1項所列之人選定為監護人。」

1項或第1106條之1第1項之情形者，法院得依第14條第1項所定聲請權人之聲請或依職權，就第1111條第1項所列之人另行選定或改定為監護人。

　　法院為監護之宣告後，意定監護契約約定監護人數人分別執行職務時，執行同一職務之監護人全體有第1106條第1項或第1106條之1第1項之情形者，法院得依前項規定另行選定或改定全體監護人。但執行其他職務之監護人無不適任之情形者，法院應優先選定或改定其為監護人。

　　法院為監護之宣告後，前二項所定執行職務之監護人中之一人或數人有第1106條第1項之情形者，由其他監護人執職務。

　　法院為監護之宣告後，第1項及第2項所定執行職務之監護中之一人或數人有第1106條之1第1項之情形者，法院得依第14條第1項所定聲請權人之聲請或依職權解任之，由其他監護人執行職務。（民§1113-6）[10]

10　依修正條文第1113條之2第2項規定，意定監護契約之受任人為數人者，除約定為分別執行職務外，應共同執行職務。法院為監護之宣告後，監護人共同執行職務時，須監護人全體有第1106條第1項或第1106條之1第1項之情形者，法院始得依第14條第1項所定聲請權人之聲請或依職權，就第1111條第1項所列之人另行選定或改定為監護人。如監護人中僅一人或數人有第1106條第1項或第1106條之1第1項之情形時，因尚有其他監護人可執行職務，法院仍不得依聲請權人之聲請或依職權另行選定或改定為監護人，爰為第1項規定，俾將法院介入意定監護之情形適度予以限縮，以避免法院須動輒另行選定或改定監護人，使監護人更替頻繁，浪費司法資源，且不利監護事務之續行。又意定監護之受任人如有二人以上者，只須其中一人聲請即可，無須共同聲請，併為敘明。

倘意定監護契約之受任人為數人且另有約定受任人為分別執行職務時，則須執行同一職務之監護人全體均有第1106條第1項或第1106條之1第1項之情形，法院始得依第14條第1項所定聲請權人之聲請或依職權，就第1111條第1項所列之人另行選定或改定全體監護人。例如：意定監護契約約定由甲、乙二人執行有關受監護人之護養療治事項，另由丙執行有關受監護人之財產管理事項，倘甲有顯不適任情事，因受監護人之護養療治事項仍得由乙繼續執行監護職務，故尚無須由法院介入；倘甲、乙二人均有顯不適任情事，或丙有顯不適任情事，此時護養療治事項或財產管理事項將無監護人得以執行職務，始須由法院介入另行選定或改定全體監護人。爰為第2項本文規定。惟於上開情形，倘執行其他職務之監護人無不適任之情形者，亦即無第1106條第1項或第1106條之1第1項之情形，鑑於彼等已執行監護職務相當時日，與受監護人已建立信賴感及熟悉度，此時法院應優先選定其為監護人。例如前開甲、乙二人均有顯不適任情事，但丙並無顯不適任，則法院另行選定監護人時，應優先選定丙為執行有關財產管理事項之監護人；反之，如丙有顯不適任情事，而甲、乙二人並無顯不適任，法院應優先選定甲、乙二人為執

六、意定監護人之報酬

意定監護契約已約定報酬或約定不給付報酬者，從其約定；未約定者，監護人請求法院按其勞力及受監護人之資力酌定之。（民§1113-7）[11]

七、其他有關意定監護事項，準用成年人監護之規定。

意定監護，除本節有規定者外，準用關於成年人監護之規定。（民§1113-10）[12]

行有關養護療治事項之監護人，俾利監護事務之續行，並可落實尊重當事人意思自主，爰為第2項但書規定。

法院為監護之宣告後，第1項及第2項所定執行職務之監護人中之一人或數人有第1106條第1項之情形者，由於該等事由（死亡、經法院許可辭任、有第1096條各款情形之一）較為明確，監護人間對該情形之存否應無爭議，此際尚無聲請法院確認之必要，爰於第3項明定由其他監護人執行職務。此時，該執行職務之其他監護人得向戶政機關申請監護人之變更登記，俾便監護事務之遂行，併此敘明。

承前，倘法院為監護之宣告後，第1項及第2項所定執行職務之監護人中之一人或數人有第1106條之1之情形者，由於該等事由（有事實足認監護人不符受監護人之最佳利益，或有顯不適任之情事）係屬不確定法律概念，監護人間對此之認定容有爭議，此際宜由法院介入處理，爰於第4項明定法院得依第14條第1項所定聲請權人之聲請或依職權解任之，由其他監護人執行職務。又法院解任監護人後，依修正條文第1113條之10準用第1112條之2規定，由法院依職權囑託戶政機關為監護人之變更登記，併此敘明。

11 意定監護受任人之報酬支付，當事人如已約定報酬之數額，或約定毋庸給付報酬者，均屬當事人明示約定，自應依其約定，無再請求法院酌定之必要；當事人若未約定，參考第1104條規定，由意定監護受任人請求法院按其勞力及受監護人之資力酌定之，爰為本條規定。

12 意定監護雖具有委任契約之性質，惟其非處理單純事務之委任，其本質上仍屬監護制度之一環。是以，本節未規定者，應以與法定監護有關之條文予以補充，例如：第1112條（監護人於執行監護職務時，應尊重受監護人之意思，並考量其身心狀態與生活狀況）、第1112條之2（監護登記）、第1113條（準用關於未成年人監護之規定）等，爰明定本節未規定者，準用關於成年人監護之規定，以資明確，俾利適用。

為確保監護事務之有效遂行，監護事務之費用應由本人負擔為原則，故意定監護費用之負擔應準用法定監護之規定。又為遂行監護事務所生之必要費用，無論意定監護契約為有償或無償皆應由本人之財產支出。意定監護人關於監護事務，應以善良管理人之注意處理監護事務（第1113條準用第1103條第1項及第1100條之規定），附此說明。

第五章 扶 養

一、扶養之意義

　　扶養，乃特定人對不能維持生活而無謀生能力之特定人予以經濟上之扶助養育之謂。其扶養他人者爲扶養義務人，受扶養者爲扶養權利人。

二、發生扶養之要件

（一）須有一定親屬、家屬或配偶關係

　　民法第1114條規定，下列親屬互負扶養之義務：
　　一　直系血親相互間。
　　二　夫妻之一方，與他方之父母同居者，其相互間。
　　三　兄弟姊妹相互間。
　　四　家長家屬相互間。
　　民法1116-1條規定：「夫妻互負扶養之義務，其負扶養義務之順序與直系血親卑親屬同，其受扶養權利之順序與直系血親尊親屬同。」另父母對於未成年子女之扶養義務，不因結婚經撤銷或離婚而受影響（§1116-2）。

（二）受扶養權利者不能維持生活且無謀生能力

　　受扶養權利者，以不能維持生活而無謀生能力者爲限。不過此項無謀生能力之限制，於直系血親尊親屬不適用之（§1117）。

（三）扶養義務者須有扶養能力

　　負扶養義務者須有扶養能力，若因負擔扶養義務，而不能維持自己生活者，免除其義務；但受扶養權利者爲直系血親尊親屬或配偶時，減輕其義務（§1118）。

（四）扶養義務之減輕或免除

　　受扶養權利者有下列情形之一，由負扶養義務者負擔扶養義務顯失公平，負扶養義務者得請求法院減輕其扶養義務：
　　一、對負扶養義務者、其配偶或直系血親故意爲虐待、重大侮辱或其他身

體、精神上之不法侵害行為。

　　二、對負扶養義務者無正當理由未盡扶養義務。

　　受扶養權利者對負扶養義務者有前項各款行為之一，且情節重大者，法院得免除其扶養義務。

　　前二項規定，受扶養權利者為負扶養義務者之未成年直系血親卑親屬者，不適用之（民§1118-1）[1]。

三、扶養之順序

（一）負扶養義務者之順序

　　負扶養義務者有數人時，應依下列順序，定其履行義務之人：（§1115 I）

　　1. 直系血親卑親屬。

　　2. 直系血親尊親屬。

　　3. 家長。

　　4. 兄弟姊妹。

　　5. 家屬。

---

[1]　按民法扶養義務乃發生於有扶養必要及有扶養能力之一定親屬之間，父母對子女之扶養請求權與未成年子女對父母之扶養請求權各自獨立（最高法院92年度第5次民事庭會議決議意旨參照），父母請求子女扶養，非以其曾扶養子女為前提。然在以個人主義、自己責任為原則之近代民法中，微諸社會實例，受扶養權利者對於負扶養義務者本人、配偶或直系血親曾故意為虐待、重大侮辱或其他家庭暴力防治法第2條第1款所定身體、精神上之不法侵害行為，或對於負扶養義務者無正當理由未盡扶養義務之情形，例如實務上對於負扶養義務者施加毆打，或無正當理由惡意不予扶養者，即以身體或精神上之痛苦加諸於負扶養義務者而言均屬適例（最高法院74年臺上字第1870號判例意旨參照），此際仍由渠等負完全扶養義務，有違事理之衡平，爰增列第1項，此種情形宜賦予法院衡酌扶養本質，兼顧受扶養權利者及負扶養義務者之權益，依個案彈性調整減輕扶養義務。
又受扶養權利者對負扶養義務者有第1項各款行為之一，且情節重大者，例如故意致扶養義務者於死而未遂或重傷、強制性交或猥褻、妨害幼童發育等，法律仍令其負扶養義務，顯強人所難，爰增列第2項，明定法院得完全免除其扶養義務。
又父母對於未成年子女，有保護及教養之權利義務，爰仿德國民法第1611條第2項規定，增列第3項，明定第1項及第2項規定不適用於受扶養權利者為負扶養義務者之未成年直系血親卑親屬，以保護未成年子女之利益。

6. 子婦、女婿。

7. 夫妻之父母。

同係直系尊親屬，或直系卑親屬者，以親等近者爲先（§1115 Ⅱ）。又負扶養義務者有數人，而其親等同一時，應各依其經濟能力，分擔義務（同條Ⅲ）。

（二）受扶養權利者之順序

受扶養權利者有數人，而負扶養義務者之經濟能力，不足扶養其全體時，依下列順序，定其受扶養之人：（§1116 Ⅰ）

1. 直系血親尊親屬。

2. 直系血親卑親屬。

3. 家屬。

4. 兄弟姊妹。

5. 家長。

6. 夫妻之父母。

7. 子婦、女婿。

同係直系尊親屬，或直系卑親屬者，以親等近者爲先（§1116 Ⅱ）。又受扶養權利者有數人，而其親等同一時，應按其需要之狀況，酌爲扶養（同條Ⅲ）。

四、扶養之程度及方法

扶養之程度，應按受扶養權利者之需要，與負扶養義務者之經濟能力及身分定之（§1119）。至扶養之方法，由當事人協議定之（如供給生活費，或食住於扶養義務者之家）。不能協議時，由親屬會議定之。但扶養費之給付，當事人不能協議時，由法院定之。（§1120）。扶養之程度及方法，當事人得因情事之變更，請求變更之（§1121）。

第六章 家

一、家之意義

「稱家者,謂以永久共同生活為目的而同居之親屬團體」(§1122)。兄弟數人業已分家,雖仍同門居住,亦不得謂之一家(院848)。

二、家之組織

家置家長。同家之人,除家長外,均為家屬。家屬不以親屬為限,雖非親屬,而以永久共同生活為目的同居一家者,視為家屬(§1123)。

家長之產生,依民法第1124條規定:「家長由親屬團體中推定之。無推定時,以家中之最尊輩者為之。尊輩同者以年長者為之。最尊或最長者不能或不願管理家務時,由其指定家屬一人代理之。」

三、家之管理

家務由家長管理;但家長得以家務之一部,委託家屬處理(§1125)。家長管理家務,應注意於家屬全體之利益(§1126)。

四、家之分離

民法第1127條規定:「家屬已成年或雖未成年而已結婚者,得請求由家分離。」獨立另成一家。又家長對於已成年或雖未成年而已結婚之家屬,得令其由家分離,但以有正當理由時為限(§1128)。

第七章　親屬會議

　　民法親屬篇「親屬會議」之規定，係基於「法不入家門」之傳統思維，爲農業社會「宗族制」、「父系社會」解決共同生活紛爭的途徑。但因時代及家族觀念之變遷，親屬共居已式微，親屬成員不足、召開不易、決議困難，所在多有。

　　近年「法入家門」已取代傳統的「法不入家門」思維，加強法院的監督及介入已成趨勢。民法繼承篇關於遺產管理、遺囑提示、開示、執行，與親屬會議亦有許多關聯，但同有親屬成員不足、召開不易等困難。茲摘要說明親屬會議目前於實務運用上造成之問題如下：被繼承人或立遺囑人如無民法第1131條親屬會議成員，或親屬會議成員不足法定人數5人，或親屬會議成員難以通知，無法出席，出席不足法定人數3人，致親屬會議不能召開、召開有困難或不爲、不能決議時，實務見解常以民法第1132條第1項爲由，駁回聲請（請參臺北地院101年度家聲字第99號、100年度家聲字第940號）。但如不能直接適用第1211條第2項聲請法院指定遺囑執行人，（即須先適用民法第1132條第1項，不能直接適用民法第1132條第2項或第1211條第2項），只能聲請法院先指定親屬會議成員，再來召集親屬會議，不但無法預知親屬會議是否可以召開或決議，且容易形成讓與被繼承人或立遺囑人親等較遠或較無生活關聯的人來決定，不但讓親屬會議決定之原立法意義盡失，也讓法院有推案的藉口，對人民是無謂的延宕。

　　關於民法監護及繼承的部分，親屬會議在確實功能不彰情形下，立法院分別於民國103年1月10日通過修正民法第1132條、第1212條；民國104年1月14日通過修正民法第1111-2條、第1183條、第1211-1條。

一、親屬會議之意義

　　親屬會議乃由一定之親屬所組織而成，依法律之規定，行使其職權，非常設之組織。

二、親屬會議之組織

親屬會議以會員5人組織之（§1130）。監護人、未成年人及受監護宣告之人，不得為親屬會議會員（§1133）。

會員之產生方法，茲分述如下：

（一）法律規定

親屬會議會員應就未成年人、受監護宣告之人或被繼承人之下列親屬與順序定之（§1131 I）：

一　直系血親尊親屬。

二　三親等內旁系血親尊親屬。

三　四親等內之同輩血親。

前項同一順序之人，以親等近者為先，親等同者，以同居親屬為先，無同居親屬者，以年長者為先（同條 II）。依前2項順序所定之親屬會議會員，不能出席時，由次順序之親屬充任之（同條 III）。

（二）法院指定

依法應經親屬會議處理之事項，而有下列情形之一者，得由有召集權人或利害關係人聲請法院處理之：

一、無前條規定之親屬或親屬不足法定人數。

二、親屬會議不能或難以召開。

三、親屬會議經召開而不為或不能決議（§1132）[1]。

---

[1] 1.民法親屬篇「親屬會議」之規定，係基於「法不入家門」之傳統思維，為農業社會「宗族制」、「父系社會」解決共同生活紛爭的途徑。但因時代及家族觀念之變遷，親屬共居已式微，親屬成員不足、召開不易、決議困難，所在多有。又近年「法入家門」已取代傳統的「法不入家門」思維，加強法院的監督及介入已成趨勢。民法繼承篇關於遺產管理、遺囑提示、開示、執行，與親屬會議亦有許多關連，但同有親屬成員不足、召開不易等困難。

2.民法第1132條造成民法第1211條適用疑義：

被繼承人或立遺囑人如無民法第1131條親屬會議成員，或親屬會議成員不足法定人數5人，或親屬會議成員難以通知，無法出席，出席不足法定人數3人，致親屬會議不能召開、召開有困難或不為、不能決議時，實務見解常以民法第1132條第1項為由，駁回聲請（請參臺北地院101年度家聲字第99號、100年度家聲字第940號）。但如不能直接適用第1211條第2項聲請法院指定遺囑執行人，（即須先適

而依法應爲親屬會議會員之人，非有正當理由，不得辭其職務（§1134）。

三、親屬會議之職權

親屬會議之職權，頗爲廣泛，散見於民法有關之各條。例如第1120條、第1149條等之規定。

四、親屬會議之開會

（一）召　集

民法第1129條規定：「依本法之規定應開親屬會議時，由當事人、法定代理人、或其他利害關係人召集之。」

（二）開會及決議

親屬會議，非有三人以上之出席，不得開會，非有出席會員過半數之同意，不得爲決議（§1135）。而親屬會議會員，於所議事件有個人利害關係者，不得加入決議（§1136）。

（三）決議不服

民法第1129條所定有召集權之人，對於親屬會議之決議，有不服者，得於三個月內向法院聲訴（§1137），以謀救濟。

用民法第1132條第1項，不能直接適用民法第1132條第2項或第1211條第2項），只能聲請法院先指定親屬會議成員，再來召集親屬會議，不但無法預知親屬會議是否可以召開或決議，且容易形成讓與被繼承人或立遺囑人親等較遠或較無生活關連的人來決定，不但讓親屬會議決定之原立法意義盡失，也讓法院有推案的藉口，對人民是無謂的延宕。

歷屆高普特考試題

12. 試述聯合財產制與共同財產制關於夫妻財產所有權之歸屬，有何不同？

13. 試述結婚之形式要件。

14. 夫妻在何種情形下，應採分別財產制？分別財產如何管理？試分別說明之。

15. 夫妻離婚時，請求贍養費與請求損害賠償在要件上有何不同？

16. 甲男與乙女為夫妻。乙女有一表姐之女兒丙，年滿21歲，長得秀麗可愛。甲男常藉機親近丙女，引起乙女不滿。甲男與乙女為此爭不休，終告依法協議離婚。試問甲男與乙女離婚後，可否與丙女結婚？

17. 民法關於婚約能力（訂婚最低年齡）及結婚能力（適婚年齡）之規定各為如何？違反各該規定時，究可發生何種效力？試分別說明之。

18. 民法第1030-1條關於夫妻聯合財產關係消滅時，剩餘財產分配請求權之規定，對於民法親屬編修正前取得之財產，是否亦有適用，試說明之。

19. 甲男與乙女未約定夫妻財產制而結婚。結婚時乙女之父丙，以台灣水泥公司之股票一萬股作為其嫁妝。試問乙女於婚姻存續中就其股票之嫁妝有無處分權？

20. 甲男乙女訂婚時，甲贈與乙鑽戒一只。其後，甲與丙女發生姦情，被乙發現，乙乃解除婚約。二年後，甲請求乙返還其贈與之鑽戒，乙亦不甘示弱，向甲請求損害賠償，並以鑽戒做為損害賠償為由，拒絕返還。試問：甲乙之請求是否可行？

21. 甲、乙夫妻，甲夫有酗酒惡習，常酒後在外滋事，又不務正業，乙妻則沈迷於賭博，經常夜不返家，雙方婚姻有難以繼續維持之重大事由，甲即依民法第1052條第2項規定起訴請求判決離婚，乙亦提起離婚反訴，經法院調查結果，認為甲夫就該難以維持婚姻事由之有責程度，較乙妻為重，則甲、乙可否主張該條項規定請求離婚？又如法院認雙方有責程度相同者，則有無不同？

22. 甲男乙女為夫妻，某日甲乙吵架，甲竟將乙打成遍體鱗傷。三年後，甲乙兩願離婚。離婚後乙立即向甲請求賠償因傷所生之損害。試問乙之請求有無理由？甲可否拒絕賠償？

23. 甲男與乙女結婚後雙方並未約定夫妻財產制契約，婚後1年生下兩個小孩，乙女決定辭職在家帶小孩，結婚15年後，甲男與乙女決定離婚，離婚時，甲男的財產在婚後增加了400萬元，負債100萬元，乙女則在婚後繼承父親留下的遺產600萬元。請問：甲乙離婚時，彼此之間有關夫妻財產的關係如何處理？

第三章　父母子女

1. 試述終止收養之效力。
2. 試述親權之內容。
3. 試述收養之實質要件。
4. 試述收養之形式要件。
5. A女擬與B結婚，因A無兄弟，其父母希望A女不冠B姓，並希望所生子女從A姓，是否可行？應如何處理？
6. 受胎期間在婚姻關係中所生之子女與婚姻關係前所生之子女在法律上有何差異？
7. 甲男與乙女爲夫妻，結婚多年未能生育。丙男爲甲男之表兄，其與丁女結婚生下雙胞始A、B二子。嗣甲男失蹤毫無音信，乙女欲爲甲男傳後，故與B之父母丙男、丁女訂立收養3歲B子之書面契約，向法院提出認可收養之聲請。試問法院得否認可乙女收養B子？
8. 依民法規定，法院於何種情形下，應不予以認可收養？
9. 甲男與乙女結婚半年後因個性不合，遂決定協議離婚，雙方訂立離婚協議書，並經二人簽名證明，惟未申請辦理離婚登記。甲不久又與丙女同居，並生下一女丁，甲即置之不理。問甲、乙之婚姻效力如何？如甲不願認領丁時，丁在法律上得爲如何之主張？
10. 甲爲乙之父，丙爲乙未成年之子，乙男喪偶後，與丁女結婚，甲乙丙丁共同生活，感情和樂。試問：（一）甲收養丁，丁收養丙，其收養之效力如何？（二）乙於丁收養丙後，對丙行使親權有無理由？
11. 甲未婚生一子A，因無力扶養，乃代理A與乙訂立收養契約，經法院認可後，乙又以A之法定代理人之身分，代理A與丙、丁夫妻訂立收養契約。試問：法院應否認可丙、丁之收養？

第四章　監　護

第一節　未成年人之監護

1. 未成年人監護人之職務與禁治產人監護人之職務有何不同？
2. 未成年人監護人之產生方法有幾？

3. 何謂委託監護？受委託監護之人是否為未成年人之法定代理人？

第二節　受監護宣告人之監護

1. 試述扶養之要件。
2. 試說明扶養義務人之範圍。
3. 試說明扶養義務人之順序。

第六章　家

1. 何謂家？何謂家屬？二者之關係如何？

第七章　親屬會議

1. 試述親屬會議會員之產生方法。
2. 法院得否代親屬會議處理其應處理之事項？

第五編

繼承

第一章　遺產繼承人

一、繼承之意義及種類

繼承乃被繼承人死亡，法律上由其繼承人，當然的概括承受其一切權利義務之一種法律事實（§1147）。遺產繼承應依遺產及贈與稅法繳納遺產稅。

繼承可分為，單獨繼承與共同繼承，前者乃一繼承人繼承全部遺產；後者乃由數繼承人共同繼承全部遺產，繼承後尚有遺產分割之問題。

二、繼承人之順序

民法第1138條規定，遺產繼承人，除配偶外，依下列順序定之：
一　直系血親卑親屬。
二　父母。
三　兄弟姊妹。
四　祖父母。

上列順序，如有前一順序之人，則後一順序不得繼承。而所謂第一順序之繼承人（直系血親卑親屬），以親等近者先（§1139）。例如有子時，則孫不得繼承，無子有孫時，則曾孫不得繼承。但上述第一順序之繼承人，有於繼承開始前死亡或喪失繼承權者，則由其直系血親卑親屬代位繼承其應繼分，是即「代位繼承」（§1140）。

其次配偶，有相互繼承遺產之權，惟其應繼分則視與上列何順序之人同為繼承而有不同（§1144），若無上列各順序之繼承人，則配偶得單獨繼承。

三、應繼分

（一）意　義

繼承人對遺產上之一切權利義務，所得繼承之比例，可分下列兩種：

1.法定應繼分

即法律所定各共同繼承人得繼承遺產之比例。關於應繼分之規定，係屬強行法規，不得由各繼承人以合意變更之。

2. 指定應繼分

即被繼承人於不違反關於特留分之規定，以遺囑指定之繼承人應繼分也（§§ 1165、1187）。繼承人變更應繼分，雖為法所不許，然法定應繼分，乃法律推測被繼承人之意思而為之規定，被繼承人以遺囑指定其繼承人之應繼分，乃生前處分其遺產之性質，為尊重被繼承人之意思，自應認為有效，並優先於法定應繼分而適用。如其指定應繼分侵害他繼承人之特留分，他繼承人得行使扣減權（§ 1225）。

（二）配偶之應繼分（§ 1144）

1. 與直系血親卑親屬關係同為繼承時，其應繼分與他繼承人平均。

2. 與父母或兄弟姊妹同為繼承時，其應繼分為二分之一。

3. 與祖父母同為繼承時，其應繼分為三分之二。

4. 無第 1138 條所定第一順序至第四順序之繼承人時，配偶繼承遺產之全部。

（三）同順序繼承人之應繼分

按人數平均繼承（§ 1141）。

（四）特留分

指不得由被繼承人以遺囑自由處分，而應保留予繼承人之特定部分。特留分之比例為：

1. 直系血親卑親屬、父母、配偶之特留分為其應繼分之二分之一（§ 1223①～③）。

2. 兄弟姊妹、祖父母之特留分為其應繼分之三分之一（§ 1223④、⑤）。

（五）扣　減

乃被侵害特留分之繼承人，得主張就遺贈財產中扣減之權利（§ 1225）。

（六）歸　扣

乃繼承人中有在繼承開始前，因結婚、分居或營業，已從被繼承人受有財產之贈與，除被繼承人於贈與時有反對意思表示，應將該贈與價額加入繼承開始時被繼承人所有之財產中，由該繼承人之應繼分中扣除（§ 1173）。

四、繼承權

（一）繼承權之意義

繼承權乃得為他人繼承人而繼承其遺產之權利。繼承權尚分兩種：

1. 將為繼承人之權利，即繼承開始前之地位，屬於期待權之性質，民法第1140條、第1145條所稱之「繼承權」是。

2. 已為繼承人之權利，即繼承開始後之權利，如民法第1146條、第1174條所稱之「繼承權」是也。

（二）繼承權之取得

繼承權其取得之要件為：

1. 須被繼承人業已死亡（包括真實死亡及死亡宣告）。

2. 須被繼承人與繼承人有一定之身分關係。

3. 須繼承人於繼承開始時（即被繼承人死亡時）生存。故繼承開始時尚未出生或已死亡者，原則上無繼承權；但胎兒受民法第7條規定之保護，以將來非死產者為限有繼承權。又繼承人於繼承開始前已死亡，若該人係民法第1138條所定第一順序之繼承人時，則依民法第1140條規定，由其直系血親卑親屬代位繼承。其次若被繼承人與繼承人同時死亡，或被推定為同時死亡（§11）者，則不得繼承。

（三）繼承權之喪失

繼承權之喪失乃有繼承權之人，因法定事由，而當然喪失其繼承人之地位之謂。法定事由，依民法第1145條第1項之規定如下：

一　故意致被繼承人或應繼承人於死或雖未致死因而受刑之宣告者。

二　以詐欺或脅迫使被繼承人為關於繼承之遺囑，或使其撤回或變更之者。

三　以詐欺或脅迫妨害被繼承人為關於繼承之遺囑，或妨害其撤回或變更之者。

四　偽造、變造、隱匿或湮滅被繼承人關於繼承之遺囑者。

五　對於被繼承人有重大之虐待或侮辱情事，經被繼承人表示其不得繼承者。

有以上情形之一，則繼承權喪失。惟上述二～四之情形，如經被繼承人宥恕者，其繼承權不喪失（§1145 II）。

（四）繼承權之回復

繼承權之回復者乃繼承權被侵害者，被害人（真正繼承人）或其法定代理人得請求回復之權利（§1146 I）。繼承權是否被侵害，應以繼承人繼承原因發生後，有無被他人否認其繼承資格並排除其對繼承財產之占有、管理或處分爲斷（釋437）。惟此項回復請求權，自知悉被侵害之時起，2年間不行使而消滅。自繼承開始時起逾10年者，亦同（§1146 II）。

案例1

甲生有二女，並收養乙爲養子，某日，甲因病去世，留下遺產1,500萬元，問乙可否繼承其養父的遺產？

收養關係雖然是擬制的法定血親，但養子女與養父母的親子關係，與婚生子女相同（§1077），均係一親等之直系血親關係。故養子女與養父母間的權利義務，與婚生子女並沒有不同，同樣有依法繼承遺產的權利，且養子女的應繼分與婚生子女相同，得與婚生子女平均繼承。

案例2

甲乙結婚年餘生活美滿，但甲不幸因車禍死亡，甲之妹妹丙已出嫁，不管娘家的事，乙遂與婆婆相依爲命，後來其婆婆也相繼去世，留下一筆遺產，丙要回娘家繼承該遺產，請問乙可否繼承其婆婆的遺產？

民法第1138條第1款規定，直系血親卑親屬（子女），爲第一順序之繼承人，且不分男女均得共同繼承遺產，其應繼分亦係相同，均可平均繼承，縱使是已出嫁女兒，也有同等的繼承權，並不因出嫁而喪失其繼承權，故丙雖然已出嫁，但仍然可以繼承其母遺產。但被繼承人生前繼續扶養之人應由親屬會議，依其所受扶養的程度及其他關係，酌給遺產（§1149）。因此對婆婆的遺產，得以「與婆婆相依爲命」爲由，請求酌給遺產，丙雖得繼承全部之遺產，惟也應酌給乙部分遺產，以供生活之用。

案例3

> 甲有配偶乙，親生子A，親生女B，乙為使其獨子A獲得較多之遺產，與A共謀以詐術使甲排除B之繼承地位，B有無權利可主張？

B可主張繼承回復請求權對甲之繼承權，其繼承回復請求權之時效為自知悉被侵害時起2年或自繼承開始時起10年之長期時效，但仍應於知悉2年內行使之。

案例4

> AB為夫妻，育有甲男和乙女，AB夫婦又收養丙男，而A又與外在女友C生下丁男。請問誰有權利繼承及其繼承的順位？

一般自然人死亡其遺產之法定繼承人及其繼承的順位，依民法第1138條之規定分析如下：

一、被繼承人之配偶

被繼承人之配偶為當然繼承人，而這裡所謂的配偶，乃是以婚姻關係有效且繼續存在為前提的配偶。

二、被繼承人之血親親屬

（一）第一順位之繼承人：被繼承人之直系血親卑親屬。
（二）第二順位之繼承人：被繼承人之父母。
（三）第三順位之繼承人：被繼承人之兄弟姊妹。
（四）第四順位之繼承人：被繼承人之祖父母（包括內外祖父母）。

所以在此實例中，甲男與乙女有一定的繼承權利，而丙男是屬收養子女，但其與養父母關係，除法律另有規定外，與婚生子女同，皆有繼承權；但丁男是屬非婚生子女，其與生父認領以前，不產生父子關係，故無繼承權。

第二章　遺產之繼承

第一節　效　力

一、遺產繼承之意義

自然人死亡後，其所遺之財產，謂之遺產。遺產在繼承人方面言，則謂之「繼承財產」，我民法第1144條所稱之「繼承財產」即是。

二、遺產繼承之效力

（一）遺產繼承之開始

民法第1147條規定：「繼承，因被繼承人死亡而開始。」即被繼承人死亡之同時，繼承即開始。

（二）遺產繼承之標的

民法第1148條規定：「繼承人自繼承開始時，除本法另有規定外，承受被繼承人財產上之一切權利義務。但權利義務專屬於被繼承人本身者，不在此限。

繼承人對於被繼承人之債務，以因繼承所得遺產爲限，負清償責任。」[1]

---

* 以下註解爲98年6月「民法繼承編部分條文修正草案」修正通過之內容；98年12月修正公布第1198、1210條。

[1] 現行民法繼承編係以概括繼承爲原則，並另設限定繼承及拋棄繼承制度。97年1月2日修正公布之第1153條第2項復增訂法定限定責任之規定，惟僅適用於繼承人爲無行爲能力人或限制行爲能力人之情形，故繼承人如爲完全行爲能力人，若不清楚被繼承人生前之債權債務情形，或不欲繼承時，必須於知悉得繼承之時起3個月內向法院辦理限定繼承或拋棄繼承，否則將概括承受被繼承人之財產上一切權利、義務。鑑於社會上時有繼承人因不知法律而未於法定期間內辦理限定繼承或拋棄繼承，以致背負繼承債務，影響其生計，爲解決此種不合理之現象，爰增訂第2項規定，明定繼承人原則上依第1項規定承受被繼承人財產上之一切權利、義務，惟對於被繼承人之債務，僅須以因繼承所得遺產爲限，負清償責任，以避免繼承人因概括承受被繼承人之生前債務而枉桎終生。

現行條文第2項有關繼承人對於繼承開始後，始發生代負履行責任之保證契約債務

所謂專屬於被繼承人本身者，例如民法第195條第2項規定回復名譽適當處分之請求權，不得繼承是。

（三）繼承遺產之擬制

「繼承人在繼承開始前二年內，從被繼承人受有財產之贈與者，該財產視為其所得遺產。前項財產如已移轉或滅失，其價額，依贈與時之價值計算」（§1148-1）[2]。

（四）遺產之酌給及費用之支付

扶養義務亦為專屬義務，自不得繼承，因而負扶養義務人一旦死亡，則受扶養權利人即喪失其權利，致生活可能陷於絕境，故民法第1149條規定：「被繼承人生前繼續扶養之人，應由親屬會議，依其受扶養之程度及其他關係酌給遺產。」以示救濟。又關於遺產管理、分割及執行遺囑之費用，由遺產中支付之；但因繼承人之過失而支付者，不在此限（§1150），即不得由遺產中支付，而應由該有過失者，自行負擔。

僅負有限責任之規定，已為本次修正條文第2項繼承人均僅負有限責任之規定所涵括，爰予刪除。

繼承人依本條規定仍為概括繼承，故繼承債務仍然存在且為繼承之標的，僅係繼承人對於繼承債務僅以所得遺產為限負清償責任，故繼承人如仍以其固有財產清償繼承債務時，該債權人於其債權範圍內受清償，並非無法律上之原因，故無不當得利可言，繼承人自不得再向債權人請求返還。併予敘明。

2 本次修正之第1148條第2項已明定繼承人對於被繼承人之債務，僅以所得遺產為限，負清償責任。為避免被繼承人於生前將遺產贈與繼承人，以減少繼承開始時之繼承人所得遺產，致影響被繼承人債權人之權益，宜明定該等財產視同所得遺產。惟若被繼承人生前所有贈與繼承人之財產均視為所得遺產，恐亦與民眾情感相違，且對繼承人亦有失公允。故為兼顧繼承人與債權人之權益，爰參考現行遺產及贈與稅法第15條規定，明定繼承人於繼承開始前2年內，從被繼承人受有財產之贈與者，該財產始視為其所得遺產，爰增訂第1項規定。依第1項視為所得遺產之財產，如已移轉或滅失，則如何計算遺產價額，宜予明定，爰參考第1173條第3項規定，增訂第2項，明定依贈與時之價值計算。

本條視為所得遺產之規定，係為避免被繼承人於生前將遺產贈與繼承人，以減少繼承開始時之繼承人所得遺產，致影響被繼承人之債權人權益而設，並不影響繼承人間應繼財產之計算。因此，本條第1項財產除屬於第1173條所定特種贈與應予歸扣外，並不計入第1173條應繼遺產，併予敘明。

三、共同繼承

　　共同繼承乃數繼承人共同繼承一人之遺產之謂。此種繼承，繼承人為多數，因而：

（一）遺產之公同共有

　　繼承人有數人時，在分割遺產前，各繼承人對於遺產全部為公同共有（§1151）。公同共有之遺產，原則上應由公同共有人全體管理（§828參照），但民法第1152條規定：「前條公同共有之遺產，得由繼承人中互推一人管理之。」

（二）被繼承人債務之連帶責任

1. 對外關係

　　民法第1153條第1項規定：「繼承人對於被繼承人之債務，以因繼承所得遺產為限，負連帶責任。」[3]即被繼承人之債權人，得向任何一繼承人，以因繼承所得遺產為限，請求全部之給付（§273參照）。

2. 對內關係

　　繼承人相互間對於被繼承人之債務，除法律另有規定或另有約定外，按其應繼分比例負擔之（同條Ⅱ）。

四、繼承人對於被繼承人之法律關係

　　繼承人對於被繼承人之權利、義務，不因繼承而消滅（§1154）[4]。亦即不適用民法第344條混同之規定。

---

[3]　第1148條第2項已明定繼承人對於被繼承人之債務，僅因繼承所得遺產，負清償責任，則本條第1項繼承人對外連帶責任之範圍，即應配合修正限於因繼承所得遺產之限度內，爰修正第1項規定。
　　又本次修正之第1148條第2項已明定繼承人對於繼承債務僅負限定責任，且適用於所有繼承人，故現行第2項已無規定之必要，爰予刪除。

[4]　第1148條第2項所定繼承人對於繼承債務僅負限定責任之規定，適用於所有繼承人，且不待繼承人主張，現行第1項及第2項已無規定之必要，爰予刪除。

五、應繼遺產之清算程序

(一) 開具遺產清冊

1. 由繼承人開具

繼承人於知悉其得繼承之時起三個月內開具遺產清冊陳報法院。

前項3個月期間，法院因繼承人之聲請，認為必要時，得延展之。

繼承人有數人時，其中一人已依第1項開具遺產清冊陳報法院者，其他繼承人視為已陳報（§1156）[5]。

2. 由債權人聲請

債權人得向法院聲請命繼承人於三個月內提出遺產清冊（§1156-1 I）。

3. 法院依職權命繼承人提出

法院於知悉債權人以訴訟程序或非訟程序向繼承人請求清償繼承債務時，得依職權命繼承人於3個月內提出遺產清冊。前條第2項及第3項規定，於第1項及第2項情形，準用之（§1156-1 II、III）[6]。

---

[5] 本次修正後，繼承人對於被繼承人之債務，雖僅須以所得遺產負清償責任，惟為釐清被繼承人之債權債務關係，宜使繼承人於享有限定責任權利之同時，負有清算義務，免失事理之平，爰維持繼承人應開具遺產清冊陳報法院，並進行第1157條以下程序之規定。如此，一方面可避免被繼承人生前法律關係因其死亡而陷入不明及不安定之狀態；另一方面繼承人亦可透過一次程序之進行，釐清確定所繼承之法律關係，以免繼承人因未進行清算程序，反致各債權人逐一分別求償，不勝其擾，爰維持現行條文第1項及第2項規定並酌作修正。

又繼承人有數人時，如其中一人已依第1項陳報，其他繼承人原則上自無須再為陳報，爰增訂第3項。

繼承人如未於本條第1項所定期間開具遺產清冊陳報法院，並不當然喪失限定繼承之利益。嗣法院依第1156條之1規定，因債權人聲請或依職權命繼承人陳報時，繼承人仍應有開具遺產清冊陳報法院之機會。惟如繼承人仍不遵命開具遺產清冊，繼承人即必須依第1162條之1規定清償債務，若繼承人復未依第1162條之1規定清償時，則須依第1162條之2規定，負清償及損害賠償責任。

[6] 鑑於本次修正施行後，繼承人可能因不知繼承債權人之存在而認為無依前條第1項所定期間開具遺產清冊陳報法院之必要，故制度上宜使債權人有權向法院聲請命繼承人開具遺產清冊，一方面可使原不知債權存在之繼承人知悉，另一方面亦可使債權人及繼承人尚有藉由陳報法院進行清算程序之機會。又為使繼承法律關係儘速確定，宜參考前條第1項規定，明定法院命繼承人於3個月內開具遺產清冊，爰增訂第1項規定。

為求儘量透過清算遺產程序，一次解決紛爭並利於當事人主張權利，制度上除使

（二）報明債權之公示催告及其期限

　　繼承人依前2條規定陳報法院時，法院應依公示催告程序公告，命被繼承人之債權人於一定期限內，報明其債權。前項一定期限，不得在3個月以下（§1157）。

六、債務之清償

（一）清償債務之限制

　　繼承人在第1157條所定之一定期限內，不得對於被繼承人之任何債權人償還債務（§1158）。

（二）公示催告期滿債務清償之順位

1.依期報明債權之償還

　　（1）已屆清償期之債權

　　在第1157條所定之一定期限屆滿後，繼承人對於在該一定期限內報明之債權，及繼承人所已知之債權，均應按其數額，比例計算，以遺產分別償還，但不得害及有優先權人之利益（§1159 I）。

　　（2）未屆清償期之債權

　　繼承人對於繼承開始時未屆清償期之債權，亦應依第1項規定予以清償。

債權人得依第1項規定向法院請求命繼承人提出遺產清冊外，應讓法院得於知悉債權人以訴訟程序或非訟程序向繼承人請求清償債務時，依職權命繼承人提出遺產清冊並為清算，俾利續行裁判程序，爰增訂第2項規定。

法院命繼承人提出遺產清冊之3個月期間，宜參考前條第2項規定，明定法院因繼承人之聲請，認為必要時得延展之，以保障繼承人之權益。又法院如已命繼承人其中一人開具遺產清冊，其他繼承人亦已無再為陳報之必要，爰增訂第3項規定，明定前條第2項及第3項規定，於第1項及第2項情形，準用之。又本次修正既明定繼承人中一人陳報，其他繼承人視為已陳報，則遺產清冊如有須補正之事項，法院自得命繼承人中之一人或數人補正，自不待言。

繼承人如未依第1156條或本條規定開具遺產清冊陳報法院並進行清算程序，即必須依第1162條之1規定清償債務，如復違反第1162條之1清償債務之規定，其效果依第1162條之2規定，對於被繼承人之債權人應受清償而未受償之部分，仍應負清償責任，且不以所得遺產為限。如尚有致被繼承人之債權人受有損害者，亦應負賠償之責，附予敘明。

前項未屆清償期之債權，於繼承開始時，視為已到期。其無利息者，其債權額應扣除自第1157條所定之一定期限屆滿時起至到期時止之法定利息（§1159Ⅱ、Ⅲ）⁷。

2. 未依期報明債權之償還

被繼承人之債權人，不於第1157條所定之一定期限內報明其債權，而又為繼承人所不知者，僅得就賸餘遺產，行使其權利（§1162）。

（三）違反清算程序時繼承人之清償債權責任

1. 已屆清償期之債權

繼承人未依第1156條、第1156條之1開具遺產清冊陳報法院者，對於被繼承人債權人之全部債權，仍應按其數額，比例計算，以遺產分別償還。但不得害及有優先權人之利益。

前項繼承人，非依前項規定償還債務後，不得對受遺贈人交付遺贈（§1162-1Ⅰ、Ⅱ）。

2. 未屆清償期之債權

繼承人對於繼承開始時未屆清償期之債權，亦應依第1項規定予以清償。前項未屆清償期之債權，於繼承開始時，視為已到期。其無利息者，其債權額應扣除自清償時起至到期時止之法定利息（§1162-1Ⅲ、Ⅳ）⁸。

7　被繼承人債權人之債權如於被繼承人死亡時（即繼承開始時）尚未屆清償期，是否依第1項規定清償，未有明文。惟如未規範繼承人於繼承開始時為期前清償，則遺產清算程序勢將遲延，對於繼承債權人、受遺贈人及繼承人均造成不便，故參考日本民法第930條第1項規定及破產法第100條規定，明定繼承人對於未屆清償期之債權亦應依第1項規定清償，且該等債權於繼承開始時即視為已到期，以利清算，爰增訂第2項及第3項前段規定。

又未屆清償期之債權附有利息者，應合計其原本及至清償時止之利息，以為債權額，尚無疑義；惟未附利息者，則不應使繼承人喪失期限利益，故其債權額應扣除自第1157條所定之一定期限屆滿時起至到期時止之法定利息，始為公允，並利於繼承人於第1157條所定一定期限屆滿後，依第1項規定進行清算，爰參考破產法第101條規定，增訂第3項後段規定。

至於附條件之債權或存續期間不確定之債權，其權利是否生效或其存續期間處於不確定之狀態，情況各別，宜就個案情形予以認定，不宜概予規範，以免掛一漏萬，併此敘明。

8　本次修法已於第1148條第2項明定繼承人對於被繼承人之債務僅以所得遺產為限負清償責任，另於第1156條及第1156條之1設有三種進入法院清算程序之方式，如繼

3. 繼承人違反第1162條之1之法律效果

繼承人違反第1162條之1規定者，被繼承人之債權人得就應受清償而未受償之部分，對該繼承人行使權利。

繼承人對於前項債權人應受清償而未受償部分之清償責任，不以所得遺產為限。但繼承人為無行為能力人或限制行為能力人，不在此限。

繼承人違反第1162條之1規定，致被繼承人之債權人受有損害者，亦應負賠償之責。

前項受有損害之人，對於不當受領之債權人或受遺贈人，得請求返還其不當受領之數額。

繼承人對於不當受領之債權人或受遺贈人，不得請求返還其不當受領之數額（§1162-2）[9]。

承人仍不願意或認為無須依上開規定開具遺產清冊陳報法院並進行清算程序者，對於被繼承人之債權人自為清償時，除有優先權之情形外，則應自行按各債權人之債權數額，比例計算，以遺產分別償還，以求債權人間權益之衡平，爰參考第1159條規定，增訂第1項。

至於債務清償及交付遺贈之順序，亦宜明定，爰參考第1160條規定，增訂第2項。

本條係由繼承人自行清算之規定，然對於未屆清償期之債權應如何清算，則與繼承人依第1159條第1項規定為清算時，同有爭議。故本條亦參考日本民法第930條第1項規定及破產法第100條規定，明定繼承人對於未屆清償期之債權亦應依第1項規定清償，且該等債權於繼承開始時即視為已到期，以利清算，爰增訂第3項及第4項前段規定。

又未屆清償期之債權附有利息者，應合計其原本及至清償時止之利息，以為債權額，尚無疑義；惟未附利息者，則不應使繼承人喪失期限利益，然因本條係由繼承人自行清算，並無第1157條法院命債權人報明債權之期間，與第1159條所定情形不同，故其債權額應扣除自清償時起至到期時止之法定利息，始為公允，爰參考破產法第101條規定，增訂第4項後段規定。

[9] 本次修法已於第1148條第2項明定繼承人對於被繼承人之債務僅以所得遺產為限負清償責任，另於第1156條及第1156條之1設有三種進入清算程序之方式，以期儘速確定繼承債權債務關係之義務。惟如繼承人不依第1156條或第1156條之1規定向法院陳報進行清算程序，則其自為債務之清償，即必須依第1162之1規定為之，以維債權人之權益。如繼承人不依上開規定向法院陳報並進行清算程序，又違反第1162條之1規定，致債權人原得受清償部分未能受償額（例如：未應按比例受償之差額或有優先權人未能受償之部分），即應就該未能受償之部分負清償之責，始為公允，故明定債權人得向繼承人就該未受償部分行使權利，爰增訂第1項規定。

第1項債權人未能受清償之部分乃係因繼承人之行為所致，繼承人自應對於該債權

（四）遺贈之交付

繼承人非依第1159條規定償還債務後，不得對受遺贈人交付遺贈（§1160）。即債務應較遺贈為優先受償是。

七、繼承人之賠償責任及受害人之返還請求權

繼承人違反第1158條至第1160條之規定，致被繼承人之債權人受有損害者，應負賠償之責。前項受有損害之人，對於不當受領之債權人或受遺贈人，得請求返還其不當受領之數額。繼承人對於不當受領之債權人或受遺贈人，不得請求返還其不當受領之數額（§1161）。

八、限定繼承利益之喪失

限定繼承制度原為繼承人之利益而設，倘繼承人藉此而不法圖詐害債權人，則法律上自剝奪其限定繼承之利益，故民法第1163條規定：「繼承人中有

人未能受償部分負清償之責，已如前述。至於繼承人之債權人未按比例或應受償未受償部分之清償責任，即不應以所得遺產為限，以期繼承人與債權人間權益之衡平，爰增訂第2項規定。又此時繼承人僅係就應受償而未能受償部分負清償之責且不以所得遺產為限，該繼承人對於其他非屬本條第1項及第2項之繼承債務，仍僅以所得遺產為限負清償之責，併予敘明。

繼承人如為無行為能力人或限制行為能力人，依本次修正前第1153條第2項規定，原無須辦理任何程序，對於被繼承人之債務，即僅以所得遺產為限負清償責任。本次修正因已明定所有繼承人對繼承債務負限定責任，故配合刪除第1153條第2項，惟原保護無行為能力或限制行為能力人之立法原則並未改變，故於第2項但書規定，如繼承人為無行為能力人或限制行為能力人，有致債權人未能依比例受償之情形，仍僅以所得遺產為限負清償責任。

繼承人因違反第1162條之1規定，致被繼承人之債權人受有損害者，自應負賠償之責，爰參考第1161條規定，增訂第3項。

又繼承人違反第1162條之1規定，致被繼承人之債權人受有損害，該等債權人固得依第3項規定向繼承人請求損害賠償，惟繼承人若資力不足或全無資力時，對受損害之債權人即無實際上之效果，故參考第1161條第2項規定，增訂第4項，明定第3項之債權人對於不當受領之債權人或受遺贈人，得請求返還其不當受領之數額。

繼承人未依第1162條之1規定為清償，致債權人有受領逾比例數額之情形時，該債權人於其債權範圍內受領，並非無法律上之原因，自無不當得利可言，故增訂第4項，明定繼承人對於不當受領之債權人或受遺贈人，不得請求返還其逾比例受領之數額，以期明確。

下列各款情事之一者，不得主張第1148條第2項所定之利益：

　　一、隱匿遺產情節重大。

　　二、在遺產清冊為虛偽之記載情節重大。

　　三、意圖詐害被繼承人之債權人之權利而為遺產之處分。」[10]

第二節　遺產之分割

一、遺產分割之意義

　　遺產之分割乃共同繼承人將公同共有之遺產分割，而為各繼承人單獨所有之謂。故遺產分割係於共同繼承上見之，若原為單獨繼承，則不發生遺產分割之問題。

二、遺產分割之自由及限制

　　繼承人得隨時請求分割遺產；但法律另有規定或契約另有訂定者，不在此限（§1164），可見遺產分割原則有其自由，但法律另有規定或契約另有訂定限制隨時請求分割者，則受其限制。所謂法律另有規定，如民法第1165條第2

---

[10] 本次修法已於第1148條第2項明定繼承人對於被繼承人之債務僅以所得遺產為限負清償責任，繼承人卻有隱匿遺產情節重大、在遺產清冊為虛偽之記載情節重大或意圖詐害被繼承人之債權人之權利而為遺產之處分等情事之一，自應維持現行條文，明定該繼承人不得主張限定責任利益，爰參考法國民法第792條及德國民法第2005條之規定，修正第1項規定，明定繼承人如有上述情事之一者，對於被繼承人之債務應概括承受，不得主張第1148條第2項所定有限責任之利益，以遏止繼承人此等惡性行為，並兼顧被繼承人債權人之權益。

配合第1156條之修正，刪除現行條文第4款規定。至於繼承人如未於第1156條所定期間開具遺產清冊陳報法院，並不當然喪失限定繼承之利益。嗣法院依第1156條之1規定，因債權人聲請或依職權命繼承人陳報時，繼承人仍應有開具遺產清冊陳報法院之機會。惟如繼承人仍不遵命開具遺產清冊，繼承人即必須依第1162條之1規定清償債務，若繼承人復未依第1162條之1規定清償時，則須依第1162條之2規定，負清償及損害賠償責任。繼承人中如有一人有本條各款情事之一之行為，自應由該繼承人負責，其他繼承人之限定責任不因而受影響。又繼承人如為無行為能力人或限制行為能力人而由其法定代理人開具遺產清冊，如其法定代理人在遺產清冊為虛偽記載之情事，致債權人受有損害，而該無行為能力或限制行為能力人之繼承人不知情，該繼承人自不適用本條規定，而應由該法定代理人負損害賠償責任，其理至明。

項規定：「遺囑禁止遺產之分割者，其禁止之效力以十年爲限。」於是在10年之內，即不得隨時請求分割是。又民法第1166條第1項規定：「胎兒爲繼承人時，非保留其應繼分，他繼承人不得分割遺產。」遺產及贈與稅法第8條第1項前段規定：「遺產稅未繳清前，不得分割遺產。」亦均屬於一種限制。又當事人訂有不許分割之期限者，在該期限內亦不得請求分割，但此項期限不得逾5年，逾5年者，縮短爲5年（參照§830 II準用§823 II）。

三、遺產分割之方法

被繼承人之遺囑，定有分割遺產之方法或託他人代定者，從其所定（§1165）。若無此項訂定時，則應依民法共有物分割之方法爲之（參照§830 II準用§824）。

四、遺產分割之效力

遺產之分割，於各繼承人相互間及對於第三人之關係，則依一般共有物分割所採之移轉主義，而不依認定主義，其情形如下：

（一）各繼承人間之效力

遺產經分割者，各繼承人就其分得部分單獨取得其所有權，或其他權利（如債權）。胎兒關於遺產之分割，以其母爲代理人（§1166），於遺產分割後，各繼承人按其所得部分，對於他繼承人因分割而得之遺產，負與出賣人同一之擔保責任（§1168），此即瑕疵擔保責任是也。又遺產分割後，各繼承人按其所得部分，對於他繼承人因分割而得之債權，就遺產分割時債務人之支付能力，負擔保之責。前項債權，附有停止條件或未屆清償者，各繼承人就應清償時債務人之支付能力負擔保之責（§1169）。

依上述兩條規定負擔保責任之繼承人中，有無支付能力不能償還其分擔額者，其不能償還之部分，由有請求權之繼承人與他繼承人，按其所得之部分，比例分擔之；但其不能償還，係由有請求權人之過失所致者，不得對於他繼承人請求分擔（§1170）。

（二）對於第三人之效力

各繼承人對於被繼承人之債務，以因繼承所得遺產爲限，負連帶責任

（§1153 I）。此項連帶責任，自遺產分割時起，如債權清償期在遺產分割後者，自清償期屆滿時起，經過5年而免除（§1171 II）。若遺產分割後，其未清償之被繼承人之債務，移歸一定之人承受，或劃歸各繼承人分擔，如經債權人同意者，各繼承人免除連帶責任（§1171 I）。

五、遺產分割之計算

繼承人中如對於被繼承人負有債務者（在遺產方面言則為債權，屬於遺產之一部），於遺產分割時，應按其債務數額，由該繼承人之應繼分內扣還（§1172）。又繼承人中有在繼承開始前，因結婚、分居或營業，已從繼承人受有財產之贈與者，應將該贈與價額加入繼承開始時被繼承人所有之財產中，為應繼遺產；但被繼承人於贈與時有反對之意思表示者，不在此限。前項贈與價額應於遺產分割時，由該繼承人之應繼分中扣除。贈與價額依贈與時之價值計算之（§1173）。此種扣除，學說上稱歸扣權，僅於分割遺產，列入計算而已，並非將原贈與之財產，予以返還也。

第三節　繼承之拋棄

一、繼承拋棄之意義

繼承之拋棄乃有繼承權人拋棄其繼承權而不繼承之謂。蓋繼承既須繼承被繼承人之一切權利義務，則所繼承之財產，多於債務，固為有益繼承；若所繼承之財產，少於債務時，即成為有害繼承。此種情形，倘不許繼承人拋棄繼承權時，則不免因繼承而負債矣。故法律上乃設有繼承拋棄之規定，以資救濟。

二、繼承拋棄之方法

民法第1174條[11]規定：「繼承人得拋棄其繼承權。前項拋棄，應於知悉其

---

11 修正立法理由：1.依第1148條規定繼承人自繼承開始時，除本法另有規定外，概括承受被繼承人財產上之一切權利義務，但另設限定繼承及拋棄繼承制度，使繼承人有選擇權，故繼承人依本條規定主張拋棄繼承，即為第1148條所定「除本法另有規定」之情形。然因現行規定繼承人為拋棄繼承者之期間過短，致未能於上開期間內完成限定繼承呈報，概括承受被繼承人財產上之一切權利義務，對其失之過苛；另因現行規定主張限定繼承及拋棄繼承之法定期間不同，為利人民適用，

得繼承之時起三個月內，以書面向法院爲之。拋棄繼承後，應以書面通知因其拋棄而應爲繼承之人。但不能通知者，不在此限。」

三、繼承拋棄之效力

繼承之拋棄，溯及於繼承開始時，發生效力（§1175）。拋棄後，該繼承人之應繼分，應依下列之規定

（一）第1138條所定第一順序之繼承人中有拋棄繼承權者，其應繼分歸屬於其他同爲繼承之人。

（二）第二順序至第四順序之繼承人中，有拋棄繼承權者，其應繼分歸屬於其他同一順序之繼承人。

（三）與配偶同爲繼承之同一順序繼承人均拋棄繼承權，而無後順序之繼承人時，其應繼分歸屬於配偶。

（四）配偶拋棄繼承權者，其應繼分歸屬於與其同爲繼承之人。

（五）第一順序之繼承人，其親等近者均拋棄繼承權時，由次親等之直系血親卑親屬繼承。

（六）先順序繼承人均拋棄其繼承權時，由次順序之繼承人繼承。其次順序繼承人有無不明或第四順序之繼承人均拋棄其繼承權者，準用關於無人承認繼承之規定。

（七）因他人拋棄繼承而應爲繼承之人，爲拋棄繼承時，應於知悉其得繼承之日起3個月內爲之（§1176）[12]。又民法第1176-1條規定：「拋棄繼承權

爰修正爲一致，明定繼承人得自知悉其得繼承之時起3個月內拋棄繼承。又所謂「知悉其得繼承之時起」，係指知悉被繼承人死亡且自己已依第1138條規定成爲繼承人之時，始開始起算主張限定繼承之期間，蓋繼承人如爲第1138條第一順序次親等或第二順序以下之繼承人，未必確知自己已成爲繼承人，故應自其知悉得繼承之時起算，以保障繼承人之權利；又如繼承人因久未連繫，不知被繼承人婚姻及家庭狀況（如有無子女），縱日後知悉被繼承人死亡，惟不知悉自己是否成爲繼承人者，仍非屬本條所定知悉之情形，故當事人是否知悉，宜由法院於其體個案情形予以認定。2.現行條文第2項後段規定，於實務運作上易使誤認通知義務爲拋棄繼承之生效要件，即以書面向法院爲之並以書面通知因其拋棄而應爲繼承之人，始生拋棄繼承之效力，致生爭議。爲明確計，並利繼承關係早日確定，此通知義務係爲訓示規定，爰改列爲第3項規定，並酌作修正。

[12] 修正立法理由：本次修正業將主張限定繼承及拋棄繼承之法定期間修正爲一致，

者，就其所管理之遺產，於其他繼承人或遺產管理人開始管理前，應與處理自己事務爲同一之注意，繼續管理之」。

第四節　無人承認之繼承

一、無人承認繼承之意義

　　無人承認之繼承乃繼承開始時，繼承人有無不明之狀態。所謂有無不明指有無繼承人尙不確定而言。若確有繼承人，僅其所在不明，或無繼承人之情事，業已確定者，均非此之所謂無人承認之繼承。不過前一順序之繼承人均已拋棄繼承權，而後一順序之繼承人有無不明或第四順序之繼承人均拋棄其繼承權者，準用無人承認繼承之規定處理，已見前節所述矣。

二、遺產之管理

　　民法第1177條規定：「繼承開始時，繼承人之有無不明者，由親屬會議於一個月內選定遺產管理人，並將繼承開始及選定管理人之事由，向法院報明」。

　　遺產管理人之職務，依民法第1179條第1項之規定爲：「

一　編製遺產清冊。

二　爲保存遺產必要之處置。

三　聲請法院依公示催告程序，限定一年以上之期間，公告被繼承人之債權人及受遺贈人，命其於該期間內報明債權，及爲願受遺贈與否之聲明。被繼承人之債權人及受遺贈人爲管理人所已知者，應分別通知之。

四　清償債權或交付遺贈物。

五　有繼承人承認繼承或遺產歸國庫時，爲遺產之移交。」

爰配合修正第7項所定期間。又所謂「知悉其得繼承之時起」，係指知悉被繼承人死亡且自己已依第1138條規定成爲繼承人之時。本項繼承人爲第1138條所定第一順序次親等或第二順序以下繼承人，對於被繼承人是否死亡或雖知悉被繼承人死亡，可能因未受通知或未有資訊得知先順位繼承人拋棄繼承而自己已成爲繼承人等情事，故此時非屬知悉之情形，自不得起算主張限定或拋棄繼承之期間。因此，當事人是否知悉，宜由法院於具體個案情形予以認定。

　　前項第1款所定之遺產清冊，管理人應於就職後3個月內編製之。第4款所定債權之清償，應先於遺贈物之交付。爲清償債務或交付遺贈物之必要，管理人經親屬會議之同意，得變賣遺產（§1179 II）。而遺產管理人，因親屬會議，被繼承人之債權人或受遺贈之請求，應報告或說明遺產之狀況（§1180）。其次遺產管理人得請求報酬，其數額由法院按其與被繼承人之關係、管理事務之繁簡及其他情形，就遺產酌定之，必要時，得命聲請人先爲墊付（§1183）[13]。

　　應注意者，遺產管理人非於第1179條第1項第3款所定期間屆滿後，不得對被繼承人之任何債權人或受遺贈人償還債務，或交付遺贈物（§1181）。又被繼承人之債權人或受遺贈人，不於第1179條第1項第3款所定期間內爲報明或聲明者，僅得就賸餘遺產，行使其權利（§1182）。

三、繼承人之搜尋

　　親屬會議依前條規定爲報明後，法院應依公示催告程序，定6個月以上之期限，公告繼承人，命其於期限內承認繼承。無親屬會議或親屬會議未於前條所定期限內選定遺產管理人者，利害關係人或檢察官，得聲請法院選任遺產管理人，並由法院依前項規定爲公示催告（§1178）。繼承開始時繼承人之有無不明者，在遺產管理人選定前，法院得因利害關係人或檢察官之聲請，爲保存遺產之必要處置（§1178-1）。

四、遺產之歸屬

　　法院搜尋繼承人之公示催告期限內，有繼承人承認繼承時，遺產管理人在

13　（1）爲因應現代社會親屬會議功能不彰之情事，乃刪除親屬會議規定，並參酌家事事件法第141條準用第153條規定，由法院酌定遺產管理人之報酬。

　　（2）如有繼承人承認繼承時，應爲遺產之移交，原遺產管理人之報酬，由繼承人與原遺產管理人協議，無法達成協議時。則由原遺產管理人向法院請求，乃當然之理。

　　（3）又遺產管理人之報酬，具有共益性質，依實務見解亦認屬民法第1150條所稱之遺產管理之費用（最高法院101年度台上字第234號及99年度台上字第408號判決參照），自得於遺產中支付。又法院爲使遺產管理執行順利，必要時，得命聲請人先行墊付報酬。

繼承人承認繼承前所為之職務上行為視為繼承人之代理（§1184）。

　　若前述期限屆滿，無繼承人承認繼承時，其遺產於清償債權，並交付遺贈物後，如有贜餘，歸屬國庫（§1185）。

第三章 遺　囑

第一節　通　則

一、遺囑之意義

遺囑乃自然人於生存中，以處置其死亡之後遺產或其他事務爲目的，所爲之要式的單獨行爲。民法第1187條規定：「遺囑人於不違反關於特留分規定之範圍內，得以遺囑自由處分遺產」。

二、遺囑能力

民法第1186條第1項規定：「無行爲能力人，不得爲遺囑。」至於限制行爲能力人，無須經法定代理人之允許，得爲遺囑，但未滿十六歲者，不得爲遺囑（§1186 II）。可見遺囑能力與一般行爲能力，稍有不同。

案例

何等人生前不得訂立遺囑處分遺產？

立遺囑人須具有遺囑能力，下列之人爲具有遺囑能力不得訂立遺囑：
一、未滿7歲之未成年人。
二、受監護宣告之人。
受監護宣告之人是否有遺囑能力，完全以訂立遺囑時爲準，立遺囑人立遺囑時爲受監護宣告之人，縱然其後受監護宣告被撤銷，但該遺囑依然無效。反之，立遺囑人立遺囑時未受監護宣告，但立遺囑後受監護宣告，其遺囑亦生效力。
三、未滿16歲之限制行爲能力人。

第二節　方　式

遺囑係要式的單獨行爲，前已言之。其方式依民法第1189條之規定有五：

一、自書遺囑

自書遺囑，應由遺囑人自書遺囑全文，記明年、月、日，並親自簽名。如有增減、塗改，應註明增減、塗改之處所及字數，另行簽名（§1190）。

二、公證遺囑

公證遺囑，應指定2人以上之見證人，在公證人前口述遺囑意旨，由公證人筆記、宣讀、講解，經遺囑人認可後，記明年、月、日，由公證人、見證人及遺囑人同行簽名。遺囑人不能簽名者，由公證人將其事由記明，使按指印代之。前項所定公證人之職務，在無公證人之地，得由法院書記官行之。僑民在中華民國領事駐在地為遺囑時，得由領事行之（§1191）。

三、密封遺囑

密封遺囑，應於遺囑上簽名後，將其密封，於封縫處簽名，指定2人以上之見證人，向公證人提出，並陳述其為自己之遺囑，如非本人自寫並陳述繕寫人之姓名、住所，由公證人於封面記明該遺囑提出之年、月、日及遺囑人所為之陳述，與遺囑人及見證人同行簽名（§1192 I）。上述公證人之職務，在無公證人之地，準用前述公證遺囑之情形而處理之（同條 II）。

又密封遺囑，不具備前條所定之方式，而具備第1190條所定自書遺囑之方式者，有自書遺囑之效力（§1193）。

四、代筆遺囑

代筆遺囑，由遺囑人指定3人以上之見證人，由遺囑人口述遺囑意旨，使見證人中之一人筆記、宣讀、講解，經遺囑人認可後，記明年、月、日及代筆人之姓名，由見證人全體及遺囑人同行簽名。遺囑人不能簽名者，應按指印代之（§1194）。

五、口授遺囑

遺囑人因生命危急或其他特殊情形，不能依其方式為遺囑者，得依下列方式之一為口授遺囑：

（一）由遺囑人指定2人以上之見證人，並口授遺囑意旨，由見證人中之

一人，將該遺囑意旨，據實作成筆記，並記明年、月、日，與其他見證人同行簽名。

（二）由遺囑人指定2人以上之見證人，並口述遺囑意旨、遺囑人姓名及年、月、日，由見證人全體分別口述遺囑之爲真正及見證人姓名，全部予以錄音，將錄音帶當場密封，並記明年、月、日，由見證人全體在封縫處同行簽名（§1195）。惟口授遺囑係臨時之措施，故其後遺囑人若未死亡，自其能依其他方式爲遺囑時起，經過3個月而失其效力（§1196）。如已死亡，則應由見證人中之一人或利害關係人，於其死亡後3個月內，提經親屬會議認定其爲真僞。對於親屬會議之認定，如有異議，得聲請法院判定之（§1197）。

以上各種方式之遺囑，除口授遺囑須於特定情形採用外，其他四種遺囑，得由當事人選用之。惟除自書遺囑外，其他所有遺囑均有見證人2人或3人不等。見證人原則上任何人皆得充之，但下列之人，不得爲遺囑見證人：

一　未成年人。

二　受監護或輔助宣告之人。

三　繼承人及其配偶或其直系血親。

四　受遺贈人及其配偶或其直系血親。

五　爲公證人或代行公證職務之同居人助理人或受僱人（§1198）。

第三節　效　力

一、效力之發生時期

遺囑，自遺囑人死亡時發生效力（§1199）。故遺囑係生前所爲而死後生效之行爲。

二、遺　贈

（一）遺贈之意義

遺贈乃遺囑人於遺囑中，表示對於他人無償給與財產利益之謂。「遺贈」與「贈與」雖均爲無償行爲，但二者仍不相同，蓋贈與爲契約，遺贈爲單獨行爲；贈與爲不要式行爲，遺贈則爲要式行爲（須於遺囑中表示之），贈與爲生前行爲，遺贈爲死後行爲。

（二）遺贈之種類

遺贈分爲下列各種：

1. 單純遺贈與附款遺贈

單純遺贈即未加附款之遺贈。附款遺贈即附有條件、期限、負擔等附款之遺贈。此外有「終身定期金遺贈」，準用關於終身定期金之規定（§735）。又民法第1204條所定之遺贈，亦屬以終身爲期之遺贈。

2. 包括遺贈與特定遺贈

概括的以遺產之全部或一部爲標的之遺贈，因係包括權利與義務，謂之包括遺贈；若個別的以特定財產爲標的之遺贈，謂之特定遺贈。

（三）遺贈之效力

遺贈既書於遺囑之中，則遺囑生效時，遺贈亦隨之生效，是爲原則。但遺囑所定之遺贈，附有停止條件者，自條件成就時，發生效力（§1200）。遺贈一經發生效力，受遺贈人即取得請求交付遺贈之權利。至於遺贈附有義務者（附負擔遺贈），受遺贈人以其所受利益爲限，負履行之責（§1205）。

（四）遺贈之標的物

遺囑人以特定物或權利，爲遺贈之標的物時，遺囑如無特別表示者，則應以遺贈發生效力時爲準，決定標的物之範圍。惟遺囑人因遺贈物滅失、毀損、變造或喪失物之占有，而對於他人取得權利時（例如取得損害賠償請求權、占有物之返還請求權），推定以其權利爲遺贈。因遺贈物與他物附合或混合而對於所附合或混合之物，取得權利時亦同（§1203）。此外以遺產之使用、收益爲遺贈，而遺囑未定返還期限，並不能依遺贈之性質，定其期限者，以受遺贈人之終身爲其期限（§1204）。此種遺贈與終身定期金遺贈相類似，惟其標的不同耳。

（五）遺贈之無效及失權

1. 無　效

受遺贈人於遺囑發生效力前死亡者，其遺贈不生效力（§1201）。又遺囑人以一定之財產爲遺贈（特定遺贈），而其財產在繼承開始時，有一部分不屬於遺產者，其一部分遺贈爲無效；全部不屬於遺產者，其全部遺贈爲無效；但遺囑另有意思表示者（例如表示另以其他財產交付），從其意思（§1202）。

2. 失　權

受遺贈人在遺囑人死亡後，得拋棄遺贈。一經拋棄，則遺贈交付請求權消滅。遺贈之拋棄溯及遺囑人死亡時，發生效力（§1206）。至於拋棄之時間，法無限制，但繼承人或其他利害關係人，得定相當期限，請求受遺贈人於期限內為承認遺贈與否之表示。期限屆滿，尚無表示者，視為承認遺贈（§1207）。其次受遺贈人如對於遺囑人有不法或不道德之行為時，則應準用民法第1145條喪失繼承權之規定，喪失受遺贈之權（§1188）。遺贈無效或拋棄時，其遺贈之財產仍屬於遺產（§1208）。

第四節　執　行

一、遺囑之執行人

遺囑之執行，應由何人為之？民法第1209條規定：「遺囑人得以遺囑指定遺囑執行人，或委託他人指定之。受前項之委託者應即指定遺囑執行人，並通知繼承人。」未成年人、受監護或輔助宣告之人，不得為遺囑執行人（§1210）。遺囑未指定遺囑執行人，並未委託他人指定者，得由親屬會議選定之。不能由親屬會議選定時，得由利害關係人聲請法院指定之（§1211）。除遺囑人另有指定外，遺囑執行人就其職務之執行，得請求相當之報酬，其數額由繼承人與遺囑執行人協議定之；不能協議時，由法院酌定之（§1211-1）[1]。

二、遺囑之提示及開視

遺囑保管人知有繼承開始之事實時，應即將遺囑交付遺囑執行人，並以適當方法通知已知之繼承人；無遺囑執行人者，應通知已知之繼承人、債權人、受遺贈人及其他利害關係人。無保管人而由繼承人發現遺囑者，亦

---

[1]　（1）民法第1183條定有遺產管理人之報酬，惟遺囑執行人之報酬，卻未有相關規定，宜使其得請求報酬；惟報酬之數額應先由當事人協議，當事人如不能協議時，則由法院酌定，爰增訂本條規定。

　　（2）又遺囑執行人之報酬，因具有共益性質，應認屬民法第1150條所稱之遺產管理之費用，併此敘明。

同（§1212）[2]。有封緘之遺囑非在親屬會議當場或法院公證處，不得開視（§1213 I），藉防作弊。

三、遺囑執行之程序

遺囑執行人就職後，於遺囑有關之財產，如有編製清冊之必要時應即編製遺產清冊，交付繼承人（§1214）。遺囑執行人有管理遺產並為執行上必要行為之職務。遺囑執行人因前項職務所為之行為，視為繼承人之代理（§1215）。因而繼承人於遺囑執行人，執行職務中，不得處分與遺囑有關之遺產，並不得妨礙其職務之執行（§1216）。至於執行之方法，遺囑執行人如僅1人時，由其單獨決定；然若有數人時，其執行職務，以過半數決之；但遺囑另有意思表示者，從其意思（§1217）。

四、遺囑執行人之更換

遺囑執行人怠於執行職務，或有其他重大事由時，利害關係人，得請求親屬會議改選他人；其由法院指定者，得聲請法院另行指定（§1218）。

第五節　撤　回

一、意　義

遺囑之撤回乃遺囑人使其遺囑將來不發生效力之意思表示也。

---

2 （1）依現行規定，遺囑保管人有無提示，並不影響遺囑之真偽及其效力，且現今社會親屬會議召開不易且功能式微，故提示制度並未被廣泛運用。為使繼承人及利害關係人得以知悉遺囑之存在，爰將現行提示制度，修正為由遺囑保管人將遺囑交付遺囑執行人，並以適當方法通知已知繼承人之方式。如無遺囑執行人者，則應通知已知之繼承人、債權人、受遺贈人及其他利害關係人。至於遺囑無保管人而由繼承人發見遺囑者，亦為相同之處理。

（2）又由於遺囑保管人僅係保管被繼承人之遺囑之人，未必了解立遺囑人其繼承人之狀態，包括究竟有無繼承人之情況，故條文所稱「已知之繼承人」宜參酌民法第1177條「繼承人有無不明」之解釋，應從廣義解釋，亦即依戶籍資料之記載（最高法院85年度台上字第2101號判決參照）或其他客觀情事而為認定。

二、方　法

（一）明示撤回

遺囑人得隨時依遺囑之方式，撤回遺囑之全部或一部（§1219）。是爲明示的撤回，其方式須依遺囑之方式爲之。

（二）擬制撤回

1. 前後遺囑有牴觸者，其牴觸之部分，前遺囑視爲撤回（§1220）。

2. 遺囑人於爲遺囑後所爲之行爲與遺囑有相牴觸者，其牴觸之部分，遺囑視爲撤回（§1221）。

3. 遺囑人故意破毀或塗銷遺囑，或在遺囑上記明廢棄之意思者，其遺囑視爲撤回（§1222）。

第六節　特留分

一、特留分之意義

特留分乃遺囑人以遺囑無償處分遺產時，法律上爲法定繼承人所保留之部分。特留分爲法定繼承人權利，僅於遺囑人於遺囑中無償處分遺產時（如捐助、遺贈）始有之。

二、特留分之數額

繼承人特留分，依民法第1223條之規定爲：

一　直系血親卑親屬之特留分，爲其應繼分二分之一。

二　父母之特留分，爲其應繼分二分之一。

三　配偶之特留分，爲其應繼分二分之一。

　　（以上三者均爲應繼分之二分之一）

四　兄弟姊妹之特留分，爲其應繼分三分之一。

五　祖父母之特留分，爲其應繼分三分之一。

三、特留分之計算

特留分，應將繼承人在繼承開始前因結婚、分居或營業，已從被繼承人受

贈與之財產之價額，加入繼承開始時被繼承人所有之財產中，爲應繼財產，除去債務額，如有多餘，再依第1223條規定之比例，算定之（§1224）。

四、遺贈之扣減

「應得特留分之人，如因被繼承人所爲之遺贈，致其應得之數不足者，得按其不足之數，由遺贈財產扣減之。受遺贈人有數人時，應按其所得遺贈價額，比例扣減」（§1225）。以保全其權利，但侵害特留分之遺贈，並非無效。又被繼承人生前，得自由處分其財產，不受特留分之限制，繼承人並無保全特留分而扣減被繼承人生前所爲贈與之權。

歷屆高普特考試題

第一章　遺產繼承人

1. 甲婚後，未生子女，收養乙爲養子，問甲死亡時，如乙與其養母同爲繼承人，其應繼分各爲若干？
2. 何謂繼承回復請求權？
3. 喪失繼承權之原因有幾？試說明之。
4. 何謂代位繼承？其要件爲何？
5. 何謂應繼分？配偶之應繼分如何？
6. 被繼承人之子女與被繼承人之兄弟在繼承人之地位有何不同？
7. 代位繼承與再轉繼承有何不同？
8. 甲與乙結婚，育有子女A、B、C，並收養D爲養子。A與X結婚生育子女P、Q，嗣甲死亡，A拋棄繼承權。問甲之遺產應由何人繼承，各得應繼分若干？
9. 某甲已喪偶，育有乙、丙、丁三子，乙、丙、丁又各有一子，分別爲A、B、C。甲死亡時，留有遺產1,200萬元，惟乙因故喪失對甲之繼承權，丙則依法拋棄對甲之繼承權。請問本題中何人可繼承甲之遺產？各可繼承多少遺產？
10. 被繼承人甲有親生子乙、丙及養子丁，丙有親生子A、B及養女C。丙先於甲死亡，甲死亡時留下新臺幣90萬元之遺產，而A拋棄代位繼承權。問：甲之遺產由何人繼承？各繼承多少元？
11. 甲男與乙女結婚，生有一子丙，嗣又在外與丁女通姦，生有一女戊，甲均按月支付戊女生活費。乙女因難耐寂寞，而與己男發生婚外情，而生有一子庚。則：若甲死亡時，其遺產應由何人繼承？又若甲將其遺產全部遺贈於丁女時，其遺贈效力如何？

第二章　遺產之繼承

1. 試述遺產分割之效力。
2. 試述拋棄繼承之方式。
3. 試述限定繼承之要件。

4. 何謂特種贈與？其在繼承法上發生何種效果？

5. 在繼承法上，共同繼承對第三人發生如何效果？試述之。

6. 甲為乙之繼承人，乙生前留有單獨所有權之土地一筆A，另有與他人共有之土地B，因B土地共有關係複雜屢生糾紛，甲於知悉其得繼承之時起3個月內，以書面向法院表示對B土地之繼承權拋棄，但表明承認對A土地之繼承權，並通知其他因其拋棄繼承而應為繼承之人，試問：甲是否生民法第1174條繼承權拋棄之效力？

第三章　遺　囑

1. 立遺囑之方式有哪些？

2. 立遺囑人為遺囑後，受禁治產宣告，問其遺囑是否有效？

3. 何謂特留分？何人有特留分權？其比例如何？

4. 何謂口授錄音遺囑？其方式如何？

5. 何謂死因贈與？遺贈與贈與有何區別？

6. 甲男年滿15歲時，應如何立遺囑？

7. 甲生前作成遺囑，遺贈友人乙200萬元及財團法人丙基金會400萬元。然乙不幸先於甲病死。甲死亡時，其繼承人僅有母丁，遺產為600萬元。試問：上述遺贈之效力如何？丁得繼承若干遺產？丁如何行使特留分扣減權？

國家圖書館出版品預行編目資料

民法概要／徐美貞著. —— 九版. —— 臺北
市：五南, 2019.09
　　面；　公分
ISBN 978-957-763-612-6（平裝）

1.民法

584　　　　　　　　　108013701

1S66

民法概要

作　　者 — 徐美貞(181.2)

發 行 人 — 楊榮川

總 經 理 — 楊士清

總 編 輯 — 楊秀麗

副總編輯 — 劉靜芬

責任編輯 — 林佳瑩、陳采婕

封面設計 — 斐類設計工作室、姚孝慈

出 版 者 — 五南圖書出版股份有限公司

地　　址：106台北市大安區和平東路二段339號4樓

電　　話：(02)2705-5066　　傳　　真：(02)2706-6100

網　　址：http://www.wunan.com.tw

電子郵件：wunan@wunan.com.tw

劃撥帳號：01068953

戶　　名：五南圖書出版股份有限公司

法律顧問　林勝安律師事務所　林勝安律師

出版日期　2002年2月初版一刷
　　　　　2002年9月二版一刷
　　　　　2007年9月三版一刷
　　　　　2008年3月四版一刷
　　　　　2009年9月五版一刷
　　　　　2011年2月六版一刷
　　　　　2012年9月七版一刷
　　　　　2015年8月八版一刷
　　　　　2019年9月九版一刷

定　　價　新臺幣540元